中华人民共和国经济与社会发展研究丛书（1949—2018）
编委会

顾　问

杨胜群　（中共中央党史和文献研究院）
章百家　（中共中央党史和文献研究院）
张卓元　（中国社会科学院）

主　编

武　力　（中国社会科学院）

编　委（按姓氏拼音排序）

陈争平　（清华大学）
董香书　（首都经济贸易大学）
段　娟　（中国社会科学院）
郭旭红　（中国矿业大学〈北京〉）
兰日旭　（中央财经大学）
李　扬　（中央财经大学）
肜新春　（中国社会科学院）
申晓勇　（北京理工大学）
王爱云　（中国社会科学院）
王瑞芳　（中国社会科学院）
吴　超　（中国社会科学院）
肖　翔　（中央财经大学）
郁　辉　（山东第一医科大学）
赵云旗　（中国财政科学研究院）
郑有贵　（中国社会科学院）

国家出版基金资助项目
"十三五"国家重点图书出版规划项目
中华人民共和国经济与社会发展研究丛书（1949—2018）
丛书主编：武力

全国高校出版社主题出版

中国乡村发展研究

Research on Rural Development of the People's Republic of China

郑有贵 ◎ 著

http://www.hustp.com
中国·武汉

图书在版编目(CIP)数据

中国乡村发展研究/郑有贵著.—武汉:华中科技大学出版社,2019.6
(中华人民共和国经济与社会发展研究丛书:1949—2018)
ISBN 978-7-5680-5405-8

Ⅰ.①中… Ⅱ.①郑… Ⅲ.①农村经济发展-研究-中国-1949—2018 Ⅳ.①F323

中国版本图书馆 CIP 数据核字(2019)第 133544 号

中国乡村发展研究
Zhongguo Xiangcun Fazhan Yanjiu

郑有贵 著

策划编辑:周晓方　周清涛
责任编辑:殷　茵
封面设计:原色设计
责任校对:曾　婷
责任监印:周治超
出版发行:华中科技大学出版社(中国•武汉)　　电话:(027)81321913
　　　　　武汉市东湖新技术开发区华工科技园　　邮编:430223
排　　版:华中科技大学惠友文印中心
印　　刷:湖北新华印务有限公司
开　　本:710mm×1000mm　1/16
印　　张:20　插页:2
字　　数:336 千字
版　　次:2019 年 6 月第 1 版第 1 次印刷
定　　价:159.00 元

本书若有印装质量问题,请向出版社营销中心调换
全国免费服务热线:400-6679-118　竭诚为您服务
版权所有　侵权必究

内容提要
ABSTRACT

  1949年以来，中国乡村发展路径的探索形成、发展能力的提升、功能的拓展，不是孤立展开的，而是受国家整个经济社会发展影响，其中起决定作用的因素有：一是生产力层面的因素，除包括乡村社会生产力水平外，还包括工业化和城镇化进程中工业与农业、城市与乡村的发展及其互动关系。二是由社会主义计划经济向社会主义市场经济转变的体制因素。在这样的历史背景下，中国乡村发展经历了农业社会、实施国家工业化战略、向工业化中期迈进、进入工业化中期、中国特色社会主义新时代五个时段。每章写一个发展时段，分别对每个时段乡村发展目标、实现目标的路径、发展成效和问题进行阐析。

  从长时段对工业与农业、城市与乡村关系的考察可见，新中国乡村发展实现重大历史性突破：农业由传统向现代转型，乡村功能由主要发挥农业的产业功能向多种功能拓展，城乡由二元结构向融合发展迈进，农民由单一从事农业向多元就业创业拓展发展空间。

  新中国就如何在工业化进程中促进乡村发展和振兴进行了探索，其中在如何基于当时的历史任务和历史条件，处理好尊重农民首创精神与顶层设计、对乡村的"取"与"予"、乡村服务城市与乡村振兴、主体主导与多元互补发展等重大关系所积累的经验，为实施乡村振兴战略提供了历史启示。

总 序
GENERAL PREFACE

早在2013年6月,习近平总书记就指出,历史是最好的教科书,学习党史、国史,是坚持和发展中国特色社会主义、把党和国家各项事业继续推向前进的必修课。这门功课不仅必修,而且必须修好。要继续加强对党史、国史的学习,在对历史的深入思考中做好现实工作,更好走向未来,不断交出坚持和发展中国特色社会主义的合格答卷。党的十八大以来,习近平总书记多次强调要加强历史研究,博古通今,特别是总结中国自己的历史经验。在以习近平同志为核心的党中央领导下,中国特色社会主义进入了新时代。2017年是俄国十月革命胜利100周年;2018年是马克思诞辰200周年和《共产党宣言》发表170周年,同时也是中国改革开放40周年;2019年是中华人民共和国成立70周年;2020年中国完成工业化和全面建成小康社会;2021年是中国共产党成立100周年。这些重要的历史节点,已经引发国内外对中共党史和新中国历史研究的热潮,我们应该早做准备,提前发声、正确发声,讲好中国故事,让中国特色社会主义主旋律占领和引导宣传舆论阵地。

作为专门研究、撰写和宣传中华人民共和国历史的机构,中国社会科学院当代中国研究所、中国经济史学会中国现代经济史专业委员会与华中科技大学出版社一起,从2014年就开始策划出版一套总结新中国经济与社会发展历史经验的学术丛书。经过多次研讨,在2016年5月最终确立了编撰方案和以我为主编的研究写作团队。从2016年7月至今,研究团队与出版社合作,先后召开了7次编写工作会议,讨论研究内容和方法,确定丛书体例,汇报写作进度,讨论写作中遇到的主要问题,听取学术顾问和有关专家的意见,反复讨论大纲、改稿审稿并最终定稿。

这套丛书是以马克思列宁主义、毛泽东思想、邓小平理论、"三个代表"重要思想、科学发展观、习近平新时代中国特色社会主义思想为指导,以中华人民共和国近70年经济与社会发展历史为研究对象的史学论著。这套丛书共14卷,分别从经济体制、工业化、区域经济、农业、水利、国防工业、交通、旅游、财政、金融、外贸、社会建设、医疗卫生和消除贫困14个方面,研究和阐释新中国经济与社会发展的历史和经验。这套丛书从策划到组织团队再到研究撰写专著,前后历时5年,这也充分反映了这套丛书各位作者写作态度的严谨和准备工作的扎实。从14个分卷所涉及的领域和研究重点来看,这些问题都是中共党史和新中国历史,特别是改革开放以来历史研究中的重要问题,有些是非常薄弱的研究环节。因此,作为研究中华人民共和国近70年经济与社会发展的历程和功过得失、总结经验教训的史学论著,这套丛书阐述了新中国成立前后的变化,特别是改革开放前后两个历史时期的关系、改革开放新时期与新时代的关系,这些论述不仅有助于坚定"四个自信"、反对历史虚无主义,而且可以为中国实现"两个一百年"奋斗目标提供历史借鉴,这是这套丛书追求的学术价值和社会效益。

今年是中华人民共和国成立70周年,70年的艰苦奋斗,70年的壮丽辉煌,70年的世界奇迹,70年的经验教训,不是一套丛书可以充分、完整展示的,但是我们作为新中国培养的史学工作者,有责任、有激情去反映它。谨以这套丛书向中华人民共和国成立70周年献礼:祝愿中华民族伟大复兴的中国梦早日实现! 祝愿我们伟大的祖国像初升的太阳,光芒万丈,照亮世界,引领人类命运共同体的构建!

中国社会科学院当代中国研究所

武力

2019 年 5 月

目 录
CONTENTS

绪论 乡村发展演进、突破和经验

一、乡村发展的阶段性演进 1
二、乡村发展的重大突破 20
三、乡村发展的历史经验 28

第一章 农业社会的乡村发展

第一节 乡村发展的历史问题与发展目标选择/ 40
 一、乡村发展的历史问题 41
 二、当代中国乡村发展的起点 41
 三、农业社会乡村发展目标选择 43

第二节 以土地改革促进乡村发展的路径/ 44
 一、土地改革的抉择 44
 二、土地改革的政策选择 49
 三、土地改革促进经济社会变革 59
 四、土地改革对农业生产合作化运动的影响 62

第三节 农业生产的恢复发展/ 63
 一、促进农业生产的恢复发展 63
 二、农业生产全面恢复对国家经济社会发展的影响 72

第二章　国家工业化战略下的乡村发展

第一节　国家工业化与乡村发展目标／75
　　一、国家工业化与乡村发展的双重使命　75
　　二、国家工业化战略下乡村发展目标的选择　76
　　三、农业养育工业政策取向的确立　79

第二节　以计划经济为内核的乡村发展路径探索／82
　　一、以农业生产合作化和农产品统派购的路径改造小农经济　83
　　二、以人民公社的乡村发展路径　92
　　三、以二元户籍管理和就业制度保障农业对工业的支持　101
　　四、倡导学习大寨自力更生、艰苦奋斗精神以应对农业投入不足的问题　103

第三节　政府与农民互动下乡村发展政策的微调／112
　　一、集体经济、计划经济下的个体经营和集市贸易　112
　　二、农民对包产到户的探索　122
　　三、城乡二元产业政策与乡村"五小"工业的反反复复　127
　　四、对农民抵触开展意识形态的教育　131

第四节　城乡二元结构与乡村困境／135
　　一、工农业发展失衡　136
　　二、就业结构转换滞后于产业结构转换　137
　　三、农业的两次大波折　138
　　四、乡村困境　142

第三章　向工业化中期迈进时期的乡村发展

第一节　乡村发展目标调整／144
　　一、农业现代化建设的全面部署　144

二、乡村发展目标的调整　145
　　三、农业养育工业政策的重大调整　148
第二节　以赋权与放活为内核的乡村发展路径探索/154
　　一、实施家庭承包经营制度，重塑农户经济　154
　　二、实行农业产业化经营，重构农业经营模式　168
　　三、取消农产品统派购制度，发挥市场在资源配置上的作用　171
　　四、探索乡村工业化和城镇化，推进农民就业和人口的非农化　176
　　五、实行政社分设和村民自治，重构乡村治理结构　182
　　六、实施扶贫开发，破解贫困问题　190
第三节　结构转换与二元结构的初步破解/192
　　一、就业结构与产业结构的转换　192
　　二、农业素质的提升和农产品供求关系的根本改变　194
　　三、乡村产业结构调整和农民收入结构的改善　195

第四章　进入工业化中期的乡村发展

第一节　统筹城乡发展与乡村发展目标调整/198
　　一、统筹城乡发展和重中之重指导思想的确立　198
　　二、建设社会主义新农村战略任务的提出　199
　　三、乡村发展目标的调整　204
　　四、工业反哺农业政策取向的确立　205
第二节　以二元体制向一元体制转变为内核的乡村发展路径
　　　　探索/211
　　一、取消农业税以实现城乡税制统一　212
　　二、按照公共财政要求加大对乡村的支持　218
　　三、建立城乡劳动者平等就业制度　226
　　四、壮大以农业产业化、农村工业化和城镇化为内核的县域
　　　　经济　230
第三节　乡村快速发展/240
　　一、农业综合生产能力迈上新台阶并实现粮食产量"九连增"　241

二、乡村基础设施显著改善　244

三、农民收入实现"九连快"和乡村社会事业发展　251

第五章　新时代的乡村振兴

第一节　新发展理念下乡村发展理念和发展目标调整/258

一、新常态下乡村发展任务　259

二、新发展理念下乡村发展的使命　261

三、乡村振兴战略的提出　266

第二节　探索城乡融合的乡村发展路径/272

一、促进城乡融合发展　273

二、推进乡村供给侧结构性改革　276

三、构建新型农业经营体系和促进农村集体经济改革发展　282

第三节　美丽乡村建设和功能的拓展/290

一、美丽乡村建设　290

二、一二三产业融合发展与乡村功能的拓展　296

三、脱贫攻坚　300

参考文献/307

后记/309

绪论

乡村发展演进、突破和经验

1949年以来,中国乡村发展经历了复杂的过程。与1949年前不同的是,新中国成立后的乡村发展,都是在国家工业化的背景下展开的,国家工业化需要乡村发展的支撑,这影响着乡村发展的政策选择。中国作为后发国家,为实现赶超发展,在高度集中计划经济体制下,国家工业化快速推进,其发展辐射带动了乡村的发展,也在长时期内形成了农民物质利益保障不充分、乡村主要限于发展农业的产业结构,乃至形成和固化城乡二元结构等问题。基于中国已经建立起独立的比较完整的工业体系这一历史性重大结构变化,中共十一届三中全会做出改革开放的伟大决策,并原则通过《中共中央关于加快农业发展若干问题的决定(草案)》,开启了乡村改革发展的征程。经过努力,当代中国乡村发展能力、功能拓展等实现历史性重大突破,积累了从实际出发促进乡村发展的弥足珍贵的经验。

一、乡村发展的阶段性演进

关于乡村发展历程的研究成果很多,有亲历者对乡村发展历程的回顾,有重要时间节点学者对乡村发展史的整体研究,有乡村发展专题史研究。总体而言,随着实践和理论的发展,对乡村发展史的研究,突破了就"三农"论"三农"的视域,把乡村发展历史的研究纳入整个国家经济社会发展史考察。尽管如此,对乡村发展演变阶段及其特征的研究,有的侧重梳理历史始末及其逻辑,有的集中阐析乡村制度变迁与发展的关系,还缺乏长时段对乡村经济社会改革发展与整个国家经济社会协同视域的研究。本书尝试把乡村经济社会发展史纳入整个国家经济社会发展史,通过协同发展视角的考察,对乡村发展的阶段性演进加以阐析。

(一) 1949—1978年国家工业化下的城乡经济社会分割和乡村发展波动

早期发展经济学强调资本积累和国家计划,认为发展中国家的劳动力资源丰富,资本最为稀缺,是制约经济增长的主要因素;增加资本积累对于加速经济发展至关重要,因为没有资本积累就不可能实现工业化;没有政府对经济的干预和计划安排,仅靠市场的自发调节,不可能迅速地积累尽可能多的资本和促进工业部门的扩张。早期发展经济学之所以主张发展中国家实行国家计划,还因为发展中国家市场体系尚不完善,市场机制尚不能很好地发挥作用,因而主张政府对经济积极实施干预,只有这样才能调动有限资源,在较短时间内赶上发达国家。中国在实施国家工业化战略的政策选择上,与早期发展经济学的主张不谋而合。围绕国家工业化这一宏大目标,中国选择了赶超型发展战略和政府主导型发展模式,通过国家计划,并通过国民收入的一二次分配政策,以实现工业化的资本积累和有限资源向工业化的配置与整合。为此,国家在20世纪50年代初至改革开放前的工业化初期,做出了包括城乡二元产业政策、二元就业政策、二元财税政策,以及农业生产合作化、人民公社化、农产品统派购、城乡二元户籍管理制度等一系列重大政策和制度安排,进而形成了以农村为工业化提供积累为内核的城乡关系。在计划经济体制下的偏向工业、城市的政策和制度安排的综合作用下,城乡被分割成为两个相对封闭的经济社会系统。

一是在产业体系上,实行农村较单一发展农业、城市发展工业的城乡二元产业政策,且把农业产业链中的产供销、贸工农也分割开来。以毛泽东为代表的中央领导集体倡导发展农村工业,将社队企业喻为伟大的光明灿烂的希望,并在农村人民公社建立初期大力推进农村工业的发展。尽管如此,在计划经济体制下,国家将资源配置到城市工业,农村工业的发展被限定在以"五小"工业为主的范畴,即便是农产品加工业也不能在农村发展,形成了农村提供农产品原料、城市对农产品进行加工的格局,这使得农业产业链中的产供销、贸工农各环节被分割,且几经反复。在这种城乡二元产业政策下,改革前农村工业没有得到应有的发展,农村较单一发展农业的格局依旧。同时,城市工业化的快速推进,导致农产品供给严重短缺,因而强调农业的产品供给功能,特别是粮食供给功能,这使得"以粮为纲,全面发展"的方针难以落实,而是在实践中强调"以粮为纲"。更为严重的是,忽视农业的生态环境功能,大量围湖造田,毁林毁草造田,在陡坡种粮,导致生态环境的恶化,给农业及整个国民经济的发展带来严重的负面效应。

二是在要素配置上,实行计划配置,特别是实行城乡隔离的二元就业政策和二元户籍管理制度,割裂城乡之间的要素市场。在工业化进程中,由于现代工业与传统农业并存,工业的劳动生产率高于农业的劳动生产率,也使得从事工业生产者的工资收入高于从事农业生产者的工资收入,因而吸引农业劳动力源源不断地向工业转移,这也是刘易斯二元结构模型的基本假设。中国是人口大国,也是经济落后的农业大国,农村存在大量的富余劳动力。新中国成立初期,劳动力等生产要素由市场配置,可在城乡之间自由流动。随着农村青年向城市流动,城市就业压力逐渐增大,农村劳动力留在农村务农的政策取向逐步确立。随着计划经济体制的建立,农村富余劳动力留在农村这一政策目标逐步得到了制度上的保障。1958年制定的《中华人民共和国户口登记条例》,将户口分为农业户口和非农业户口两种,实行城乡二元户籍管理制度,加上实行居民就业、粮油供应、社会福利保障与户口对应的政策,也就从制度上截断了农村劳动力向城市和工业转移的路径。自此,农村劳动力由农业部门向工业部门转移之路被城乡二元户籍管理制度所阻截。城乡二元用工制度更是直接把农村劳动力挡在了城市之外。在城市,对国营企业和集体企业实行计划招工制度。农村居民除了上中专、大学等特殊情况和计划招工外,不能到城市就业,只能留在农村就业。在农村较单一发展农业的产业政策下,农民只能以从事农业生产为主。农业生产合作社的建立,特别是1958年开始实行政社合一的人民公社体制,农村集体经济实行统一经营、集体劳动,劳动力、资金和土地被集中起来统一使用,农村劳动力在农村内部不能跨区域流动,也不能在城乡之间自由流动,广大农民没有自由择业和流动的权利,即农业生产合作社特别是人民公社成为实施城乡二元就业政策的组织制度保障。在实行城乡二元户籍制度后,对城市居民实行粮、棉、油等农副产品的定量供应,农民进城既得不到就业岗位,也得不到农副产品的供给,使农业富余劳动力失去了自由进入城市系统的机会和可能性,即农产品配售制度也成为把广大农民留在农村、留在农业的制度保障。简言之,农村人民公社、农产品统派购制度、城乡二元户籍管理制度和二元就业政策,强化了政府对农村劳动力等生产要素的配置管理,城乡之间的生产要素特别是劳动力的自由流动被完全禁止了,割裂了城乡之间统一的要素市场,农村内部、农业内部,甚至农民家庭经营内部的生产要素配置也受到国家行政手段和政策的严格控制。

三是在国民收入分配上,实行城乡差别性的二元政策,导致工业与农业、城市与乡村的非均衡发展。首先,在产品价格上实行工农二元政策。国家通过低价向农民征购农产品,获取工农业产品价格"剪刀差",为工业提供积累。到1978年,国家从农业中汲取的积累,专家测算在6000亿元或8000亿元以上。在农村建立农业生产合作社,特别是之后建立起政社合一的人民公社,以及实行农产品统派购、城乡二元户籍管理制度等,都起到了保障工业所需农产品原料的供给和顺利获取工农业产品价格"剪刀差"的功能。其次,在税收上实行城乡二元制度。新中国成立后,实行了历史传承下来的征收农业税制度。在很长的一段时期内,农业税一直是国家财政的重要来源,为保证国家政权稳定和推进国家工业化做出了历史性贡献。随着现代税制的建立,继续征收农业税的这种城乡二元税收制度导致城乡税赋政策的不公平。再次,在财政支出上实行城乡二元财政供给体制,城市基础设施和社会事业主要由财政负担,而农村基础设施和社会事业主要由农民负担。这种城乡二元财政供给制度,导致公共资源向乡村分配过低。

在上述政策取向下,随着国民经济发展的波动,乡村发展政策也有小的阶段性调整变化。

1. 国家工业化战略的准备和启动初期乡村政策的形成

1949年10月新中国的成立,开创了全新的政治经济秩序。当时乡村发展面临的经济社会问题是,旧中国广大农民深受帝国主义、封建主义、官僚资本主义的多重压榨,又屡遭战乱,农业生产力遭到极大的破坏,农业生产全面衰落,全国农产品产量降至1937年七七事变前的水平之下。土地改革前的封建土地制度极不合理,占乡村人口不到10%的地主和富农占有70%~80%的土地和大部分耕畜、农具,占乡村人口90%以上的贫雇农和中农及其他劳动者却只占有20%~30%的土地。土地改革后的农村几乎是清一色的小农经济,土地占有平均分散化,不少农民缺乏生产资料,以家庭为单位进行生产经营活动存在一定的困难。1953年,中国共产党把"一化三改"①作为过渡时期的总路线和总任务,自"一五"计划时期起,全面启动了国家工业化战略。新中国伊始,国家把恢复和发展农业生产列为经济发展的首要目标,做出了重大政策安排。一是实行土地改革。根据中央人民政府1950年6月30日颁发的《中华人民共和国土地改革法》,在约3亿人口的新解放区有计划、有步骤、有秩序地开展了土地改革工作。到

---

① 指国家的工业化和国家对农业、手工业、资本主义工商业的社会主义改造。

1952年底，全国范围内的土地改革基本完成。封建地主作为一个阶级永远地被消灭了，实现了耕者有其田，无地和少地农民无偿分得耕地约7亿亩，每年免交谷物地租3000万吨以上。土地改革的完成，使劳动者与土地很好地结合起来，适应了当时的生产力发展水平，大大解放了农业生产力。二是快速推进农业互助合作。为适应国家工业化战略实施的需要和避免产生"两极分化"，对小农经济进行改造，在土地改革之后即"趁热打铁"，快速地推进农业生产互助合作运动，在以土地入股为特征的初级农业生产合作社尚未巩固的情况下，很快改变为土地集体所有的高级农业生产合作社，从而建立起农业集体经济组织，还相应建立了供销合作社和信用合作社。中共十一届六中全会指出："在1955年夏季以后，农业合作化以及对手工业和个体商业的改造要求过急，工作过粗，改变过快，形式也过于简单划一，以致在长期间遗留了一些问题。"三是实行农产品统购统销制度和价格政策。新中国成立初期，国家对农产品运销实行多渠道经营，国家贸易公司、供销合作社、私营商、小贩和农民等都可以参与农产品购销活动。国家掌握粮食，以征购为主，以市场收购为辅。对于棉花，从1951年起，由国家贸易公司、供销合作社规定以合理牌价收购；供销合作社、中国人民银行以有利于棉农的办法，吸收棉农的实物储蓄，实行公私兼顾的政策。国家还注重运用价格调节机制对农业生产进行调节，例如制定合理的粮棉、粮麻比价政策，以促进各业协调发展。1953年10月，国家出台了粮食统购统销政策，随后又对棉花、油料、生猪等农产品实行统购或派购制度。针对发生了许多强迫命令和购过头粮等现象，中共中央、国务院于1955年3月发出《关于迅速布置粮食购销工作，安定农民生产情绪的紧急指示》，核减了粮食的收购任务，并决定对粮食实行定产、定购、定销的"三定"制度。同年10月规定，粮食定产、定购数字三年不变，以鼓励农民增产。四是逐步增加农业投资。主要用于对黄河、淮河、荆江等大江大河的治理，开展农田基本建设，开垦荒地，增加农用生产资料的投放。五是组织生产竞赛。通过把群众性的奖励劳模运动和生产竞赛活动列入发展农业生产的政策内容之一，引导和组织广大农民开展爱国丰产运动，及时总结和推广丰产模范的生产经验以提高单位面积产量，同时还促进了各项农村工作的顺利开展。从总体上看，建国初期翻身后的广大农民政治热情空前高涨，而上述政策又极大地调动了他们的生产积极性。到1952年，全国主要农产品产量迅速恢复并超过抗日战争前的历史最高水平，"一五"计划时期农业获得了快速发展，农产品供给与当时人民的购买力基本协调，物价稳定，社会安定，是新中国历史上最好的时期之一,堪称共和国农业发展的第一个里程碑。

2."大跃进"和农村人民公社化运动时期乡村政策对农民积极性的挫伤

1958年开始,农业发展的社会经济背景发生了新的变化:国民经济的迅速恢复和第一个五年计划的全面完成,极大地鼓舞了全国人民。为了进一步推动农业的发展,改变农业的落后面貌,1957年10月,中共扩大的八届三中全会基本通过了《一九五六年到一九六七年全国农业发展纲要(修正草案)》,并发到农村进行广泛讨论。1958年5月,中共第八届全国代表大会第二次全体会议通过了"鼓足干劲,力争上游,多快好省地建设社会主义"的总路线。在1957年底至1958年春兴起的以兴修水利、保持水土为中心的农田基本建设的高潮中,出现了打破社界、乡界、县界以至省界,群众自带口粮、工具无偿到外地开河挖渠的势头,因而产生了扩大生产组织规模的新想法。但是,由于对1956年反冒进的严厉批判,高指标风盛行,由此导致农业上产生以"放卫星"为主要形式的"浮夸风",造成了"农产品成倍、几倍、十几倍、几十倍地增长"和农业过关的假象。缘于此,农业政策调整中发生偏差。1958年4月,中共中央政治局批准在成都会议上通过的《关于把小型的农业合作社适当地合并为大社的意见》。4个月后,在北戴河召开的中共中央政治局扩大会议又通过了《关于在农村建立人民公社问题的决议》。随后两三个月内,全国农村普遍实现了人民公社化。人民公社彻底否定了农民家庭作为基本生产经营单位,工农商学兵于一体,政社合一,管理高度集中,组织军事化,行动战斗化,生活集体化,多数以大队为核算单位;更为严重的是,若干个社合并成为大社时提倡对公共财产和社内外债务"不要采取算细账、找平补齐的办法,不要去斤斤计较小事"等,急于向共产主义过渡,加上把人力、物力、财力动员到工业上,搞大炼钢铁、大办交通等各种大办,导致以"一平二调三收款"①为主要内容的"共产风"严重泛滥。不仅导致对农业的资金,物资投入严重不足,还误了农时。与此同时,对粮食等实行"高征购",乡村留粮减少,对农民生活造成很大的困难。在分配制度上主要实行工资制和供给制,取消了原来的包工包产、评工记分等办法,大办公共食堂,搞吃饭不要钱,提倡放开肚皮吃饭,造成惊人的浪费。所有这些都严重地挫伤了农民的积极性,使农业生产力遭受极

---

① 一平,指人民公社内部生产队与生产队之间的平均主义以及生产队内部社员与社员之间的平均主义这两个平均主义问题。二调,指人民公社和公社以上一些部门严重违反价值规律,无偿调用生产队和社员家庭的劳力、物力、财力。三收款,主要指银行部门把许多乡村中的贷款一律收回。

大的破坏,导致农业发生大波折。

3. 国民经济调整时期实施强化农业的政策

1959—1961年农业连续三年大减产,1961年农业总产值比1952年还低5.9%,粮棉油糖等农产品产量均降至1952年水平之下,而同期人口增加近1亿人,使全国人均农产品产量更是在1952年之下,农产品供给严重短缺,国家陷入了极端困难的境地,1959—1961年被通称为三年困难时期。中共中央从1959年开始觉察到"大跃进"和农村人民公社的错误,对农村政策进行了一些微调。1960年7—8月,中共中央在北戴河召开工作会议,通过了《关于全党动手,大办农业,大办粮食的指示》。特别是1961年初开始大兴调查研究,对农业和农村的严峻情况有了较为清醒的认识,采取了一系列加强农业发展的政策措施。一是将人民公社内部体制调整为"三级所有,队为基础",把基本核算单位由生产大队下放到生产队,解决了队与队之间的平均主义。二是强调农业是国民经济的基础,按照农、轻、重的次序安排经济发展计划,增加对农业的投资,将国家基本建设投资总额的17.7%用于农林水利气象系统,并显著增加化肥等投入。三是压缩基本建设规模,降低工业发展速度,把工业企业数量减少了一半。四是将2000万职工和城市人口下到农村生产第一线,减少粮食征购量和农业税负担。五是提高农产品收购价格,1963年农产品收购价比1960年提高23.3%,同时对经济作物实行收购时奖售粮食或化肥等工业品的政策,恢复棉花预购制度,预购定金比例为15%~20%。六是允许社员经营少量的自留地和小规模的家庭副业,有领导有计划地恢复农村集市,活跃农村经济。这些政策的实施,初步改善了工农关系,调动了广大农民恢复农业生产的积极性,农业获得了恢复和发展。

4. "文化大革命"对乡村发展的冲击

20世纪60年代,一些地方农民为恢复农业生产而实行的包产到户受到了否定,被严厉地批判为"单干风"、"黑暗风"和"走资本主义道路"。1963—1965年,在农村开展"四清"运动继续对此予以批判,并提出这次运动的重点是"整党内那些走资本主义道路的当权派"。接踵而至的"文化大革命"破坏了"三五"、"四五"两个五年计划。"三五"计划原定基本任务之一是大力发展农业生产,解决人民吃穿用问题,可这些不仅没有得到贯彻执行,反而遭到批判,被"全面备战"和一整套"左"的政策取而代之。在政治上,大搞阶级斗争,强调"无产阶级专政下继续革命和无产阶级的全面专政"。在农业体制上,固守人民公社单一的统一经营体制,部分地区农村在农业学大寨运动中搞"穷过渡",大批"工分挂帅"、"物质刺激",推行大寨劳动管理办法(农民称之为"大概工"),一割再割所谓"资本主义尾巴",长期关闭自由市场,部分地区农村收回社员的自留地,抑制家庭副业。在产业发展政策上,强调"以粮为纲",忽视多种经营,使农村产业结构更加单一,还不切实际地提出并反复强调1980年基本上实现全国农业机械化。这些都严重地压抑着农民的生产积极性。所幸的是,由于周恩来、邓小平等对"左"倾错误的抵制,在"文化大革命"前期借助"抓革命,促生产"稳定生产秩序,自1970年北方地区农业会议起抑制"穷过渡"风,借助农业学大寨运动大搞农田基本建设,等等。广大农民对"左"倾错误也进行了抵制,使一些错误政策在执行中打了"折扣"。1976年粉碎"四人帮"后至1978年中共十一届三中全会前,受"两个凡是"的影响,乡村政策没有实质性改变,乡村实现了一定的发展,但仍然困境重重。到1978年,全国乡村人口每人平均消费粮食199公斤,农民人均纯收入仅133.6元,有2.5亿乡村人口没有解决温饱问题。

(二) 1978—1984年乡村改革发展向重塑生产经营主体和实现农产品全面快速增长突围

20世纪70年代末至80年代初是乡村改革破冰期,重点是向缺乏活力的生产经营主体和以粮食为主的乡村产业结构突围。在解放思想、实事求是的思想路线下,以搞活为政策取向,尊重农民的首创精神,重塑生产经营主体,促进多种经营发展,形成新的乡村治理结构和发展路径。

1. 冲破姓"资"姓"社"的桎梏,重塑充满生机和活力的农户经济

1962年9月,中共八届十中全会通过《农村人民公社工作条例修正草案》,规定农村人民公社实行"三级所有,队为基础"体制,从此延续至改革开放前。在清一色的人民公社中,以生产队为基本单元,实行集体所有、统一经营、集中劳动、按工分分配。在生产队内部的分配上,成员与成员之间存在一定程度吃"大锅饭"的现象,农民在集体行动中的劳动投入得不到充分回报,他们的积极性也就没有充分调动起来。一些干部领导能力弱或管理经验不足的生产队,农民在集体劳动中存在出工不出力的"磨洋工"现象,加之自然条件、基础设施等生产条件差的原因,陷入吃粮靠返销、生产靠贷款、生活靠救济(简称"三靠")的困境。"三靠"生产队之一的小岗村,1978年底首创了大包干(又称包干到户)。在中共十一届三中全会确立解

放思想、实事求是的思想路线下,经历激烈的姓"社"姓"资"争论①,1982年中央一号文件《全国农村工作会议纪要》明确了,目前实行的各种责任制,包括小段包工定额计酬,专业承包联产计酬,联产到劳,包产到户、到组,包干到户、到组,都是社会主义集体经济的生产责任制,即终于将包产到户和包干到户等多种责任制明确为姓"社",由此家庭承包经营等多种责任制在全国普遍推广。包干到户实行交够国家的、留足集体的、剩下都是自己的分配方式,由于操作简便,深受农民欢迎,全国主要实行这一经营方式。实行包干到户重塑起的农户经济,与社会主义改造前土地私有下的农户经济不同。一是,改革开放以来的农户经济是在坚持发展集体经济下,对集体的土地实行家庭承包经营。二是,在实行家庭承包经营的同时,还强调要坚持集体统一经营,形成以家庭承包为基础、统分结合的双层经营体制。三是,家庭承包经营是农业的第一个飞跃,还要通过这一飞跃,为发展集体经济的第二个飞跃创造条件。四是,在实行家庭承包经营的基础上,促进多种形式的联合。首次将包干到户明确为姓"社"的1982年中央一号文件就提出,要注意适应生产发展的需要,组织必要的协作和联合。既要倡导在生产队内个人与个人、个人与集体的协作和联合,也要允许跨社队、跨地区的协作和联合。实践表明,实行包干到户后形成的充满生机和活力的生产经营主体,构建起乡村改革发展的新路径和新机制。

2. 突破政社合一,实行政社分设

改革开放前的人民公社实行政社合一体制。1980年,四川省广汉县向阳乡在全国率先把公社管理委员会的牌子换成乡人民政府的牌子,拉开了政社分开改革的序幕。1982年12月五届全国人大五次会议审议通过的《中华人民共和国宪法》,对农村基层政权组织做了新规定,人民公社只是农村集体经济的一种组织形式。自1983年10月中共中央、国务院发出《关于实行政社分开建立乡政府的通知》起,政社分开工作稳步推进,到1985年基本完成,由此乡村进入政社分开的新阶段。

3. 突破自上而下的行政管理方式,创建民主选举、民主决策、民主管理、民主监督的村民委员会

实行家庭承包经营后,一些地方的农民各顾各,社队基层组织涣散,甚至陷于瘫痪、半瘫痪状态,许多事情没有人负责,乱砍滥伐树林、民事纠纷

---

① 参见吴象:《阳关道与独木桥——试谈包产到户的由来、利弊、性质和前景》,《人民日报》1980年11月5日,第2版;吴象《阳关道与独木桥的大争论》,《经济世界》1998年第11期。

等现象大量发生。为解决这些问题,广西壮族自治区宜山县于1981年在全国率先成立村民委员会,村集体事务实行群众自我管理和自我办理。在总结各地经验的基础上,国家将村民委员会写入1982年宪法,确立了村民委员会的法律地位。根据《关于实行政社分开建立乡政府的通知》,在全国开始组建村民委员会。村民委员会的组建,将此前对村级的行政管理改为村民自治,实现了村级治理方式的历史性转变。

4. 突破农村即农业的产业政策逻辑

在发展多种经营的政策取向下,农民在全面发展农林牧副渔业的同时,还踏遍千山万水闯市场、吃尽千辛万苦办企业、说尽千言万语拉客户、历经千难万险谋发展(简称"四千四万"精神),实现社队工业的快速发展。社队工业的发展,源于1958年毛泽东对人民公社实行工农商学兵结合的社会结构设想,但由于改革开放前国家将工业主要集中在城市,在农村只限于发展小煤窑、小钢铁、小化肥、小水泥和小机械(简称"五小"工业),而且还受到各种条件限制,实际上没有很好地发展起来,到1978年社队企业总收入431.4亿元,为人民公社三级经济总收入的29.7%。中共十一届三中全会原则通过的《中共中央关于加快农业发展若干问题的决定(草案)》提出,"社队企业要有一个大发展"。中共中央、国务院于1984年3月转发农牧渔业部和部党组《关于开创社队企业新局面的报告》,将社队企业改称乡镇企业,提出要"充分利用农村的剩余劳动时间,逐步改变八亿人搞饭吃的局面",突破了以往社队企业就地取材、就地生产和就地销售(简称"三就地")的限制,明确乡镇企业由原来的社办、队办两个轮子一起转(即发展)向乡办、村办、联户办、户办的四个轮子一起转(即发展)。在改革开放的条件下,社队企业由于机制灵活,农民不怕辛劳,改革前留下的社队企业的草根"春风吹又生"。

在搞活经济的政策取向下,除重塑起生产经营主体外,还放开乡村集贸市场,加之实行中共十一届三中全会制定的提高农产品收购价格、降低农用工业品价格、减少农产品征购范围和基数等政策,农民的积极性得以充分调动,使改革开放前形成的生产力迅速释放出来,促进了农业的连年丰收和农民收入的快速增长。1978年到1984年,全国粮食产量由30476.5万吨增加到40730.5万吨,农民人均纯收入由133.6元增加到355.3元,扣除物价因素,年增长15.6%。有了这样的基础,农民生活水平快速提高,很多农民的茅草房开始换成了砖瓦房,耐用品增加,农民文化生活日益丰富。

(三) 1985—2002年乡村改革发展向经济社会结构重构扩展

中共十二届三中全会明确社会主义经济是在公有制基础上的有计划的商品经济,并审议通过《中共中央关于经济体制改革的决定》,以此为标志,中国经济体制改革由以农村为重点进入全面推进阶段。1985年起全面启动农产品统派购制度改革,开启了农民主要面向市场生产经营的新阶段,这被称为农村继第一步实行家庭承包经营后的第二步改革。农产品连年增产,解除了供给严重短缺的压力,甚至出现局部地区卖粮难这样一种农产品供需状况。市场机制下,促进农村一二三产业全面发展的结构调整步伐得以加快。在这样的经济体制和经济发展态势下,乡村改革发展向经济社会结构重构扩展,乡村改革发展路径实现新的拓宽。

1. 在市场化改革进程中,面对家庭承包经营对产前、产中、产后多种服务的需求,开启农业社会化服务的发展路径

自实行家庭承包经营起,为农户生产经营提供服务的问题就提出来了,中央及时采取了一系列措施。1983年中央一号文件《当前农村经济政策的若干问题》指出各项生产的产前产后的社会化服务已逐渐成为广大农业生产者的迫切需要,提出要处理好统与分的关系,社队要随着生产发展的需要,办好社员要求统一办的事情,为农户服务,集体向农户提供服务应向产前和产后延伸。1991年,国务院发出《关于加强农业社会化服务体系建设的通知》,明确了加强农业社会化服务体系建设中的有关问题。改革开放以来,农业社会化服务发展呈现出一些特点,主要有:家庭经营的服务需求成为新的商机,除原有的供销社、信用社、集体经济组织,在市场机制下还发育出多元化服务组织;在计划经济向市场经济转型进程中,计划经济下的生产资料计划采购和产品计划销售变成市场购销,农民家庭经营所需要的服务多样化,主要通过市场获得;农业服务组织的发展主要是在市场机制下实现的。

2. 面对家庭小规模生产经营与大市场对接难的问题,探索形成产加销、贸工农一体化的农业产业化经营

农业产业化经营由基层创造,但也并非是基层的突发奇想,而是沿着制度变迁的路径依赖。家庭承包经营的实行与市场化改革的推进,使家庭小规模生产经营与大市场对接发生困难,突出表现在农民生产经营规模较小,船小好调头,他们常常根据市场行情发展生产,导致行情好时一哄而上,行情不好时一哄而下,使得市场波动加大,农民在剧烈市场波动中处于不利地位而遭受严重损失。在中央促进联合和加强对农业提供产供销服

务的指向下,一些农产品加工企业,尤其是农产品外贸型企业,实行订单生产,即通过与农民签订购销协议,与农民形成相对稳定的购销合作,企业可以获得相对稳定数量和质量的农产品,农民也不愁生产的农产品卖不出去,还有较稳定的收入预期。这样一种"公司＋农户"模式的农业产业化经营,很快得到中央的认可并加以推广,有利于当时家庭小规模生产经营与大市场对接难问题的解决。不过"公司＋农户"模式也存在缺陷,主要表现为由于公司与农户是两个利益主体,相互之间在利益上存在博弈,公司与农户有明显的强弱之差,使得农民不能充分分享发展成果。

3. 乡镇企业异军突起,探索形成农村工业化路径

20世纪80年代中期,乡镇企业发展的政策环境发生了重大变化。一是,1984年3月,中共中央、国务院转发农牧渔业部和部党组《关于开创社队企业新局面的报告》,加之中共十二届三中全会通过《中共中央关于经济体制改革的决定》,有计划的商品经济改革不断推进,乡镇企业获得了更有利的经济体制保障,而且得到一系列政策支持。二是,在推进经济体制改革的过程中,国营企业和城市经济快速发展,对于还处于为国营企业进行配套生产或提供居民日常消费品的乡镇企业而言,起到了快速拉动作用。三是,1985年改革农产品统派购制度,乡镇企业可以通过市场获得所需的农产品原料,也有利于乡镇企业发展农产品加工业。一系列改革和支持政策的实施,促进了乡镇企业的快速发展。到1988年,乡镇企业总数1888万个,从业人员9495万人,总产值6496亿元;1985—1988年乡镇企业年增长率方面,企业数为52.8%,从业人数为20.8%,总收入为58.4%。1987年6月12日,邓小平将乡镇企业的快速发展赞誉为异军突起,还指出这是农村改革中完全没有预料到的最大收获。① 乡镇企业的发展,探索出中国特色的农村工业化路径。在形成乡镇企业多种发展模式后,发生了以集体为主的"苏南模式"和以私营为主的"温州模式"的模式之争。在20世纪90年代建立现代企业制度过程中,乡镇企业属于小型企业,改成股份制企业时,只有少数保留了集体股,绝大多数都没有保留集体股而是完全民营化,这一方面调动了经营者(在股份制改革中也成为主要的所有者)的积极性,但另一方面也弱化了集体经济的实力及发展基础。

4. 调整城市化布局,探索形成农村城镇化路径

改革开放前,在优先发展重化工业的战略下,城市吸收农业人口的能

---

① 参见《邓小平文选》(第3卷),人民出版社1993年版,第238页。

力弱,发展速度较缓慢。改革开放初期,费孝通将小城镇视为大问题。① 随着农村工业化和商品经济的发展,乡镇商品交换功能增强,一些农民从农业领域分离出来,到集镇从事服务业,加之允许少量在小城镇有固定收入来源的人转为非农业人口,即在农村乡镇户籍上开口子,加快了农村城镇化步伐,探索出中国特色农村城镇化路径,避免了乡村人口挤向大城市的弊端。

这一时期,尽管乡村改革拓宽了发展路径,但市场机制下乡村的弱质性和弱势地位问题开始显现,加之国营企业通过改革增加了活力,而在"两个大局"战略思想②的指引下,资源向非农转移,加之城乡二元财政下乡村建设的困境、农民负担重等问题,乡村逐渐边缘化,乡村发展明显滞后于城镇。这一时期,还可划分为几个小的阶段:1985—1988年,粮棉油糖等大宗农产品生产大幅度下滑,其他农产品快速增长,乡村企业异军突起,乡村产业结构快速变化;1989—1991年,在国民经济治理整顿中,农产品产量增长,但农民增产不增收,农民人均纯收入年增长仅1.9%;1992—2002年,乡村边缘化,农村劳动力快速非农化和流向东部沿海、大中城市,农村资金流向非农,城乡差距较大,"三农"问题凸显。这些表明,在市场经济下,由于乡村的弱质性和处于弱势地位,其发展需要政府的支持。

(四) 2002—2012年乡村改革发展向城乡一体化和社会主义新农村建设延伸

世纪之交,中国经济社会结构呈现出重大的历史性特征,那就是经过半个世纪的现代化建设,进入到工业化中期,进入到中等收入国家行列,这为破解"三农"问题提供了新的重要条件。在科学发展观下,从全面建设小康社会的战略任务出发,为实施工业化战略而选择的城乡分治、农业养育工业政策,开始转为实行城乡一体化和工业养育农业的政策。工业、城市支持农业、农村这样一种新的政策取向,形成了乡村改革发展新的政策逻辑,这一重大变化也开启了从工农、城乡关系层面促进乡村改革发展的路径。

---

① 费孝通:《小城镇 大问题》,载《小城镇 大问题——江苏省小城镇研究论文选》(第一集),江苏人民出版社1984年版,第1-40页。
② "两个大局"战略思想是指沿海地区要加快对外开放,使这个拥有两亿人口的广大地带较快地先发展起来,从而带动内地更好地发展,这是一个事关大局的问题。内地要顾全这个大局。反过来,发展到一定的时候,又要求沿海拿出更多力量来帮助内地发展,这也是个大局。那时候沿海也要服从这个大局。《邓小平文选》(第3卷),人民出版社1993年版,第277-278页。

1. 用重中之重的工作布局推动"三农"问题的解决

新中国成立起至世纪之交,中共中央、国务院高度重视"三农"工作,采取了一系列措施破解"三农"问题,突出体现在有 10 次中共中央全会以解决"三农"问题为主要议题①,1982—1986 年连续把当年中共中央的一号文件的主题锁定为解决"三农"问题。② 应当说,这期间中共中央、国务院对解决好"三农"问题高度重视。而从中共十六大起,在工作布局上,更是把解决好"三农"问题作为全党和政府工作的重中之重。新中国成立起至世纪之交和十六大起这两个时期相比,解决"三农"问题的政策取向和工作布局的逻辑发生重大变化。在政策逻辑上,前一时期,即便是在改革开放起的很长时期内强调"农业是国民经济的基础",却仍然是从经济层次考虑的,仍然是要农业支持工业、农村支持城市。在这样的政策逻辑下,一旦农业生产形势好转,就转向重视工业,总体上仍是在工作布局和政策安排上实行工业优先。后一时期,在工作分工上,明确地方各级党委中必须有常委分管"三农"工作,改变了此前只在政府中有分管"三农"工作的状况。在政策安排上,2004 年起连年出台以解决"三农"问题为主题的中央一号文件,2008 年中共十七届三中全会也以解决"三农"为主题。在这样的组织领导工作布局和新的政策取向下,对解决好"三农"问题的高度重视,不仅仅是从经济层面考虑,还从社会发展层面考虑,向更加积极地建设社会主义新农村转变。

2. 通过促进农业自组织发展增强农业发展能力

实施家庭承包经营后,在家庭小规模生产经营面临诸多困难时,农民开始了自我组织的新的组织化。改革初期,由于城镇化进程不快,农民就地"两栖"劳作,商品经济活跃,但仍然是小规模商品生产,农民出售农产品难的问题只是局部现象,还不突出,对于组织起来合作生产经营的需求不强烈。随着中共十二届三中全会关于全面推进经济体制改革决定的实施和工业化、城镇化的快速发展,农业商品生产的规模逐步扩大,家庭小规模生产经营对于社会化服务的需要开始增加,但由于在合作经济上"一朝被蛇咬,十年怕井绳",促进农业组织化发展的政策和法律制度安排没有及时跟进,农业组织化缓慢。进入 21 世纪,从解决家庭小规模生产经营困难出

---

① 参见郑有贵:《10 次中共中央全会通过的农业决议与当代中国"三农"政策演变》,《当代中国史研究》2001 年第 5 期。

② 参见郑有贵、李成贵主编:《一号文件与中国农村改革》,安徽人民出版社 2008 年版,第 1-25 页。

发,2006年出台《中华人民共和国农民专业合作社法》,促进了农业组织化的快速发展。到2018年2月底,全国依法登记的农民专业合作社达204.4万家。20世纪50年代与改革开放以来的农业组织化有重大区别。一是在合作上都有需求,但合作内容有些变化。前一时期是在生产力水平极低的条件下,主要解决家庭生产工具不足的问题,还有服务国家工业化的需要。后一时期则是在社会生产力水平提高后,即前一时期家庭生产工具不足问题解决之后,解决家庭小规模生产经营与大市场对接难的问题,以及提高农业发展能力和竞争力的问题。二是组织化的方式不同。前一时期明确强调遵循自愿,但在实践中主要通过自上而下的行政方式推进;后一时期,政府引导合作,在市场机制下发展自组织,自愿原则得到真正遵循。三是组织化的形式不同。前一时期单一化,实行集体所有、集体统一经营、集中劳动、按工分分配;后一时期是基于土地集体所有下的家庭承包经营,合作形式多样化,而且根据发展的需要,初期合作相对松散,随着生产经营的发展和农民合作意识的增强,合作内容也逐步扩展,由开始提供技术信息服务到现今的多方面服务,并逐步向紧密合作型发展。进入21世纪,自组织的发展增强了农业的发展能力和竞争力,也在促进农业现代化和农民增收上做出了贡献。

3. 把统筹城乡发展、城乡一体化改革、社会主义新农村建设统一起来

一段时期内,一提到新农村建设,就从20世纪30年代的新村运动找源头,到韩国学习新村运动的经验。社会主义新农村建设,自新中国成立起就开始进行了。如果仅仅停留在当时是否使用了这一概念来判断新中国成立后是否进行过社会主义新农村建设,这实际上是把社会主义新农村建设狭义化,也把新中国成立以来的社会主义新农村建设的历史割裂了。2005年中共十六届五中全会明确提出建设社会主义新农村,有特定的历史场景。一是现实,即改革开放以来,在工业化、城镇化快速推进中出现了农村边缘化现象,导致城乡差距较大,"三农"问题凸显,并对国家整个经济社会的进一步发展构成约束。二是理论,即中共十六大以来形成重中之重的工作布局后,做出了"两个趋向"的重大论断。2004年9月,中共十六届四中全会指出:综观一些工业化国家发展的历程,在工业化初始阶段,农业支持工业、为工业提供积累是带有普遍性的趋向;但在工业化达到相当程度以后,工业反哺农业、城市支持农村,实现工业与农业、城市与农村协调发展,也是带有普遍性的趋向。中共十六届五中全会提出并实施的建设社会主义新农村,与之前的社会主义新农村建设有不同之处。一是新农村建设

与农业发展关系的定位不同。之前,实际上有"先生产,后生活"(这一提法在农业上没有明确过,但在工业建设上则明确了这样一个政策取向)这样一个政策,乡村建设随着农业生产的发展而改善。毛泽东提出农业十七条并扩展为四十条的《一九五六年到一九六七年全国农业发展纲要》,主题是规划农业发展,但不限于此,对新农村建设也做了规划。1960年4月二届全国人大二次会议通过的《关于为提前实现全国农业发展纲要而奋斗的决议》更是直接指出,1956年到1967年全国农业发展纲要是高速度发展中国社会主义农业和建设社会主义新农村的伟大纲领。① 在上述纲要的主题、内容和决议以及长期的实践中,贯穿了农业发展先行并带动新农村建设这样一种政策逻辑关系。2005年中共十六届五中全会提出推进社会主义新农村建设,包括了农村建设的各个方面,把农业作为其内容之一,进而构建起与此前完全不同的农业发展与新农村建设的政策逻辑关系。二是新农村建设的目标层次不同。此前的社会主义新农村建设目标,是与当时的生产力水平一致的,侧重解决物质层面的问题,最开始是解决温饱问题,也有诸如群众通俗形象表述的"楼上楼下,电灯电话"等需求。中共十六届五中全会是在全国人民生活总体上达到小康水平后,提出按照"生产发展、生活宽裕、乡风文明、村容整洁、管理民主"的要求推进社会主义新农村建设,包括经济社会各个方面,而且要实现的目标水平更高。三是支持政策取向不同。之前,在农业养育工业、农村支持城市的政策取向下推进社会主义新农村建设。在城乡二元财政政策下,新农村建设所需资金,主要靠农民自己解决。中共十六大后,基于已进入工业化中期和中等收入国家行列,开启了农业养育工业向工业反哺农业、农村支持城市向城市支持农村的转变。2005年十届全国人大常委会第十九次会议通过关于自2006年起废止《农业税条例》的决定,并通过实施公共财政覆盖城乡政策,使新农村建设得到国家财政支持的保障。

正因为中共十六届五中全会以来是在更高起点上实施社会主义新农村建设,并与统筹城乡发展、城乡一体化改革统一起来,加之各地统筹规划新农村建设的推进,工业化、城镇化快速推进中的农村边缘化现象得到扼制,农业基础地位得以夯实,实现粮食连年增产,农民收入增长缓慢问题得以扭转(2010年农民人均纯收入增速转为高于城镇居民人均可支配收入增速),农村基础设施、村容村貌、农村社会事业、农村社会保障等方面取得了

---

① 《人民日报》1960年4月11日,第2版。

重大进展,朝着"广大农民学有所教、劳有所得、病有所医、老有所养、住有所居"的方向发展。

(五) 2012年至今乡村改革发展向新发展理念下的乡村振兴提升

中共十八大以来,为实现全面建成小康社会的战略目标,针对长期实施赶超发展实现高速增长(1979—2012年中国国内生产总值年均增长9.8%)积累的资源过度消耗、经济质量不高、结构性矛盾等问题,做出了中国经济发展进入新常态的重大论断,提出推进供给侧结构性改革,促进由数量型向质量型转变。中共十九大明确中国特色社会主义进入新时代,把习近平新时代中国特色社会主义思想确立为党的指导思想,提出实施乡村振兴战略。在新发展理念下提出和实施乡村振兴战略,拓展了乡村改革发展的空间。

1. **实施乡村振兴战略,建立健全城乡融合发展体制机制和政策体系,加快推进农业农村现代化**

中共十九大提出实施乡村振兴战略,与以往促进乡村发展有所不同。一是重塑城乡关系。不同于以往长期的"以城带乡"的思路,十九大提出不仅要推进城乡一体化,还要向城乡融合发展递进,要求建立健全城乡融合发展体制机制和政策体系,改变乡村人才、资金等生产要素向城市单向流动的格局,让农村能够留住和吸引人才,推动形成三次产业融合、城乡融合的新型关系。二是对乡村发展予以了新的历史定位。随着经济社会的发展,也为适应人民生活水平提高的要求,在中共十六届五中全会提出按照"生产发展、生活宽裕、乡风文明、村容整洁、管理民主"推进社会主义新农村建设的基础上,十九大提出在新发展理念下按照"产业兴旺、生态宜居、乡风文明、治理有效、生活富裕"实施乡村振兴战略的更高目标要求,使乡村能够呈现出各美其美、美美与共的风貌,成为人居、产业、就业、文化、生态等有机统一的宜居和发展之地,从而改变以往以城市作为中心而乡村从属于城市的发展定位。三是明确了中国特色社会主义新时代乡村改革发展的新方案,那就是乡村振兴要走城乡融合发展之路、走共同富裕之路、走质量兴农之路、走乡村绿色发展之路、走乡村文化兴盛之路、走乡村善治之路、走中国特色减贫之路,这构成了中国特色社会主义乡村振兴的内涵和路径。① 2017年11月,十九届中央全面深化改革领导小组第一次会议审

---

① 参见《走中国特色社会主义乡村振兴道路——二论贯彻落实中央农村工作会议精神》,《人民日报》2018年1月1日,第2版。

议通过《农村人居环境整治三年行动方案》《关于加强贫困村驻村工作队选派管理工作的指导意见》《关于在湖泊实施湖长制的指导意见》《关于拓展农村宅基地制度改革试点的请示》。2018年1月2日,中共中央、国务院印发2018年中央一号文件《关于实施乡村振兴战略的意见》,明确提出:"实施乡村振兴战略,是党的十九大作出的重大决策部署,是决胜全面建成小康社会、全面建设社会主义现代化国家的重大历史任务,是新时代'三农'工作的总抓手。"9月26日,新华社公布中共中央、国务院印发的《乡村振兴战略规划(2018—2022年)》,指出"实施乡村振兴战略,是解决新时代我国社会主要矛盾、实现'两个一百年'奋斗目标和中华民族伟大复兴中国梦的必然要求,具有重大现实意义和深远历史意义"。这一规划是统筹谋划和科学推进乡村振兴战略的行动纲领,共11篇37章,对实施乡村振兴战略做出阶段性谋划,分别明确至2020年全面建成小康社会和2022年召开中共二十大时的目标任务,细化实化工作重点和政策措施,部署重大工程、重大计划、重大行动。

2. 落实新发展理念,拓展乡村发展空间

在总结改革开放以来经验的基础上,也基于中国经济进入新常态的重大判断,中共十八届五中全会提出创新、协调、绿色、开放、共享发展理念,这对乡村改革发展具有重大而深远的指导意义。新发展理念的提出和落实,使乡村的内涵更加丰富,乡村发展的空间得以拓展。一是统筹推进经济、政治、文化、社会、生态建设,乡村不再单纯追求物质生产和国内生产总值的增长,拓展了乡村发展的内涵,使乡村价值提升到与经济社会发展阶段相适应的高度,促进乡村转型升级。例如,乡村文化传承发展、生态文明建设与产业发展融合,让物质产品与精神产品的提供统为一体,使乡村功能的内涵发生了质的提升。二是在共享发展理念下,促进合作经济和集体经济的发展。其中,既推进土地所有权、承包权、经营权分置(简称三权分置),又促进集体产权制度改革,鼓励村民变成社区股份合作社、专业合作社、公司的股东,形成增加农民财产性收益的机制,夯实共享发展的所有制基础。三是实施脱贫攻坚,共同迈进全面小康社会。中共十八大以来,中央从全面建成小康社会要求出发,把扶贫开发工作纳入"五位一体"总体布局、"四个全面"战略布局,作为实现第一个百年奋斗目标的重点任务,做出一系列重大部署和安排,全面打响脱贫攻坚战。脱贫攻坚力度之大、规模之广、影响之深,前所未有,取得了决定性进展。2018年政府工作报告指出,五年间,全国贫困人口减少6800多万,易地扶贫搬迁830万人,贫困发生率由 10.2% 下降为 3.1%。

3. 推进供给侧结构性改革，促进乡村产业转型升级

中共十八大以来的供给侧结构性改革，与此前的历次乡村产业结构调整不同。改革初期促进农村多种经营发展，改变了单一发展农业的乡村产业结构，农村二三产业迅速发展，而在农业内部，也改变了以粮食为主的产业结构。20 世纪 90 年代，开始按照高产、优质、高效（简称"三高"）调整结构。90 年代后期，随着农业的发展，中央做出了农业发展进入新阶段的判断，也相应提出了农业结构的战略性调整。[①] 随着城乡居民生活水平的提高，特别是对农产品生态和安全的需求日益强烈，在"三高"的基础上，又增加了生态和安全两项内容，即朝着高产、优质、高效、生态、安全等方向发展。中共十九大报告提出："构建现代农业产业体系、生产体系、经营体系，完善农业支持保护制度，发展多种形式适度规模经营，培育新型农业经营主体，健全农业社会化服务体系，实现小农户和现代农业发展有机衔接。促进农村一二三产业融合发展，支持和鼓励农民就业创业，拓宽增收渠道。加强农村基层基础工作，健全自治、法治、德治相结合的乡村治理体系。培养造就一支懂农业、爱农村、爱农民的'三农'工作队伍。"简言之，此前的乡村产业结构调整，主要是针对产业结构、产品结构、质量结构。此次供给侧结构性改革，是在经济发展进入新常态后，从产业组织制度、产业形态等全方位着力，既要促进产业结构、品种结构和质量结构的改善，还通过促进一二三产业融合发展，促进由产业低端向高端延伸、由价值链低端向高端延伸。

综上所述，无论是新中国成立起至改革开放前，还是改革开放以来的四十年，中国的乡村发展都不是孤立的，都是与国家整个经济社会发展联系在一起的，两者呈互动关系，国家经济社会的发展决定了乡村发展路径和政策选择。1978 年以来，随着改革的不断深化和经济社会发展，这种协同互动的内涵不断拓展，经历四次演进：1978—1984 年重塑生产经营主体和实现农产品全面快速增长的突围；1985—2002 年乡村经济社会结构重构；2002—2012 年向城乡一体化和社会主义新农村建设延伸；2012 年至今则提升为新发展理念下的乡村振兴。这样一个渐进拓展的改革发展历程，构成了乡村经济社会改革发展与国家整个经济社会改革发展协同互促的

---

① 参见农业部软科学委员会课题组：《中国农业发展新阶段》，中国农业出版社 2000 年版，第 3-15 页。

结构图谱。

二、乡村发展的重大突破

对乡村发展成就的研究已有很多成果,包括制度创新、技术进步、产业发展、社会进步、农民生活水平提高等。鉴此,有关制度变迁或技术进步等乡村发展的成就不做赘述,而是从长时段对工业与农业、城市与乡村关系进行考察,阐析乡村发展路径、发展能力、功能拓展等重大历史性突破,以更突出地呈现乡村发展的历程及其历史地位。

(一)在工业化进程中突围城乡二元结构,向融合发展迈进

工业化进程中的二元结构是全球性现象。自工业革命起,影响乡村发展的外部因素,除传统农业文明时期的商业及由此构成的农商关系外,工业化和城镇化成为两大新的主导因素。从国外实践分析,工业与农业、城市与乡村呈现出紧密的相互促进和相互约束的关系,大致经历两个大的阶段。第一个阶段是在工业化初期,受市场、政府作用,工业生产率高于农业生产率,导致乡村劳动力、资本等生产要素大量流向工业和城市,导致聚集工业的城市与延续农业的乡村之间发展差距拉大,形成工业与农业、城市与乡村的二元结构。第二个阶段是进入工业化中期后,农业和乡村发展不仅滞后于工业和城市,也难以支撑起工业和城市的进一步发展。在市场机制解决不了工业与农业、城市与乡村二元结构问题的情况下,政府采取多种措施,将农业养育工业转变为工业反哺农业,以促进工业与农业、城市与乡村的协同发展。

中国的工业与农业、城市与乡村发展的关系,不可避免地先是形成工业与农业、城市与乡村二元结构,选择农业养育工业的产业剩余分配政策,然后向协同发展转变,将农业养育工业转变为工业反哺农业。不同的是,由于私有制与公有制、计划经济体制与市场经济体制、先发国家与后发国家等差异的原因,呈现出中国特色的探索历程和实现路径,大体经历了四个阶段。

1. 第一个阶段:第一个五年计划时期起至1978年

中国作为后发国家,为实现赶超发展,从保障国家工业化战略顺利实施出发,在发挥社会主义制度能够集中力量办大事优势的建设模式下,实行计划经济体制下的城乡分治和人民公社内部的工农商学兵结合。中国在改革开放前,不仅通过户籍制度隔离城乡人口,还形成了在农村发展农业和在城市发展工业的产业分割,并在基础设施建设、社会事业发展、社会

保障等方面实行城乡二元政策。实施这样的政策,是因为中国作为后发国家,要实现赶超,只能依靠自力更生。鉴此,改革开放前不仅要实施低消费、高积累政策,还要通过实施城乡二元财政政策,把国家有限的财力集中用于发展城市工业。毋庸置疑,这一政策的实施,实现了集中力量办国家工业化大事的预期目标。同时,由于农村集体经济的发展,以及以此为基础构建起的积累机制,①也促进了乡村基础设施、社会事业、社会保障(如"五保制度"、在当时条件下能够最大程度解决农民医疗保障而受国际社会赞誉的"赤脚医生")的发展,使得城乡发展虽然有差距,但在可接受的范围内。

2. 第二个阶段:1978年起至世纪之交

基于国家构建起相对独立的工业体系,随着国家工业化的进一步发展,在改革开放进程中,开始向工农城乡二元结构突围,由城乡分治向开放发展转变。在改革开放前社队企业发展的基础上,乡镇企业异军突起,开始了有中国特色的农村工业化、农村城镇化进程。尽管如此,由于城市发展快而乡村发展相对滞后,工业与农业、城市与乡村二元结构依旧,到世纪之交,"三农"问题凸显。

3. 第三个阶段:世纪之交起至中共十八大前

基于已进入工业化中期,从中共十六大起,开始突破城乡二元政策,出台了一系列促进城乡一体化的政策。特别是中共十六届五中全会提出建设社会主义新农村,加之取消农业税等农村税费改革和公共财政开始覆盖乡村,促进了乡村基础设施、社会事业和社会保障等快速发展。尽管如此,仍然没有根本改变劳动力、资金等生产要素单一由乡村向城市流动的格局,城市与乡村仍然是两个平行发展的经济社会单元。特别是乡村生产经营组织共享发展成果机制不健全、凝聚力不强、经营功能强而促进社会发展能力弱等问题明显,"空心村"问题依然存在。

4. 第四个阶段:中共十八大起至今

基于经济发展进入新常态,国家着力促进融合发展。中共十八大提出要促进工业化、信息化、城镇化、农业现代化同步发展,中共十九大提出城乡融合发展。这样的突破,给乡村振兴提供了新的动能。十八大以来,在新发展理念下,大力推进美丽乡村建设,乡村产业、文化、生态融合发展,乡

---

① 参见郑有贵:《构建内生发展能力强的农村社区集体行动理论——基于发达村与空心村社区集体积累和统筹机制的探讨》,《马克思主义研究》2017年第12期。

村文化体验和休闲旅游业、康养业迅速发展,乡村聚集资源的能力开始增强,劳动力、资金等生产要素由单一的外流开始向返乡转变。城乡融合发展进程的开启,昭示出农业成为有奔头的产业、农民成为有吸引力的职业、农村成为安居乐业的美丽家园的前景。

由上可见,中国的城乡二元结构,或城乡一体化,或城乡融合发展,不是孤立的,而是与社会生产力水平相关的,社会生产力水平的提高是促进城乡二元结构向城乡一体化、城乡融合发展的基础,对历史是非的评判不能脱离生产力水平及其历史场景和历史逻辑。

(二) 在打破城乡分治中突围,农民单一从事农业向多元就业创业拓展发展空间

中国农民的内涵,改革开放前后的差异很大。在改革开放前的计划经济体制下,特别是在人民公社体制、农产品统派购制度、与社会福利和就业挂钩的户籍制度下,尽管将农村人民公社构想为实行工农商学兵结合的社会结构,但由于将工业限于城市发展,在农村限于发展"五小"工业,加之总体上保障城市工业发展的政策体系等原因,社队工业没有大规模发展起来,农民不能自由流动和就业,除参军、被选派为"工农兵"大学生并完成学业等少数人外,只能限于所在公社内从事农业生产(一般也不能跨生产队流动)。换言之,这一时期的农民是居住在农村、户籍为农业人口、从事农业生产经营的统一体。之所以形成这样的制度安排,有两个方面的原因。一方面是历史原因,其中有两个重要时间节点。一是 20 世纪 50 年代初。由于农村劳动力快速流向城镇,导致城镇农产品供给不足和就业难,"黄色炸药"和"黑色炸药"两害相权取其轻,国家选择对粮食、棉花等农产品实行统购统销。二是"大跃进"及之后的国民经济困难时期。"大跃进"、人民公社化运动等导致农业生产大幅下滑,农产品供给严重短缺,1959 年开始实施城乡有别的户籍制度,在国民经济调整时期又安排 2000 余万城镇人口到农村,以增加农业劳动力和减轻向城镇提供农产品的压力。另一方面是产业结构原因。由于优先发展资金密集型的重化工业,吸纳农村劳动力到城市工业部门就业能力弱,在计划经济思维下,通过一系列制度和政策把劳动力留在农村从事农业生产。此外,由于农业的发展仍然不能满足重化工业优先发展的需要,城市就业问题严峻,国家不得不号召城市知识青年到农村工作(习惯称"上山下乡")。

改革开放以来,第一个成功突围城乡二元结构的领域,就是农民由单一在农村从事农业向城乡开放的多元就业创业转变,也就突破了农民只能

在当地从事农业的就业限制,拓展了农民的发展空间。

农业乃至整个国民经济的快速发展,为改革把农民与农业捆绑在一起的人民公社体制、农产品统派购制度,进而实现农民多元化就业创业奠定了物质基础。鉴此,在城镇化进程中,开了户籍由农业人口转为非农业人口的口子,农村居民可以转变成城镇居民。放开对仍是农业人口的农民的就业创业,支持他们向多方面发展,可从事农业,可从事非农产业,可农业与非农业兼业。随着乡村的发展,乡村对生产要素的聚集能力增强,一些外出创业就业的农民开始回乡创业。

改革开放以来城乡就业政策的上述突破,也就形成了通过减少农民比例以解决农民问题的路径,迈出了突围城乡分割而打破二元结构的第一步,拓宽了农民发展的空间,农民在多元就业创业的实践中也增强了发展能力。

由上可见,改革开放以来,农民的内涵与此前有明显区别,即改革开放时期的农民与是否从事农业无关,与是否居住在农村无关,仅仅是户籍为农业人口者。这一开放就业创业政策的重大突破,是多重因素作用下的历史性突破,即既是改革中让市场在劳动力配置上发挥作用的结果,也是实施赶超、建立起国家工业体系乃至到世纪之交进入工业化中期,以及由此推动农业现代化水平提升的结果。

(三) 在生产经营主体重塑中突围传统农业,向现代农业转型

传统农业向现代农业转型,科技进步是重要内涵和标志,而能将现代科技转变成现实生产力的主体是生产经营主体。

改革开放前后两个时期的农业发展路径,显著区别在于农业生产经营的组织形式,前者是完全由集体统一经营,后者是在家庭承包经营基础上的多元组织化经营。两者是在不同的生产力水平和经济体制下探索形成的。

改革开放前的集体统一经营,是实现赶超发展的历史使命而建立起来的计划经济体制的组成部分。自1956年农业社会主义改造完成后,建立起土地等农业生产资料公有制,由此也在农业上实行单一的集体统一经营、集中劳动、按工分分配。尽管之后建立起人民公社体制,但其经营方式没有实质变化。实践证明,集体统一经营,有利于解决当时农户生产工具不足的问题,有利于通过集体积累促进农田水利建设、提升农业机械化水平、加快科技成果的推广应用、加快农村社会事业的发展,有利于避免两极分化,有利于旨在实现赶超发展的国家工业化战略的顺利实施等,即实现

了农业组织化初期设定的重要目标。然而,计划经济体制下的集体统一经营,由于在农民温饱问题没有根本解决的情况下还要向工业的发展提供足够的农产品原料,在农业剩余较低的情况还要通过工农业产品价格"剪刀差"向工业部门提供积累,这一政策取向及政社合一体制下的生产和购销计划管理,使得集体经济组织缺乏自主权而活力不足,加之集体劳动及相配套的按工分分配难以避免成员与成员之间分配上的"大锅饭",使得农民的积极性也不足。尽管如此,当时认为社会主义农业只能实行公有制下的集体统一经营,还教条地理解列宁关于小生产每日每时地大批地产生资本主义和资产阶级的说法,主张要让小生产绝种,在实践中追求"一大二公",由互助组到初级社、高级社再到人民公社,公有化程度越来越高,组织规模越来越大,不但不允许小私有的家庭经营,甚至在集体经济内部实行包产到户形式的家庭承包经营也不允许。

改革开放以来,乡村生产经营主体实现了由集体统一经营向以家庭承包经营为基础的多种形式组织化的突破。改革开放初期,集体经济实行家庭承包经营,经历了极为复杂而艰难的过程。打破集体经济单一的统一经营,对集体土地等实行家庭承包经营,是因为具备了两个方面的历史性条件。一方面,是由于国家工业化战略顺利实施,到20世纪70年代末建立起相对独立的工业体系,即有了生产力提升的基础。然而,工业与农业、城市与乡村的发展差距以及农业、乡村滞后于工业、城市的状况严重影响工业和城市的进一步发展,农业向工业提供积累的需求更为紧迫。正因为如此,中共十一届三中全会把加快农业发展作为主要议题之一,原则通过了包括有25条具体措施的《中共中央关于加快农业发展若干问题的决定(草案)》。另一方面,是因为十一届三中全会确立解放思想、实事求是的思想路线,即有了思想路线的保障。在家庭承包经营制度建立的基础上,随着改革的深化和解决家庭小规模生产经营中遇到诸多问题的需要,形成了集体经济组织、农民专业合作社、"公司＋合作社＋农户"等多元组织化发展路径。中共十八大以来,国家采取多种措施,加大对农民合作社、股份合作社、集体经济组织等经营主体的培育力度,新型农业经营主体日渐发育成长。农业生产经营主体的重塑,形成多元组织化发展路径,不仅使农业有了活力,还促进了市场经济下家庭小规模生产经营中所遇问题的解决,促进了农业发展能力和竞争能力的提升,促进了农业由数量型增长向质量效益型发展的转变。突出表现在以下几个方面。

1. 破解了人多地少资源禀赋下难以改变面朝黄土背朝天劳作方式的难题

改革开放初期的一段时期里,几乎达成了一个共识,认为中国人多地少,农村富余劳动力较多,农户经营土地的规模小,在农业生产中用机械替代劳动难以推进。① 然而,实践却给出了相反的答案,农业机械化水平快速提升,农业生产由传统的人力、畜力为主跨越到以机械化为主,2017年全国主要粮食作物综合机械化率挺进80%的新水平②,农作物耕种收综合机械化水平超过66%③,农民世代面朝黄土背朝天的劳动方式成为历史。同时,智能技术也应用到农业生产。这些极大地改善了农业劳作条件,把农民从繁重的劳动中解脱出来。

2. 缓释了农业靠天吃饭的大幅波动问题

在长期推进农业现代化建设的努力下,中国农业技术进步了,装备水平提高了,基础设施也改善了。2017年,全国耕地灌溉面积达到10.08亿亩,主要农作物良种基本实现全覆盖,自主选育品种占比达95%,农业科技贡献率达57.5%。④ 这些都使农业生产靠拼资源、拼消耗逐渐成为历史,正在从主要依靠增加资源要素投入转向主要依靠科技进步,也使农业生产由受自然因素影响大幅波动向相对稳定态势发展。例如,大棚生产技术特别是现代工厂生产技术的广泛应用,使光热资源能够得到更充分利用,在一定程度上缓解了自然灾害对农业生产的影响。就粮食而言,全国总产量由1978年的3.05亿吨增加到2017年的6.62亿吨,即实现了翻番。不仅如此,全国农产品产量由波动增长向平稳增长发展,突出地体现在,自2004年起至2015年,全国粮食产量实现连续13年增产,2012年起每年粮食产量稳定在12000亿斤以上,实现了"谷物基本自给、口粮绝对安全"的目标。农产品供给充足,为稳定经济社会发展大局发挥了"压舱石"的作用。

3. 破解了人多地少的人口大国解决温饱问题与结构改善难兼顾的问题

改革开放以前,由于人口快速增加、工业化快速推进,对农产品尤其是粮棉油糖等大宗农产品数量增长的需求较为急迫,解决温饱问题与结构改善的矛盾一直没有得到解决。加之受自上而下的计划管理影响,一些地方

---

① 参见郑有贵:《中国农业机械化改革的背景分析与理论反思》,载农业部农村经济研究中心编:《中国农村研究报告2000》,中国财政经济出版社2001年版,第194-215页。
② 《农业部:2017全年主要粮食作物综合机械化率将突破80%》,http://finance.people.com.cn/n1/2017/1205/c1004-29687715.html。
③ 农业农村部党组:《在全面深化改革中推动乡村振兴》,《求是》2018年第20期。
④ 农业农村部党组:《在全面深化改革中推动乡村振兴》,《求是》2018年第20期。

在执行"以粮为纲,全面发展"方针时甚至变成了"以粮为纲,全面砍光",这样的窘境在改革开放前一直未能摆脱。改革开放以来,由于科技进步、装备水平提高、基础设施改善和农民积极性的调动,尽管快速推进的工业化、城镇化占用大量耕地,农业仍实现快速发展,并由数量型向质量效益型提升,不仅实现农产品产量的增加,还实现了产业结构、产品结构、品质结构的极大改善,为满足人民生活水平日益提高的需求做出了贡献。

中国传统农业向现代农业转变并实现重大突破的同时,在国际上也发生着重大转变,突出的有两个现象:一是在农业方面,中国由受援国向援助国转变;二是在加入世贸组织前担心农业会受国际市场严重冲击的问题,除个别品种如大豆外,基本没有成为现实,而且改革开放初期开始的以进口水果为时尚礼品的现象渐退,国内生产的高质量农产品逐步满足了消费的需要。这些表明,在强农惠农富农建农政策下,中国农业现代化快速发展,成功摆脱了在国际上的弱势地位,不仅使占世界约 1/5 人口的温饱问题得到较好解决,而且还满足了人民群众对品种多样化、质量优化的更高需求,也为世界农业做出了重大贡献。

(四)在融合发展中突围,由主要发挥产业功能向多种功能拓展

城乡融合发展是以生产力发展到一定水平为前提的。在改革开放前物质技术积累的基础上,随着工业化、城镇化的进一步发展,乡村从主要关注和利用农业的产业功能向多种功能逐步拓展,并与城乡由二元结构向融合发展呈互动关系。中国乡村功能的拓展,有与国际相通之处,也有独特之处。

相通之处在于,随着改革的深化和社会生产力水平的提高,乡村功能由主要发挥农业的产业功能向多种功能拓展。自工业革命起,开启了传统农业文明为主向现代工业文明为主的转变,传统乡村日渐边缘化而处于失落境地。尽管如此,在工业化进程中,农业有着不可替代的功能,不仅有传统农业社会时期的提供农产品维持生计的功能,还随着工业化的发展,增加了为工业提供农产品原料和提供工业品市场、劳动力、外汇等贡献。[1] 随着现代工业和城市的进一步发展,人民生活水平需求多样化,乡村的生态、文化传承发展等功能渐显。

中国乡村由主要发挥农业的产业功能向多种功能拓展,是一个随着生

---

[1] 参见(印)苏布拉塔·加塔克、肯·英格森特:《农业与经济发展》,吴伟东、韩俊、李发荣译,王广森校,华夏出版社 1987 年版,第 1 页。

产力水平提高的渐进过程,有自身的路径和特色。

1. 中国特色农村工业化、城镇化路径的探索形成和快速推进,使乡村多种功能的需求日益凸显

改革开放前,中国乡村的功能包括提供国家工业化所需要的工业原料、农业部门剩余向工业部门输送、提供出口农产品换取外汇对工业化的支持、供给城乡居民农产品、提供工业品的市场等,这其中主要是围绕发挥农业的产业功能。1978 年起到 20 世纪 80 年代,在搞活政策取向下,由于机制灵活,加之乡村劳动力成本低,乡镇企业异军突起,部分农民实现了就地向非农产业转移(当时,农民的农业户口性质不变,仍居住在农村,农闲时务工,农忙时务农,俗称为"两栖农民"),在解决农业富余劳动力就业、农民增收和社会财富增长方面发挥了重大作用。这是一种不同于计划经济下的自主创业发展,也普遍发生村村点火、户户冒烟现象,导致乡村环境严重污染。针对如此分散兴办工业企业的弊端,地方开始兴办工业园区,引导乡镇企业逐步向工业园区集中,由此改善了企业发展所需要的基础设施,以促进企业聚集和产业聚集效应的形成,促进农村城镇化的发展。随着工业化进入中期阶段,也随着城镇化的发展和生活水平的提高,人们对乡村生态、文化等功能的多样化需求日益增强。

2. 乡村劳动力外出就业创业为乡村多功能拓展提供了人力资本支撑

20 世纪 90 年代到世纪之交,中西部地区的乡镇企业不能吸纳当地更多的农业富余劳动力,乡村劳动力开始流向异地特别是沿海地区和大中城市,乡村向工业化、城镇化提供劳动力、资金、土地等功能凸显,其中形成的"民工潮"极为壮观,东部地区因获得低价劳动力而实现快速发展,农民工也实现就业、收入增加,不少还从中学到技术和经营管理经验,为返乡创业促进一二三产业融合发展、城乡融合发展奠定了基础。

3. 社会主义新农村建设使乡村多种功能更为显现

面对工业化、城镇化快速发展而乡村发展相对滞后,导致"三农"问题日益突出的现实,中共十六大开始实施统筹城乡发展方略和促进城乡一体化,十六届五中全会提出建设社会主义新农村。社会主义新农村建设的推进,显著地改善了乡村的基础设施、村容村貌,促进了乡村文化和社会事业的发展,乡村不仅外观变美,还蕴含了文化魂①,为乡村由主要发挥产业功能向多种功能拓展创造了条件。

---

① 参见郑有贵:《乡村之美在于有文化魂——兼评〈千村故事〉》,《农业考古》2017 年第 4 期。

4. 新发展理念引领乡村多功能拓展

中共十八大以来形成了绿水青山就是金山银山的理念,十八届五中全会提出绿色发展理念,乡村功能由提供物质产品、增加物质财富转向与生态文明建设、体验农耕文化、传承发展乡村文化、领略民族风情的发展统一起来,形成城乡和一二三产业融合发展态势,进入城乡融合发展阶段,进而形成中国特色社会主义乡村多功能融合的发展路径。换言之,中国随着乡村由主要发挥农业的产业功能向多种功能拓展,为城乡由二元结构向融合发展奠定了基础,融合发展也使乡村多种功能够更充分发挥出来。

综上所述,新中国成立以来,乡村发展路径的探索形成、发展能力的提升以及功能的拓展,不是孤立展开的,而是受国家整个经济社会发展影响,其中起决定作用的主要有这样两个因素。一是生产力层面的因素。除包括乡村社会生产力水平外,还包括工业化和城镇化进程中工业与农业、城市与乡村的发展及其互动关系。二是基于社会主义计划经济向社会主义市场经济转变的体制因素。在这样的历史条件下,中国乡村发展路径呈渐进拓展,从实行家庭承包经营的探索起步,其后市场化改革的推进引发了农民发展空间的突破,由此促进经济社会提升到新的台阶,促进城乡由分割到融合的转变。这样一个历史逻辑是由生产力水平提高所决定的,也是改革开放以来在解放思想、实事求是、与时俱进、求真务实的思想路线下顺应历史发展规律所取得的重大成果。对乡村发展实践所做的阐析表明,对于乡村发展路径,不能单一从制度上进行分析,而是应从生产力与生产关系结合视角下的工业与农业、城市与乡村关系进行考察分析。从中可见,中国乡村发展路径的重大突破,是由中国在国际上处于后发国家、国内工业化进程中工农城乡关系、乡村经济社会诸关系等结构所决定的。如果离开这样的结构性分析,把中国乡村发展问题孤立化,就难以深刻把握乡村改革发展路径的形成及其重大突破的历史意义。

三、乡村发展的历史经验

随着实践和理论的发展,对中国促进乡村发展经验的总结不断深化。鉴于亲历者和学界的探讨、中央对乡村发展经验的总结,不再就专项经验进行重复探讨,而是基于实践和理论的新发展,尝试把当代中国乡村发展纳入工业化进程中考察,就乡村发展如何基于当时的历史任务和历史条件,处理好尊重农民首创精神与顶层设计、对乡村的"取"与"予"、乡村服务城市与乡村振兴、主体主导与多元互补发展这四个重大关系的历史经验进行探讨。

(一) 处理好尊重农民首创精神与顶层设计的关系

制度创新和发展的动力源于权益的保障和利益的改善。充分尊重农民的首创精神,有利于从实际出发推进制度创新和发展创新,实现农民的潜在利益或利益改善。中共十一届三中全会原则通过、十一届四中全会正式通过的《中共中央关于加快农业发展若干问题的决定》,明确了要保障农民物质利益和民主权益的指导思想,即"农业政策和农村经济政策的首要出发点,是充分发挥社会主义制度的优越性,充分发挥我国八亿农民的社会主义积极性。我们一定要在思想上加强对农民的社会主义教育的同时,在经济上充分关心他们的物质利益,在政治上切实保障他们的民主权利。离开一定的物质利益和政治权利,任何阶级的任何积极性是不可能自然产生的"。如何保障农民的物质利益,除了国家调整政策外,农民也在寻找实现方式,而且由于他们没有理论上的约束,特别是对于所处的环境有深刻的感知,会寻找到有效的实现方式。改革开放前农民首创包产到户如此,改革开放初期首创包干到户如此,在包干到户实施之后发展农业产业化经营和组建农民专业合作社也是如此。正是因为国家充分尊重农民的首创精神,善于总结基层实践的经验,并与国家顶层设计结合,探索出上下互动、避免认识上的教条而易于突破、能激发农民的发展动力、推广时易被农民接受的制度变迁路径。这是乡村改革发展能够成功突破的重要经验。

1. 尊重农民首创精神不能离开国家顶层设计的统筹完善,否则难以避免局部利益影响全局利益、近期利益影响长远利益问题的发生

无论是改革开放前农民首创包产到户,还是改革开放时期农民首创包干到户、农业产业化经营等农业经营制度,都是基层以实现农民的潜在利益或利益改善为动力。在这样一种出于实现局部利益、近期利益的制度创新过程中,需要国家顶层设计的统筹完善,才能实现局部利益与全局利益、近期利益与长远利益的统一。例如,国家在推广包干到户过程中,不是单一推广之,而是将家庭承包经营作为集体经济双层经营中的一个层次。肯定包干到户的第一个中央一号文件《全国农村工作会议纪要》(1982年)特别提出,"由集体统一管理和使用土地、大型农机具和水利设施"。然而,在实行包干到户过程中,农民从实现利益更大化和兑现近期利益出发,几乎把所有的农业生产资料都分到户,只顾家庭经营一个层次,中央关于包括发展集体统一经营在内的双层经营的顶层设计没有得到全面实施,导致一

个时期内与现代化相悖的去组织化,①也就使全局和长远发展面临不少困难。随着实践的发展,中央在延长土地承包期让农民吃上"定心丸"的同时,进一步从全局和长远发展出发,将以家庭承包经营为基础、统分结合的双层经营体制明确为农村基本经营体制。1990年3月3日,邓小平提出了农业"两个飞跃"的战略构想,指出:"中国社会主义农业的改革和发展,从长远的观点看,要有两个飞跃。第一个飞跃,是废除人民公社,实行家庭联产承包为主的责任制。这是一个很大的前进,要长期坚持不变。第二个飞跃,是适应科学种田和生产社会化的需要,发展适度规模经营,发展集体经济。这是又一个很大的前进,当然这是很长的过程。"②集体经济组织尽管由于承担乡村基础设施建设和办社会负担重、政策支持不足、法律保障缺乏、内部激励机制构建滞后等原因,统一经营一度陷入困境,但国家一直没有放弃发展集体经济,始终坚持土地集体所有,这是21世纪初起农村集体经济在强农政策和内部制度改革下逐步发展的原因。再如,在基层首创农业产业化经营初期的"公司+农户"模式中,由于公司的强势和农民的弱势之差,农民利益得不到充分保障。在这种情况下,国家倡导发展农民专业合作社,并通过制定和实施《中华人民共和国农民专业合作社法》这样一种顶层法律制度安排,为促进农民专业合作社的发展壮大提供了法律保障,也促进了"公司+合作社+农户"、"合作社+农户"、"党支部+合作社+农户"等多种组织化模式的形成,使农民能够更充分地分享发展成果。

2. 国家顶层设计的实施需要充分发挥农民的首创精神

中国之所以能够取得跨越发展的奇迹,一个重要的经验,就是通过战略、规划、制度、政策等,引导资源的配置和利益的分配,把局部利益与全局利益、近期利益与长远利益统筹起来,这其中也需要处理好尊重农民首创精神与顶层设计的关系。20世纪50年代,国家实施工业化战略,这无疑是战略性顶层设计,服务于国家工业化战略实施而建立高级农业生产合作社和之后的农村人民公社也是一种顶层设计,其中一开始就面临如何处理好国家、集体、个人利益的关系。1957年2月27日,毛泽东在最高国务会议第十一次(扩大)会议上发表的、后来被视为为中国社会主义道路探索做出重大贡献的《关于正确处理人民内部矛盾的问题》的讲话中,就提出了解决好国家、集体、农民利益关系的命题,指出"合作社正在经历一个逐步巩固

---

① 参见郑有贵:《农业"两个飞跃"应创建集体权益与成员权益统一的实现形式》,《毛泽东邓小平理论研究》2017年第8期。

② 《邓小平文选》(第3卷),人民出版社1993年版,第355页。

的过程。它还存在着一些需要解决的矛盾。例如,在国家同合作社之间,在合作社内部,在合作社同合作社相互之间,都有一些矛盾需要解决"。但是,由于中国作为后发国家追求赶超发展,快速推进国家工业化,加之对有助于破解这一难题的农民首创的包产到户又加以取缔,充分保障农民物质利益的问题没有实现有效破解。改革开放初期,中国工业化尽管仍然处于初期,仍需要农业向工业提供积累,但已建立起相对独立的工业体系,对农业向工业提供积累需求的紧迫性大为弱化,这是尊重农民首创精神,允许实行包干到户,进而解决好国家、集体、农民利益关系的重要条件。21世纪初起,尊重农民首创精神,通过各类公益事业理事会、股份合作等组织制度创新,使统筹城乡发展方略、推进城乡一体化、建设社会主义新农村、促进城乡融合发展等顶层设计能够因地制宜地加以切实实施,并使其绩效更充分地发挥出来。为更好地实现乡村振兴,一些地方(如黑龙江兴十四村)发挥党支部的核心领导作用,构建起党领导下的治理机制,积极促进集体经济改革发展,发展成特色小镇,步入城乡融合发展之路。一些地方坚持党的领导,首创了"党支部+合作社+农户"模式,探索出党对合作社领导和监督的有效实现路径。这些农民首创精神的发挥,使国家的顶层设计落到了实处。实践表明,离开农民的参与,不尊重农民的首创精神,国家顶层设计在实践中是难以实现预期目标的。

3. 尊重农民首创精神和顶层设计的结合,不是静态不变的,而是要动态地基于经济社会发展阶段及其需要解决的主要矛盾

在改革开放初期,乡村改革要解决的主要问题是生产经营主体缺乏活力和对农民的激励不充分的问题。这一时期,改革虽有搞活经济这样一个方向性目标,但具体体制很不明确,还处于摸着石头过河的改革阶段,尊重农民的首创精神在推进改革发展中发挥了极其显著的作用。这一时期,对农民首创改革方案进行总结完善并加以推广,也才易于突破认识局限性的束缚。21世纪初,中国处于工业化中期,乡村改革发展要解决的主要问题是城乡差距较大的问题,需要统筹城乡发展、推进城乡一体化、实行工业反哺农业,这些政策转变都不是自下而上的改革能实现的,必须从国家层面进行调整。即便如此,也需要基于实践中的试验探路和试错,并在这一过程中尊重基层首创精神,对顶层设计的实施方案加以完善。

(二)处理好对乡村"取"与"予"的关系

无论是工业化初期对乡村"予"小于"取"的负支持阶段,还是21世纪初进入工业化中期对乡村"予"大于"取"的正支持阶段,政府都运用财政政策工具促进乡村发展,只不过是对乡村"予"与"取"相对数量的大与小,以及支持的政策目标和具体领域不同而已。1949年以来,中国在对乡村"予"所实现的政策目标及向哪些主体"予"、如何"予"等方面积累了经验。

1. 根据工业化发展阶段和国家发展战略对乡村发展支持政策做出选择、调整

改革开放以来,国家对乡村的支持,经历了负支持和正支持两个阶段。第一个阶段,中国工业化仍处于初期,农业部门的剩余继续向工业部门转移(通俗称为农业养育工业),即政府对农业仍然实行负支持。第二个阶段,基于进入工业化中期的新阶段,中共十六大起,开始明确对乡村实行多予少取的政策取向,政府对乡村开始由负支持向正支持的政策取向转变。

中国关于乡村支持取向的确立,不是主观随意的,而是基于所处工业化阶段及国家实施的发展战略。早在1953年,即国家工业化战略实施伊始,毛泽东就用富有情感的话语,清晰地表述了保障国家工业化发展是"大仁政",将照顾农民眼前利益的政策视为是"小仁政"。21世纪初,根据中国进入工业化中期的经济社会阶段,胡锦涛做出了"两个趋向"的论断,使政府对乡村实施正支持形成了统一认识。中国将乡村问题的解决纳入国家整个经济社会系统来考虑,并从理论和实践上加以不断丰富和发展,是乡村改革发展和中国现代化顺利推进的成功经验。

无论是"大仁政"、"小仁政"还是"两个趋向"的论断,都是长时段视角对工农城乡关系的把握。其中,在实践中,一些时候工农城乡关系处理不当,导致乡村发展滞后,是由于计划经济下的急于求成,或破解市场经济下乡村的弱势地位问题需要有一个过程,是短时段的问题。中国有勇气和能力纠正失误,在计划经济急于求成导致农业发展波折[①]之后,中央决定实施对国民经济的调整以加强乡村发展,在市场经济下针对乡村边缘化实施社会主义新农村建设和乡村振兴战略。如果不是这样一个从长时段视域对发展主线的把握,仅看到细碎化或短时段的波动现象,那就不能认识到中国乡村发展能够实现质的飞跃的原因。从长时段把握国家发展战略出发处理工农城乡关系的规律和短时期的失误,才能辩证地把握处理工农城乡关系的中国式经验。

2. 根据经济社会发展阶段对乡村支持目标和领域做出选择、调整

对乡村支持政策目标和领域的变化,是基于实践发展需要,并把国家

---

① 参见农业部农村经济研究中心当代农业史研究室:《中国农业大波折的教训》,中国农业出版社1996年版,第2-3页。

有限的财力用于最迫切需要解决的问题上。改革开放以来,政府支持乡村的领域和政策目标发生了变化,由促进产业发展到促进经济社会的全面发展。改革开放初期,针对农产品供给不足的问题,国家对乡村支持的政策目标是实现农业生产能力的提升,其中重大的建设项目是实施了大规模的商品粮基地建设。在农产品短缺问题得到缓解后,从满足农民增收和人民消费安全出发,继提出高产、优势、高效后,又先后加上"生态"和"安全"目标。尽管如此,政府对乡村的支持仍然以农产品供给为主,只不过不仅要满足农产品数量增长需求,还要满足质量提高需求。进入21世纪后,中国由于进入工业化中期,开始了由农业养育工业、乡村支持城市向工业反哺农业、城市支持乡村的转变。针对城乡差距扩大的问题,由偏重对农业的支持转向对乡村经济社会的全面支持,特别是2005年中共十六届五中全会提出建设社会主义新农村起,公共财政对乡村社会发展和基础设施建设给予了较大力度的支持。

3. 把增强乡村内生发展能力作为政府对乡村支持的着力点

改革开放以来,国家就如何通过政府对乡村发展的支持,以增强乡村内生发展能力,进行了多方面的探索,比如:通过基础设施、科技、价格等对产业发展的支持,奠定乡村发展的产业基础;通过对农村实用人才建设的支持,增强农民就业创业的能力;通过对农民合作社的支持,增强农业在市场经济下的发展能力;通过对农村集体经济的支持,增强乡村经济社会统筹协调发展能力。其中,以下两方面的经验尤为值得重视和在坚持中加以完善。

第一,在遵循世贸组织规则和借鉴国际经验实施直接补贴的同时,坚持通过对乡村基础设施建设和农业科技研发推广的支持,以实现生产力水平的提升。中国加入世贸组织后,基于世贸组织"绿箱"和"黄箱"政策的规定,开始实施不扭曲价格的直接补贴,这是对国际经验的借鉴。中国也积累了自己的经验,就是政府对农业基础设施建设和科技研发推广进行支持。中共十一届三中全会原则通过、十一届四中全会正式通过的《中共中央关于加快农业发展若干问题的决定》,明确了对农业实施支持的指导思想:"我们还必须切实加强国家对农业的物质支持和技术支持,使农业得到先进的技术装备……如果离开这种支持,单纯依靠农民本身的物质力量和积极性,农业还是不可能高速度发展,尤其不可能实现现代化。"中国农业生产能力,如粮食产能由1978年的30477万吨增加至2017年的61791万吨①,关键是国家注重农业基础设施建设、科技研发推广等。如果仅仅实施直接补贴,农业生产能力是难以如此快形成的。笔者在与经济合作与发展组织(OECD)专家交流时,他们对中国支持农业基础设施和科技研发推广迅速形成生产能力给予肯定,不同于国内有的脱离历史事实一概将其视为效率低下的判断。

第二,在多渠道支持乡村建设的情况下,将支持政策整合到农民为主体的经济组织,有利于促进乡村内生发展能力的提升。改革开放以来,乡村经济组织多元化,包括集体经济组织、专业合作社、农户、农业公司等。同时,随着农业养育工业向工业反哺农业政策、乡村支持城市向城市支持乡村的转变,政府支持乡村发展的渠道增多。这就面临重点支持哪类主体、多个部门如何支持等问题。从实践看,应坚持重点支持以农民为主体的组织。在20世纪90年代农业产业化经营兴起后,农业支持的政策目标,不仅包括增加产能,又增添了带动农户发展能力的提升这一内容。当时有一个支持农业产业化经营就是支持农业、支持龙头企业就是支持农民的认识。这一认识得不到实践的充分验证。进入21世纪,面对"公司+农户"模式中公司和农户两个不同利益主体博弈,处于弱势地位的农户不能充分分享发展成果的局面,国家加大对农民专业合作社的支持。毋庸置疑,集体经济组织、专业合作社、农业公司、家庭农场、农户都是发展现代农业和振兴乡村的重要力量。在支持多种主体中,需要根据中国农业生产经营规模小的特点,实施雪中送炭的政策,而不是锦上添花。实践表明,支持农民专业合作社,能够促进农业生产经营的发展;支持集体经济组织的发展,不仅能够促进农业生产经营的发展,还能够促进乡村社会事业的发展和基础设施的改善。实践还表明,构建起以集体经济组织为平台的政策支持体系,将政府对乡村的支持资金,通过集体经济组织进行整合,并通过集体经济组织代行国家财政支持资金所形成的财产的权益,或将国家财政支持资金所形成的股权明确由集体经济组织所有等,可以收到多方面成效:①与国家财政支持的性质相适应,可以避免国有财产的流失,避免财政支持政策的实施助推私有化②;②可以解决政府支持"撒胡椒面"不能形成合

---

① 国家统计局:《中华人民共和国2017年国民经济和社会发展统计公报》,2018年2月28日,http://www.stats.gov.cn/tjsj/zxfb/201802/t20180228_1585631.html。

② 参见郑有贵:《由脱贫向振兴转变的实现路径及制度选择》,《宁夏社会科学》2018年第1期。

力和重复浪费的问题;③可以促进集体经济的发展壮大,发挥集体经济在促进社区综合合作、乡村经济社会协调发展、城乡融合发展,进而在促进乡村振兴中的不可替代的功能。

(三) 处理好工业化进程中乡村服务城市与乡村振兴的关系

在工业化进程中,乡村的发展、振兴是与其功能定位及其实现相关的。在工业化初期,乡村服务城市的功能定位明确,不仅向城市提供农产品,还由于生产要素投入的回报率上存在工业高于农业的差异,导致土地、资金、劳力等生产要素由农业、乡村向工业、城市转移。如此,农业、乡村尽管受工业、城市发展的辐射带动而实现较快发展,但滞后于生产要素聚集能力强而实现更快发展的工业、城市,乡村边缘化,难以振兴。这表明,乡村边缘化是工业革命后工农城乡关系范畴的问题。

当代中国的实践表明,实现乡村服务城市与乡村振兴统一,应改变乡村以提供农产品、劳动力、资金等功能为主的状况。中共十九大提出城乡融合发展,是一种不同于刘易斯二元结构的发展模式。促进城乡融合发展,促进一二三产业融合和乡村多种功能的拓展,增强乡村内生发展能力,改变工业化过程中生产要素由农业、乡村单一流向工业、城市的态势,进而破解工业化进程中的城乡二元结构,促进乡村振兴。在工业化进程中实现乡村服务城市和乡村振兴的双重目标,有以下两个方面的经验教训。

1. 统筹把握农产品供给与乡村资源的生态、文化价值的关系

这是一个与经济社会发展阶段相关的问题。中国城乡二元结构的形成,除保障国家工业化战略实施的计划经济体制这一特殊原因,更主要还是由于经济自身运行所致。乡村生产要素外流不是中国特有现象,是国际上普遍存在的。诺贝尔经济学奖得主刘易斯对此问题进行了分析,提出城乡二元结构论。长期以来,中国一直处于温饱问题没有得到很好解决的经济社会发展阶段,不得不偏重农产品供给功能。不仅如此,为实现农产品数量的快速增长,选择先发展后治理,由此导致乡村生态功能被忽视,甚至乡村生态环境遭受破坏;在长期追求现代工业文明的侧重下,乡村文化功能被忽视,有当地特色的传统文化村落快速消失。在这样一种以保障农产品供给为主的乡村功能定位下,加之工业生产要素投入的回报高于农业,乡村生产要素大规模流向工业和城市。中国工业化、城市化的快速推进得到了乡村劳动力、资金、土地等生产要素大量非农化的支撑,但也使城市与乡村发展差距大的问题长期得不到解决,一些地方的农村还出现"空心化"现象。

进入21世纪,乡村功能发生了重大变化。工业化和城市化达到一定水平后,广大人民对生态优美和多样的乡村文化的需求增长,乡村的多种功能更为显现。适应这种变化,中国转变发展方式,由赶超时期的追求国内生产总值增长,转向经济、政治、文化、社会、生态全面发展。中共十八大以来,更加强调乡村的生态和文化等功能。在城镇化进程中,习近平提出要让城市融入大自然,不要花大气力去劈山填海,很多山城、水城很有特色,完全可以依托现有山水脉络等独特风光,让居民望得见山、看得见水、记得住乡愁[①];提出绿水青山就是金山银山的理念;提出包括绿色发展在内的新发展理念;提出生态兴则文明兴,生态衰则文明衰,要自觉把经济社会发展同生态文明建设统筹起来,加快构建生态文明体系,加快建立健全以生态价值观念为准则的生态文化体系、以产业生态化和生态产业化为主体的生态经济体系、以改善生态环境质量为核心的目标责任体系、以治理体系和治理能力现代化为保障的生态文明制度体系、以生态系统良性循环和环境风险有效防控为重点的生态安全体系[②]。正是在中国特色社会主义事业总体布局和新发展理念下,乡村的生态、文化等功能凸显,乡村体验、休闲、康养产业快速兴起,城乡融合发展日渐展开。

上述历史回顾给出了深刻的启示,即在建设美丽中国的进程中,要改变较偏重乡村的农产品供给功能的定位,更加注重生态和文化功能,以特有的充满魅力的生态和文化增强乡村发展聚集能力,改变乡村资源单一流向非农领域,扭转乡村边缘化、"空心化"趋势,乡村振兴才有产业发展的支撑。

2. 处理好农民进城与返乡的关系

在这个问题上,存在一些认识误区,把人口的城市化绝对化,对于农民返乡就业创业视为逆城市化。改革开放以来,农民进城或返乡,是在市场机制下受多种因素影响的结果。一是经济社会发展阶段。乡村劳动力流向非农是与工业化进程相伴的,也是由工业化所处阶段决定的。在工业化进程中,特别是工业化初期,由于工业部门的劳动力投入回报高于农业部门,因而乡村劳动力源源不断流向城市,这是市场经济下的普遍现象。就中国而言,在改革开放前的计划经济体制下,由于优先发展重化工业,这样

---

① 中共中央文献研究室编:《十八大以来重要文献选编》(上),中央文献出版社2014年版,第603页。

② 《坚决打好污染防治攻坚战 推动生态文明建设迈上新台阶》,《人民日报》2018年5月20日,第1版。

的工业化吸纳劳动力的能力有限,加之当时乡村向城市提供农产品的能力不足,因而采取与就业、消费品供应等统一于一体的城乡二元户籍制度,限制了乡村人口流向城市。乡村人口大规模流向非农,发生在改革开放后,特别是在20世纪90年代呈加速态势,发生"民工潮"现象。现今,中国乡村不能向工业和城市提供更多的劳动力,这被有的学者视为达到刘易斯拐点。如此,随着农业现代化的快速推进和乡村多种功能的拓展,城乡融合发展下乡村要素的回报率提高,吸引了工商资本下乡,农民在积累了人力资本、社会资本和开拓市场能力的基础上,也开始回乡创业。二是当时的发展需要。乡村劳动力流向工业和城市,有一个度的问题。如果在一个时间段内乡村劳动力流向城市的速度过快,一方面工业和城市接纳不了,另一方面导致乡村提供不了所需要的农产品供给。"大跃进"运动即是如此,因而在此后的国民经济调整时期,通过行政方式安排2000多万城市人口到乡村。再后来,国家动员知识青年下乡,也是这样一种经济发展状况决定的,而不是表象层面的单纯让知识青年接受贫下中农再教育的问题。经过改革开放以来乡村劳动力向工业和城市转移,要解决转移过多可能导致乡村荒废现象的问题。现今,乡村振兴需要多种人才。中央和各地采取多种政策措施,鼓励和支持农民返乡创业,是根据乡村振兴需要多种人才而采取的重大举措。工业化进入现阶段,实施鼓励返乡创业政策,也是更好地发挥政府作用,解决城乡发展不平衡和乡村发展不充分这一矛盾之举。

(四)处理好主体主导与多元互补发展的关系

当代中国乡村发展,由改革开放前的"一刀切"、单一结构等,向改革开放以来多元互补发展,这既是出于因地制宜的考量,也是与社会主义初级阶段相适应的。乡村发展积累的处理主体主导与多元互补发展关系的经验,就是多元化发展并不是不要主体,多元化发展也需要主导力量的保障或引领带动。

1. 在农村所有制结构方面,处理好坚持公有制与发展多种所有制经济的关系

1978年以前,由于没有认识到中国仍然处于社会主义初级阶段,因而追求单一公有制,且实现形式也简单化一。1978年以来,改革了清一色的集体统一经营,在此基础上发展非公有制经济,适应了社会主义初级阶段的要求。农村改革能够成功,有一个重要的原因,就是在乡村土地上坚持集体所有制,改革的只是经营形式,形成了以家庭承包为基础、统分结合的双层经营体制。这一经营体制的实行,既保障了土地集体所有制不变,又

使农民有了经营自主权,进而促进生产经营主体的发育成长。基于农村土地集体所有的集体经济组织,尽管受多种因素的影响,统一经营发展滞缓,甚至有不少没有统一经营的"空壳村",却仍然有着不可或缺的功能。一是承载社会保障功能。在农村土地集体所有制下,国家规定土地承包经营制度长久不变,只是承包经营权可以流转,农民不至于失去土地而发生两极分化,也可避免失去土地流入城市而发生贫民窟现象。同时也为农民外出就业创业提供了保障,农民可安心外出打拼。例如,受2008年国际金融危机冲击,全国约2000万农民工急速返乡,并没有导致经济和社会动荡,就是因为承包地为农民工返乡后即可从事农业生产提供了保障。二是承载保障农民权益功能。在工业化、城镇化进程中,一些因土地非农化的农民变成市民,集体经济组织可为他们的权益提供保障,这有利于城镇化的发展。三是承载促进乡村振兴的功能。一些外出就业创业实现资本积累并积累了创业和开拓市场经验的农民,开始选择返乡创业,土地承包权及其流转为他们拓展发展空间提供了基础。更为重要的是,基于土地的集体所有制,一些地方抓住了工业化、城镇化、农业现代化的机遇,促进集体经济的发展,构建起促进乡村经济与社会协调发展、城乡融合发展的机制。

2. 在生产经营主体方面,处理好坚持以农民为主体和多种主体参与乡村发展的关系

随着农业现代化建设的推进和乡村多种功能的拓展,资本不再单一流向城市和非农产业,工商资本逐步进入乡村。工商资本进入乡村是一把双刃剑。一方面,有利于解决乡村发展资本短缺和市场开拓能力弱等问题,为乡村产业发展提供资本和人力资本支撑;另一方面,由于工商资本的强势,会发生挤出效应,农民可能失去发展机会,甚至可能导致两极分化和进一步固化城乡二元结构。日本在很长时期内就明确规定不允许资本下乡。我国改革开放以来,国家注重促进以农民为主体的经济组织的发展,采取了重大措施。一是坚持发展集体经济,发挥集体经济组织促进乡村社区事业发展不可或缺的功能。二是为解决农民生产经营中遇到的问题,在"公司+农户"模式的农业产业化经营兴起后,培育农民专业合作社,并制定和实施《中华人民共和国农民专业合作社法》,对农民专业合作社予以法律支持和保障。三是在处理以农民为主体与工商资本下乡关系的实践中探索如何避免农民成为工商资本雇用者的办法。如基层创造、中央加以肯定和倡导的农民发展合作社和以土地承包经营权、资金入股公司或合作社等政策取向,力求形成农民参与的股权结构和治理结构,农民能够作为合作社

的成员或公司的股东,参与合作社或公司的治理和发展,并充分分享发展成果。一般而言,工商资本进入乡村时,较少愿意让农民以参股的方式分享发展成果。鉴此,可形成一种制度化的保障,如对吸纳农民以资金、土地入股的合作社、公司,在其兴办初期给予用地优先、税收优惠等政策,以促进农民参股合作社、公司机制的形成。四是在政策上对工商资本进入乡村既支持又加以引导,避免工商资本下乡导致对资源的掠夺性开发利用,为乡村可持续发展提供保障。简言之,改革开放以来的实践表明,只有从政策和法律上保障农民的主体地位,形成发展为了人民、发展依靠人民、发展成果由人民共享的实现机制,走出中国特色社会主义的乡村振兴之路才有可能。

第一章
农业社会的乡村发展

本章围绕新中国成立起至国家工业化战略实施前乡村发展目标与实现路径的选择,就中国共产党解决乡村问题的探索进行回顾和讨论,主要回答五个方面的问题:一是初建的新中国处于什么样的经济社会发展阶段及乡村状况如何,即中国共产党是在什么样的历史起点上来解决乡村问题的;二是在百废待兴之际,在乡村发展目标上做出了什么样的选择;三是在全新的经济社会制度的初创阶段,围绕乡村发展目标的实现,在路径上做出了哪些探索,在具体政策上做出了哪些安排;四是如何评价土地改革在中国现代化建设进程中的历史地位,以及土地改革与农业生产合作化的快速推进之间是否存在一些联系;五是国家采取了哪些措施促进农业生产的恢复发展,以及农业生产恢复发展对国家经济社会恢复发展起到了什么样的作用。

在农业社会上建立起来的新中国,面临一系列重大难题,解决全国人民温饱问题是重大难题之一。在开创新中国宏业之初,中国共产党和人民政府明确了国家现代化的战略目标,也明确了恢复农业生产和解决好全国人民吃饭穿衣的近期目标。围绕目标的实现,中国选择了以"废除地主阶级封建剥削的土地所有制,实行农民的土地所有制"为内容的土地改革。这一历史性制度变革,实现了预期目标,成为中国现代化建设的基石。

第一节 乡村发展的历史问题与发展目标选择

中国农业曾长期领先于世界其他文明古国,并让中华儿女引以为豪。

然而,乡村发展问题在历史的长河中,此消彼长而长期存在。

一、乡村发展的历史问题

乡村问题并非是当代中国独有的问题,而是一个长期存在的历史性问题。

众所周知,几千年间,中国以农为本,并实行了重农抑商之政策。重农抑商政策的理论,源于战国时期商鞅将农业定位于"本业",而将农业以外的其他行业一律称为"末业",主张"事本"而"抑末"。重农抑商政策的实施,实现了资源向农业倾斜的配置,是中国传统农业闻名于世的重要原因之一。然而,在商鞅"富国论"中,实现"国富"的路径,一方面要加强和发展农业生产,另一方面要增加税收,做到"民不逃粟(实物农业税),野无荒草"。换言之,重农抑商是为实现专指中央财政的国库充盈的"国富"目标的一种政策选择。

纵观中国历史上的经济运行,重农与重税政策同时实施,出现农民负担"重—减—重"的周期循环,也就是在中国历史上多次出现"一条鞭"政策的效应,这被学者概括为"黄宗羲定律"。换言之,重农是指重视农业的发展,旨在从农业获取重税及与之相关联的"粮草",并非真正重视农民的利益,相反却是对农民利益的过度索取。

实际上,统治者对农民利益的索取,在不少时候超出了"不激发农民起义的前提",导致农民起义不断。

近代以来,从太平天国、戊戌变法、义和团运动到辛亥革命,依靠农民自己、资产阶级改良派和革命派,为解决乡村问题做出了不懈的努力,但乡村问题并没有得到根本解决,农民的处境没有得到改善。

二、当代中国乡村发展的起点

到了近代,中国处于内忧外患的境地,"三农"的内外部条件发生了重大变化:

一是人均资源占有量大幅下降。近代中国人口快速增长,给农业带来更大的压力。据史学家考证,明朝人均耕地最多时为12.6亩,不能称人多地少。到1840年,全国人口由清初(1644年)的1.43亿猛增至4亿多,耕地增加到8.5亿亩,但人均占有耕地却减少至2.1亩。到1949年,全国人口进一步增加到54100万。中国成为人多地少的国家。[①] 与此同时,中国

---

① 张月蓉:《发展农业的一个重要战略问题——论把土地放到与人口同等重要位置》,《农业技术经济》1984年第2期。

农业生产技术基本没有变化,这使得农业生产增长与人口增长不同步,也导致了生产供给与消费需求的不对应。

二是西方工业革命的兴起与近代中国工业的落后形成反差。中国雄领风骚几千年,是由于发达的传统农业提供了强有力的支撑。然而,在西方工业革命兴起而国力不断增强之际,中国仍停留在农业社会,生产力水平与西方发达国家的差距开始逐步拉大。即便是农业,旧中国生产力水平也极其低下,靠天吃饭,基本上是自给半自给的小农经济,这与西方发达国家当时已进入现代农业阶段形成极大反差。这种反差的形成,制度是决定性因素。

三是战争对农业的破坏。到近代,中国因落后而挨打。1840年鸦片战争之后,中国逐步沦为半殖民地半封建国家,特别是1931年九一八事变和1937年七七事变后,日本帝国主义大举发动侵华战争,中国农业遭受空前严重的创伤。日本帝国主义在其占领区推行"以战养战"的侵略政策,从中国掠取大量物质资源,以维持其侵略战争。在东北加强殖民主义统治,大量移民,掠夺大量耕地,压级压价强购大豆、小麦及其他农副产品。在华北、华东、华南新侵占地区,日本侵略者惨无人道地实行全面封锁和烧光、杀光、抢光政策,其野蛮残暴之极难以言表,给中国乡村造成极大的破坏,耕地缩减,土地荒芜,农业资源和生产力遭到空前的浩劫和摧残。

受上述多重因素共同作用,旧中国乡村问题日益严峻。然而,国民党政府及权势集团仍强行对农民进行榨取。国民党政府实行专卖制度,对棉花、蚕丝、桐油等强行压低价格征购,并附加征借实物。官僚资本也收购土地,参与农业垄断,在西南各省办起一些官办垦殖公司,从中渔利。在通货膨胀和物价日腾的情况下,把货币地租改成实物地租,地主土地集中状况有增无减,贫富两极分化加剧。1945年抗日战争胜利后,国民党政府全面发动内战,在国民党统治区内的广大贫苦农民遭受了更加残酷的剥削和压迫,加上恶性通货膨胀,以及增税捐、拉壮丁等,农民屡遭掠劫,使乡村生产力水平急剧下降,农民甚至连简单再生产都难以维持。

中国共产党顺应历史潮流,在各革命根据地和解放区实行减租减息、土地改革等政策,开展互助合作和大生产运动,促进了农业生产的发展,为新民主主义革命的胜利和中华人民共和国的建立奠定了经济和政治基础。

概言之,旧中国广大农民深受帝国主义和封建主义、官僚资本主义的多重压榨,又屡遭战乱,农业生产力遭到极大的破坏,农业生产全面衰落。1949年与1936年相比,全国粮食产量减少约1/4,棉花减少约1/2(见表

1-1)。1949年,全国人均占有粮食209公斤、棉花0.8公斤、油料4.8公斤、猪牛羊肉4.1公斤、水产品0.9公斤,人民生活水平下降至低谷。农民生活更是极端困苦,实际占有粮食平均每年仅有100公斤左右,终岁辛劳却过着半年糠菜半年粮、少吃缺穿不得温饱的生活。一旦遇到战乱、灾年,大批农民妻离子散,家破人亡。淮河一带曾流行着一首歌谣:"大水浪滔天,十年倒有九年淹,卖掉妻子换把米,卖掉妮子好上捐,饿死黄牛打死狗,背着包袱走天边。"这就是新中国解决乡村问题的起点。

表1-1 1949年中国主要农产品产量与历史最高年产量比较

产品名称	单位	历史最高		1949年	
		年份	产量	产量	指数(以历史最高为100)
粮食	万吨	1936	15000	11318	75.5
棉花	万吨	1936	85	44.4	52.2
花生	万吨	1933	317.1	126.8	40.0
油菜籽	万吨	1934	190.7	74.3	39.0
甘蔗	万吨	1940	565.2	264.2	46.7
烤烟	万吨	1948	17.9	4.3	24.0
大牲畜年底头数	万头	1935	7151	6002	83.9
猪年底头数	万头	1934	7853	5775	73.5
羊年底头数	万头	1937	6252	4232.6	67.7
水产品	万吨	1936	150.0	45	30.0

资料来源:《中国统计年鉴1983》,中国统计出版社1983年版,第185页。

三、农业社会乡村发展目标选择

基于上述经济背景,新中国成立初期中国共产党和人民政府把恢复农业生产和解决全国人民的温饱问题作为乡村发展最基本的目标。进入21世纪后重新审视,这是一个层次较低的发展目标,然而,在当时极其低下的生产力水平和经济崩溃基础上建立起来的新中国,解决全国人民的温饱问题则是中国共产党和人民政府面临的巨大挑战,是需要做出极大努力才能实现的。西方国家一些人士在新中国成立前夕断言,中国政府解决不了中国人民的吃饭问题,结果证明这是站不住脚的,但也反映出,能否解决全国人民的吃饭问题,不仅仅是重大的经济问题,而且是重大的社会问题和政治问题。

第二节　以土地改革促进乡村发展的路径

地主阶级封建剥削的土地所有制,是中国历史上乡村问题得不到根本解决的制度性因素。鉴此,新中国解决乡村问题,必然以废除地主阶级封建剥削的土地所有制为突破口。太平天国领袖洪秀全和民主革命先驱孙中山相继提出"耕者有其田"的政策主张①,但由于种种原因,"耕者有其田"未能变成现实。中国共产党领导的革命,构建起全新的政治制度,为土地改革的顺利推进提供了保障。新中国成立之前,中国共产党即在总人口约13400万人(其中农业人口约11900万)的老解放区顺利完成了土地改革;新中国成立后,又在较短时间内顺利完成了新解放区的土地改革。

一、土地改革的抉择

"废除地主阶级封建剥削的土地所有制,实行农民的土地所有制",这是历史性的重大抉择。这一抉择形成的原因主要有:其一,地主阶级封建剥削的土地所有制阻碍着生产力的发展,必须废除。其二,实行农民的土地所有制顺民意。其三,"废除地主阶级封建剥削的土地所有制,实行农民的土地所有制",适应生产力发展水平的要求,是新民主主义革命的主要内容之一,是历史性的进步,可以为中国经济、社会和政治的变革与发展奠定坚实的基础。

(一) 地主阶级封建剥削的土地所有制阻碍着生产力的发展

新中国之所以决定废除地主阶级封建剥削的土地所有制,是因为这一制度是中国封建社会落后的根源。1950年6月14日,刘少奇在中国人民政治协商会议第一届全国委员会第二次会议上所做的《关于土地改革问题的报告》中分析指出:"乡村中百分之九十的土地是中农、贫农及一部分雇农耕种的,但他们只对一部分土地有所有权,对大部分土地则没有所有权。这种情况,仍然是很严重的。这就是我们民族被侵略、被压迫、穷困及落后的根源,是我们国家民主化、工业化、独立、统一及富强的基本障碍。这种情况如果不加改变,中国人民革命的胜利就不能巩固,农村生产力就不能解放,新中国的工业化就没有实现的可能,人民就不能得到革命胜利的基

---

① 孙中山最开始提出"不稼者,不得有尺寸耕地"的想法,以后提出"平均地权"的主张,后来又提出"耕者有其田"的口号,以顺民意。

本的果实。"①这一分析符合实际。

中国历史上的土地私有制,并非一开始就与生产力发展要求相违背,相反,它是适应生产力发展要求应运而生的。在中国奴隶社会,土地为奴隶主国家所有,具体的使用形式为井田制,即最基本的单位是里,合周亩900亩,每里住8户农奴,每户分得土地100亩,余下的100亩为"公田"。8户农奴除耕种自己的100亩份地外,还被迫合力耕种领主的"百亩公田"。春秋战国时期,随着以铁制农具和牛耕为代表的先进生产力的出现,生产效率显著提高,开垦荒地变得相对容易,一部分劳力强的农奴家庭除耕种百亩份地和"公田"外,还有余力开垦荒地,可以获得份地以外的收入。这使得助耕公田的机会成本增加,"民不肯尽力于公田","公田不治",井田制这一生产关系已不能适应生产力发展的要求,难以维持。公元前7世纪中叶管仲治齐,实行"相地衰征"的租税政策,代替了劳役制和贡赋。这在实际上承认了井田和新开垦耕地归各家私有。到公元前350年,商鞅在秦国进行田制改革,废井田阡陌,按新的更大的面积规划耕地,授田之后,不再重新分配,长期归其耕作,即所谓的"制辕田"。《汉书·食货志》在谈到商鞅变法后的情况时说,"除井田,民得卖买"。土地可以买卖,则更进一步承认了土地私有。秦统一六国后,下令"使黔首自实田",国家以法律的形式承认土地私有制。

土地私有制与被替代的助耕公田的井田制相比,其激励作用明显。《吕氏春秋·审分》对此进行了比较,即"公作则迟","分地则速"。这一时期中国土地私有制的绩效,远高于西欧的庄园制。由于土地可以买卖,劳动者也可以流动,自然经济与商品经济在一定程度上可以兼容,所以能够容纳较高的生产力。这是中国传统农业长时期领先于欧洲国家的制度性因素。

中国的领主经济转变为地主经济之后,地主经济占主导地位,而建立在小土地私有制基础上的自耕农和依靠租佃地主土地从事农业生产活动的佃农等小农经济则处于从属地位。中国封建社会这种以地主经济为主导地位的经济,存在着严重的缺陷,日益阻碍着生产力的发展。具体表现在三个方面:

第一,虽然地主拥有较多的土地,但这并不是为追求规模效益而形成的规模经济,而是土地所有的高度集中和使用的高度分散。在农业为主要

---

① 《刘少奇选集》(下卷),人民出版社1985年版,第33页。

产业、基本为手工劳作的生产力水平、土地资源稀缺程度远高于人力资源稀缺程度的经济发展状态条件下,生产要素的相对价格是土地使用费较高,而劳力价格较低。这样,大地主选择出租土地比自己耕作或雇工经营更合算,而无地或少地的农民,尽管地租较高,也只能被迫接受租地从事农业生产活动。地主与农民在土地上的关系是契约租佃关系,地主通过出租土地而获得地租收入,租佃农户是生产经营者,其经营规模狭小,是分散的小农经济。换言之,中国这种土地由地主占有、由佃农经营的经济,实质仍是小农经济。有的学者关于土地改革是对规模经济的破坏的结论是难以成立的。

第二,中国以地主经济为主导的经济,是小农经济长期化的根本原因。因为,政府从地主阶级利益出发,采取重农抑商政策,抑制积累的资本化,生产要素流动范围小,这导致小农经济自给自足经营方式长久固化起来,生产力长期停滞,新的生产方式难以形成。

第三,中国封建社会乡村的基层政权被地主阶级所掌握,官僚、地主、商人、高利贷者四位一体,形成垄断势力,对农民进行经济的和非经济的剥夺。农民不仅要承受高额地租,而且还要承受高利贷、贱卖贵买盘剥、苛捐杂税及本应由地主承担而转嫁给农民的负担等,使农民几乎没有剩余,勉强维持简单再生产,有时简单再生产也难以为继,农业生产力水平的提高甚缓。

中国封建剥削的地主阶级土地所有制阻碍着生产力的发展,这一制度的长久延续,是中国与西方资本主义国家差距渐大的重要原因。因此,废除严重阻碍生产力发展的地主阶级封建剥削的土地所有制是历史的必然选择。

(二) 实行农民的土地所有制顺民意

在封建社会,无论是封建王朝还是农民,都有对土地占有状况进行调整的动力。

封建王朝对土地关系的调整,基本的出发点就是对土地兼并进行限制。因为如果放任土地兼并发生,可能发生一些危机:一则朝廷税收减少;二则农民不满统治者的剥削和压迫,揭竿而起,发生反土地兼并的斗争;三则逐渐形成大地产,危及皇权。简言之,土地兼并是关系到历朝历代兴衰存亡的重要因素之一。因此,封建王朝为了皇权的巩固,对土地兼并进行限制,也起到了缓和地主与农民的紧张关系的作用。尽管如此,封建土地制度没有实质性变化,地主阶级封建剥削的土地所有制依旧,自耕农和佃农等小农经济的从属地位没有改变。

尽管封建王朝限制土地兼并,但不少农民由于遭受经济和非经济的多重剥夺,难以维持简单再生产而失地,地主则实现对农民土地的兼并。被"鱼肉"而丧失生存保障的农民,以起义的方式反对土地兼并,这种为获得土地而进行的抗争始终未停止过。纵观2000多年封建社会的土地制度变迁,兼并与反兼并不断交替轮回发生。农民为反土地兼并而进行的不息抗争,就是因为农民对拥有土地有着强烈的渴望。实行农民的土地所有制,顺应民意。

(三)实行土地改革是新民主主义革命的重要内容,是适应生产力发展水平要求的选择和历史性的进步

中国共产党选择农民的土地所有制,经历了一个探索的过程。中国共产党领导的新民主主义革命,一个重要内容就是土地革命。1921年7月,中国共产党第一次全国代表大会通过的《中国共产党纲领》提出,要"以社会革命为自己政策的主要目的",没收土地"归社会公有"。这次大会对民主革命和社会主义革命的性质和任务没有明确,对农民的土地问题没有给予重视。1923年,中共第三次全国代表大会在总结京汉铁路工人大罢工失败教训的基础上,把组织农民参加革命作为党的中心工作之一,通过了中共中央关于农民问题的第一个决议,即《农民问题决议案》。1925年10月,中共中央执委会扩大会议发表了《中国共产党告农民书》,提出解除农民痛苦的根本办法是要实行"耕地农有"。这是中国共产党第一次公开提出以"耕地农有"作为解决农民土地问题的目标。1927年11月,中共中央临时政治局扩大会议通过的《中国共产党土地问题党纲草案》,提出了"一切私有土地完全归组织或苏维埃国家的劳动平民所公有",即没收一切土地,实行土地国有的政策。土地国有政策与民主主义革命的性质和任务不相符合,很快就被否定了。1928年6—7月,中共在莫斯科召开的第六次全国代表大会讨论和通过了《政治决议案》、《土地问题决议案》和《农民问题决议案》等。在这些决议案中,明确了中国革命的性质和任务,指出:"中国革命现在阶段的性质,是资产阶级民主革命。如认为中国革命目前阶段已转变到社会主义性质的革命,这是错误的,同样,认为中国现时革命为'不断革命'也是不对的。"根据这一精神,这次会议对土地革命政策进行了调整,规定土地革命的任务是"反对一切封建的束缚,反对农民之中的一切中世纪的剥削;而斗争的主要的目标,是要推翻地主的封建式的剥削和统治",使农民得到土地。中共六大还制定了《中国共产党十大政纲》,提出了"没收

一切地主阶级的土地,耕地归农"的政策,但是在《土地问题决议案》中又规定"没收的土地归农民代表会议(苏维埃)处理,分配给无地及少地的农民使用"。换言之,农民只有土地使用权,而没有所有权,尚未改变土地国有的政策。1930年10月,湘鄂西第二次工农兵贫民代表大会通过《土地革命法令》,提出"不禁止买卖",1931年初其他根据地也相继实行了这一政策,从而在实际上否定了土地国有。1931年2月27日,毛泽东以中央革命军事委员会总政治部主任的名义写信给江西省苏维埃政府,要求他们发布命令和布告,明确规定:"过去分好的田即算分定,这田由他私有,别人不得侵犯。以后一家的田,一家定业,生的不补,死的不退,租借买卖,由他自由;田中出产,除交土地税于政府外,均归农民所有。"3月15日,江西省苏维埃政府发布文告,宣布"土地一经分定,土地使用权所有权统统归农民"。4月,闽西苏维埃政府在《土地委员会扩大会议决议》中明确规定,"农民领得田地,即为自己所有,有权转租或变卖、抵押,苏维埃不禁止"。这是认识上的重要发展。否定土地国有制,切合实际,顺应农民的意愿,更能调动他们参加革命的积极性,还利于农民增加投入而发展生产。在抗日战争时期,为了团结各民族各阶层人民一致抗日,中国共产党将没收地主土地的政策改变为减租减息。在抗日战争胜利的条件下,1946年5月4日,中共中央颁布《关于土地问题的指示》,中国共产党的土地政策由减租减息变为"耕者有其田"。

在中国共产党否定土地国有20多年之后,刘少奇从纠正东北实施平分土地出现的问题出发,提出了在东北地区实行大体的土地国有制的想法。1948年2月9日,刘少奇在关于东北土地改革问题给毛泽东的信中提出,在东北有大量城市人口,需要粮食供给及大量粮食出口的情形下,完全不保留或在土改后不重新发展大农业经济,恐是不好的。因此,是否可以考虑,在东北立即实行大体上的土地国有制,即没收地主土地及富农多余的土地,归国家所有,再由各地政府无代价地分配给一切愿意耕种的人耕种,而耕种的农民,只向国家交纳一定数量的土地税。自耕小农的土地(即中农、贫农的土地)及富农家庭,依照当地土地分配方法,所应留下的土地,则不没收。如此,富农经济似可保留一部分,在将来亦更好发展新富农经济。四五十口人的大家庭,亦可不分家。因在可能条件下,即有土地多余的条件下,愿意扩大生产的人,可以无代价从国家领到土地耕种。在这种政策下,向富农征收多余牲畜、农具时,应以富农在土地分配后能耕种所分得土地为限制,不应过分征收。而土地使用权的分配,亦不按人口绝对平均分配,主要的应按各家庭的劳动力来平均分配。按人口平均,则成为次要标准,并保障农民对土地的永远使用权。如此,对于富农、对于生产、对于东北佃耕的大农业经济,似比较有利。刘少奇的这封信反映出,实行这种大体的土地国有制,对土地较多的东北农村,有其合理的方面。当时,为了避免因在东北这一特殊地区改变农民的土地所有制而对全国带来极大的震动,影响人们对于新民主主义革命三大经济纲领的信心,甚至影响战争的进程,因而在东北地区仍实行农民的土地所有制。

新中国成立后的土地改革,继续选择实行农民的土地所有制。

通过上述对中国共产党在新民主主义革命时期关于土地所有制实践探索过程的简要回顾,可以得出这样的结论,即在新民主主义革命时期采取废除封建剥削的地主阶级私有制,代之以农民的私有制,使农民成为自耕农,有四个方面的原因:一是实行土地国有制,既不符合新民主主义革命的性质,也不利于调动农民发展生产的积极性,不适合因人多地少而"僧多粥少"的国情。二是实行农民的土地所有制,是由新民主主义革命性质所决定的,是民主革命的重要内容。中国共产党领导的土地改革,不是单纯的经济体制变革,而是与争取农民支持而获得战争胜利、建立政权密不可分的。中国共产党让农民拥有自己的土地,可以满足这一时期农民对土地的要求,吸引他们参加革命和争取战争胜利,并树立贫下中农优势,为农村基层政权的建立奠定基础,以巩固工农联盟。三是实行农民的土地所有制,是由生产力水平所决定的。因为当时中国是农业国,且处在传统农业阶段,农业生产基本上是手工劳动,社会分工程度低,商品率低,与这种生产力水平相适应的是农民家庭分散经营。四是消灭地主阶级封建剥削的土地所有制,实行农民的土地所有制,将解放生产力,更好地调动广大农民生产发家、勤劳致富的积极性,并为新的生产力的发展奠定基础。简言之,新中国废除地主阶级封建剥削的土地所有制,实行农民的土地所有制,是历史性的进步,是历史的必然。

二、土地改革的政策选择

以毛泽东为代表的中央领导集体,在新中国土地改革的政策选择上,有两条明显的主线:一是土地改革中各项具体政策的选择,以解放和发展生产力为出发点和落脚点;二是土地改革中各项阶级、阶层政策,以构筑一条"伟大的反封建统一战线"为出发点和落脚点。围绕两条主线而制定和实施的土地改革政策,保障了土地改革的顺利实施。

（一）土地改革政策的出发点和落脚点

在一些人看来，新中国的土地改革是救济穷人的分地运动。实际上，新中国土地改革所遵循的基本原则，是以解放和发展生产力为出发点和落脚点的。

新中国成立后，有太多的问题需要解决，而第一次召开的中共中央全会——七届三中全会，把审议《中华人民共和国土地改革法（草案）》列为重要议程，就是因为中国共产党把土地改革列为促进农业发展，进而为争取国家财政经济状况基本好转的三个条件中的首要条件。刘少奇在《关于土地改革问题的报告》中指出："废除地主阶级封建剥削的土地所有制，实行农民的土地所有制，借以解放农村生产力，发展农业生产，为新中国的工业化开辟道路。这就是我们要实行土地改革的基本理由和基本目的。"这一报告还进一步指出："土地改革的这一个基本理由和基本目的，是着眼于生产的。因此，土地改革的每一个步骤，必须切实照顾并密切结合于农村生产的发展。"[①]新中国实行农民的土地所有制的土地改革政策，实质是使劳动者与土地这两个基本的生产要素很好地结合起来，从而极大地解放生产力。

新中国土地改革是按照《中华人民共和国土地改革法》所规定的政策实施的。这部法律不仅在开篇第一条中明确土地改革以解放和发展生产力为出发点和落脚点，还通过各项具体政策的实施来保障发展目标的实现。其中，最为突出的有以下几项政策。

关于保存富农经济的政策。这在促进生产力发展上有两方面的作用。一方面，富农经济与地主经济都具有剥削性质，但富农经济比地主经济有进步之处。保存富农经济，是"因为富农经济的存在及其在某种限度内的发展，对于我们国家的人民经济的发展，是有利的，因而对于广大的农民也是有利的"[②]。另一方面，有利于鼓励中农发展生产。在新中国成立前曾实行消灭富农经济的政策，使得中农害怕发展生产后上升为富农，不敢多种地或种好地，以致造成一些地区土地荒芜。实行保存富农经济的政策，在实际上起到了激励勤劳致富的作用。

关于没收地主生产资料分给农民的政策。《中华人民共和国土地改革法》之所以规定没收地主的耕畜、农具等生产资料，是"因为这些都是进行

---

① 《刘少奇选集》（下卷），人民出版社1985年版，第33-34页。
② 《刘少奇选集》（下卷），人民出版社1985年版，第35页。

农业生产必要的生产资料,农民在分得土地后,必须有这些生产资料,才能进行生产"①。

关于地主"五大财产"以外的财产不予没收的政策。《中华人民共和国土地改革法》规定,"地主的其他财产不予没收"。在地主的其他财产中,除了地主所经营的工商业此前就规定不予没收外,还有如现金、衣物等财产。制定这一政策的出发点是促进生产力的发展。"根据过去的经验,如果没收和分配地主这些财产,就要引起地主对于这些财产的隐藏分散和农民对于这些财产的追索。这就容易引起混乱现象,并引起很大的社会财富的浪费和破坏。这样,就不如把这些财产保留给地主,一方面,地主可以用这些财产维持生活,同时,也可以把这些财产投入生产。这对于社会也是有好处的。"②

关于原耕土地分配的政策。《中华人民共和国土地改革法》规定:"在原耕基础上分配土地时,原耕农民自有的土地不得抽出分配。"这是因为,"在原耕基础上用抽补调整方法来分配土地,可以避免过多的不必要的土地变动,而这是对于生产有利的"③。

关于债务的政策。新中国成立后,民间借贷在农业生产中有着重要的作用。根据曾经因"废除一切乡村中在土地制度改革以前的债务"而导致劳动群众相互之间的债务,地主、富农所欠劳动群众的债务(如拖欠雇农的工资)也被废除的教训,《中华人民共和国土地改革法》没有就废债问题做出具体规定,而是由中央人民政府政务院于1950年10月20日颁布了《新区农村债务纠纷处理办法》。它明确规定,解放前农民所欠农民的债务及其他的一般借贷关系,均继续有效。这纠正了过去废债口号的错误,有利于正常债务关系的发展,从而有利于解决农民借不到钱的困难,进而有利于促进经济的恢复发展。

综上所述,新中国土地改革各项政策以解放和发展生产力为出发点和落脚点,完全有别于救济穷人的分地运动。

(二)土地改革中各项阶级、阶层政策,以构筑一条"伟大的反封建统一战线"为出发点和落脚点

新中国的土地改革可以称得上是一场低成本的制度变革。这里所指

---

① 《刘少奇选集》(下卷),人民出版社1985年版,第37页。
② 《刘少奇选集》(下卷),人民出版社1985年版,第37页。
③ 《刘少奇选集》(下卷),人民出版社1985年版,第41页。

的新中国土地改革是一场低成本的变革,是因为这场变革本应是激烈的"战争",然而在实践中,却是相对平稳而有序地完成,没有为此支付社会秩序混乱甚至造成国家和人民财产巨大损失的沉重代价。美国学者黄宗智(Philip C. C. Huang)认为"新解放区"土地改革模式也相对温和和有序。①

这次土地改革能够顺利进行,除了发动群众和有步骤、有领导、有秩序地进行外,一个决定性的原因,就是新中国土地改革的总路线及体现总路线的《中华人民共和国土地改革法》所规定的各项政策,照顾了各阶级、阶层的利益,有利于组成一条"伟大的反封建统一战线",从而把这场制度变革的成本降到了较低点。

中国共产党取得革命胜利后,对地主的土地实行没收政策,主要有两方面的因素。一方面,中国共产党要摧毁地主阶级的反动统治,巩固革命政权,就必须建立代表农民利益的农村基层政权;另一方面,经济有待恢复,而国家财力有限,必须通过土地改革来促进农业和农村经济发展,进而实现国家财政的根本好转,这种状况,也决定了对地主的土地无力实行赎买,只能实行强行没收的政策。当时的农业社会,土地是人们赖以生存的基本生产资料,这决定了土地改革是一场非常激烈的"战争"。新中国成立前的农民土地斗争和解放区土地改革的实践即是如此。新中国成立后,政治和军事形势发生的重大转变,相对而言,有利于土地改革的顺利推进。尽管如此,毛泽东对土地改革的艰巨性仍给予了充分的估计,在中共七届三中全会上的讲话中指出:"在土地改革中,我们的敌人是够大够多的","我们要同这些敌人作斗争,在比过去广大得多的地区完成土地改革,这场斗争是很激烈的,是历史上没有过的"。②他明确要求不要采取四面出击的政策和战略策略。在几天之后召开的中国人民政治协商会议第一届全国委员会第二次会议结束时,毛泽东再次强调指出:"战争和土改是在新民主主义的历史时期内考验全中国一切人们、一切党派的两个'关'。"他号召大家"打通思想,整齐步伐,组成一条伟大的反封建统一战线",像过好战争关一样,过好"土改一关"。③

为了过好"土改一关",中共七届三中全会确立了土地改革的总路线,即依靠贫农、雇农,团结中农,中立富农,有步骤地有分别地消灭封建剥削

---

① (美)黄宗智:《中国革命中的农村阶级斗争——从土改到"文革"时期的表达性现实与客观性现实》,《中国乡村研究》(第2辑),商务印书馆2003年版。
② 《毛泽东文集》(第6卷),人民出版社1999年版,第73-74页。
③ 《建国以来毛泽东文稿》(第1册),中央文献出版社1987年版,第415-416页。

制度,发展农业生产。这条总路线的核心是孤立地主阶级,团结一切可以团结的力量,以组成一条"伟大的反封建统一战线",减少这场变革的成本,保障废除地主阶级封建剥削的土地所有制这一根本政策目标的顺利实现。

1. 促进"伟大的反封建统一战线"形成的政策安排

经过充分酝酿而不断完善的《中华人民共和国土地改革法》所规定的各阶级、各阶层的具体政策,以构筑一条"伟大的反封建统一战线"为出发点和落脚点,很好地遵循并体现了土地改革总路线的原则。这里,就其中各阶级、各阶层政策的成功经验做简要分析。

第一,关于地主的土地及其他财产的政策。这是土地改革中关系到地主阶级的反抗程度及社会秩序是否平稳有序的重大问题。新中国对待地主所掌握的原则是废除地主阶级封建剥削的土地所有制,"对于一般地主只是废除他们的封建的土地所有制,废除他们这一个社会阶级,而不是要消灭他们的肉体"①。为此,《中华人民共和国土地改革法》规定只"没收地主的土地、耕畜、农具、多余的粮食及其在农村中多余的房屋"这五大财产,而对"地主的其他财产不予没收"。"对地主亦分给同样的一份,使地主也能依靠自己的劳动维持生活,并在劳动中改造自己。"刘少奇在《关于土地改革问题的报告》中就此做说明时指出:"在今后的土地改革中,对于地主这样处理,和过去比较,是要宽大得多了。但地主中的许多人还是可能要坚决反对与破坏土地改革的,还是可能要坚决反对与破坏人民政府的。对于这些坚决的反动的地主分子,就应该坚决地加以惩办,而不应该宽容和放纵。"②这些政策的实施,尽可能地避免了地主铤而走险,进而为土地改革构建起相对平稳的社会秩序。

第二,关于富农的土地、其他财产及债务的政策。富农是土地改革的中间势力。土地改革中关于富农的政策,是一个极其敏感的政策,也是在制定《中华人民共和国土地改革法》过程中讨论最多、最充分的问题。1950年3月12日,毛泽东在写给各大区中央局负责同志的信中指出,"土改规模空前伟大,容易发生过左偏向,如果我们只动地主不动富农,则更能孤立地主,保护中农,并防止乱打乱杀,否则很难防止"③。为了不把富农推向敌人一边,在土地改革中,对富农采取在政治上中立和在经济上保护富农经济的原则。一方面,《中华人民共和国土地改革法》规定,"保护富农所有自

---

① 《刘少奇选集》(下卷),人民出版社1985年版,第34页。
② 《刘少奇选集》(下卷),人民出版社1985年版,第37页。
③ 《毛泽东文集》(第6卷),人民出版社1999年版,第47页。

耕和雇人耕种的土地及其他财产,不得侵犯。富农所有之出租的小量土地,亦予保留不动;但在某些特殊地区,经省以上人民政府的批准,得征收其出租土地的一部或全部"。当然,《中华人民共和国土地改革法》对属于封建剥削性质的半地主式的富农所拥有的大量出租土地,仍采取了征收的政策,规定:"半地主式的富农出租大量土地,超过其自耕和雇人耕种的土地数量者,应征收其出租的土地。富农租入的土地应与其出租的土地相抵计算。"另一方面,《新区农村债务纠纷处理办法》将农民及其他劳动人民所欠富农的债务,由原来的废除改为有区别地处理,规定:利倍于本者,停利还本;利两倍于本者,本利停付;付利不足本之一倍者,应承认富农的债权继续有效;付利已达本之一倍以上而不足两倍者,得于付利满两倍后解除债务关系;付利已达两倍以上者,超过部分亦不再退回。这种对农民及其他劳动人民所欠富农债务采取区别处理的办法,很好地体现了土地改革总路线的要求,既废除了农民所受的高利贷剥削,同时又减轻了社会震荡。

第三,关于小土地出租者出租土地的政策。在土地改革前,有些因缺乏劳动力出租少量土地,也有工人、教职员、自由职业者等从事其他职业而出租少量土地者。新中国成立前的土地改革,对小土地出租者的土地没有明确规定,因而在实践中经常发生没收小土地出租者少量出租土地的情况。新中国成立后,中国共产党和人民政府对小土地出租者的土地问题给予高度重视,制定了专门的政策。1950年1月20日,经中央人民政府政务院批准,并于同年2月颁布的《河南省土地改革条例》中,首次规定了小土地出租者保留土地的标准,即其土地数量在当地每人平均土地数百分之一百五十以下者,不得没收,并允许其继续出租。刘少奇在《关于土地改革问题的报告》中,对在全国实行照顾小土地出租者的政策做了充分的论证,指出:"因为我们估计这种小块的出租土地总数,不超过耕地总数的百分之三至五。而照顾革命军人、烈士家属、工人、职员、自由职业者以及因从事其他职业或因缺乏劳动力而出租少量土地者,乃是必要的。因为在中国对于失业及丧失劳动力的人员还没有社会保险,而这些土地很多又是各人劳动所得购置者,故保留这一部分土地,并由其继续出租或自耕,是有一些好处的。"①因此,《中华人民共和国土地改革法》规定:"其每人平均所有土地数量不超过当地每人平均土地数百分之二百者(例如当地每人平均土地为二亩,本户每人平均土地不超过四亩者),均保留不动。超过此标准者,得征

---

① 《刘少奇选集》(下卷),人民出版社1985年版,第35页。

收其超过部分的土地。"还规定:"如该项土地确系以其本人劳动所得购买者,或系鳏、寡、孤、独、残疾人等依靠该项土地为生者,其每人平均所有土地数量虽超过百分之二百,亦得酌情予以照顾。"这里所规定的小土地出租者保留土地的标准,比几个月前中央人民政府政务院批准的《河南省土地改革条例》规定的标准还有所提高。实践表明,对小土地出租者实行照顾政策,既发挥了土地的社会保障作用,又避免了这一阶层对土地改革可能形成的阻力。

第四,关于中农的土地及其他财产的政策。新中国土地改革将团结中农作为遵循的原则。据此,《中华人民共和国土地改革法》与新中国成立前的土地改革政策有两项重大改进。一是把土地由彻底平分改为完全不动。《中华人民共和国土地改革法》规定:"保护中农(包括富裕中农在内)的土地及其他财产,不得侵犯。"并对佃中农给予照顾,规定"应使原耕农民分得的土地(自有土地者连同其自有土地在内),适当地稍多于当地无地少地农民在分得土地后所有的土地",从而保证了佃中农在抽出他们租入土地时不受或少受损失。这样,纠正了此前因中农超过人口平均数的多余土地被平分的现象,切实地保护了中农的利益。二是将贫农团改为农民协会。《中国土地法大纲》规定,乡村农民大会及其选出的委员会、乡村无地少地农民所组织的贫农团大会及其选出的委员会为改革土地制度的合法执行机关。新中国成立前,东北、华北等老解放区在土地改革中组织贫农团的实践表明,这不利于团结中农。《中华人民共和国土地改革法》吸取了这一教训,规定乡村农民大会、农民代表会及其选出的农民协会委员会为改革土地制度的合法执行机关。换言之,在新中国土地改革中,除了农民协会之外,不再组织贫农团,也不成立雇农工会。不仅如此,还对中农在农民协会领导成员中的比例做了规定,即"农民协会中的主要领导成分应该由贫农雇农中挑选","各级农民协会领导成分中有三分之一的数目由中农中挑选"。① 这两方面的政策,在经济上保护中农的利益,在政治上团结中农,对形成反封建统一战线起到了重大作用。

第五,关于少数民族土地改革的政策。中国各少数民族地区之间经济社会发展极不平衡,从贯彻执行党的民族政策和宗教政策、增进全国人民大团结出发,《中华人民共和国土地改革法》制定了两条政策:①考虑到少数民族地区土地问题的某些特殊性,把这些地区的土地改革同汉族地区的

---

① 《刘少奇选集》(下卷),人民出版社1985年版,第44-45页。

土地改革分别开来,规定"本法不适用于少数民族地区。但在汉人占多数地区零散居住的少数民族住户,在当地土地改革时,应依本法与汉人同等待遇"。少数民族地区的土地改革,根据中共中央"坚持民族团结,慎重稳进"的方针,在条件成熟之时进行。②规定"清真寺所有的土地,在当地回民同意下,得酌予保留"。

2. 形成有利于减少土地制度变革成本的总路线的原因和经验

新中国的土地改革之所以能够形成"依靠贫农、雇农,团结中农,中立富农,有步骤地有分别地消灭封建剥削制度,发展农业生产"这一总路线,并在《中华人民共和国土地改革法》所规定的各项政策中予以充分体现,有以下几方面的原因和经验。

第一,因时制宜。新中国成立后,政治、军事形势发生了很大变化。刘少奇在《关于土地改革问题的报告》中分析说:"在过去,在两年以前,人民革命力量与反革命力量还处在残酷的战争中,人民力量还处于相对的劣势,战争的胜负谁属还没有确定。一方面,富农还不相信人民能够胜利,他们还是倾向于地主阶级和蒋介石一边,反对土地改革和人民革命战争;另一方面,人民革命战争又要求农民付出极大的代价(出兵、出公粮、出义务劳动)来支援战争,争取战争的胜利。而争取战争的胜利,则是全国人民最高的利益,一切都是应该服从于它的。正是在这种时候,我们允许了农民征收富农多余的土地财产,并对地主的一切财产也加以没收,以便更多一些地满足贫苦农民的要求,发动农民的高度革命热情,来参加和支援人民革命战争,打倒美帝国主义所支持的蒋介石政权。"新中国成立后,形势与过去有了根本不同。"现在全国人民的基本任务,是在全国范围内进行经济建设,恢复与发展社会经济"。"富农的政治态度,一般地也比以前有了改变,如果人民政府实行保存富农经济的政策,一般地是能够争取富农中立的,并且能够更好地保护中农,去除农民在发展生产中某些不必要的顾虑。因此,在目前的形势下,在今后的土地改革中,采取保存富农经济的政策,不论在政治上和经济上就都是必要的"。①

第二,根据国情制定政策。中国的封建土地制度有自己的特点,一方面地主阶级土地所有制占主导地位,另一方面又存在大量的农民小土地所有制。《中华人民共和国土地改革法》充分注意到了这一点,不是像欧洲采取简单地反对封建领主解放农奴的办法,而是照顾到各阶级和各阶层的具

---

① 《刘少奇选集》(下卷),人民出版社1985年版,第38—39页。

体情况,实行与之相适应的土地没收、分配的政策。中国共产党还逐步摆脱了斯大林与共产国际推行的"加紧反富农"、打击中间势力的错误做法,这是认识上的一个大的飞跃。这些都为形成一套正确的政策体系奠定了基础。

第三,因地制宜。新中国成立后提出要对《中国土地法大纲》做修改的动议,最初的原因就是因为南北方土地占有情况有一些差别。在《中华人民共和国土地改革法》中,因地制宜,不搞全国"一刀切",对少数民族地区、大城市郊区、土地改革业已基本完成的地区及特殊土地问题,都制定了相应的政策。

第四,建立在对土地占有情况进行客观分析的基础之上。长期以来,中国共产党沿用了国民党政府1927年公布的估计数字,即占乡村人口不到10%的地主和富农占有70%~80%的土地。在制定《中华人民共和国土地改革法》的过程中,对新区农村土地占有的实际情况,重新做出估计。刘少奇在《关于土地改革问题的报告》中分析指出:"根据我们最近在华东及中南一些乡村的调查材料来看,一般的情况大体是这样:地主占有土地及公地约占百分之三十至五十,富农占有土地约占百分之十至十五,中农、贫农、雇农占有土地约占百分之三十至四十,小土地出租者占有土地约占百分之三至五。"①这里,改变了以往把地主和富农的土地捆在一起计算的办法,把富农与地主区别开来。刘少奇还特别对旧中国富农土地的使用状况进行了量化分析,指出:"富农出租土地约占百分之三至五,富农自耕土地约占百分之十。"②这就是说,在中国的富农中,虽然有的兼有土地出租,但主要的还是自耕。对中国富农土地占有及使用状况的估计和分析,为制定新区土地改革中的富农政策提供了重要依据。

第五,总结了历史上的经验教训。新中国成立前,中国共产党领导的土地改革,已有20余年的历史,有成功的经验,也有曲折和教训。新中国在制定土地改革政策过程中,吸取了此前关于各阶级、各阶层、各方面政策的经验教训,从而使政策日臻完善。

第六,走群众路线,按程序决策。《中华人民共和国土地改革法》是在中国共产党领导下制定的。毛泽东、刘少奇、周恩来等党和国家主要领导人亲自领导和主持了这项工作。薄一波在《若干重大决策与事件的回顾》

---

① 《刘少奇选集》(下卷),人民出版社1985年版,第32-33页。
② 《刘少奇选集》(下卷),人民出版社1985年版,第33页。

一书中称赞:"毛主席和党中央当年关于富农政策走群众路线的决策过程,却为决策程序民主化提供了一个很好的范例。"①《中华人民共和国土地改革法》的制定,先走群众路线,曾多次较大范围内征求意见。1950年3月12日,毛泽东就对待富农策略问题征询各大区中央局、华南分局的意见。3月30日,中共中央致电各中央局,就《中国土地法大纲》14个问题征询各中央局的意见。在这次征求意见中,不是拿出一种方案走程序,而是拿出多种可供选择的方案。关于富农政策问题,提出两种方案进行询问。一种方案是:"只没收分配地主阶级的土地、牲畜、农具、粮食、房屋,而对富农的土地财产一律不动。照此办法,无地少地的农民能分到多少土地,相当于全村平均数的百分之几十?"另一种方案是:"如只没收分配其出租的土地,其余的土地财产一概不动","照此办法,连同没收地主之土地,加以分配后,无地少地的农民能分到多少土地,相当于全村平均数的百分之几十"? 为了解决在"僧多粥少"的情况下土地不敷分配的问题,中共中央在信中提出了两项办法征求各地的意见:一是"对向来不依靠农业为生的人,原则上一律不分给土地";二是"不动富农时,雇工可否不分地,而只适当地改善其工资待遇"。以多种可选择方案征求意见的办法,有利于拓宽思路,广开言路,是极其宝贵的经验。1950年5月底6月初,中央召开土地改革工作会议,讨论中央政策研究室提出的《中华人民共和国土地改革法(草案)》。在广泛征求意见的基础上,按程序决策和立法。1950年6月9日至19日召开的中共七届三中全会审议通过了《中华人民共和国土地改革法(草案)》。这次会议还审议通过了关于土地改革的另外两个文件,即刘少奇向中国人民政治协商会议第一届全国委员会第二次会议提出的《关于土地改革问题的报告》和《农民协会组织通则(草案)》。这次全会还讨论了新区土地改革的步骤、大致的时间安排等。之后,《中华人民共和国土地改革法(草案)》又经6月14日至23日召开的中国人民政治协商会议第一届全国委员会第二次会议审议通过,6月28日召开的中央人民政府委员会第八次会议讨论通过。6月30日,毛泽东发布《关于实施〈中华人民共和国土地改革法〉的命令》,《中华人民共和国土地改革法》正式成为在全国新解放区开展土地改革运动的法律依据。

---

① 薄一波:《若干重大决策与事件的回顾》(上卷),中共中央党校出版社1991年版,第120页。

三、土地改革促进经济社会变革

《中华人民共和国土地改革法》是新中国成立以来所有农业法律中贯彻执行得较好的法律之一。在执行保存富农经济政策上,不同地区有一些差异,一些地区执行情况较好,一些地区则出现偏差。发生这些现象,是因为划分富农以剥削量超过25%为标准,这一标准没有经过充分调查研究、论证,农民群众计算难度大,一些剥削量不到25%的也被划为富农,加上一些农民的复仇心理和平均主义的观念,容易导致这场群众运动发生"过火"的错误。尽管如此,做出保护富农经济的政策规定,其实际意义是很明显的,它保护了部分富农的利益,特别是保护了中农利益,有利于土地改革的顺利推进。1950年12月8日,中共华东局向中共中央做的关于土地改革试点总结报告称:试点地区土地改革完成后,"贫雇农得地开心,中农有利放心,富农不动定心,地主劳动回心"。中农说:"人家也劳动,不动是对的","富农都不动,我们更安心了"。① 这种局面的形成,就是因为《中华人民共和国土地改革法》所规定的各项政策,以解放、发展生产力和组成一条"伟大的反封建统一战线"为出发点和落脚点的必然结果。

根据《中华人民共和国土地改革法》的规定,在约3亿人口的新解放区有计划、有步骤、有秩序地开展了土地改革工作。到1952年底,全国范围内的土地改革基本完成。到1953年底,除西藏、新疆等少数民族聚居的地区外,其他牧区和渔区、林区也基本上完成了土地改革。又过五六年,在新疆、西藏和彝族、傣族等少数民族地区,也按照不同民族、不同地区的条件和特点,因地制宜地分别完成了土地改革。

应该如何评价新中国的土地改革呢?一方面,一些学者根据国际上多个国家土地改革实践的分析,得出我国土地改革后农业商品率下降的结论。另一方面,新中国实行农民的土地所有制的时间很短,在1956年全国农村普遍建立高级农业生产合作社后,改变为集体经济组织的土地所有制。在经历了互助组、初级社、高级社及人民公社的曲折后,最终探索出以家庭承包经营为基础、统分结合的双层经营体制的农业基本经营制度。那么,这是否意味着新中国的土地改革是无意义的呢?杜润生在为《中国的土地改革》一书所撰写的导言中指出,土地改革"这场伟大的革命运动离我

---

① 薄一波:《若干重大决策与事件的回顾》(上卷),中共中央党校出版社1991年版,第134页。

们越远,它对于中国新民主主义革命的意义,对于新中国的发展和社会主义建设的意义就愈明显,我们对整个运动的了解也就愈深刻"[1]。经过对中国特色农业现代化道路的探索,可以更加有理由地说,土地改革是一场伟大的历史性的经济、社会和政治变革,为中国现代化建设奠定了基础。

(一) 深刻的经济变革

新中国土地改革的完成,废除了地主阶级封建剥削的土地所有制,铲除了延续2000多年封建统治的经济基础,免除了每年向地主缴纳3000万吨以上的粮食地租。取而代之的是,实行农民的土地所有制,"耕者有其田"成为现实,全国约3亿无地和少地农民无偿地分得约7亿亩土地以及大量的其他生产资料和生活资料,改变了几千年来土地占有极不合理的状况(见表1-2和表1-3)。

表1-2 全国土地改革前农村各阶级、阶层占有耕地情况

阶级、阶层	占总户数的比例/(%)	占总人口的比例/(%)	占总耕地的比例/(%)	每户平均占有耕地/亩	每人平均占有耕地/亩
地 主	3.79	4.75	38.26	144.11	26.32
富 农	3.08	4.66	13.66	63.24	9.59
中 农	29.2	33.13	30.94	15.12	3.05
贫雇农	57.44	52.37	14.28	3.55	0.89
其 他	6.49	5.09	2.86	6.27	1.83

资料来源:《中国农村统计年鉴1989》,中国统计出版社1989年版。

表1-3 土地改革后农民平均每户占有耕地和耕畜情况

农户类别	调查户数/户	平均每户耕地/亩		平均每户耕畜/头	
		土地改革结束时	1954年末	土地改革结束时	1954年末
贫雇农	7025	16.59	18.29	0.44	0.75
中 农	4251	23.78	24.45	0.85	1.13
富 农	461	32.91	33.58	1.07	1.56
原地主	320	16.46	17.80	0.18	0.48
其 他	118	12.31	13.13	0.33	0.44

[1] 杜润生主编:《中国的土地改革》,当代中国出版社1996年版,第1页。

续表

农户类别	调查户数/户	平均每户耕地/亩		平均每户耕畜/头	
		土地改革结束时	1954年末	土地改革结束时	1954年末
总　计	12175	19.68	20.96	0.60	0.90

资料来源:《1954年我国农家收支调查报告》,统计出版社1957年版,第45页。

(二) 深刻的社会变革

土地改革完成,农民有了属于自己的土地,也就有了"命根子",给了农民一份保障,为农村社会的稳定奠定了基础。

更为重要的是,土地改革的完成,由于废除了宗法社会的经济基础,封建地主作为一个阶级永远地被消灭了,农民在经济上对地主的依附关系被废除,成为平等的、更具独立人格的人,形成了一种有利于国家向现代化发展的新的社会关系。这一社会结构的巨大变化,为社会主义民主制度建设奠定了基础,成为新中国向现代化迈进的契机。

(三) 深刻的政治变革

在封建社会,地主阶级是统治阶级,农民的政治权利缺失。在土地改革过程中,逐步树立起农民的优势地位,农民的政治地位得以提升,并在此基础上建立起新型的基层政权,进而建立起全国上下相通、城乡相通的统一政权。换言之,土地改革亦是一场深刻的政治变革。

(四) 解放了生产力

新中国土地改革的完成,实现了经济、社会、政治变革,极大地解放了生产力。

第一,广大农民从封建地主阶级土地所有制的束缚中解脱出来,成为独立的商品生产者。如此,作为生产力中最为活跃因素的人的解放,是对生产力的最大解放。实践证明,这极大地调动了广大农民的政治热情和发展经济的热情,他们在社会经济生活中释放出长期被压抑了的巨大的潜在能力,学习科学文化知识,总结生产实践经验,创造出许多高产经验,有的被推广到全国,为新中国成立初期农业生产的快速恢复和发展做出了巨大贡献。

第二,把土地这一最基本的生产资料与劳动力很好地结合起来,塑造了一亿多个平等、独立、自主经营的微观经济组织。生产要素的这一组合,释放出巨大的结构效能。土地改革前,地主依靠租地获取收入,忽视对农业基础设施的投资;广大农民则靠租地从事农业生产,维持生计,由于地租及受其他经济和非经济的剥夺,无力积累,时常是简单再生产也难以为继。如此,农业生产效率低下,农业的发展严重受阻。土地改革的完成,由于解除了农民承担的苛重地租,再加上免除了对农民的其他经济和非经济的剥夺,为形成扩大再生产能力创造了条件,从而获得生产要素重组的结构效能。

新中国的土地改革极大地解放了生产力,使农业生产要素的产出效率有了快速提高。这从农业单位产出水平的提高可以得到很好的证明。以粮食为例,每公顷产量,由1949年的1035公斤提高到1955年的1425公斤,提高37.7%,年均递增5.4%,这是在技术进步缓慢的条件下取得的(也有恢复性增长因素),与技术进步较快的1979—2008年的年递增2.3%相比,尚高出3.1个百分点。

四、土地改革对农业生产合作化运动的影响

土地改革与农业生产合作化运动的关系,有"趁热打铁"之说,即趁土地改革后群众的热情,开展农业生产合作化运动,便于合作化的快速推进。土地改革对农业生产合作化运动的快速推进确实有重要影响,主要表现在以下几个方面。

第一,土地改革完成后,广大农民变成了"耕者有其田"的自耕农,形成了农民小块土地的私有制和实行自由调节下的农业家庭经营体制。如何防止历史上土地兼并、大多数农民失去土地而破产现象的发生,显然是新生的人民政权在土地改革后必须认真对待的一个现实问题。1955年10月,中共七届六中全会(扩大)通过的《关于农业合作化问题的决议》分析指出:"这几部分农民[①]的经济情况,在土地改革以后都有不同程度的改善,但是其中许多农户仍然有困难,或者仍然不富裕;而且有的还因为受到富农和投机商的盘剥和抵抗不了自然灾害,重新失掉了自己分得的土地。如果党不积极引导农民走社会主义道路,资本主义在农村就必然会发展起来,农村中的两极分化就会加剧起来。"基于这一考虑,中国共产党决定开展互助合作。

---

① 指在经济上还没有上升的贫农,原来是贫农的新中农中间的下中农,还有老中农中间的下中农。

第二,无偿让渡土地产权的土地改革,是农业生产合作化运动中能够使农民的土地无偿让渡到集体经济组织的政策基础。在土地改革中,国家在土地产权让渡上拥有绝对权威,即无偿没收地主的土地,又无偿分配给无地、少地的贫雇农。在农民看来,土地是国家无偿给的,不是有偿交换得来的。正因为如此,在国家号召实行农业生产合作化,并在贷款、生产资料供应等方面对合作社与自耕农实行区别政策,特别是还采取行政和政治方式要求农民加入合作社的情况下,农民便放弃土地的私有权而步入土地归集体的农业生产合作化道路。农业生产合作化中土地产权让渡的完成还表明,土地改革中无偿让渡土地产权所确立的农民土地所有权,是一种残缺的所有权。

第三,土地改革中实行大体均等分配土地的政策,使土地改革后农民所占有的土地大体均等。这种农民土地占有的均等性,从政府层面看,它成为在土地转为集体所有时不采取作价收买政策的理由;从农民层面看,将土地无偿转为集体,其利益或损或益是均等的,因而也能够为农民所接受。

第四,在社会保障体系没有建立起来的情况下,对一些原来不从事农业生产者也分配给土地,可以起到社会保障的作用,具有积极的意义。但是,他们缺少必要的生产资料,生产中发生了一些困难,发展互助合作的号召顺应了他们的要求。还有一部分新分到土地的贫雇农,无力置办必要的农具,生产中也发生了一些困难,抵御自然灾害的能力弱,开展互助合作可以解决农具、耕牛等生产资料缺少的问题。

第五,在土地改革后,以户为单位分散经营,而且农业经营规模较小,在这种条件下,国家难以收购到工业化快速推进所需的大量农产品,这成为促进农业生产合作化快速推进的重要因素。

第三节　农业生产的恢复发展

新中国成立初期,中共中央和中央人民政府面对中国长期受战争摧残而使农业生产力遭受严重破坏的问题,实行土地改革调动农民的积极性,采取经济政策和技术措施促进农业生产的恢复发展。

一、促进农业生产的恢复发展

1949 年 12 月 8 日至 20 日,中央人民政府召开第一次全国农业生产会议,在分析农业生产的有利条件和不利条件后,提出了1950年农业生产的方针、计划任务和具体措施。会后,中共中央、政务院批发了农业部制定的《关于一九五〇年农业生产方针及粮棉增产计划的指示》,明确1950年的农业生产方针以恢复生产为主,要求老解放区的农业生产水平比1949年提高一成,新解放区保持1949年的生产水平,条件较好的地区争取略有提高。全国农业生产的中心任务是增产粮食和棉花,以解决人民粮食和工业原料的燃眉之急。粮食在已有水平上要增产500万吨,皮棉增产24万吨。

1951年2月,政务院做出《关于一九五一年农林生产的决定》,其中包括十项政策,主要有:已经完成土地改革的老解放区,切实保护人民已得的土地财产不受侵犯,新解放区在土地改革完成后,立即确定地权、颁发土地证,在尚未进行土地改革而只实行减租的地区,切实保障谁种谁收和农民的佃耕权;贯彻合理负担的农林税收政策,对因急于耕作造成产量不及常年应得产量的,其应纳公粮不予减少,对产量显著超过当年一般生产水平,经民主评议为群众所公认的,人民政府给予物质或名誉奖励,开展群众性的劳模运动和生产竞赛,另外,老解放区的地主和旧式富农,在土地改革以后服从政府法令、勤于劳动,地主连续五年、富农连续三年以上者,经乡村人民代表大会通过、县人民政府批准,得改变其成分;劳动互助组应受到人民政府的各种奖励和优待,农民相互间临时雇佣短工,可予提倡,允许富农经济存在,雇佣劳动自由;执行奖励主要工业原料作物生产的价格政策,保证棉粮、烟粮和麻粮的合理比价,保证收购和运销,实行优级优价、低级低价、公平合理地按级给价,禁止压低等级收购,推行对农产品的合同制度和预购赊购办法,棉农及烟农的农业税负担得于秋后一次征收,并得以棉、烟抵交公粮;实行山林管理,严禁烧山和滥伐,划定樵牧区域,发动植树种果,推行合作造林,对保护培育山林和植树造林有显著成绩者,政府给予物质或名誉奖励,鼓励群众在公有荒山荒地承领造林,造林后林权归造林者所有;奖励兴修水利,对群众自己出资合作兴修水利而产量提高的部分,五年以内不改定原常年应产量和不增加公粮负担,对国家出资兴办而产量提高的部分,三年以内不改定常年应产量和不增加公粮负担,垦种生荒免纳公粮三年至五年,但绝对禁止开山荒和陡坡,已开的山荒必须修成梯田;保障牲畜喂养者的利益,奖励繁殖牲畜,提高经营种畜户的社会地位,并予以扶持,开展家畜防疫运动,推行牲畜保险;鼓励农民投资扩大再生产,提倡自由借贷,必须有借有还,恰当使用国家投资和贷款,凡为发展农林水利事业的私人投资和帮助农民发展生产的私人借贷,人民政府应给予方便和保障;在某些闭塞地区,粮食产量较大而无法运出销售的,除应根据当地可能条件有计划地适当地提倡种植棉、烟、麻等作物外,还应该养猪牛马及经政府批准进行烧酒生产,使农民获得商品增产的代价;严禁地主、特务、反动会门的一切破坏行为,如有无故荒芜土地、宰杀耕畜、破坏农具、砍伐树木、拆毁建筑物者,人民政府应给以严厉惩处。

1952年2月,政务院做出《关于一九五二年农业生产的决定》,重申了以前规定的主要政策,并对一些政策做出进一步补充和完善。

第一,国家逐步增加农用资金供应。1950年,国家安排了2.74亿元(按1952年不变价格计算)财政资金支援农业,1951年增加到4.19亿元,1952年又增加到9.04亿元,分别占当年国家财政总支出的4%、3.4%和5.1%。这些资金主要作为农业事业费和乡村救济费支出。国家从1952年起对工农业和其他生产建设项目安排基本建设投资,并对基本建设投资项目实行能源、建筑材料和生产原材料的计划供应。1952年国家对农业基本建设投资6.46亿元,占基本建设投资总额的14.8%,其中水利投资4.24亿元。1952年国家向农民发放贷款8.58亿元,帮助农民购买农具、耕畜、肥料、农药、良种等生产资料,占农业生产资料供应总值的60.9%;扣除当年收回款6.68亿元,年底贷款余额比上年增加1.4亿元。

第二,国家逐步增加农用物资供应。1950年,全国各地开始普遍推广新式农具。1951年1月,农业部召开第一次全国农具工作会议,促进各地继续增置旧农具、保护耕畜,推广新式农具和改良农具。同时,各地供销合作社通过预购、结合合同、集体收购等形式,向农民和互助组织收购农副产品,并提前或及时供应生产资料和生活用品。随着农业生产迅速恢复发展,对生产资料的需求也快速增加,国家大量增加化肥、农药、兽药和施药器械等的供给。

第三,调整减轻农民税收负担。国民经济恢复时期工业比重低,农业税在国家税收中所占比重较高,1950年高达39%,1950—1952年三年平均达30.6%。这一时期,国家为了有利于农民休养生息和扩大生产能力,对农业税制度进行了调整,在控制和降低农业税偏重地区农民负担上做出了努力。新中国成立时,约占全国农村人口1/3的已完成土地改革的老解放区实行比例税制;约占农村人口2/3的新解放区,则废除国民党政府的田赋制度和苛捐杂税,公布了临时征粮条例。1949年,新解放区的征粮办法,归纳起来有五种类型:河南、湖北、湖南、广东等省均采用按每人平均产量累进计征;浙江、皖南区、皖北区、山东新区、天津市以及北京市郊等按田亩累进计征；苏南、福建、川南、川北、贵州、云南等地按赋元累进计征；江西、绥蒙新区等地按阶级成分定税率计征；陕甘宁边区新区、江西、青海、甘肃等地兼征收益税和土地税。在新解放区的征粮工作中，由于干部对新区情况不熟悉，旧政府原有册籍残缺不全，数字也不真实，绝大部分地区尚未进行土地登记、评定产量，因而征税以上级分配的任务为根据，采取了多种征收办法，这虽然保证了农业税的及时征收，但也导致各地农业税负担不平衡，局部地区发生负担面过窄、累进率过高以及严重的畸轻畸重现象。据中财委粮食会议报告，1949年初步计算，各区每人负担的细粮（米麦）数：西北59斤，华北53斤，华中47斤（不含两广）；就人民生活水平而论，华东第一，华中次之，华北第三，西北最苦；而负担之轻重，适得其反。[①] 1949年新解放区的人口负担面较窄，一般没有达到农村人口的80%，累进率太高，有些地主负担超过其农业总收入的80%甚至100%。[②] 1950年5月30日，政务院发布《关于一九五〇年新解放区夏征公粮的决定》，对1949年实行的农业税收制度进行调整：只向正产物征税，对副业和牧畜免税；正税负担率由17%降至13%；正式决定以常年应产量为农业税征收标准，对超过常年应产量的部分不加税，以调动农民种粮积极性；夏粮征收实行区别不同的阶级成分规定不同的累进率的制度。这些规定降低了农业税率，缩小了征税范围，减轻了农民负担，激发了农民的积极性。1950年9月，中央人民政府公布实施《新解放区农业税暂行条例》。这是新解放区第一个统一的农业税法。条例规定以户为单位，按农业人口每人全年平均收入75公斤主粮为起征点，按全额累进制计征农业税，税率为3%~42%，共设40个等级，地方附加不得超过15%，随同农业税附征。同时，按照有利于恢复农业生产的原则，规定了相应减免税收的条件。在新解放区实行累进税制的同时，老解放区仍继续实行比例税制，只对税率做了适当的调整，略有降低。1951年6月，政务院发布《关于一九五一年农业税收工作的指示》，对上述条例予以修正，规定已完成土地改革的新解放区的全额累进制农业税的税率最高不超过30%，最低不低于5%；全国各地区农业税地方附加，不得超过正税20%，随同农业税附征之，以限制地方任意增加地方附加。

---

① 中国社会科学院、中央档案馆编：《1949—1952中华人民共和国经济档案资料选编·财政卷》，经济管理出版社1995年版，第57页。

② 中国社会科学院、中央档案馆编：《1949—1952中华人民共和国经济档案资料选编·财政卷》，经济管理出版社1995年版，第61页。

1952年，根据中共中央确定的"查田定产、依率计征、统一累进、决不附加"①的方针，由中央政府统一拟定税率。1952年6月，政务院公布全国统一的《晚解放区已经完成土地改革地区的税率表》。②为了规范地方税收，切实减轻农民负担，1952年6月16日，政务院发出《关于一九五二年农业税收工作的指示》，针对地方附加难以控制的现象，规定全国各地农业税的地方附加，一律取消。今后对农业只由中央统一征收一道农业税，不再附加。③为了保障上述决定实施，避免地方政府为增加收入超收农业税，1952年7月23日，中财委发出《取消一月财政会议所决定的公粮超收分成办法》，规定："中央公粮和地方附加公粮统一为中央公粮，统一征收，取消附加名义，乡镇经费，除按夏季征收公粮数的六分之一折款，拨交给地方作为下半年财政开支外，再由中央补助一万亿元。因而1952年1月全国财政会议所决定的超收分成办法，应即取消。"④同年8月，政务院还制定和公布《受灾农户农业税减免办法》。1952年11月，《中共中央关于农业税收问题的指示》又要求："为了确实稳定群众负担，不允许再有任意附加及摊派情事。但在目前整理乡村财政的过渡时期，如有关地方公益，出于群众自愿，又经过乡人民大会通过和县人民政府批准，得行摊派，惟必须控制在不超过中央正税的百分之七范围内。而地方公益的范围亦必须限于全乡水利灌溉、修桥补路、公共卫生设施以及小学教育补助或其他合理的文化活动等重要事项。"由于中央决定取消农业税附加，将乡村行政费和干部津贴纳入国家预算，1952年11月，中共中央发出《关于乡的区划标准及编制人数的通知》，要求各地调整乡的区划，合并或拆分规模太小或太大的乡，平均每个乡人口至少2000人。每个乡脱离生产的编制干部为3人，1953年的供给生活费180万元，即每月15万元，如果地方现有生活费高于上述标准者，亦不下调。通知还指出：今后各大区乡干部总数和乡总数凡需超出上述规定者，须先报中央批准方得变动。1952年11月22日，政务院发出《关于一九五三年度各级预算草案编制办法的通知》，规定1953年度实行中

---

① 中国社会科学院、中央档案馆编：《1949—1952中华人民共和国经济档案资料选编·农业卷》，社会科学文献出版社1991年版，第115页。
② 中国社会科学院、中央档案馆编：《1949—1952中华人民共和国经济档案资料选编·财政卷》，经济管理出版社1995年版，第1034页。
③ 中国社会科学院、中央档案馆编：《1949—1952中华人民共和国经济档案资料选编·财政卷》，经济管理出版社1995年版，第1032页。
④ 中国社会科学院、中央档案馆编：《1949—1952中华人民共和国经济档案资料选编·财政卷》，经济管理出版社1995年版，第1035页。

央、省(市)、县(市)三级财政预算管理。并将乡(村)镇财政支出列入县(市)预算内,为县(市)的预算单位,由县(市)统筹。列入乡(村)镇财政预算的支出有乡(村)镇的行政办公费、干部生活补助费、小学教员工资及学校公杂费,乡村干部训练费、干部会议费则列入县预算(这一点基本与1952年同)。至于乡(村)自筹经费,仍然不列入预算。随着农业生产的恢复和农业人口收入的提高,农业税的实际征收税率在经过两年上升后,开始下降。全国征收农业税实物,1950年为1350万吨(包括地方附加,按细粮计算),占粮食总产量的12.3%;1951年增加为1810万吨,占粮食总产量的14.5%;1952年增加到1940万吨,但占粮食总产量的比重却下降为13.2%,[1]即农民纳税后留成部分增加,农民税收负担有所减轻。

第四,调整农产品收购价格政策。新中国成立初期,工农业产品价格"剪刀差"比全面抗战前扩大,1950年比全面抗战前的1930年至1936年的平均水平扩大31.8%,比1936年扩大45.3%。新中国成立后,是否尽快缩小工农业产品价格"剪刀差",是一个很难抉择的问题。陈云在1949年8月15日就提出:"讨论价格政策,最重要的是工农业产品比价。工农业产品比价实质上是无产阶级领导的人民政权同农民的关系问题。"[2]由于国家通过国营企业和供销合作社控制了主要工农产品的比价,因此"剪刀差"问题也就成为政府与农民关系的问题。1950年下半年,各地纷纷反映,由于农业恢复较快,农产品出现供过于求的现象,粮食价格下降,市价已低于牌价,工业品及纱布价格上升,农民不满意。华北局在9月给中共中央和毛泽东的报告中提出:国家可否按照牌价大量收购粮食(全国不惜积压50亿至60亿斤)和适当降低工业品价格。毛泽东对此批示:"我认为华北局的意见是正确的,请陈(云)、薄(一波)即根据华北局所提各项召集有关人员开会,拟出具体方案,于数日内向中央报告一次,并迅即推行。此事极为重要,不能久延不决。"[3]据中财委在1950年10月发出的《关于防止物价波动问题的指示》说:"关于工农业品剪刀差价问题,在党内外还没有统一的认识,农业生产恢复远较工业生产恢复为快,农民购买力提高的速度,远超过工业生产的供应能力,今天的工业品基本上是不能满足农民需要的。"[4]从

---

[1] 李成瑞:《中华人民共和国农业税史稿》,财政出版社1959年版,第110页。
[2] 《陈云文选》(第2卷),人民出版社1995年版,第17-18页。
[3] 中国社会科学院、中央档案馆编:《1949—1952中华人民共和国经济档案资料选编·商业卷》,中国物资出版社1995年版,第563页。
[4] 中国社会科学院、中央档案馆编:《1949—1952中华人民共和国经济档案资料选编·综合卷》,中国城市经济社会出版社1990年版,第401页。

长远看,为了恢复工业生产,不可能采取降低工业品价格、提高粮食价格的做法。因此,中财委经过慎重考虑提出的政策是:稳定粮食价格,防止下落,适当提高(提高到牌价水平);稳住纱布价格,不使其继续上涨,适当调整(在保证生产、运销者有一定利润的前提下)。1950年9月,中财委提出:防止或减轻"谷贱伤农"的工作重点,不在减低工业品价格,而在维持一定的粮食价格,拟大量收购粮食,准备囤积50亿斤。中央贸易部副部长杨波专门撰写题为《论城乡物资交流与工农业品的交换比价》的文章。但是,由于国家收购资金有限,有的地方不得不停购或少购土产,结果这次调整工农产品比价和增加收购粮食对增加农民购买力的效果未达到预期。1951年1月3日,中财委同意并转发中南区关于扩大"剪刀差"的意见。中南区提出:为了补助收入,平衡收支,有必要有计划地扩大"剪刀差",即稳定土产价格,适当提高工业品价格,但要有一定限度,不能使农民受不了。同年4月,第二次全国物价工作会议就"剪刀差"问题提出:"剪刀差"应根据工农业生产发展及一般人民购买力与市场供销情况和整个财政经济政策来决定,必须重视这个问题,但不能不照顾实际情况,片面强调缩小"剪刀差",否则用心虽好,却行不通,既对农民不利,又影响工业生产。会议指出:"今天实际存在的问题,是农民与手工业者首先要求将他们的产品能够及时卖出去,当然也希望卖好价钱,买便宜货,但后者是次要的。一年来许多事实证明了这一点。我们今年强调城乡交流,也是根据这个事实拟定的。只要我们把农产品以合适的价格收购了,使农民收入增加起来,工业品稍贵一些(不是过分贵),农民是可以接受的。"[①]在此方针下,1951年1月和4月,国家在两次调高纱布价格的同时,也两次部分调低粮食价格。1月4日,将上海及华东大米产区城市的米价调低5%;4月12日,调低各地粗粮价格,将小米收购价改为出售价。1951年7月,政务院财政经济委员会在《关于今后全国物价调整办法的指示》中指出:两个月来,物价每天上升1%,情况不妙,目前国家掌握的纱布力量不足,粮棉收获后农民购买力估计比去年提高40%左右,资本家手里的游资比去年增加,秋后物价存在严重的波动危险,决定自8月1日起,在调高纱布价格的同时,调低粮食价格,从中南区开始,将新粮收购价比现时大米牌价降低10%~15%,适当调低各地面粉牌价。这几次调整物价实际上是扩大了工农业产品比价。其结果是解

---

① 中国社会科学院、中央档案馆编:《1949—1952中华人民共和国经济档案资料选编·商业卷》,中国物资出版社1995年版,第583页。

决了一时的问题,但又造成新的不合理比价。纱布与棉花的比价偏高,造成农村土纺土织扩大,棉花流向农村,国家收购困难;粮食价格偏低,既扩大了城乡消费,也造成市价高于牌价,公司难于收购。为此,国家不得不于1951年11月和1952年2月、9月、12月四次逐步调高粮棉价格,降低纱布及工业品价格。国民经济恢复时期,国家基于平衡工农业生产、扩大财政收入、稳定市场、照顾各方面关系,采取种种措施,不停地调整物价。① 1952年与1950年相比,粮食价格提高7.4%,棉花价格提高8.9%,其他经济作物和畜产品、水产品的价格也有所提高。加上集市贸易农产品价格的变化,农产品收购价格总指数的上升超过了乡村工业品零售价格总指数的上升。以1950年为100,1951年和1952年农产品收购价格总指数分别为119.6和121.6,乡村工业品零售价格总指数分别为110.2和109.7。这使农民用同样数量农产品换取的工业品有所增加。据统计,1951年和1952年的两年,农民通过出售农产品和购买工业品,增加净收益27亿元。此外,还规定实行收购农产品要解决化肥供应问题的政策。国家在调整农产品收购价格的同时,还调整农产品比价。1950年4月,政务院财政经济委员会根据棉麻与粮食作物收获的比较、粮食供需和调剂状况、交通运输条件,以及历年棉、麻与粮食价格的比例等,规定了棉花、麻类与粮食的比价,作为经济作物产区以棉麻顶交公粮和制定农产品收购价格的依据。1951年3月,政务院财政经济委员会又对棉粮、麻粮的比价做出调整,将北方每斤八分之七英寸皮棉换小米的数量由8斤增加到8.5~9斤,换小麦的数量由7斤增加到8斤;将南方每斤皮棉换中籼米的数量由6.5斤增加到8.5斤,将每斤中等精洗青麻换小米的数量由2斤增加到2.5斤。

第五,整治大江大河。水利建设是促进国民经济恢复的重点之一。国民经济恢复时期,水利建设的任务是大力防治水患,有重点地实施河流治本工程,兼顾上游水土保持,同时兴修灌溉工程,减轻旱灾。根据这一要求,1950年6月,中央人民政府成立了全国统一的防汛指挥部,各省、市、县也分别成立防汛指挥机构。当年,全国动员群众兴修水利,整修堤防4200多公里。除淮河流域的河南、皖北因雨水过大成灾外,多数河流和多数地区做好了防汛工作,保障了农业生产和沿河人民生命财产的安全。在灌溉方面,中央投资兴修水利增加灌溉面积24.7万多公顷,整修旧渠及民营小

---

① 武力、郑有贵主编:《中国共产党"三农"思想政策史(1921—2013年)》,中国时代经济出版社2013年版,第223-224页。

型工程使86.7万公顷农田受益。此外,还进行了若干主要河流的勘测、规划和设计等工作,一些河流的根治工作开始部分动工。从1951年开始,在进行水利建设中时,除害与兴利相结合,对大江大河由局部治理转向全流域开发,对水资源开始趋向多目标利用,除农田灌溉外,还着手进行水力发电建设和改进航运事业。1950—1952年,全国江河堤防大部分进行了培修。对水灾比较严重的淮河,华东的沂河、沭河,华北的永定河、大清河、潮白河等河流,开始进行全流域治理。毛泽东倡导的根治淮河,是新中国第一个全流域、多目标治理的浩大水利工程,经过三年的努力,取得重大成效。同期,在黄河、长江流域的水利建设也取得明显进展,减轻了这些流域水灾的威胁。此外,还整修加固了珠江、汉水的堤防和江苏、浙江、上海一带的海堤。三年中先后兴建灌溉工程358处,增加灌溉23.2万公顷以上。其中引黄济卫工程,能灌溉3.2万公顷农田。加上各地兴办的小型农田水利建设,全国有效灌溉面积由1949年的1600万公顷增加到1952年的1995.9万公顷,从而减轻了水旱灾危害。

第六,改进和推广农业生产技术。各级农业行政部门组织动员大批农业科技人员深入乡村,深入实际,调查研究,总结群众丰产经验和增产技术,开展爱国生产运动和群众性的改进技术运动,示范推广新式农机具,并开始引进、试验、选定机械化农具,为新中国的农业科技起步与发展打下了良好的基础。中央人民政府和有关职能部门把改进和推广农业生产技术作为恢复和发展农业生产的重要措施。在普及推广良种上,针对全国绝大部分地区仍采用农家品种,已推广的优良品种也往往混杂退化严重的问题,1950年初,农业部提出了《五年良种普及计划(草案)》,要求用连续选种育种的办法,把群众选种和农场育种结合起来,开展群众性的选种育种运动,并从国外引进一些优良品种进行试验、示范和推广。1952年4月,农业部将草案下达各省、自治区、直辖市征求意见,并研究执行。到1952年,全国良种种植面积达到813.3万公顷,比新中国成立前扩大了11倍。其中棉花优良品种种植面积占全部棉花种植面积的50%以上。[①] 1950年至1952年的三年中,选育繁殖了许多丰产、优质、抗病力强的品种,一般都能增产10%~15%。在耕作技术方面,农业部颁布了总的农业生产《技术指导纲要》,还颁布了《水稻丰产指导纲要》、《冬小麦丰产技术试行纲要》、《棉

---

① 吴承明、董志凯主编:《中华人民共和国经济史》(第一卷),中国财政经济出版社2001年版,第512页。

花丰产技术指导纲要》等。

在中国共产党和中央人民政府的领导下,通过土地改革解放生产力,开展互助合作和爱国丰产运动,以发展粮食和棉花为中心,以提高单位面积产量为主要目标的一系列方针政策和措施,充分调动了广大农民的生产积极性,经过三年的艰苦努力,完成了恢复农业生产的任务。按1952年不变价格计算,全国农业总产值由1949年的326亿元增加到1952年的484亿元,三年增长了48.5%,年递增14.1%。主要农产品产量超过历史最高水平,1952年全国粮食总产量16391.5万吨、棉花总产量130.4万吨,分别比1949年增长44.8%和193.7%,分别超过历史最高水平9.3%和53.6%。其他农产品也得到不同程度的恢复和发展。

二、农业生产全面恢复对国家经济社会发展的影响

农业生产的全面恢复,对改善广大农民的生活、向社会提供更多的农产品、保证以农产品为原料的轻工业生产的发展、促进国民经济的恢复和发展,都发挥了重要作用。同时,还为城乡社会经济秩序的整顿和建立,支援抗美援朝战争、保卫祖国家园,做出了重大贡献。

农业生产的恢复和发展,使广大农民的收入增加,购买力提高,生活有了较明显的改善。全国农业人口人均社会商品(包括消费品和农业生产资料)零售额,从1950年的21.7元上升到1952年的30.7元,增长41.5%。农民生活的改善,突出表现在吃穿方面:1952年,全国乡村居民人均消费粮食192公斤,食用植物油1.7公斤,食糖0.6公斤,猪肉5.5公斤,棉布4.6米。虽然当时整体消费水平相当低,但是与新中国成立前相比,绝大多数农民的生活水平有了较大的提高。在一些农业生产情况较好的地区,农民的口粮已经以稻米、面粉等细粮为主,而且能够干稀搭配。有些农民过年过节时还杀猪宰羊。多数地区农民日常伙食,由过去以糠麸为主,变成了以玉米、高粱等粗粮为主,并加上少部分小麦等细粮,初步扭转了旧中国农民生活水平低下的状况。

农业生产的快速恢复和发展,对国家和社会做出了重大贡献。

一是农民向社会提供的商品逐年增加。1949年,国家征购的粮食只有1540万吨,1952年上升到3033万吨,增加了1493万吨,增长96.9%。同期,农民向社会提供的其他农副产品也都有了相应的增加,而且多数产品商品量的增长率高于生产量的增长率。除粮食外,1952年全国主要农副产品的社会收购量为:食用植物油98万吨,肥猪3742.7万头,鲜蛋19.4万

吨，水产品 91.8 万吨，茶叶 7.7 万吨，棉花 108.7 万吨，黄红麻 11.4 万吨，糖料 408.7 万吨，烤烟 19.1 万吨，蚕茧 9.7 万吨，还有相当数量的菜牛、菜羊、羊毛、牛皮、毛竹、桐油等。同年，全国社会农副产品收购总额达 140.8 亿元，占农业总产值（按当年价格计算）461 亿元的 30.5%。这对于增加市场供给、改善城镇居民生活、保障工业发展需要，以及打破国际敌对势力的封锁等，产生了积极的影响。

二是增加了国家财政收入。国民经济恢复时期，农民以公粮形式缴纳的农业税连年增加，1950 年达 19.1 亿元，1951 年达 21.69 亿元，1952 年达 27.03 亿元，分别占当年国家财政收入的 29.3%、16.3% 和 14.7%。虽然所占比重逐年下降，但是在当时国家财政力量极其薄弱的情况下，对于加快经济建设发挥了重要作用。

三是支持了社会经济秩序的整顿。在新中国成立初期，农业生产连年增产，向国家提供了越来越多的农副产品，使国家制止恶性通货膨胀有了支撑。通过适时集中投放市场紧缺的粮食、棉花，满足了市场供应和工业生产需要，沉重打击了投机商人，基本上稳定了市场物价。全国零售物价总指数（以 1950 年为 100），由 1951 年的 112.2，下降为 1952 年的 111.8，从而促进了正常社会经济秩序的建立。

四是扩大了国内工业品市场。农业生产的恢复和发展，增加了农民的货币收入，使农民购买力逐年增加，乡村的工业品市场愈益扩大。1952 年，乡村消费品零售额达 137.1 亿元，农业生产资料零售额达 14.1 亿元，两项合计为 151.2 亿元，占同年全国社会商品零售总额的 54.6%，在国内商品市场中占据重要地位。

五是推动了对外贸易的发展。国民经济恢复时期，中国主要通过出口农产品和以农产品为原料的加工品换取外汇，以进口国内需要的工业品。中国农产品出口额和以农产品为原料的加工品出口额，1950 年分别占出口总额 5.5 亿美元的 57.5% 和 33.2%，合计占 90.7%；1951 年分别占出口总额 7.6 亿美元的 54.6% 和 31.4%，合计占 86%；1952 年分别占出口总额 8.2 亿美元的 59.3% 和 22.8%，合计占 82.1%。可见，新中国成立初期，农产品及其加工品在出口创汇方面为国家做出了重大贡献。

简言之，1950—1952 年全国农业生产的快速恢复和发展，给工业提供原料、劳动力、资金、市场等支持，为中国在"一五"时期启动国家工业化战略创造了条件。广大农民还用实际行动支援抗美援朝，为赢得抗美援朝战争的胜利做出了巨大贡献。

第二章
国家工业化战略下的乡村发展

本章围绕国家工业化战略实施起至中共十一届三中全会前乡村发展目标与实现路径的选择,就中国共产党促进乡村发展的探索进行回顾和讨论,主要回答四个方面的问题:一是在实施国家工业化战略下,中国共产党就乡村发展目标、资源在工农两部门配置政策取向上做出了什么样的选择;二是在建立社会主义制度及计划经济体制的取向下,围绕乡村发展目标的实现,中国共产党在乡村发展路径上做出了哪些探索,在具体政策上做出了哪些安排;三是在政府主导制度变迁的条件下,当制度供给与需求不一致时,农民用自己所能为的方式对制度的实施进行抵触,面对这种状况,政府在政策上做出了哪些调整;四是从产值结构转换与就业结构转换的视角,对这期间乡村的发展做出什么样的评价。

1953年起,中国开始实施以156个重大建设工程项目为核心的"一五"计划,标志着国家工业化战略实施的启动。到改革开放前,中国处于工业化初期,初步建立起相对独立的工业体系。如同一般发展中国家一样,中国选择了农业为工业提供积累的政策,即农业养育工业的政策。在这种宏观经济和资源在工农两部门配置政策取向下,这一时期以农业增产、保障农业剩余向工业转移和农业向工业提供原料成为乡村发展的核心目标,而农民增收、乡村基础设施和社会事业发展等目标则是服从于核心目标的。在计划经济体制下,围绕政策目标的实现,在土地改革后选择了农业生产合作化、人民公社化、农产品统派购,以及城乡二元产业和社会发展政策、二元财税政策、二元就业制度、二元户籍管理制度等。对于农民以退出农业生产合作社、在集体经济组织内出工不出力、精心耕种自留地、实行包产到户、隐瞒产量避免高征购等不同方式对农业生产合作社、人民公社和农产品统派购制度进行的抵触,政府主要是通过行政和政治的方式加以解决,特别是对农民开展大规模的意识形态的引导和教育。这些政策和制度安排的综合作用,使得20世纪50年代初至1978年中国逐步形成并不断固化城乡二元结构,并导致产业结构转换与就业结构转换的不同步。

第一节 国家工业化与乡村发展目标

乡村政策首先是由资源在工农两部门间的配置政策所决定,这对属于发展中国家和资源约束明显的中国而言更为突出。不言而喻,实施国家工业化战略是当代中国乡村发展目标及其实现途径选择的前置条件。实际上,70年间中国"三农"问题的解决,自新中国成立起,即与工业化、城镇化政策联系在一起。

一、国家工业化与乡村发展的双重使命

世界各国现代化的历史,是从农业文明向工业文明转变的历史。实现工业化既是世界经济发展的趋势,也是中国的必然选择。

在工业化浪潮席卷全球的国际经济背景下,新中国面临国家工业化和乡村发展的双重使命。

中国共产党对实现工业化的紧迫性有着强烈的认识。早在1945年4月召开的中共七大上,毛泽东就分析了中国实现工业化的必要性,指出:"没有工业,便没有巩固的国防,便没有人民的福利,便没有国家的富强。"并提出:"在新民主主义的政治条件获得之后,中国人民及其政府必须采取切实的步骤,在若干年内逐步地建立重工业和轻工业,使中国由农业国变为工业国。"[①]1949年3月5日,毛泽东在中共七届二中全会上所做的报告中对此进一步分析指出:中国的工业和农业在国民经济中的比重,就全国范围来说,在抗日战争以前,大约是现代性的工业占10%左右,农业和手工业占90%左右。这是帝国主义制度和封建制度压迫中国的结果,这是旧中国半殖民地和半封建社会性质在经济上的表现,这也是在中国革命的时期内和在革命胜利以后一个相当长的时期内一切问题的基本出发点。在革命胜利以后,迅速地恢复和发展生产,对付国外的帝国主义,使中国稳步地

---

① 《毛泽东选集》(第3卷),人民出版社1991年版,第1080-1081页。

由农业国转变为工业国,把中国建设成一个伟大的社会主义国家。① 换言之,如同许多国家一样,中国由穷国变成富国,就必须实现国家工业化。

从国家现代化出发,新中国成立之初即确立了国家工业化战略。1951年毛泽东提出:"从一九五三年起,我们就要进入大规模经济建设了,准备以二十年时间完成中国的工业化。完成工业化当然不只是重工业和国防工业,一切必要的轻工业都应建设起来。"② 1953年9月,中共中央向全党和全国人民公布了中国共产党在过渡时期的总路线,即从中华人民共和国成立,到社会主义改造基本完成,这是一个过渡时期,党在这个过渡时期的总路线和总任务,是要在一个相当长的时期内,逐步实现国家的工业化,并逐步实现国家对农业、对手工业和对资本主义工商业的社会主义改造。毛泽东同时指出,"这条总路线是照耀我们各项工作的灯塔,各项工作离开它,就要犯右倾或'左'倾的错误"。从1953年实施156个重大建设工程项目起,中国正式启动了国家工业化战略。

实现国家工业化与乡村发展的双重使命,既相辅相成,又相互矛盾。相辅相成之处在于,一方面,国家工业化是乡村发展的前提,没有国家的工业化就没有农业的现代化,没有农民向工人的转变,乡村也不可能享有工业物质文明;另一方面,农业发展是工业化的基础,如果农业问题得不到很好解决,工业化将失去农业提供农产品这一基础,也将失去农业对工业产品的市场拉动,城乡差距过大也会导致社会的不和谐。相互矛盾之处在于,在发展中国家,工业化的原始积累需要由农业提供,如果农业剩余过度向工业转移,会导致工农业发展失衡,城乡居民收入差距拉大,城乡社会事业发展水平差距拉大,这些既不利于工业化的推进,也不利于乡村发展,还影响和谐社会的构建。

对于中国这样一个发展中国家,既要促进工业化的快速发展,又要实现乡村发展,其难度是相当大的。

二、国家工业化战略下乡村发展目标的选择

在经历20世纪50年代初农业生产的快速恢复后,全国人民的温饱问题仍未得到稳定解决。直到改革前,全国人均粮食产量很长时期内都在300公斤上下徘徊。在这一历史条件下,乡村发展的重点是实现农业发展,

---

① 《毛泽东选集》(第4卷),人民出版社1991年版,第1430页、第1437页。
② 中国共产党在过渡时期的总路线,1954年被写入了《中华人民共和国宪法》的总纲之中。

解决全国人民的温饱问题，同时随着工业化的推进和社会的进步，还应逐步促进农民增收和实现乡村民生改善。在工业化初期，乡村发展目标不仅如此，它还包括实现农业剩余向工业转移和农业向工业提供农产品原料。在赶超战略下，两方面目标的权重相差较大，实现农业发展和农业剩余向工业的转移、农业向工业提供农产品原料是乡村发展的核心目标，而农民增收和乡村民生改善是较之低一个层次的目标。这就是20世纪50年代初至改革前乡村发展目标的历史选择。

在乡村产业发展目标方面，受工业化快速推进和人口快速增长双重因素作用，农产品供给严重短缺，传统农业技术又无法支撑农产品产量的快速增长，因而农产品供给对中国政府构成持续性挑战，使得政府在产业政策中首先是偏重农产品总量增长的目标，特别是追求粮食产量的快速增长。在这一政策目标下，当时提出的"以粮为纲，全面发展"方针难以落实，而是较为强调以粮食为纲，尽可能地缓解粮食供给短缺的压力。同时，城乡居民由于被贫穷所困，对农产品的消费倾向于"饥不择食"，而不是奢望"精细"和"营养"，因而也不能形成对农产品结构转换的需求拉动。

在乡村民生改善目标方面，新中国成立初期，广大农民憧憬的美好生活是"楼上楼下，电灯电话"，"耕地不用牛，点灯不用油"，"三十亩地一头牛，老婆孩子睡炕头"，满足农民的这些憧憬不言而喻成为乡村发展目标；在人民公社化初期，提出了工农商学兵结合的乡村经济社会结构的演进目标；1960年二届全国人大二次会议审议通过的《关于为提前实现全国农业发展纲要而奋斗的决议》也明确提出建设社会主义新农村。然而，在城乡二元政策及制度下，城乡分割，最终导致形成两个隔离的经济社会体系。

在农民增收目标方面，以毛泽东为代表的中央领导集体反复强调农民增收，但同时也强调农民对工业化的贡献，两者之间有一个平衡的度。在这方面，毛泽东的论述非常丰富，这些论述也主导着政策的制定。

毛泽东主张稳步提高农民收入，并将其明确为政策目标。1956年4月18日至24日，毛泽东在听取第二个五年计划汇报时指出："应该使百分之九十的社员年年个人收入有所增加，如果不注意个人收入问题，就可能犯大错误。""财政一节，说还想从农民多要一些，很值得研究，因为第一个五年计划农业税一百七十亿元，而第二个五年计划农业税加小学下放共达三百七十七亿元，已经加了很多。对农民总要经常照顾，不要一下使农民收入大为减少。去年就是一个大教训，多收入六十至七十亿斤，全体农民都骂我们。我们减少了征购,实行了'三定',又加上丰收,因而改骂娘为鼓掌。"①同月25日,毛泽东在中共中央政治局扩大会议上做《论十大关系》的报告,强调指出:"除了遇到特大自然灾害以外,我们必须在增加农业生产的基础上,争取百分之九十的社员每年的收入比前一年有所增加,百分之十的社员的收入能够不增不减,如有减少,也要及早想办法加以解决。"②

毛泽东主张逐步缩小工农业产品价格"剪刀差",通过实行合理的农产品收购价格来实现农民增收。农产品价格是一个涉及众多利益主体的问题。毛泽东明确指出:"调整价格,就是调整工人和农民之间、生产者和消费者之间的经济关系和政治关系。"实施工业化战略要求农业向工业提供积累,但毛泽东注意到农业向工业提供积累要把握好度的问题,即既主张农业向工业提供积累,又主张农产品收购价格不能太低,要逐步缩小工农业产品价格"剪刀差"。1956年11月15日,毛泽东在中共八届二中全会上提醒说:"谷贱伤农,你那个粮价那么便宜,农民就不种粮食了。这个问题很值得注意。"1956年,毛泽东说:"如果现在要求完全消灭剪刀差,做到等价交换,国家积累就会受到影响。但是剪刀差太大,使得农民无利可图,那也是错误的。总之,在不影响国家积累的情况下,逐步地缩小工农业品的剪刀差价。"③1957年1月,毛泽东在省市自治区党委书记会议上的讲话中指出:"农业本身的积累和国家从农业取得的积累,在合作社收入中究竟各占多大比例为好?请大家研究,议出一个适当的比例来。其目的,就是要使农业能够扩大再生产,使它作为工业的市场更大,作为积累的来源更多。先让农业本身积累多,然后才能为工业积累更多。只为工业积累,农业本身积累得太少或者没有积累,竭泽而渔,对于工业的发展反而不利。"④1959年,毛泽东指出:"工农业产品的交换不能够完全等价,但要相当地等价。"

毛泽东主张通过合理的价格政策调动农民积极性,是吸取了苏联的教训。1956年,毛泽东在《论十大关系》中指出:"苏联的办法把农民挖得很苦。他们采取所谓义务交售制等项办法,把农民生产的东西拿走太多,给的代价又极低。他们这样来积累资金,使农民的生产积极性受到极大的损害。你要母鸡多生蛋,又不给它米吃,又要马儿跑得好,又要马儿不吃草。

---

① 《毛泽东听取第二个五年计划汇报时的谈话纪要》,《党的文献》2004年第1期。
② 《毛泽东文集》(第7卷),人民出版社1999年版,第30页。
③ 农业部农业政策研究会:《毛泽东与中国农业》,新华出版社1995年版,第188页。
④ 《毛泽东文集》(第7卷),人民出版社1999年版,第200页。

世界上哪有这样的道理！"①

毛泽东反对对农民实行竭泽而渔。1952年10月14日,陈云将一份关于江苏省青浦县小蒸乡农民情况的调查报告报送毛泽东并华东局第三书记谭震林。该报告反映由于农业歉收、征粮过重和人多地少,农民生活普遍困难。15日,毛泽东写信给谭震林,要求认真解决此事。在计划经济体制下,关心农民生活,很重要的一个方面就是要给农民留足粮食。在农产品统购数量问题上,毛泽东反对高征购,批评高征购是竭泽而渔。毛泽东在《论十大关系》中说:"我们同农民的关系历来都是好的,但是在粮食问题上曾经犯过一个错误。一九五四年我国部分地区因水灾减产,我们却多购了七十亿斤粮食。这样一减一多,闹得去年春季许多地方几乎人人谈粮食,户户谈统销。农民有意见,党内外也有许多意见。……我们发现了缺点,一九五五年就少购了七十亿斤,又搞了一个'三定',就是定产定购定销,加上丰收,一少一增,使农民手里多了二百多亿斤粮食。这样,过去有意见的农民也说'共产党真是好'了。这个教训,全党必须记住。"②1966年3月12日,毛泽东在关于农业机械化问题给刘少奇的信中,以苏联和中国"大跃进"时期的教训为鉴,深刻地指出:"苏联的农业政策,历来就有错误,竭泽而渔,脱离群众,以致造成现在的困境,主要是长期陷在单纯再生产坑内,一遇荒年,连单纯再生产也保不住。我们也有过几年竭泽而渔(高征购)和很多地区荒年保不住单纯再生产的经验,总应该引以为戒吧。"③

三、农业养育工业政策取向的确立

在实施国家工业化战略中,中国选择了农业养育工业的政策。

将农业剩余向工业转移,实行农业养育工业的政策,对中国而言,是不得已而为之的选择。

在受西方国家封锁的国际政治经济环境下,中国工业化的积累难以获得大量国外资本,只能主要依靠国内。当时,农业是国民经济的主要产业,工业化的原始积累需要由农业提供,因而需要将农业剩余转移至工业,实行工业反哺农业政策。1950年6月6日,陈云在中共七届三中全会上说:"中国是个农业国,工业化的投资不能不从农业上打主意。搞工业要投资,

---

① 《毛泽东文集》(第7卷),人民出版社1999年版,第29—30页。
② 《毛泽东文集》(第7卷),人民出版社1999年版,第29页。
③ 《建国以来毛泽东文稿》(第12册),中央文献出版社1998年版,第20页。

必须拿出一批资金来,不从农业打主意,这批资金转不过来。"①

中国选择资本密集的重工业优先发展战略,又导致了农业剩余过多地向工业转移。1951年12月,毛泽东提出,"首先重要并能带动轻工业和农业向前发展的是建设重工业和国防工业。为了建设重工业和国防工业,就要付出很多的资金"②。然而,这种优先发展重工业的选择,是在经济发展水平较低的条件下做出的。1950年全国人均收入仅为77元,1956年也只有142元;城乡居民储蓄极少,1952年人均储蓄存款仅1.5元,到1978年也只有22元;1950年全国财政收入(包括债务收入)仅为65.19亿元,1956年为287.43亿元,1949年10月至1957年底,政府用于经济建设的财政支出仅为796.51亿元,平均每年仅有近100亿元。③ 可见,中国工业化起步时的经济发展水平较低,与工业化先行国家起步时人均GNP(国民生产总值)达200~300美元相比有较大差距。不仅如此,中国在工业化起步之际的经济发展水平与发达国家也存在着较大差距,1950年中国的人均GDP(国内生产总值)不及西欧和西方衍生国水平的1/12。④ 据联合国"亚洲及太平洋社会委员会"统计,1949年中国人均国民收入仅27美元,而当时印度人均国民收入是57美元,亚洲人均国民收入是44美元。在历史上反复发生弱肉强食,特别是1840年鸦片战争至抗日战争胜利前饱经"落后就要挨打"的切肤之痛后,中国有着加速工业化进程的冲动,1958年的"大跃进"则把赶超战略的冲动推向了极端。在如此低的经济水平和剩余状况下优先发展重工业和实施赶超战略,则要求农业剩余更多地向工业转移。

可见,处于工业化初始阶段的中国乡村必然成为资源净流出者,这就是新中国初期乡村发展的历史定位。

在计划经济体制下,农业剩余向工业的转移,主要通过两条路径得以实现。其一,通过工农业产品价格"剪刀差"的形式实现农业剩余向工业的转移。改革开放前的20余年间,在计划经济体制下,工农业产品价格均由国家确定,并实行工农业产品价格二元政策,即国家对农产品实行低价收购政策,工农业产品价格存在"剪刀差",价格被扭曲,仅在20世纪60年代初和70年代初对农产品收购价格进行过两次幅度相对较大的上调,以缓

---

① 《陈云文选》(第2卷),人民出版社1995年版,第97页。
② 《毛泽东文集》(第6卷),人民出版社1999年版,第207页。
③ 财政部综合计划司编:《中国财政统计(1950—1985)》,中国财政经济出版社1987年版,第66页。
④ (英)安格斯·麦迪森著,伍晓鹰、许宪春、叶燕斐、施发启译:《世界经济千年史》,北京大学出版社2003年版,第261页。

解工农收入分配恶化的问题。据专家测算,1952—1978年工农业产品价格"剪刀差"幅度扩大44.9%[①];1952—1957年从农业部门聚集的净积累为475亿元,为同期财政收入的30.9%,1959—1978年为4075亿元,为同期财政收入的21.3%。其二,新中国延续实行几千年征收农业税的政策,通过城乡二元税收制度实现农业剩余向工业转移。

在实施农业养育工业的政策取向下,基于对农业在国民经济中的基础地位的认识,以毛泽东为代表的中央领导集体高度重视和正确处理工农关系,提出要注意在投资上处理好工业与农业的关系,强调对乡村实行"予"的政策。1950年6月6日,陈云在中共七届三中全会上,在主张农业剩余向工业转移的同时,还提出:"但是,也决不能不照顾农业,把占国民经济将近百分之九十的农业放下来不管,专门去搞工业。""将来是粮食出口,还是棉花出口?这要看国际市场需要什么。如果不需要粮食,粮食出不了口,棉花能出口,那末华北地区就多种棉花,其他地区多种粮食。……现在我们是在粮食、棉花上打算盘。中国从大清帝国开始,就从外国买棉花、粮食、石油,现在我们如果还把外汇都用来买这些东西,哪里有钱买机器搞工业建设?所以,要先解决棉花、粮食的问题。"[②]毛泽东在《论十大关系》中更是明确指出:"我们现在的问题,就是还要适当地调整重工业和农业、轻工业的投资比例,更多地发展农业、轻工业。""这里就发生一个问题,你对发展重工业究竟是真想还是假想,想得厉害一点,还是差一点?你如果是假想,或者想得差一点,那就打击农业、轻工业,对它们少投点资。你如果是真想,或者想得厉害,那你就要重视农业、轻工业,使粮食和轻工业原料更多些,积累更多些,投到重工业方面的资金将来也会更多些。""我们现在发展重工业可以有两种办法,一种是少发展一些农业、轻工业,一种是多发展一些农业、轻工业。从长远观点来看,前一种办法会使重工业发展得少些和慢些,至少基础不那么稳固,几十年后算总账是划不来的。后一种办法会使重工业发展得多些和快些,而且由于保障了人民生活的需要,会使它发展的基础更加稳固。"[③]

在农业养育工业政策取向下,尽管以毛泽东为代表的中央领导集体强调对农业的投入,但国家财政对农业的支出较少,对农业的"取"大于"予"。

---

① 严瑞珍等:《我国工农业产品价格剪刀差的现状、发展趋势及对策》,载《生存·改革·发展》(1988),中国展望出版社1989年版,第289页。

② 《陈云文选》(第2卷),人民出版社1995年版,第97-98页。

③ 《毛泽东文集》(第7卷),人民出版社1999年版,第24-25页。

20世纪50年代初期国家财政资金主要是用于恢复农业生产,人民公社时期安排了少量资金改善生产条件。1978年前农村大规模兴修水利和农田基本建设以及电力、道路、通信等能源和农村基础设施建设,教育、卫生、文化等农村社会事业发展,国家财政投入都较少,主要是依靠人民公社的保障,并通过行政手段和政治动员,组织农民出劳和整合农村集体经济积累。更为严峻的是,在计划经济体制下逐步形成了城乡二元财政供给政策:城市基础设施和社会事业主要由国家财政负担,而农村基础设施和社会事业主要由农民负担,包括对乡村公路等公共产品也采取农民自力更生为主的政策。这种财政供给的城乡二元政策,导致公共资源向乡村分配过低,形成国民经济的工业偏斜运行、区域发展的城市偏斜发展格局,进而强化了城乡二元经济社会结构。

第二节 以计划经济为内核的乡村发展路径探索

在工业化初期,如何既保障农业向工业提供积累和原料,又保障乡村发展,本身即是中国的一个难解之题。因为当时农业剩余极其低下,据全国农户抽样调查,1954年平均每户的农业收入为420.6元(占农户当年总收入的60.7%),尚不足以抵偿生活费用的支出(平均每户为453.8元),还必须靠副业及其他收入来弥补[①],这不仅使得实施农业养育工业政策的难度极大,而且使得乡村发展面临重重困难。

自实施国家工业化战略起至中共十一届三中全会前,中国是在建立社会主义社会和实施国家工业化战略的总体目标下探索如何促进乡村发展的,也是在建立计划经济体制下探索如何促进乡村发展的。在当时关于社会主义制度的认识条件下,从实现国家工业化和促进乡村发展双重目标出发,特别是从有利于把有限资源配置到国家工业化这一目标出发,自20世纪50年代初开始,中国选择了高度集中的计划经济体制,做出了农业生产合作社、农村人民公社、农产品统派购制度及城乡二元产业政策、二元社会发展政策、二元价格政策、二元财税政策、二元就业制度、二元户籍管理制度等一系列政策及制度安排。从20多年的实际运行情况看,这是一个内在逻辑非常严密的计划经济管理体系:通过工农业产品二元价格政策、工农业二元税收政策、城乡二元财政政策,保障农业养育工业政策的实施;通

---

① 国家统计局编:《1954年我国农家收支调查报告》,统计出版社1957年版,第34-35页。

过农产品统派购制度、农村人民公社、城乡二元就业制度和二元户籍管理制度，保障农业为工业提供原料和农业养育工业政策的顺利实施，实现有限资源向工业化的配置和整合。然而，这一系列制度安排却使农民失去了生产经营自主权，生产要素配置也受到国家行政和政策的严格控制，不仅导致城乡发展政策的不平等和城乡隔离，还导致乡村发展缺乏活力。

一、以农业生产合作化和农产品统派购的路径改造小农经济

传统农业是与小农经济联系在一起的。土地改革后，中国乡村是汪洋大海的小农经济。改造小农经济，是农业现代化进程中的重要内容。不同国家改造小农经济的路径有所差异，一般采用兴办大的家庭农场、专业或社区合作社、农产品行业协会、产供销一体化经营及"一村一品"的产业集聚和企业集群。新中国成立后的很长时间内，一直把计划经济当作社会主义的基本特征，把市场经济作为资本主义的基本特征。基于这样的理论认识，致力于建立高度集中的计划经济体制，单纯用计划手段配置资源，排斥商品生产和市场调节。在建立社会主义制度及计划经济体制的取向下，土地改革后中国选择了农业生产合作化和农产品统派购的路径来改造小农经济，即通过以农业生产合作化对农业进行社会主义改造，把分散的个体自耕农纳入集体经济组织之中；通过对农产品实行统派购，把小农经济纳入计划经济的轨道。

（一）保障国家工业化战略的实施是加快小农经济改造的深层次动因

1952年底在全国范围内基本完成了土地改革，这之前在已完成土地改革的地区及时地引导农民开展生产互助合作，中共中央于1951年12月将《关于农业生产互助合作的决议（草案）》下发试行，又于1953年2月15日公布了《关于农业生产互助合作的决议》，强调将发展农业生产当作农村的中心工作，对生产中的困难，要求开展灵活多样的互助合作来加以克服。中共中央当时尚未对小农经济改造做出全面布置，而是要求在工作中注意小农经济的特点。例如，1953年4月3日，中共中央在《当前农村工作指南》中转发了《人民日报》3月26日发表的题为《领导农业生产的关键所在》的社论，指出要"按照中央指示'从小农经济的生产现状出发'改进对农业生产运动的领导方法"。

1953年第四季度中共中央做出两项决议，一是10月16日的《关于实行粮食的计划收购与计划供应的决议》，二是12月16日的《关于发展农业生产合作社的决议》。从此，在全国范围开始了对小农经济的大规模改造。

那么,为什么时隔几个月,对小农经济的政策会有如此大的转变呢?

这一大的政策转变,直接起因是1953年粮食等农产品供应紧张。这一问题的发生,使中央领导集体强化了小农经济与工业化矛盾的认识,这从当时的文献中可以得到证实。中共中央在《关于发展农业生产合作社的决议》中指出:孤立的、分散的、守旧的、落后的个体经济限制着农业生产力的发展,它与社会主义的工业化之间日益暴露出很大的矛盾。这是中共中央1951年12月《关于农业生产互助合作的决议(草案)》和1953年2月《关于农业生产互助合作的决议》中没有的。新增加这些内容,是基于1953年发生粮食等农产品供给紧张现象是小农经济与工业化矛盾日益突出的反映的判断。经中共中央批准,中共中央宣传部1953年12月制发了关于党在过渡时期总路线的学习和宣传提纲,明确指出了小农经济与工业化的矛盾:建立在劳动农民的生产资料私有制上面的小农经济,限制着农业生产力的发展,不能满足人民和工业化事业对粮食和原料作物日益增长的需要,它的小商品生产的分散性和国家有计划的经济建设不相适应,因而这种小农经济和社会主义工业化事业之间的矛盾,已随着工业化的进展而日益显露出来。正是基于小农经济不适应工业化的判断,从而加速了对小农经济的改造。

实际上,1953年粮食等农产品供给紧张现象的发生,是生产力水平(农业技术水平低下、分散的小农经济、商品生产水平极低)、市场制度(农产品自由购销)、需求增长(工业化快速推进和人民生活水平改善对农产品需求的增长)等多方面因素的结果。

从生产力方面分析,众所周知,新中国成立初期的农业是传统农业,以役畜为动力,户均耕畜不足一头、耕犁只有约1/3张,基本上是自给半自给的小农经济,农业商品率极低,全国人均粮食产量1949年只有209公斤,1952年也只有288公斤。在如此低下的生产力水平和不完善的市场体系下,快速推进工业化而发生农产品供给紧张则是难免之问题。

从需求方面分析,除了农民生活水平提高要多吃多留而少卖、私商抢购和囤积居奇扰乱市场而影响国家收购外,其根本原因在于工业化快速推进带来城市工矿区对粮食等农产品需求的过快增长。1954年9月23日,陈云在一届全国人大一次会议上的发言中说:"城市工矿区和农村经济作物区的粮食需要量增加得很快,但是农民不急于出卖他们的余粮,这是一九五三年发生粮食供不应求的根本原因。城市人民购买力提高的事实也是明显的。几年来物价是稳定的,工资收入比起解放初期来已经有了很大的提高。最重要的是从一九五三年起,国家开始了规模巨大的经济建设和文化建设,全国就业人数又大为增加。这样,就大大增加了社会工资总量和城市人民的收入。正是由于城乡人民的收入增加了,才使产量增加了的粮食、油料、肉类、布匹发生了供不应求的现象。"那么,这种需求增长情况具体如何呢?新中国成立后,工业得到迅速恢复和发展,1950—1952年三年间工业总产值年平均增长34.8%,工业总产值在工农业总产值中的比重迅速提高,由1949年的30%上升到1952年的43.1%;工业基本建设投资扩大,1953年达28.34亿元,比1952年的16.89亿元增长67.8%;城镇人口由1949年的5765万人,增加到1952年的7163万人、1953年的7826万人,分别比1949年增长24.2%、35.8%;城镇人口占全国总人口的比重由1949年的10.6%上升到1952年的12.5%和1953年的13.3%。工业化的快速推进、城市人口的增加,加上当时非农业居民人均消费水平比农民消费水平高出约1.5倍,都促使粮食等农产品需求量大幅增加,使得供不足需。如陈云所总结的,1953年粮食"收购和销售两项比较,差额是多少呢?如果今年度销售到五百六十七亿斤,就比原计划多销了八十七亿斤;如果收购比原计划减少三十亿斤,差额就是一百一十七亿斤。即使收购计划全部完成了,八十七亿斤的差额也不是一个小数目"。实际上,1949—1952年粮食产量年平均增长13.1%,全国人均粮食产量年平均增长11.3%,在这种高速增长情况下发生粮食供给紧张的问题,反映出工业化推进的速度过快。遗憾的是,当时没有认识到工业化推进速度过快,而是把问题归究于小农经济与工业化的矛盾。这种认识逻辑,必然要求加快小农经济的改造。

简言之,从经济动因分析,加快小农经济改造,是为了促进农业增产,但究其深层次的动因,是为了增加工业化所需粮食和原料的供给量,进而保障工业化战略的实施。

(二)以农业生产合作化的方式把分散的个体自耕农纳入集体经济组织

在土地改革后,中国以农业生产合作化的方式,把分散的个体自耕农纳入集体经济组织,主要有以下原因。

第一,从社会制度的建立出发,把农业生产合作化作为社会主义改造的目标模式。早在新中国成立之前,中共七届二中全会就提出了在革命胜利后要使中国稳步地实现两个转变,即由农业国转变为工业国,由新民主主义国家转变为社会主义国家。对农业的社会主义改造事关社会主义制度的方向性选择,是根据中国共产党在过渡时期的总路线的要求进行的。中国选择以农业生产合作化方式来实现农业社会主义改造,主要是受苏联模式影响,即将苏联集体农庄视为完全的社会主义的农业组织模式。对于这一点,中共中央有过明确的阐述。1951年中共中央在《关于农业生产互助合作的决议(草案)》中指出:"现在所称的农业生产合作社虽然是互助运动在现在出现的高级形式,但是比起完全的社会主义的集体农庄(即是更高级的农业生产合作社),这还是较低级的形式,因此,它还只是走向社会主义农业的过渡的形式。"互助组是生产资料归个人所有的劳动互助组织,当时被认为有某些社会主义的萌芽。小型的初级社是生产资料所有权仍归个人,但将其折成股份入社而由合作社统一经营,实行土地、耕畜等入股分红和按劳动工分分配结合的生产合作社,当时被认为是半社会主义的。高级社是主要生产资料全部归集体公有,完全实行按劳动工分分配的生产合作社,规模比初级社大得多,当时被认为是社会主义的。

第二,从经济发展出发,把农业生产合作化作为实现农业生产发展和保障工业化快速推进的重大措施。一方面,在当时生产力较低水平条件下,许多农户畜力和农具不足,生产中存在许多困难,开展农业生产互助合作在当时是见效快的增产办法。在1953年10月26日至11月5日中共中央第三次农业互助合作会议之前,10月15日,毛泽东同中共中央农村工作部负责人谈话时指出:"个体农民,增产有限,必须发展互助合作。"陈云在1954年6月30日向中共中央汇报第一个五年计划编制情况时指出:"农业增产有三个办法:开荒,修水利,合作化。这些办法都要采用,但见效最快的,在目前,还是合作化。""搞合作化,根据以往的经验,平均产量可以提高百分之十五到三十。增产百分之三十,就有一千亿斤粮食。并且只有在农业合作化以后,各种增产措施才更容易见效。所以合作化是花钱少、收效快的增产办法。国家在财力上应该给予更多的支持。"1955年7月21日,陈云在一届全国人大二次会议上发言时进一步强调指出:"我们发展农业,大量增产粮食,主要是靠农业的合作化。就是说,应该积极而稳步地发展农业合作社,把一亿一千万农户组织到生产合作社里来。到那个时候,我们的粮食产量就会大大增加起来,向农业生产合作社进行统购统销的工作,也要容易得多,合理得多。"实际上,在1955年夏季农业生产合作化高潮之前,由于农民的互助合作解决了生产中的一些困难,而且国家在贷款、生产物资供应等方面给予扶持,因而互助组、初级社增产效果明显。另一方面,国家通过合作社这一组织可以顺利地把农产品收购上来,掌握充足的粮源,从而能够保障城市工矿区所需农产品的供应。1953年10月15日,毛泽东同中共中央农村工作部负责人谈话时指出:"城市蔬菜供应,依靠个体农民进城卖菜来供应,这是不行的,生产上要想办法,供销合作社也要想办法。大城市蔬菜的供应,现在有极大的矛盾。粮食、棉花的供求也都有极大的矛盾,肉类、油脂不久也会出现极大的矛盾。需求大大增加,供应不上。从解决这种供求矛盾出发,就要解决所有制与生产力的矛盾问题。是个体所有制,还是集体所有制?是资本主义所有制,还是社会主义所有制?个体所有制的生产关系与大量供应是完全冲突的。个体所有制必须过渡到集体所有制,过渡到社会主义。"①1955年夏季开始全国农业生产合作化进入高潮,也是与对小农经济与工业化矛盾的认识有关。1955年7月31日,毛泽东在《关于农业合作化问题》的报告中指出:"社会主义工业化是不能离开农业合作化而孤立地去进行的。首先,大家知道,我国的商品粮食和工业原料的生产水平,现在是很低的,而国家对于这些物资的需要却是一年一年地增大,这是一个尖锐的矛盾。如果我们不能在大约三个五年计划的时期内基本上解决农业合作化的问题,即农业由使用畜力农具的小规模的经营跃进到使用机器的大规模的经营,包括由国家组织的使用机器的大规模的移民垦荒在内(三个五年计划期内,准备垦荒四亿亩至五亿亩),我们就不能解决年年增长的商品粮食和工业原料的需要同现时主要农作物一般产量很低之间的矛盾,我们的社会主义工业化事业就会遇到绝大的困难,我们就不可能完成社会主义工业化。"②

基于上述原因,中国明确了通过农业生产合作化改造小农经济的政策取向,并不断加大推进农业生产合作化的力度。1953年12月,中共中央《关于发展农业生产合作社的决议》发布后,农业生产合作化成为乡村工作重心,农业社会主义改造进入快速推进阶段。20世纪50年代初期,中央一方面以"更高级的农业生产合作社"为社会主义改造的目标,另一方面又从实际出发,以循序渐进方式推进,且不将农业生产合作限于高级社一种形式。在这种背景下,农业生产合作化稳步发展,农民主要是兴办互助组、初级社,也有为数不多的农民尝试兴办高级社。到1955年6月,农业生产合作社发展到65万个,参加农户1700万户,占全国总农户数的14.2%。以1955年夏季批判"小脚女人"为转折,中国的农业生产合作化骤然加速,到

---

① 《建国以来毛泽东文稿》(第4册),中央文献出版社1990年版,第359页。
② 《建国以来毛泽东文稿》(第5册),中央文献出版社1991年版,第248-249页。

1956年底,全国基本实现了高级形式的农业生产合作化。

(三)以农产品统派购方式把小农经济纳入计划经济

对农产品实行统派购制度,其预期目标明显是为了实现国家顺利收购农产品,以保障城市和工矿区所需农产品的供给。农产品统派购制度的建立,在实际上起到了把分散的小农经济纳入计划经济的作用。农产品统派购制度也成为计划经济体制的重要组成部分。

1. 农产品统派购制度的建立

在新中国成立之际,在小农经济分散经营、传统农业及不发达的自由市场下,由于国家工业化快速推进导致对粮食等农产品需求的快速增长和国家宏观调控能力弱,发生了农产品供给不足和市场混乱兼而有之的矛盾,有的农民惜售,有的私商囤积居奇。从保证城市工矿区所需农产品供应出发,中国选择了农产品统派购制度。

农产品统派购制度的实施是从粮食开始的。针对1953年粮食供不应求的形势,提出了八种应对方案:①"只配不征",即只在城市搞配售,乡村不征购;②"只征不配",即只在乡村搞征购,城市不配售;③"原封不动",即继续自由买进,自由卖出;④"临渴掘井",即先自由购买,实在买不到时,再去重点产粮区征购;⑤"动员认购",即层层下达控制数字,而控制数字不告诉农民,由村支部动员农民认购,认购量不达到控制数字不散会;⑥"合同预购",即签订预购合同,按合同购粮;⑦"不搞统一办法,由各地方自行其是";⑧"又统又配",即统购统销。陈云在主持制定粮食流通方案时,通过对八种方案的比较,在"黄色炸药"和"黑色炸药"①之间选择了统购统销制度,这既体现了经济学家求真务实的科学精神,也体现了政治家的智慧和胆略。换言之,尽管马克思主义经典作家把计划经济作为社会主义的基本特征,但中国选择粮食统购统销制度,并非一开始就是从建立计划经济体制出发而做出的抉择,而是从八种解决粮食供应紧张问题的方案中选出的一种方案,是一种针对面临的实际问题而做出的选择。遵照中共中央于1953年10月16日做出的《关于实行粮食的计划收购与计划供应的决议》,政务院于同年11月23日正式颁布《关于实行粮食的计划收购和计划供应的命令》和《粮食市场管理暂行规定办法》。1954年,长江、淮河流域遭受百年不遇的大洪灾,造成粮食大减产,1954—1955年度在非灾区又向农民多征350万吨粮食,发生了许多强迫命令和"购过头粮"等现象,加重了国

---

① 这是当时领导层使用的一种比喻,意指必有"震动",又迫不得已。

家与农民关系的紧张。为此,中共中央、国务院于 1955 年 3 月发出《关于迅速布置粮食购销工作安定农民生产情绪的紧急指示》,核减了粮食的收购任务,并决定对粮食实行定产、定购、定销(简称"三定")制度。

随着国家工业化的快速推进和计划经济体制的建立,统购统销制度被引用到其他农产品,农产品统派购制度也成为计划经济体制的重要组成部分而长期实行,成为实现有限资源配置到工业(主要是将有限的农业剩余转移到工业和农业向工业提供原料)的一种政策工具,成为服务于赶超战略的一种制度安排。1953 年和 1954 年分别对油料、棉花等农产品实行统购统销,并自 1954 年起对生猪等其他农产品先后实行有计划的统一收购即派购制度。1957 年 8 月,国务院在《关于由国家计划收购(统购)和统一收购的农产品和其他物资不准进入自由市场的规定》中进一步明确,属于国家统一收购的农产品包括:烤烟、黄洋麻、苎麻、大麻、甘蔗、家蚕茧(包括土丝)、茶叶、生猪、羊毛(包括羊绒)、牛皮及其他重要皮张、土糖、土纸、桐油、楠竹、棕片、生漆、核桃仁、杏仁、黑瓜子、白瓜子、栗子,集中产区的重要木材,38 种重要中药材,供应出口的苹果和柑橘,若干产鱼区供应出口和大城市的水产品,废铜、废锡、废铅、废钢。随着农产品统派购制度的建立,还严格限制乡村集市贸易交易的农产品品种和数量,由此在乡村流通领域实行高度集中的计划调节,从此真正意义上的乡村自由市场基本上不复存在。

2. 农产品统派购制度预期目标的实现及其对乡村经济运行的影响

随着计划经济体制的建立,农产品统派购制度在实现保障向工业提供农产品原料这一初始目标的基础上,还承接起国民收入初次分配的功能。新中国成立初期,正是农产品相对价格较低的时期。据调查,1950 年工业品换取农产品的指数,比 1930—1936 年的平均水平提高了 31.8%,比 1936 年提高了 45.3%。[①] 新中国成立后,政府在缩小工农业产品价格"剪刀差"方面做出了努力,但"剪刀差"仍存在,并时有扩大。延续了 30 多年的农产品统派购制度,实际上成为农业为国家工业化提供原始积累的一种制度保障,即通过国家对主要农产品流通的计划控制,限制城乡集市贸易,严禁民间的长途贩运,以低价收购农产品,从而顺利获取工农业产品价格"剪刀差",在工农业产品交换中实现农业剩余向工业的转移。

---

① 中国社会科学院财贸经济研究所编:《农产品成本和价格论文集》,中国社会科学出版社 1983 年版,第 104 页。

农产品统派购制度还承接起乡村居民与城市居民消费、工业原料消费的数量分割的分配功能。因为农产品统派购制度具备这种功能,在农产品短缺的条件下,改革前作为生产者的乡村居民不是根据自己的需求消费更多的农产品,而是不得不向城市居民提供农产品和为工业提供原料,因而在农产品消费水平上乡村居民远低于城市居民。

农产品统派购制度的实施,既保障了农业向工业提供所需原料的供应,又保障了农业剩余大量向工业转移的实现,为国家工业化的快速推进提供了强有力的支撑。从这一视角看,农产品统派购制度的实施实现了其预期的政策目标。

然而,农产品统派购制度的长期实施,加上限制城乡集市贸易,严禁民间的长途贩运,产品按品种由不同机构收购并按行政区划层层调拨,这样的流通体制不利于农产品向合理方向流动,对乡村经济运行产生了严重的负面影响。

第一,农产品低价统派购制度使工农产业价值交换和流转关系失衡,农业剩余向工业转移过多,削弱了农业自我积累和自我发展的能力。

第二,农产品统派购和限制乡村集贸市场的制度安排,排斥了商品生产、市场机制。政府用计划控制取代市场机制后,经济运行内在的自动调节机制缺失,农民不能根据供求关系形成的价格信号对资源进行有效配置,致使乡村资源的流动和重组受阻,各地的比较优势无从发挥,往往造成资源不能向合理的方向流动,导致资源的短缺和浪费并存。加上城乡二元制度切断了地区之间、城乡之间以及生产者与消费者之间的有机联系,致使乡村形成结构较单一的产品经济的封闭体系。

第三,在实行城乡二元户籍管理制度后,农产品统派购制度也成为把广大农民留在乡村的制度保障,因为对城市居民实行粮、棉、油等农副产品的定量供应,农民进城既得不到就业岗位,也得不到农副产品的供给,使农业富余劳动力失去了自由进入城市系统的机会和可能,成为中国产业结构转换与就业结构转换不同步的重要因素之一。

第四,在改革前的计划经济体制下,农业生产的指令性计划主要是通过层层下达农产品统派购种类和数量来实施的,使得农产品统派购制度也承担着计划生产的功能。由于这种计划是以满足工业化为前提的,排除了市场机制,农业生产的合理布局和产业结构的优化难以实现。

3. 中国农产品统派购制度与加拿大牛奶等农产品配额管理比较

加拿大牛奶、鸡蛋等行业协会对其成员实行配额管理。以牛奶为例,根据国家法律授权,奶农协会统一对所有成员生产和销售的牛奶实行配额管理,奶农协会对农场生产的超出配额的牛奶不予收购,农场主也不能自行销售牛奶,这种农业组织化及其内部实行的按配额计划生产和销售的管理,提高了农业组织化程度,减少了市场交易费用,避免了代价昂贵的生产过剩和农场主之间的恶性竞争,实现了有序销售和价格稳定。

在农产品的计划生产、收购上,中国的农产品统派购制度与加拿大农产品行业协会的配额管理制度有相似之处。中国的农产品统派购制度,其初始的政策目标只是计划收购和销售,即在市场体系不健全,特别是因国家调控手段的缺失而未建立起宏观体系之前,通过农产品的计划收购和销售,可以保障农产品短缺条件下的有序供给,有效解决了当时发生的囤积居奇、哄抬物价现象,进而保证了国家工业化的顺利推进。随着计划经济体制的建立,农产品统派购制度实际上承接起对生产的计划管理的功能。中国农产品统派购制度对乡村经济的运行产生了严重的负面影响,这与加拿大农产品行业协会的配额管理促进产业有序发展和实现农民增收形成反差。这种绩效的反差,主要原因有:

一是制度背景不同。加拿大农产品行业协会配额管理制度,虽在行业协会内部对成员的生产与销售实行配额管理,但它是在市场经济条件下运作的,资源的配置仍以市场调节为主,可以较好地将计划与市场结合起来。中国的农产品统派购制度是计划经济体制的重要组成部分,在资源的配置过程中排除了市场机制,发生政府失灵现象则难以避免。

二是制度产生的动因和功能不同。在买方市场和竞争激烈条件下,以实现卖方共同的利益和整个行业的发展为目标,加拿大的农场主自发组建起行业协会,并在组织内部实行按配额进行计划生产和销售,这是一种诱致性制度变迁。为实现农场主增收和整个行业发展的目标,加拿大农产品行业协会还承担起游说政府和在组织内部实行自律等功能。中国的农产品统派购制度,是在供需缺口日益增大的卖方市场条件下,以保障工业化快速推进所需原料供应为政策目标,后来又赋予其低价征收农产品的分配功能,这是由政府做出的一种强制性制度安排。

三是计划管理的主体不同。加拿大农产品行业协会由同行业农场主组成,配额指标由农场主自己根据市场需求确定,因而能够很好地实现农场主的利益。中国实施农产品统派购制度后,农产品收购计划及价格均由国家统一制定,农民是被动参与者;在正确处理国家、集体、个人利益的政策取向,以及自行销售家庭副业产品被视为走资本主义道路而遭批判的情况下,农民只能接受农产品被低价征购所遭受的利益受损。

四是实施范围不同。加拿大农产品行业协会发育较充分,几乎每个农产品都有专门的行业协会,但只有牛奶、鸡蛋、鸡肉、小鸡、火鸡等少数农产品行业协会实行配额管理。因为实行配额管理需要具备一定条件:从产品特性看,必须是可供选择的替代产品有限和供给价格弹性大的产品;从管理看,行业协会有能力执行其配额和其他管理规定,成员也必须愿意为停止生产、对系统实施管理和管制付出相应的成本。换言之,只有少数供给价格弹性大的农产品适合实行配额管理,而大多数供给价格弹性小的农产品不适合实行配额管理。中国的农产品统派购制度,一开始只在粮食上实施,但后来实施范围日益扩大,几乎包括了所有农产品。

实现供给与需求平衡可以有多种方式,可以是计划生产与销售,也可以是在宏观调控下的市场调节。计划生产与销售管理的成功与否,关键取决于计划生产与销售管理的运作机制。改革以来的实践也证明,提高农业组织化程度有利于实现供给与需求的平衡,这也是贸工农、产加销一体化的农业产业化经营以及各类农民合作社、农产品行业协会兴起和发展的重要动因之一。

二、以人民公社的乡村发展路径

农村和农业的组织包括哪些功能、规模多大为宜,与规模相对应的组织层级如何划分,如何更好地体现农民的利益,如何才能有利于农业和农村经济的发展,如何才能有利于促进工业化的发展,这些问题一直是以毛泽东为代表的中央领导集体探讨的重大问题。

在农业生产合作社组建不久,1958年中央在农村组织制度上又做出了一次重大决策,即用农村人民公社替代农业生产合作社。为什么?原因是在1958年达成了这样一个认识:农业生产合作社规模过小,不适应水利化和机械化发展的要求,而"一大二公"的农村人民公社则是解决好"三农"问题的理想组织模式。

(一)建立农村人民公社的初始政策目标

建立农村人民公社,是从更好解决"三农"问题的愿望,并适应赶超战略出发提出来的。

在"大跃进"的氛围中,扩大农业生产组织的规模再次被提出来。1958年初,中共中央决策层有一个基本判断,即农业生产合作社规模过小,不适应水利化和机械化发展的要求。经1958年3月20日中共中央在成都召开的工作会议通过、4月8日中共中央政治局会议批准的《关于把小型的农业合作社适当地合并为大社的意见》,对此的判断是:"我国农业正在迅速地实现农田水利化,并将在几年内逐步实现耕作机械化,在这种情况下,农业生产合作社如果规模过小,在生产的组织和发展方面势将发生许多不便。为了适应农业生产和文化革命的需要,在有条件的地方,把小型的农业合作社有计划地适当地合并为大型的合作社是必要的。"同年4月12日,《人民日报》还在头版头条发表了《联乡并社发展生产力》一文。可见,当时提出通过合并农业生产合作社提高农业生产的组织规模是以发展生产力为出发点的。

在农村建立人民公社,其初始政策目标不仅是解决农业问题,还着眼于解决农民和农村问题。毛泽东用了"大"和"公"两个字来概括人民公社的特点。他说:一曰大,二曰公。我看,叫大公社。大,人多(几千户、一万户、几万户),地多,综合经营,工农商学兵,农林牧副渔;大,人多势众,办不到的事情就可以办到;大,好管,好纳入计划。公,就是比合作社更要社会主义,把资本主义残余(比如自留地、自养牲口)都可以逐步搞掉。房屋、鸡鸭、房前房后的小树,目前还是自己的,将来也要公有。人民公社兴办公共食堂、托儿所、缝纫组,全体劳动妇女都可以得到解放。人民公社是政社合一,那里将会逐渐没有政权。① 毛泽东在这里清楚地表述了通过建立农村人民公社解决"三农"问题的政策目标。1958年8月17日至30日中共中央政治局在北戴河举行扩大会议,通过了《中共中央关于在农村建立人民公社问题的决议》。这次会议对在农村建立人民公社的初始政策目标做了非常明确的表述,即把规模较小的农业生产合作社合并和改变为规模较大的、工农商学兵合一的、乡社合一的、集体化程度更高的人民公社,是目前农村生产飞跃发展、农民觉悟迅速提高的必然趋势。人民公社是加速社会主义建设和过渡到共产主义的一种最好的组织形式,并将发展成为未来的共产主义社会的基层单位。② 可见,在农村建立人民公社,其历史契机是在赶超战略下发动的"大跃进"运动,一开始就与实施赶超战略联系在一起;它不简单是进行农村经营体制方面的变动,更是被当作一场深刻的社会变革。

毛泽东之所以选择农村人民公社制度,是他看中了人民公社大、好管、

---

① 薄一波:《若干重大决策与事件的回顾》(下卷),中共中央党校出版社1993年版,第741-742页。

② 《人民日报》,1958年9月1日。

好纳入计划的特点。从20多年农村人民公社实践的考察分析,这里所指的纳入计划,主要是纳入实施国家工业化战略的计划,纳入农业剩余向工业转移、农业向工业提供原料和城市居民所需粮食等农副产品的计划。在人民公社制度下,尽管农民温饱问题尚未得到解决,但农村呈现出超稳定状态,除有的农民想搞包产到户或到他乡乞讨、出工不出力的消极对待外,类似农业生产合作化时期浙江省仙居县的群体性闹退社风潮等事件很少发生,这是因为通过工农业产品价格"剪刀差"和二元财税政策将农业剩余向工业转移的隐蔽性,更为重要的是政社合一的人民公社拥有农村资源的动员、整合和支配权,拥有农业剩余的处置权,再加上多种形式的意识形态教化的润滑剂作用,从而保障了农业剩余向工业转移和农业向工业提供原料的顺利实现。

综上所述,中央做出农村人民公社这一组织制度的安排,以更好解决"三农"问题的出发点毋庸置疑,以适应赶超战略的出发点也是毋庸置疑。还有一点也是毋庸置疑的,即农村人民公社的制度选择和在全国范围内的快速实现,是把赶超战略的实施推向轰轰烈烈的"大跃进"运动的产物。

(二)农村人民公社的初始制度与调整

在1958年8月中共中央政治局扩大会议通过《中共中央关于在农村建立人民公社问题的决议》的两三个月内,全国农村普遍实现了人民公社化。

按照建立人民公社之初的想法,整个公社为一个经济核算单位,原来的高级社只是生产耕作区,不实行单独的经济核算。劳动力在全社范围内进行统一安排,有些地方提出了所谓"组织军事化,行动战斗化,生活集体化"的口号,组成所谓"野战部队"(外出采矿炼铁)、"地方部队"(社内农业生产)、"后勤部队"(手工业、副业和食堂、幼儿园)。经过人民公社化运动,除农户自有的生活资料外,农村所有的生产资料都转归为公社集体所有。人民公社建立之后,受触动最大的还是农村的经济关系。在当时,人民公社名义上还是集体所有制,但由于十几个乃至几十个高级社在一夜之间被并入一个大公社,而公社又实行政社合一的领导,在这种体制下,集体财产和劳动力被平调的现象十分严重。显然,这种明显违背经济规律的做法是难以持久的。在人民公社成立后不久,农民群众生产积极性明显下降。一方面是"食之者众、生之者寡",而另一方面又出现了严重的"共产风"、浮夸风、命令风、干部特殊风和对生产的瞎指挥风。这"五风"严重破坏了农村生产力,致使20世纪50年代末至60年代初整个农村经济到了崩溃的边缘。

农村人民公社化的高潮刚刚过去,严重的经济问题则接踵而来,这迫使人们冷静下来,不得不对建立人民公社的初衷和设想做出必要的修正。针对公社对大队及大队之间无偿平调、占用生产资料,以及生产单位与核算单位不一致、一个大队内各小队之间吃"大锅饭"、搞平均主义分配的问题,中共中央于1960年11月发出了《关于农村人民公社当前政策问题的紧急指示信》,又于1962年2月发出了《关于改变农村人民公社基本核算单位问题的指示》,1962年中共八届十中全会通过的《农村人民公社工作条例修正草案》明确以生产队为基本核算单位的"三级所有,队为基础"的体制。尽管受"文化大革命"时期搞基本核算单位由生产队向生产大队过渡的冲击,但"三级所有,队为基础"体制的绝对主体地位没有改变,一直延续到中共十一届三中全会之前。

(三)集体经济组织动员、整合资源,促进农业综合生产能力的提高

如何评价农业生产合作社和农村人民公社?从资源的动员和整合而促进农业综合生产能力提高的视角判断,农业生产合作社和农村人民公社基本上实现了预期目标。

在农业向工业提供积累的阶段,国家对农业的投资较少,农田水利基础设施、农业机械装备、技术改造主要靠动员农民来完成。建立农业生产合作社以及之后的农村人民公社,最开始的政策目标是通过合作,解决农民分散经营所遇到的生产资料不足、劳动力短缺及技术改造难等问题,进而实现规模经济和农业、农村经济的发展。农业生产合作社,尤其是政社合一的农村人民公社这种组织制度在资源动员和整合上有着很强的功能,一方面是由于依靠集体经济的积累,另一方面是因为这一组织实行政社合一而有着绝对的权力对资源进行动员和整合。毛泽东之所以选择人民公社,就是看中了人民公社"大,人多势众,办不到的事情就可以办到"。改革开放前,这一组织将大量农村资源动员、整合到农业综合生产能力建设上,最突出的贡献有以下四方面:

一是大规模兴修水利和农田基本建设。1978年前,大江大河的治理,尤其是农田水利的建设,除了国家的少量投资外,很重要的是依靠集体经济组织的积累,特别是动员农民开展群众性的建设活动。在这一机制下,大江大河治理和农田水利建设取得了重大进展,对农田进行了平整,使高产稳产农田数量大量增加。到1978年,全国有效灌溉面积达到4496.5万公顷,比1952年增长1.3倍。

二是购置机械装备农业。以毛泽东为代表的中央领导集体高度重视农业机械化事业的发展。1955年7月,毛泽东在《关于农业合作化问题》的报告中,提出实现农业机械化的时限,指出:"估计在全国范围内基本上完成农业方面的技术改革,大概需要四个至五个五年计划,即二十年至二十五年的时间。全党必须为了这个伟大任务的实现而奋斗。"[①]1959年4月29日,毛泽东在《党内通信》中提出"农业的根本出路在于机械化"[②]的论断。1959年9月,中华人民共和国农业机械部成立。全国上下都建立了抓农业机械化的工作机构。1962年中共八届十中全会确定,我们党在农业问题的根本路线是,第一步实现农业集体化,第二步是在农业集体化基础上实现农业机械化和电气化。1955年到1964年的10年间,中共中央机关报《人民日报》发表关于农业机械化问题的社论多达36篇,平均每年3.6篇,其中1958年有8篇,1963年更是多达13篇,这是其他任何一项技术工作所没有的。正因为中国共产党和政府不仅从经济上,而且从政治上对农业机械化有着高度的认识,因而在实践中采取强有力的措施,特别是运用计划方式,集中配置资源,大力推进农业机械化事业的发展。1966年7月,根据毛泽东的指示,国务院在武汉召开农业机械化湖北现场会议(第一次全国农业机械化会议),布置到1980年基本实现机械化的任务。此后,国务院于1971年8月和1978年1月,先后召开了第二次和第三次全国农业机械化会议,以加快农业机械化的进程。国家在投资上对农业机械化实行倾斜政策,1966年开始将"支援农村人民公社投资"主要用于农业机械;农业贷款中的生产设备贷款,主要用于社队购置农业机械和小水电设备,1975年的比例高达60%左右。农业机械设备的购买,还需要动员和整合农村资源,鉴此,在政策上规定社队将收入的1/3用于购买和维护农业机械,1977年制定的《1980年基本实现农业机械化规划》又规定农村人民公社基本核算单位的公积金平均数的30%～40%用于购买农业机械。在一方面有国家的政策支持,另一方面又有人民公社积累的条件下,农业机械装备水平明显提高。新中国成立之初,中国农业机械动力很少,仅18万千瓦(见表2-1)。到1980年,全国农业机械总动力达到14746万千瓦,每万公顷耕地拥有大中型拖拉机75台,小型拖拉机189台,农用载重汽车13.5辆,灌溉动力机械570千瓦。1949—1980年,中国农业机械化作业水平有了很大的

---

① 《毛泽东文集》(第6卷),人民出版社1999年版,第438-439页。
② 《毛泽东文集》(第8卷),人民出版社1999年版,第49页。

提高。1980年农用动力中，人、畜（头）、机（千瓦）的比例，从1965年的100∶18∶4.6变为100∶16∶47；机耕面积占耕地面积的42.4%，机播面积占播种面积的10.9%，机收面积占收获面积的3.1%，机电灌溉面积占可灌溉面积的56.6%，机器插秧面积占插秧面积的0.58%。简言之，在高度集中的计划经济体制下，国家利用行政方式和强有力的国家财政支持，并要求农村集体经济组织实行高积累政策，将有限积累动员和整合到促进农业机械化上，使得1980年前农业机械化获得一定的发展。在推进农业机械化事业进程中，农村"五小"工业也获得一定的发展，为20世纪80年代乡镇企业的异军突起奠定了基础。到1980年，尽管农业机械装备水平显著提高，但1980年基本实现农业机械化的目标落空。究其原因，主要是1980年以前在农业机械化的推进上脱离实际、孤军深入、急于求成。农业机械化的发展应与国家经济技术发展水平相适应，这一发展规律不可违背。1980年前推进农业机械化，急于求成，脱离了当时的经济技术发展水平的要求，机械化技术的使用不经济，购置农业机械后也养不起，不符合技术经济演进规律。

表2-1　1952—1978年中国农业机械动力增长情况

年份	农机总动力/万千瓦	大中型拖拉机/万台	小型拖拉机/万台	机引农具/万部	农用汽车/万辆	渔业机动船/万艘
1952	18	—*	—*	—*	—*	—*
1957	121	1.5	—**	—**	0.40	—**
1962	—**	5.5	0.1	19.2	0.82	0.15
1965	1099	7.3	0.4	25.8	1.11	0.57
1970	2165	12.5	7.8	34.6	1.56	0.78
1975	7479	34.5	59.0	90.8	3.96	1.42
1978	11750	55.7	137.3	119.2	7.38	4.72

注：*表示忽略不计，**表示没有相应的统计数据。

三是推进农业技术改造。20世纪六七十年代"绿色革命"兴起，以杂交水稻、杂交玉米、杂交高粱为代表的高产新组合、新品种和大面积高产栽培技术投入使用，"四级农科网"蓬勃兴起也促进了农业科学技术的普及和推广应用；改革耕作制度，发展间套复种多熟制，提高单位耕地面积的产出量；生产队积造农家肥，广种绿肥，挖用河塘肥泥，保持农田肥力。农村人民公社凭借其行政威力使这些措施得以落实。

四是推进农村基础设施建设和文化事业的发展。在城乡二元财政供给体制下,依靠人民公社对农村资源的动员和整合,还进行了乡村道路、晒场、仓库、输电线路、中小学、合作医疗、文化站、邮电所等建设,农村基础设施建设和文化事业的发展取得明显的进展。

综上所述,农村人民公社的资源动员和整合功能的发挥,使大江大河治理、农田基本建设、农业机械化、农业技术改造取得明显进展,加上工业化发展为农业提供了大量的农业机械、电力、化肥和农药,"绿色革命"的兴起又使农业技术上升到新的水平,这些因素共同作用,使得农业综合生产能力有了较大提高。

(四)农村人民公社投入与收益的离散挫伤了农民的积极性

从农民的积极性分析,农业生产合作社特别是农村人民公社抑制甚至挫伤了农民的积极性,这种现实与预期目标的偏差,是以毛泽东为代表的中央领导集体没有预料到的。

在农村人民公社体制下,农业综合生产能力大幅提升,但其增产功效没有充分发挥出来,原因何在?问题的根本在于农村人民公社政社合一、产权制度及其分配制度,不仅使农民和农村集体经济组织的自主权缺失,还因为农民劳动投入与收益的离散而挫伤了农民的积极性。

第一,农民和集体经济组织自主权缺失。农业生产合作社,特别是农村人民公社体制,作为高度集中的计划经济体制的组成部分,国家代理人的公共决策通过农业生产合作社、政社合一的人民公社而到达农村基层,农村集体经济组织自主权被弱化。农业生产合作社、农村人民公社虽是经济组织,但由于是在行政主导下组建的,是一种外部性力量对农村社会的整合,也是在高度集中的计划经济体制下运行的,缺乏一个放手让经济组织去争取利润最大化的市场经济体制,也没有一个由农民自主决策、自我发展的体制。尽管农业生产合作社没有实行政社合一,但是,它接受乡、镇政府委托承担了大量的行政管理工作。例如,1957年12月21日发布的《国务院关于正确对待个体农户的指示》,就委托了农业合作社相应的职能,并指出,对于个体农户,乡、镇人民委员会可以委托他们所在地或者附近的农业合作社按照他们本人的不同情况分别进行教育和加强领导。同时还指出,受委托的农业合作社,有责任对个体农户的生产活动、播种计划、纳税和农产品交售进行必要的监督;有责任对个体农户宰杀牲畜、砍伐树木依法进行全面的管理;可以按照国务院和地方人民委员会的规定,向个体农户摊派义务工,也可以按照全村人民的公约,向个体农户摊派兴修与其本人有关的公共水利建设或者兴办其他公共事业所需要的人工和款项。还规定,对于尚未允许参加农业生产合作社生产的地主、富农和反革命分子,乡、镇人民委员会应当委托农业合作社依照农业合作社有关法令负责进行监督和改造。农村人民公社则明确实行政社合一制度,在这种体制下,农民处于被动地位,因而农民的主动性和创造性受到约束。人民公社初期的搞深耕、过度密种等"瞎指挥"风虽不是常态而是一种特殊历史条件下的极端事件,但反映出政社合一的弊端。实际上,在改革前"瞎指挥"时有发生。例如:20世纪50年代中期没有因地制宜而推广双人双铧犁;围湖造田破坏生态;一些地方过于强调"以粮为纲"而抑制多种经营的发展;违背了经济技术协调发展的规律,利用行政干预,推行"1980年基本实现农业机械化"。这些"瞎指挥"式的公共决策不仅约束着农民的主动性和创造性,其所造成的后果还直接由农民承担,严重地挫伤了农民的积极性。

第二,农民财产权的无偿让渡。在组建初级社时,农民的私人财产权通过入股的形式得到了承认。而在农民加入高级社时,农民的耕畜和农具仍实行作价入社,但对土地则取消报酬,即土地无偿交给集体,这实际上是对农民私人财产权的剥夺。这是初级农业社与高级农业社的根本区别。1956年6月15日,廖鲁言受国务院委托在第一届全国人民代表大会第三次会议所做的《关于高级农业生产合作社示范章程(草案)的说明》中对此解释说:"高级农业生产合作社示范章程草案就规定,社员的土地必须转为合作社集体所有,取消土地报酬。为什么对于社员的土地,不采取作价收买的办法呢?这是因为:土地这种生产资料,在性质上不同于耕畜和农具;而且经过土地改革以后,农民所占有的土地大体是平均的,一般相差不多,这同耕畜农具占有差别较大的情况是不相同的。所以在土地转为集体所有的时候,就不应该也不必要采取作价收买的办法。"[①]换言之,当时对土地产权实行无偿让渡的政策有其特殊的历史背景。但是,这并不能否认这种无偿让渡政策对农民积极性的挫伤,也为农村人民公社化运动搞"一平二调三收款"的"共产风"埋下了伏笔。在农村人民公社化运动中,更是刮起了"共产风"。自20世纪60年代中期的农村"四清"运动,尤其是在10年"文化大革命"中,搞以阶级斗争和两条道路斗争为纲,不停地大批"资本主义"、"割资本主义尾巴"等,农村中的个人所有制经济以及类似初级农业生

---

① 国家农业委员会办公厅编:《农业集体化重要文件汇编(一九四九——一九五七)》,中共中央党校出版社1981年版,第583页。

产合作社式的股份合作制经济等基本上被集体所有、集体经营、集体劳动所替代。农民家庭除拥有少量的小农具和生活上必需的住房、口粮、衣被、日用品等消费资料外,几乎没有生产性资产可言。同时,把农民为实现按劳分配而创造的包产到户视为"单干"而予以狠批,"文化大革命"时期还在农业学大寨运动中连绵不断地刮基本核算单位由生产队向大队过渡的"穷过渡"风。

第三,按劳分配难以实现。农业生产合作社,特别是农村人民公社,实行清一色的统一经营、集体劳动、按工分分配的制度,利益不直接,发生了制度性耗损,如劳动管理监督成本高、"搭便车"现象严重、组织内部缺乏激励机制等,难以实现按劳分配,在很大程度上存在吃"大锅饭"现象。由于努力供给与报酬之间的离散,无法形成有效的激励机制,抑制甚至挫伤了广大农民在集体行动中的积极性,窒息了微观经济的活力。更为严重的是,在农业学大寨运动中,号召学习大寨大队的"自报公议工分"劳动管理办法(群众称之为"大概工"),更是助长了农村中平均主义的盛行。虽然政府在意识形态方面的引导和教育起到了一定的润滑作用和节约交易费用的作用,但仍然无法实现其规模效益的目标,反而导致农业生产和经营的效率低下,使得农业生产力水平的提高受阻。

此外,在实施农产品统派购制度时,在建立农业生产合作社和农村人民公社后,农产品的收购由面向千家万户改为面向集体经济组织,集体经济组织则在国家与农民之间起了矛盾缓冲作用,即农业生产合作社和农村人民公社又承担起保障低价收购农产品和尽可能多地向农民收购农产品的功能。但是,这一方面,使农业部门的剩余过多转移到工业部门,农民难以通过增产而实现增收,农业的积累能力和发展能力受到严重影响;另一方面,农产品过多地向工业部门和城市提供,而使农民难以通过增产而满足自身对农产品消费的需求。这些都严重影响了农民的积极性。

综上所述,农村改革前,作为高度集中的计划经济体制重要组成部分的农业生产合作社,特别是农村人民公社的组织制度安排,实现了农业剩余向工业顺利转移、农业向工业提供原料供应和农业综合生产能力的提高等预期政策目标,但由于财产权制度的缺陷及投入与收益的离散,严重地挫伤了农民的积极性,进而严重地影响着农业和农村经济的发展。薄一波在《若干重大决策与事件的回顾》一书中说:"以毛主席为领袖的中国共产党,在1958年内,在5亿多农村人口中,没有经过切实的试点,就搞了一场虽震惊世界却严重损害自己元气的人民公社化运动。其教训是非常之深刻的。"①

三、以二元户籍管理和就业制度保障农业对工业的支持

在工业化进程中，由于现代工业与传统农业并存，工业的劳动生产率高于农业的劳动生产率，也使得从事工业生产者的工资性收入高于从事农业生产者的工资性收入，因而吸引农村劳动力源源不断地向工业转移，这也是刘易斯二元结构模型的基本假设。

中国是人口大国，也是经济落后的农业大国，乡村存在大量的富余劳动力。新中国成立初期，劳动力等生产要素由市场配置，可在城乡之间自由流动。随着现代工业的不断生长，乡村劳动力向工业转移。乡村人口大规模向城市转移，一方面需要城市向乡村转移出的劳动力提供足够多的就业岗位，另一方面农业还必须向城市人口提供足够多的农产品。显然，在赶超战略和优先发展重工业的工业化路径下，这两个条件难以满足。重工业优先的工业化发展所带来的就业增量有限，况且城市就业压力本来就较大。在传统农业条件下，农产品长期短缺，农业提供商品粮的数量有限。因此，在这种条件下，政府不是通过制度阻隔避免过多乡村劳动力向城市和工业流动，而是通过政策引导，如在政策上允许和鼓励一部分刚从乡村出来不久的失业人员，可以返乡参加土地改革，获得一份土地，从事农业生产。土地改革完成后，在允许富农经济和城乡私营工商业的政策下，农民不仅可以从事工商业，还可以进城寻找工作。

随着乡村青年向城市流动，城市就业压力逐渐增大，乡村劳动力留在农村务农的政策取向开始显现。1952年7月，政务院召开全国劳动就业会议，制定了《关于解决农村剩余劳动力问题的方针和办法》草案，确定的解决乡村剩余劳动力出路的政策思路是：剩余劳动力应靠发展多种经营，就地吸收转化，防止其盲目流入城市，增加城市的负担。同月25日，经政务院通过的《关于劳动就业问题的决定》分析指出："农村中大量的剩余劳动力不同于城市的失业半失业人员。他们是有饭吃有地种的。但他们有大量的潜在的劳动力没有发挥出来，应该积极设法使之发挥到生产上来。同时已耕的土地不足，在目前的技术条件下就不够种，进一步向前发展，定会产生更多的剩余劳动力。这是一个最根本的问题。……城市与工业的发

---

① 薄一波：《若干重大决策与事件的回顾》（下卷），中共中央党校出版社1993年版，第778页。

展,国家各方面建设的发展,将要从农村吸收整批的劳动力,但这一工作必须是有计划有步骤的进行,而且在短时期内不可能大量吸收。故必须大力说服农民,以克服农民盲目地向城市流动的情绪。"1953年开始大规模经济建设后,许多乡村青年纷纷涌入城市和工矿区,既加剧了城市的失业问题,也使农副产品供给更为紧张。鉴此,中共中央和国务院再次发出指示,要求各级政府限制农民进入城市就业,强调城乡之间的劳动力流动应该有计划地进行。可见,在城市就业压力较大的情况下,把大量富余劳动力留在乡村就地发展各种产业的政策思路在新中国初期即初显端倪。

随着计划经济体制的建立,富余劳动力留在乡村这一政策取向更加明确,并逐步予以制度化。

1958年1月颁布的新中国第一部户籍制度《中华人民共和国户口登记条例》,将户口分为农业户口和非农业户口两种,并规定:"公民由农村迁往城市,必须持有城市劳动部门的录用证明,学校的录取证明,或者城市户口登记机关的准予迁入的证明,向常住地户口登记机关申请办理迁出手续。"从此,启动了城乡二元户籍管理制度,严格限制人口迁徙的户籍管理制度也正式形成。1964年8月,国务院批转了《公安部关于处理户口迁移的规定(草案)》,要求严加限制从乡村迁往城市和集镇,以及从集镇迁往城市。此后直到改革开放初期,严格控制农业户口转为非农业户口,也就严格限制了乡村人口向城镇的迁移。

实施社会福利保障与户口对应的政策,阻碍了乡村劳动力向城市和工业的转移。在对非农业人口实行较多的社会福利保障等政策的条件下,如果乡村人口向城市流动较多,社会福利保障和粮油供应的压力就会增大,并导致城市就业压力的增大,进而增加工业化的成本。对此,李先念在1964年曾经分析说:"人总是要吃饭的,问题是在农村吃,还是在城市吃。我看在粮食和副食品并不宽裕的条件下,该在农村吃饭的,还是在农村吃好,因为在农村吃比在城市吃要省得多。城市并不缺乏劳动力,各行各业也并不缺人,因此要尽量不增加职工,更不要轻易从农村招收职工。"[①]换言之,选择城乡二元户籍管理制度和二元就业制度,是实施"高积累、低消费"政策的配套制度。在"大跃进"运动中,大量的农业劳动力离开农业,城镇人口由1957年9900万人猛增到13000万人,农业劳动力比重下降到65.8%,这种就业结构的突变,既造成农业生产劳动力的不足,也给城市粮

---

① 《李先念文选》,人民出版社1989年版,第285-286页。

食供给造成压力。为渡过国民经济困难时期，1961年至1962年不得不遣返乡村人口，还大规模精简城市人口，动员城市青年下乡务农。在这种情况下，1961年开始更加严格地限制乡村人口流向城市，广大农民被禁锢在乡村。

城乡二元用工制度更是直接把乡村劳动力阻挡在了城市之外。在城市，对国有企业和集体企业实行计划招工制度。农村居民除了上中专、大学等特殊情况和极其有限的计划招工外，不能到城市就业，而只能在乡村就业。在乡村限于发展农业的产业政策下，农民只能以从事农业生产为主。

农业生产合作社的建立，特别是1958年开始实行政社合一的人民公社体制，农村集体经济实行统一经营、集体劳动，劳动力、资金和土地被集中起来统一使用，劳动力在农村内部不能跨区域流动，也不能在城乡之间自由流动，广大农民没有自由择业和流动的权利，即农业生产合作社特别是人民公社成为实施城乡二元就业政策的组织制度保障。

总之，城乡二元户籍管理制度和二元就业制度的实施，加上农村人民公社和农产品统派购制度，强化了政府对乡村劳动力等生产要素的配置管理，城乡之间的生产要素特别是劳动力的自由流动被禁止，人为地割裂了城乡之间统一的要素市场，乡村内部、农业内部，甚至农民家庭经营内部的生产要素配置，也受到国家行政手段和政策的严格控制。这些制度的综合作用，导致改革开放前城乡成为两个相对封闭的经济社会系统。

四、倡导学习大寨自力更生、艰苦奋斗精神以应对农业投入不足的问题

农业学大寨运动由1964年起，持续至1978年，对乡村乃至整个经济社会发展都产生了极大的影响。全国农业学大寨运动始自1964年，但"农业学大寨"这个字句，在可查到的中央文件中，最早出现在1966年8月14日发表的中共八届十一中全会公报。公报说，完全同意毛泽东同志近四年提出的一系列英明决策，主要决策之一就是：关于工业学大庆，农业学大寨，全国学习人民解放军，加强政治思想工作的号召。中国共产党和政府在号召及组织开展农业学大寨运动的过程中，对运动的内涵及其相应的具体政策措施没有做出很明确而清晰的界定，其内涵在实践中有很大的随意性，不同时期内容又有差异。尽管如此，毛泽东、周恩来号召在全国范围内开展农业学大寨运动，其初始动因是明确的，即在农业养育工业政策下，需

要通过倡导学习大寨自力更生、艰苦奋斗发展集体经济的精神，以应对国家对农业投入不足的问题。然而，在"文化大革命"时期，农业学大寨运动还被当成对农民进行意识形态教育的工具，被当作政治斗争的工具，产生了严重的负面影响。

（一）应对资金短缺问题是开展农业学大寨运动的初始动因

农业发展一靠政策、二靠科技、三靠投入，这是20世纪80年代形成的一种概括。然而，在工业化初期阶段，工业化的发展需要农业向其转移剩余，这使得农业的发展受到资金短缺的约束。在国家财政对农业投入不足的条件下，必然要求农民发扬自力更生、艰苦奋斗的精神解决农业问题。山西省昔阳县大寨大队是众多自力更生、艰苦奋斗发展农业中的佼佼者，是一面"自力更生办农业的光辉旗帜"。中国共产党善于典型示范和引路的工作方法，倡导学习大寨自力更生、艰苦奋斗精神以发展农业也就成了必然选择。

在全国开展农业学大寨运动，不仅因为国家财政对农业投入的严重不足，还因为有着特殊的历史契机，即在国民经济困难时期，号召全国人民自力更生、艰苦奋斗渡难关。众所周知，经过"大跃进"和农村人民公社化运动后，农业、乡村及整个国民经济都进入新中国成立后最困难的时期。针对这种严峻形势，1961年1月中共八届九中全会正式确立对国民经济实行"调整、巩固、充实、提高"的方针。为了摆脱困境，全国开展了比学赶帮的社会主义劳动竞赛运动。为了总结和推广农业战线各方面的先进经验，中共各中央局（大区）和许多省、自治区、直辖市都召开了农业先进代表会议。周恩来在1963年2月1日出席华东局召开的华东农业先进集体代表会议和华东农业科学技术工作会议时，号召要踏踏实实地开展农业生产运动，指出开展农业生产运动必须抓住民主办社、干部思想作风、中国共产党基层支部三个环节。从此，比学赶帮运动在农业战线进一步兴起。有些省、自治区、直辖市还结合开展了"五好"社员、"五好"干部和"五好"生产队的活动。大寨正是自力更生、艰苦奋斗的先进典型之一。大寨本是一个所有耕地散布在七沟、八梁、一面坡的普普通通的穷山村。就是这样一个山村，以自力更生、艰苦奋斗的精神，开辟出一条发展生产的道路，谱写出一部可歌可泣的创业史，为全国克服经济困难树立了榜样。[①] 大寨人战胜1963年

---

① 详见农业部农村经济研究中心当代农业史研究室：《当代中国农业变革与发展研究》，中国农业出版社1998年版。

8月那场暴雨大灾、重建家园的英雄气概及感人事迹,更是让人敬佩。1964年1月19日,国务院邀请山西省劳动模范、大寨大队党支部书记陈永贵在首都人民大会堂的万人大会上做了题为《自力更生,奋发图强,依靠集体力量改变山区面貌》的报告,不时被热烈的掌声打断。中央人民广播电台实况转播了这次活动,在全国引起震动。同年1月28日至2月9日召开的全国农业工作会议,着重讨论了建设旱涝保收、稳产高产农田问题,大寨大队作为这方面的典型之一,在会上介绍了经验。这次会议结束后,《人民日报》于2月10日刊载了新华社记者的长篇通讯《大寨之路》,第一次全面系统地向全国介绍了大寨的先进事迹和成功的经验,肯定了大寨人自力更生、艰苦奋斗改变生产条件的革命精神。同时,《人民日报》还发表了《用革命精神建设山区的好榜样》的社论。社论号召:"在我们国家的每一个地方,不论是山区还是平原,都有自己的'大寨'。每一个地方,既要很好地学习大寨的经验,也要很好地总结推广自己的'大寨'经验。在无数个'大寨'的光辉事迹鼓舞下……促进我国的农业生产和农业现代化更快更好地向前发展。"

毛泽东多次谈到通过学习大寨自力更生、艰苦奋斗精神来解决国家财政对农业投入不足的问题。1964年5月中旬,毛泽东在听取第三个五年计划设想的汇报过程中插话说:"要注意种好16亿亩。在这个基础上建设4亿多亩稳产、高产农田。要点面结合,很对。要自力更生,要像大寨一样,他也不借国家的钱,也不向国家要东西。"①这可能就是后来人们说的1964年毛泽东发出"农业学大寨"号召的来历。可见,毛泽东提出农业学大寨,最初的动因是在国家财政对农业投资较少的情况下,想依靠农民发扬自力更生、艰苦奋斗的精神来解决问题。毛泽东的这一主张,在以后的讲话中一次比一次更明确。同年6月,毛泽东在中央农村工作会议上关于第三个五年计划的讲话中指出:"农业主要靠大寨精神,自力更生。"同年12月7日,毛泽东同意国家计委将拟定的编制长期计划程序印发政治局、书记处、各中央局和有关部委党组,其中又提到"农业主要靠大寨精神,工业主要靠大庆精神"。1965年6月16日,毛泽东在听取第三个五年计划问题的汇报时说:"农业投资不要那么多。农业要靠大寨精神。你给他钱,他搞得不好;你不给他钱,反而搞得好一些。农业靠大寨,工业靠大庆。"1965年10

---

① 《当代中国农业合作化》编辑室:《建国以来农业合作化史料汇编》,中共党史出版社1992年版,第793-794页。

月10日,毛泽东在讲话中又说:"农业还是靠大寨精神。"

周恩来在第三届全国人大一次会议上所做的经毛泽东亲自审阅、修改过的政府工作报告,对大寨大队自力更生、艰苦奋斗的事迹给了浓彩重墨的描述。他说:

"下面,我想举几个典型例子,说明我国自力更生的成就。

山西省昔阳县大寨公社的大寨大队,是一个依靠人民公社集体力量,自力更生地进行农业建设、发展农业生产的先进典型。

这个大队,原来生产条件很差,是一个穷山恶水土地薄,全部耕地散在七沟八梁一面坡的地方。十几年来,这个大队在党的领导下,充分调动群众的积极性,以加工改造耕地为中心,综合运用'八字宪法',高速地发展了农业生产。他们进行了大量的、艰苦的农田建设,把过去的4700多块土地连成了2900块,并且都建成为旱涝保收、稳产高产农田。他们的粮食亩产量,1952年为237斤,1962年增加到774斤,1963年虽然遭受到很大的水灾,但是仍然保持在700斤以上。

大寨大队进行了这么多的农业建设,农业生产发展这样快,完全是依靠集体力量。他们正确地处理了集体和国家的关系,他们只向国家借过一次钱,第二年就归还了。从1953年到1963年的11年中,这个大队在逐步改善社员生活的同时,向国家总共交售了175.8万斤粮食,每户每年平均交售2000斤。"

在陈述后,周恩来在政府工作报告中将大寨经验概括为三句话,即"大寨大队所坚持的政治挂帅、思想领先的原则,自力更生、艰苦奋斗的精神,爱国家爱集体的共产主义风格,都是值得大大提倡的"[①]。

综上所述,从毛泽东关于农业靠大寨(大寨自力更生,不借国家的钱,也不向国家要东西)、周恩来在第三届全国人大一次会议所做的政府工作报告概括的大寨三条经验、陈永贵在第三届全国人大一次会议做题为《自力更生是法宝》的发言及新闻界对大寨经验的宣传等方面考察,毛泽东号召"农业学大寨"是经过深思熟虑,并经中央同意的,其出发点是在国家财力有限的条件下,通过在农村开展一场发扬自力更生、艰苦奋斗精神的群众性运动以促进农业的发展。

但是,在"文化大革命"时期,在"无产阶级专政下的继续革命"理论下,

[①] 《当代中国农业合作化》编辑室:《建国以来农业合作化史料汇编》,中共党史出版社1992年版,第794页。

从抓阶级斗争视角重新挖掘总结所谓的大寨经验,致使"大批修正主义、大批资本主义、大干社会主义"被塑为大寨的"三条根本经验",农业学大寨运动不再单纯是宣传自力更生、艰苦奋斗精神而推动生产发展的运动,它成为政治色彩浓厚的运动。这是当时国内政治形势的必然结果。

(二)农业学大寨运动推动全国大规模开展农田基本建设

在国家财政对农业投入有限的条件下,通过开展农业学大寨运动解决农业问题,一个重要方面是通过人民公社的资源动员和整合功能,开展大规模的群众性农田水利建设。1964年5月,廖鲁言等到大寨大队调查后向毛泽东、中共中央写的《大寨大队调查报告》,总结大寨大队经验的第一条就是:加工改造耕地,提高耕地蓄水保墒的能力,建设旱涝保收、高产稳产的大寨田。① 在全国农业学大寨运动中,农田基本建设始终是重要内容。

1970年8—10月,国务院在山西省昔阳县召开的北方地区农业会议提出:大搞农田基本建设。要通过改土和兴修水利,做到每个农业人口一亩旱涝保收、高产稳产田。丘陵山区,要搞梯田。平原地区,要搞深翻平整,改良土壤。治水要与改土、治碱相结合。要积极打井,研究利用地下水。北方地区农业会议以后,各地召开农业工作会议,贯彻北方地区农业会议精神,在全国掀起了大搞农田基本建设的高潮。

1975年9—10月,中共中央召开第一次全国农业学大寨会议,华国锋在会议总结报告中提出了"大寨县"的六条标准,其中有农田基本建设进度快、收效大的要求。会后,各地召开会议贯彻落实,很快抽调上百万干部到农村社队,又一次掀起大搞农田基本建设的高潮。

1976年12月在北京市召开的第二次全国农业学大寨会议,要求各县都要制定大搞农田基本建设的全面规划,要以改土、治水为中心,实行山水田林路综合治理。粉碎"四人帮"后,广大干部、群众再一次投入到大搞农田基本建设中去。②

1977年7—8月,国务院先后在昔日县和北京市召开全国农田基本建设会议,部署1977年冬和1978年春农田基本建设任务,要求到1980年实现每个农业人口有一亩旱涝保收、高产稳产的农田。

1978年7—8月,国务院再次召开了全国农田基本建设会议。李先念

---

① 《当代中国农业合作化》编辑室:《建国以来农业合作化史料汇编》,中共党史出版社1992年版,第795页。

② 参见陈永贵在第二次全国农业学大寨会议上的报告(1976年12月)。

在报告中强调:大搞农田基本建设,是农业学大寨的一项重要内容,农田基本建设一要大搞,二要注意政策,并提出了大搞农田基本建设的目标、搞好农田基本建设的措施。①

在农业学大寨运动中,全国每年冬春有一亿左右的劳动力、上百万干部上工地,对山水田林路进行规划和综合治理,改造低产田、修水平梯田、平整和深翻土地的面积逐年增加。1974年冬和1975年春,全国共完成土石方110亿立方米,比1970年增加一倍,灌溉面积增加较多。1978年与农业学大寨运动初期的1965年相比,全国灌溉面积增长36%。可见,在农业学大寨运动中,广大农村干部和群众大力开展农田基本建设取得了一定成效,这为中共十一届三中全会以来农业的发展奠定了基础,功不可没。换言之,毛泽东主张通过学习大寨自力更生、艰苦奋斗精神以应对国家财政对农业投入不足的初衷得到了基本实现。

但是,受"左"的错误影响,农业学大寨运动中的农田基本建设,也出现了不少问题,如:有些地方不从当地的实际情况出发,搞形式主义;有的不尊重科学,项目搞得过多,摊子铺得过大,战线拉得过长;受益单位与非受益单位不加区别,"一平二调";片面强调"以粮为纲",毁林开荒、围湖造田,对生态环境造成了破坏。

农业学大寨运动中的农田基本建设,留下了宝贵的经验教训。正如1980年11月23日中共中央转发山西省委关于农业学大寨运动中经验教训的检查报告的批语所指出的:"农业基本建设还是要搞的,但是必须量力而行,坚持自愿互利的原则,讲求实际效果,不搞形式主义。"

(三)通过农业学大寨运动调整农村人民公社制度

中共八届十中全会确定的农村人民公社"三级所有,队为基础"体制,是在"大跃进"和农村人民公社运动后发生经济困难后做出的调整,但这并没有放弃对农村人民公社"一大二公"的追求。大寨实行大队所有,依靠集体力量发展农业的事例,再次唤起了对人民公社"一大二公"的追求。"文化大革命"开始后,农业学大寨运动超出了通过在农村开展一场发扬自力更生、艰苦奋斗精神的群众性运动以解决农业问题的初始目标,而是又赋予其所谓变革生产关系的目标,突出表现在改变人民公社"三级所有,队为基础"和按劳分配制度两方面。

---

① 李先念:《在全国农田基本建设会议上的讲话》,《红旗》杂志1978年第9期。

1. 搞基本核算单位由生产队向生产大队过渡

1967年上半年,昔阳县普遍推广大寨以大队为基本核算单位的做法,并把以生产队为核算单位"过渡"到以大队为核算单位作为学习大寨坚持"无产阶级专政下的继续革命"的一项重要内容。这种"穷过渡"的做法在全国农村宣扬和推广以后,部分地区刮起了一股扩社并队的"穷过渡"风。据山西、河北、北京、上海等11个省、自治区、直辖市的统计,1962年农村人民公社体制调整后,仍以生产大队为核算单位的仅占大队总数的5%,至1970年上升到了14%。其中山西省的大多数生产队合并为大队所有制,浙江省有1/4的社队实行了以大队为基本核算单位。这种"穷过渡"冲击着农村人民公社"三级所有,队为基础"体制,违背了生产关系适应生产力发展的要求,严重地挫伤了干部、群众的积极性,阻碍了生产力的发展。

1970年8月下旬至10月初,国务院召开的北方地区农业会议重申《农村人民公社工作条例》坚持不变,提出了学大寨要学根本,学第一位的东西,"至于大寨在经营管理、生产技术方面的一些具体办法,那是第二位的东西,决不能不顾自己的条件,照抄照搬"。1971年春,全国农村在北方地区农业会议推动下,开始纠正工作中某些"左"的错误。1971年2月14日全国计划会议综合简报第三期以《当前农业学大寨运动中的一些问题》为题,强调指出:对待所有制问题应持慎重态度,坚持"各尽所能,按劳分配"的社会主义原则等。这对基本核算单位由生产队向大队过渡起了抑制作用。

1974年初开始在全国开展的所谓"批林批孔"运动和1975年9月15日至10月19日中共中央召开的全国农业学大寨会议,又开始大力宣传大寨所有制变革。1977年1月15日,陈永贵在昔阳县四级干部会上要求:"各公社要总结大队核算的经验,重要呀。"当年夏天他开始在昔阳布置从大队向公社所有制过渡的试验。经过大半年的准备,向大队核算过渡作为一项重要的农业发展措施提交1977年11月16日召开的中央普及大寨县工作座谈会讨论。华国锋提议召开的这次座谈会讨论了农业战线存在的12个重要问题。1977年12月19日,中共中央原则同意座谈会向政治局提交的汇报提纲。关于所有制问题,汇报提纲中写道:"实现基本核算单位由生产队向大队的过渡,进一步发挥人民公社'一大二公'的优越性,是前进的方向,是大势所趋。"同时提出:"今冬明春,可以再选择一部分条件已经成熟的大队,例如10%左右,进行过渡,进一步取得经验。"中共中央文件下达后,广大农村刮起了波及面很大的"过渡风",到1978年1月底,全国已有 19 个省先后行动起来。

2. 搞"自报公议工分"劳动管理和分配办法

在"文化大革命"时期开展的农业学大寨运动,学习大寨"自报公议工分"劳动管理和分配办法,冲击了农村人民公社的按劳分配制度。大寨大队从 1961 年开始改变定额包工劳动管理办法,至 1966 年演变成了一套完整的"自报公议工分"劳动管理和分配办法。这种办法就是在全大队选定三个标兵工分,男的一个,成年妇女一个,铁姑娘一个。采取"自报工分,大家合评",由一天一评改为五天、十天一评,又改为一个月、两个月一评,至 1966 年改为三个月一评。实行这种劳动管理制度后,社员干活不考虑工分,干部也不考虑工分,评分"主要不是评别的,主要是评思想"。在农业学习大寨运动中,一方面指责实行劳动定额管理是搞"工分挂帅"、"物质刺激";另一方面,把大寨"一心为公劳动,自报公议工分"制度说成是"突出了政治,突出了人的因素",是农业"经营管理革命的方向和道路",等等。不少社队把大寨的劳动管理办法叫作"大概工",因为劳动力弱、技术低、劳动贡献少的社员可以因为"政治思想好"得到较高的工分,而劳力强、技术高、劳动贡献多的社员,则因遵循社员之间"工分不悬殊"的原则,得不到应得的工分。这种大批"工分挂帅"、"物质刺激"和推广大寨劳动管理经验的做法,更加助长了社员收益分配中的平均主义倾向,严重挫伤了社员的劳动积极性,也不利于鼓励社员学习掌握科学技术。显然,这是一种违背按劳分配原则的办法。

(四)"阳关道"的终结

1975 年 9 月 15 日至 10 月 19 日的第一次全国农业学大寨会议和 1976 年 12 月的第二次全国农业学大寨会议,提出了"全党动员,大办农业,为普及大寨县而奋斗"的要求,使农业学大寨运动继续升温。1977 年到大寨参观访问的人数有增无减。据不完全统计,1977 年到大寨参观访问的外宾有 432 批 5199 人,国内参观者共达 474284 人。

"文化大革命"开始后的农业学大寨运动,在政治上、经济上、思想上给全国乡村带来了不良后果,其原因不仅在于大寨的"经验"是错误的,是"左"倾错误的产物,而且还在于采取了一整套错误的宣传、推广典型的做法。中国地域辽阔,地区之间自然地理条件、经济技术水平和耕作习惯等方面的差异很大。但在农业学大寨运动中,不分东西南北,都要"念大寨的一本经",生搬硬套,强迫命令,并强调不仅要学习大寨的所谓"根本经验",还要学习大寨的"具体经验",要"一整套地学"。用大寨这样一个"样板"的

"经验"硬性指导全国所有社队,这显然是错误的。

学大寨本来是农业战线的事,但是"文化大革命"开始后,由于把大寨越捧越高,说得"一切先进",完美无缺,要求乡村财贸、文化、教育、卫生、体育、公安、民兵、青年、妇女等各条战线、各项工作都要"学大寨",结果把大寨所谓坚持"无产阶级专政下的继续革命"的一套"左"的东西传播到了各行各业。

1978年夏秋,农业学大寨运动遇到了前所未有的挑战。时任农业部副部长、中国农学会会长杨显东在赴大寨参观后提出对学大寨要"揭盖子"①。1978年10月,中共安徽省委书记万里在一次讲话中公开对农业学大寨提出了异议,批评了大寨、昔阳的一些"左"倾做法。他认为:农业学大寨学什么,这个基本的问题多年来并未解决。他将大寨经验的大概工、大批促大干、大过渡归纳为搞"左"倾。他还提出:不提普及大寨县的口号;要因地制宜地树立样板,不应不加区别地号召学大寨;应反对学习大寨中的形式主义,严格控制去大寨参观的人数。据石山、郭延狄等几位同志1995年的回忆,当时,中国科学院农业委员会从科学地指导生产上,进一步明确提出了"不提'农业学大寨运动'口号"的建议。

1978年12月18日至22日,中共十一届三中全会果断地停止使用"以阶级斗争为纲"这个不适用于社会主义社会的口号,做出把工作重点转移到社会主义现代化建设上来的决策。至此,各地的农业学大寨运动先后结束。

在1978年的秋终之际,也是在大寨大队搞大队为基本核算单位、实行"大概工"、批"工分挂帅"和"物质刺激"的"阳关道"将终了之际,安徽省凤阳县的小岗人悄悄走上了包干到户的"独木桥"。这也宣告了对农民进行意识形态教育的失败。

中共山西省委先后于1980年8月上旬召开两次常委会议,然后又于8月中旬召开了为期八天的常委扩大会议,认真回顾了全省农业学大寨运动的历史,实事求是地分析了"文化大革命"以来大寨、昔阳的经验,初步总结了全省农业学大寨的经验教训。在此基础上,同年10月21日山西省委写了题为《关于全省农业学大寨经验教训的初步总结》的检查报告,呈报中共中央。

1980年11月23日,中共中央转发了中共山西省委关于农业学大寨运

---

① 详见《中华人民共和国大典》,中国经济出版社1994年版,第1482页。

动中经验教训的检查报告,并做了重要的批语,详尽而又深刻地阐述了三条教训:其一,实事求是地看待先进典型,人为地树立先进典型,最终没有不失败的;把先进典型的经验模式化、绝对化、永恒化的做法,是错误的、有害的。其二,任何先进技术或经营管理经验,都必须同当地农民的经济利益联系起来,重视经济效果,在农民自愿接受的基础上,经过试验逐步推广。其三,从劳模中选拔干部要负责地进行培养教育,让劳动模范担负一定的领导职务,一定要考虑到,使这种职务同他的能力、水平相适应,不要让他们担任不能胜任的领导职务。

农业学大寨运动的终结,并不是对发动这次运动初始动因(即在国家财政对农业投入不足条件下,通过倡导自力更生、艰苦奋斗精神实现农业发展)的否定,而是对后来附加到这次运动的通过阶级斗争的方式教育农民搞"穷过渡"、"大概工"和吃"大锅饭"的平均主义的否定。

第三节 政府与农民互动下乡村发展政策的微调

在以计划管理为内核的制度安排及以阶级斗争和意识形态教育等政治方式解决制度实施中遇到的种种问题的格局中,农民的诉求受压抑,则以自己所能为的方式进行抵触,如退社、出工不出力、精心耕种自留地、实行包产到户、隐瞒产量避免高征购等。在政府与农民的这种博弈中,一方面,政府在既定的政策框架内,顺应农民的要求而对政策进行微调,如在发展集体经济、计划经济的前提下有限度地允许发展私有经济和集市贸易,在城市工业化的前提下有限度地允许农村发展"五小"工业;另一方面,对农民进行意识形态的引导和教育,以保障既定政策的实施。

一、集体经济、计划经济下的个体经营和集市贸易

在快速推进工业化进程中,政府通过农产品统派购、农业生产合作社及后来的农村人民公社、城乡二元户籍管理和就业制度,对农业剩余向工业转移的经济流程及农民的生产、生活进行计划控制。在这种高度集中的计划经济体制下,特别是在使"资本主义绝种,小生产也绝种"的政策取向下,却在政策上允许社员从事家庭副业、给社员自留地和有限度地开放农村集市,即允许农民发展小私有经济和小范围内的自由市场经济。

从实践看,社员从事家庭副业和种自留地对集体经济的发展有一定的冲突,主要表现在农民在集体经济与家庭副业、自留地的劳动投入分配上

发生冲突,特别是与发展集体经济的政策取向发生冲突;有限度开放集市贸易与农民完成农产品统派购任务发生冲突,为发展农民私有经济提供交易场所更是与经济集体化的政策取向发生冲突。这种与政策取向的矛盾,使农民从事家庭副业、自留地和集市贸易被认定是走资本主义道路,也成为政治斗争的重要方面,社员家庭副业、自留地和集市贸易几经短暂取消。

那么,1978年前,为什么政府又不得不在政策上允许社员从事家庭副业、给社员自留地和有限度开放农村集市?在当时,计划经济不可能覆盖乡村经济的所有环节,需要集市贸易予以补充,需要农民从事家庭副业,这是其原因之一,也是初始的动因。这就是主体与补充的关系。在集体经济和计划经济下允许农民发展小私有经济和有限度地放开集市贸易的内在动因,在实践中逐步显现,即它使乡村经济呈现出生机和活力,特别是在农民采取特殊方式抵触国家政策安排,或在经济困难时期把它作为满足农民生产生活和乡村经济发展需要的特殊措施。受两方面因素影响,在乡村经济相对稳定时期,一些地方收缩家庭副业、自留地和集市政策;而在经济困难时,如"大跃进"、人民公社化运动后的经济困难时期,在国家和集体经济组织对农民的困境无能为力之时,则将社员家庭副业、自留地和集市政策作为解燃眉之急之策。换言之,实行社员家庭副业、自留地和有限度开放集市的政策,是在政府与农民的博弈中,在确保集体经济和计划经济的主体地位不受动摇的前提下,即在可接受的范围内,给农民极其有限的自由发展空间。在乡村发展家庭副业、自留地和集市贸易,没有完全取消商品生产、商品交换和强调要尊重价值规律,成为中共十一届三中全会后乡村市场取向改革成功的实践和理论基础。

(一) 社员家庭副业、自留地政策的启动和集市贸易的恢复

从农业初级社开始,中国就在合作社实行了社员自留地制度。中国的农业生产合作化运动初期,遵循了自愿和互利原则,而且合作内容也是根据需要和可能逐步增加。在兴办农业初级社时,允许家庭副业存在和给农民自留地,给农民一定的自由发展空间。1952年4月10日,中央人民政府农业部农政司在《目前农业生产合作社发展中的一些问题》中,即对社员土地入社问题做出规定:社员入社须带入其全家土地的绝大部分,同时也应允许每户留少量土地自己经营,但自己经营的土地绝不可多,以免劳动分心。另外,自留地制度在农业高级社中得以保留,但规定了主要用于社员种植蔬菜的范围。在自给半自给的传统农业时期,农业生产能力低,商品生产不发达,农民一般在房前屋后种植蔬菜供自己食用。农业生产合作社

建立后，在蔬菜的生产消费上，延续了这种传统方式。1955年中共七届六中全会通过的《关于农业合作化问题的决议》规定："社员应该有小量的自留地，大约相当于全村每人平均土地的2％到5％，作为菜园，或者用以经营某些补充的农作物和农业副业。自留地的产品供给家用，也可以在市场上出售。有些合作社不让社员有自留地，这是不妥当的。"同年全国人大常委会第二十四次会议通过的《农业生产合作社示范章程》规定："为了照顾社员种植蔬菜或者别的园艺作物的需要，应该允许社员有小块的自留地。社员每户自留地的大小，应该按照每户人口的多少和当地土地的多少来决定，但是每口人所留的土地至多不能超过全村每口人所有土地的平均数的百分之五。"1956年1月23日，中共中央政治局提出的《一九五六年到一九六七年全国农业发展纲要（草案）》仍规定："农业生产合作社应当鼓励社员在自留地上种植蔬菜，改善自己的生活。"1956年6月30日第一届全国人民代表大会第三次会议通过的《高级农业生产合作社示范章程》规定："农业生产合作社应该抽出一定数量的土地分配给社员种植蔬菜。分配给每户社员的这种土地的数量，按照每户社员人口的多少决定，每人使用的这种土地，一般地不能超过当地每人平均土地数的5％。"

农民加入高级社后，家庭副业萎缩，加上合作社生产经营缺乏计划或计划不合理而使得农民收入一度减少。在这种情况下，农民以闹退社、闹粮食等特有的方式，对高级社和农产品统派购制度进行了抵触。在这种情况下，政府扩大自留地的用途，除种蔬菜外，还扩大到种饲料用于家庭养猪。1957年6月25日，根据周恩来提出的关于适当增加农业生产合作社社员自留地的议案，第一届全国人民代表大会常务委员会第七十六次会议决定对《高级农业生产合作社示范章程》第十六条做出补充规定："农业生产合作社可以根据需要和当地条件，抽出一定数量的土地分配给社员种植猪饲料。分配给每户社员的这种土地的数量，按照每户社员养猪头数的多少决定。每人使用的这种土地，连同高级农业生产合作社示范章程所规定的分配给社员种植蔬菜的土地，合计不能超过当地每人平均土地数的百分之十。"

农产品统派购制度的实施和供销合作社的建立，使得国有商业部门和供销合作社垄断了乡村商业，农村自由市场商品种类和数量急剧减少。加上农业生产合作社建立后乡村个体经营者减少，以个体和私营为主体的农村自由市场日渐衰微。这影响了家庭副业的发展、农民的收入，也给农民的生产生活造成困难。这一问题在1955年社会主义改造高潮以后变得更加突出,农民怨言很多。陈云分析指出:市场管理办法限制了私商的采购和贩运。这些办法使农产品、农业副产品实际上成为由当地供销合作社或国营商业独家采购,而没有另外采购单位的竞争。因此,当供销合作社和国营商业对于某些农产品、农业副产品没有注意收购或者收价偏低的时候,这些农产品和农业副产品就会减产。为此,1955年7月16日,国务院批转商业部、供销合作总社和中央工商行政管理局联合提出的《关于改进初级市场管理过严过死的现象》,提出必须纠正乡村初级市场存在的管理过严过死的现象。1956年9月12日,中共中央、国务院发布《关于加强农业生产合作社的生产领导和组织建设的指示》,明确提出要逐步建立在社会主义经济领导下的自由市场,凡是国家统购和委托供销社收购的范围以外的农副产品,以及完成统购任务和履行收购合同义务以外的多余产品,都可以通过这个市场自由买卖。1956年9月中共八大肯定了陈云提出的"三个主体"、"三个补充"和自由市场是社会主义组成部分的思想。1956年10月4日,国务院再次发出《关于放宽农村市场管理问题的指示》。到1957年春季,乡村自由市场活跃达到高峰。但是,当夏季国家对农副产品统派购进入第一轮高峰后,抑制自由市场的呼声和压力越来越大,自由市场开始萎缩。

(二) 社员家庭副业、自留地和乡村集市贸易的消失

在政策上对自留地、家庭副业加以限制始于1958年。这年3月21日成都会议通过、4月8日政治局会议批准的《中共中央关于合作社社员的自留地和家庭副业收入在社员总收入中应占比例的意见》,对自留地和家庭副业继续给予肯定,同时也表示出担忧,指出:"合作社留给社员以一定比例的自留地,鼓励社员发展喂猪和其他家庭副业,适当照顾社员个人利益,这一政策是正确的,并已收到了显著的成效。但是有些地方自留地留得过多,家庭副业在社员总收入中所占的比例过大,这种情况对于合作社的巩固发生了不利的影响,应当采取适当的步骤予以调整。"基于这一认识,规定"自留地和家庭副业收入在社员总收入中所占的比例,一般以百分之二十至三十为宜"。

在农村人民公社化运动中,家庭副业、自留地和集市政策则发生了重大转变。1958年8月29日《中共中央关于在农村建立人民公社问题的决议》指出,"人民公社建立时,对于自留地、零星果树、股份基金等等问题,不必急于处理,也不必来一次明文规定。一般说,自留地可能在并社中变为集体经营"。在这种政策导向下,各地在建立人民公社中基本上把社员自

留地收归集体。这一决议还提出,"组织军事化、行动战斗化、生活集体化成为群众性的行动",通过"公共食堂、幼儿园、托儿所、缝衣组、理发室、公共浴堂、幸福院、农业中学、红专学校等等,把农民引向了更幸福的集体生活"。在公社基本覆盖农民生产生活各个方面的政策下,乡村集市显得没有必要存在而被关闭。1958年12月中共八届六中全会通过的《关于人民公社若干问题的决议》对取消社员家庭副业和自留地政策做了纠正,规定:"社员可以保留宅旁的零星树木、小农具、小工具、小家畜和家禽等;也可以在不妨碍参加集体劳动的条件下,继续经营一些家庭小副业。"尽管如此,这一政策并没有取得共识。1959年2月27日,毛泽东在郑州会议上批评"共产风"时,对于收自留地却没有批评,他说:"所谓'共'各种'产',其中有各种不同情况。有些是应当归社的,如大部分自留地。"①在这种认识下,农村人民公社化运动中,家庭副业、自留地和集市贸易退出了乡村经济生活。

(三) 社员家庭副业、自留地和农村集市贸易被当作解燃眉之急的措施

在由于"大跃进"和农村人民公社运动而进入经济困难时期后,社员家庭副业、自留地和农村集市贸易成了解决农民生活困难的重大措施。

针对家庭副业、自留地一度退出乡村经济生活后发生城市副食品供应短缺的问题,中共中央再次明确社员家庭副业和自留地政策。1959年5月7日,中共中央发出《关于分配私人自留地以利发展猪鸡鹅鸭问题的指示》,指出:"最近几个月来,养猪头数大量减少,这对于积肥、猪肉的供应和私人零用钱的取得这样三件大事,都是非常不利的,要迅速改变这种局面,必须采取公社各级集体养猪和社员家庭私养并重的方针,两条腿走路。鸡、鸭、鹅也是如此。要社员私养猪、鸡、鹅、鸭,就要给社员一定数量的自留地。自留地的多少,应当按照原高级合作社章程的规定,按人口计算,不超过每人平均占有土地的百分之五,也可以按猪计算,每头猪拨给一分或者二分饲料地。由各省、市、自治区党委根据当地的具体情况,自行决定。此事要快,请你们早作决定,下达执行。"一个月后,中共中央又发出《关于社员私养家禽、家畜、自留地等四个问题的指示》,进一步明确发展家庭副业和自留地政策,并解决认识顾虑问题,指出:"这种大集体当中的小私有,在一个长时期内是必要的,有利于生产的发展,也有利于人民生活的安排。允许这种小私有,实际是保护社员在集体劳动时间以外的劳动成果,并不

---

① 《毛泽东文集》(第8卷),人民出版社1999年版,第12页。

是什么'发展资本主义'。这些家庭副业搞起来了,可能同集体生产发生某些矛盾,同国家的市场管理发生某些矛盾,这应当从加强对社员的集体主义、社会主义和爱国主义的思想教育,正确地加强市场管理和公社经营管理工作来加以解决。经验证明,禁止搞这些家庭副业、一切归公的简单办法,是有害的,也是行不通的。"

乡村集市的关闭,保证了农产品统派购的实施,却不利于社、队、社员交换、调剂商品,以及城乡物资交流。中共中央、国务院发现问题后,于1959年9月23日发出《关于组织农村集市贸易的指示》,明确了有限度放开集市贸易的政策,规定:"第一类物资(国家计划收购和计划供应的物资)和第二类物资(国家统一收购的物资),人民公社、生产队应该首先保证完成国家规定的交售任务;在完成国家规定的交售任务以后,剩余的部分,可以到农村集市进行交易,如果国家需要,应该尽先卖给国营商业部门。至于哪些品种、在什么时间、在哪些集市交易等,可以由省、自治区、直辖市人民委员会自行规定。第三类物资(一、二两类以外的其他物资),凡是国家规定有交售任务,或者人民公社、生产队、社员同国家签订有合同的,人民公社、生产队、社员一定要保证完成规定的交售任务,在完成规定的交售任务以后,剩余的部分,可以到农村集市进行交易,凡是没有同国家签订合同的零星品种,人民公社、生产队可以在集市出售。人民公社社员家庭和个人生产的副业产品、手工业品,不论属于第一类、第二类或者第三类物资,都可以在集市出售。但是,第一、第二类物资中的某些品种如生猪等,各省、自治区、直辖市人民委员会可以根据市场情况和国家的需要,规定人民公社社员一定的交售任务,人民公社社员应该保证完成国家规定的交售任务。"这些放宽政策,尤其是"人民公社社员家庭和个人生产的副业产品、手工业品,不论属于第一类、第二类或者第三类物资,都可以在集市出售"的政策,允许有余粮的户可以在集市出售粮食,对于不少地方已经出现因缺粮而引起的饥荒有一定的缓解作用。同时规定,"人民公社、生产队、社员出售第一、第二类物资的时候,必须一律执行国家的收购牌价",即明确了国家定价在农村集市交易中的地位。换言之,乡村集市只是有限度地放开,交易品种和数量被限定在较小范围,而且交易价格也有限定。

面对1959年起的经济困难,重新明确了社员家庭副业、自留地和集市贸易的政策定位,并做出了进一步的政策安排。1960年7月,毛泽东在中央北戴河工作会议上说,在集体所有制占优势的前提下,要有部分的个人所有制,要分给每个社员点自留地。只有大集体,没有小自由不行。① 基于这种认识,特别是因经济困难而发生非正常死亡的情况下,1960年11月3日,中共中央发出《关于农村人民公社当前政策问题的紧急指示信》,采取了一揽子紧急措施。其中,在家庭副业和自留地方面,再次强调"允许社员经营少量的自留地和小规模的家庭副业",并规定:"凡是已经把自留地全部收回的,应该拨出适当的土地分给社员,做为自留地。今后不得将社员的自留地收归公有,也不得任意调换社员的自留地。社员现有的自留地,连同食堂的菜地加在一起计算,一般不要超过当地每人平均占有土地的百分之五,超过数量很少,或者虽然不及当地每人平均占有土地百分之五、而群众没有意见的,也不再抽补。在不影响集体劳动的前提下,鼓励社员种好自留地,饲养少量的猪、羊和家禽,培育好屋前屋后零星果木,经营小规模的家庭副业。养猪应该两条腿走路,公养和私养并举,公养猪应该以小队和食堂为主,社员户养猪也应该鼓励。公社和生产队现有的养猪场,应该继续保持和发展,但是,绝对不许采取向生产小队、食堂和社员个人征调猪、羊和家禽的办法,来发展公社和生产队的养猪场、养鸡场。社员家庭积肥,交队使用的,应该按质论价,付给报酬。社员自留地上收获的农产品,不计入分配产量,不顶口粮,不计征购,归社员个人支配。"在集市方面,决定有领导、有计划地恢复农村集市,活跃农村经济,提出:"在农村里,应该有领导地有计划地组织集市贸易,便利公社、生产队、生产小队和社员交换和调剂自己生产的商品,活跃农村经济。除了粮食、棉花、油料等主要农产品只许卖给国家收购机关以外,其他农产品和副产品,在完成国家规定的任务以后,都可以拿到集市上进行交易。但是不论公社、生产队、生产小队和社员个人,都只许出卖自己生产的商品,买回自己需要的商品,不许倒手转卖,从中赚钱。集市上买卖的价格,应该和国营商店的牌价大体相同,可以略高一点,也可以略低一点。对于那些国营商店没有牌价的小商品,由交易双方公平议价。为了加强国家对农村集市贸易的领导和管理,应该由公社一级的商业、银行、税务等有关部门和集市所在地的社队负责干部,共同组成市管理委员会,保障合法交易,取缔投机活动。必须在切实做好政治思想工作的基础上,坚决做到活而不乱,管而不死,既要有利于活跃农村经济,又要有利于完成国家的购销计划。反对弃农经商,反对投机倒把,破

---

① 《当代中国的计划工作》办公室编:《中华人民共和国国民经济和社会发展计划大事辑要(1949—1985)》,红旗出版社1987年版,第152页。

坏国家计划。"

在经历政策上的反复后,自留地政策成为人民公社的正式制度。在中共中央工作会议 1961 年 1 月 20 日做出的《关于农村整风整社和若干政策问题的讨论纪要》中,将社员自留地占当地每人平均占有耕地的比例由 5％提高到 7％。1961 年 3 月中共中央工作会议制定的《农村人民公社工作条例(草案)》规定:社员可以"耕种由人民公社分配的自留地。自留地一般占当地耕地面积的百分之五,长期归社员家庭使用"。"社员家庭副业的产品和收入,都归社员所有,都归社员支配。除了国家统购的农产品以外,其他的农副产品,在完成国家规定的交售任务以后,都可以拿到集市上进行交易。""社员自留地的农产品,不算在集体分配的产量和口粮以内,国家不征公粮,不计统购。"在 1962 年 5 月 7 日至 11 日召开的中共中央工作会议上,朱德也在发言中指出,自留地真正是救命地。衣、食、住、行,光靠正业分点粮食解决不了,一定要靠家庭副业来解决。① 1962 年 9 月 27 日中共八届十中全会通过的《农村人民公社工作条例修正草案》,专门用一章的篇幅规定社员家庭副业政策,其中还做出扩大自留地数量的规定,即社员的自留地、饲料地和开荒地合在一起的数量,根据各个地方的不同情况,有多有少,在一般情况下,可以占生产队耕地面积的 5％～10％,最多不能超过 15％。

明确乡村集市是商品流通的三个渠道之一,但减少了到集市交易的品种。1961 年 1 月 15 日,中共中央在《关于目前农产品收购工作中几个政策问题的规定》中提出:国家对粮食、棉花、食油的统购统销政策,对其他重要农产品通过合同进行派购的政策,必须坚持。留给农民的部分,或者自留地生产的部分,可以由农民自己处理。但其中出售属于第一类物资的,只能卖给国家商业部门。1961 年 6 月 19 日,中共中央发出的《关于改进商业工作的若干规定(试行草案)》指出:现阶段中国的商品流通应该有三条渠道,国营商业是全民所有制经济,是商业的领导力量;供销合作社商业是集体所有制经济,是国营商业的有力助手;乡村集市贸易是国营商业和供销合作社商业的必要补充。这些政策使乡村集市贸易逐渐恢复和发展起来。1961 年底,全国开放的集贸市场达 41400 多个,相当于人民公社化以前的 99％,这对解决农民的部分口粮和零用钱起了重要的作用。1962 年,邓子恢到福建、黑龙江、广西、湖南、河南等省、自治区调查以后,针对发现的问

---

① 蒋伯英:《邓子恢传》,上海人民出版社 1986 年版,第 351-352 页。

题,于5月24日在给中央和毛泽东写的报告中提出了关于集市贸易问题:"两年来的实践证明,在多种所有制同时并存的现阶段,集市贸易是不能关死的。现在有两种地区:两广的集市贸易比较灵活,小杂粮熟食业允许自由上市;另一些地区则控制较严,杂粮完全禁止上市。据我看前一种地区比较好,对农业生产起促进作用,对城市人民生活也比较方便。后一种地区则相反,实际上后一种地区粮食还是有私人买卖,只是不敢公开,而转入黑市交易,可见这是一种不能用人为办法加以改变的客观规律。"[1]1962年9月,中共八届十中全会通过《关于商业工作问题的决定》,再一次明确集市贸易是现阶段中国商品流通的三条渠道之一,认为"在农业经济还是集体所有制,在农村还保存着社员自留地和家庭副业的情况下,集市贸易是农民之间互通有无、调剂余缺的场所,是不以人们意志为转移的客观需要。如果认为,对于集市贸易,可以想开就开,想关就关,这是不对的。集市贸易是国营商业和合作社商业的必要补充。当然,集市贸易有它的两重性:一方面,它有促进农副业生产发展、活跃农村经济的积极作用,另一方面,又有冲击计划市场、滋长投机倒把的消极作用。针对着集市贸易这种两重性,我们的政策,就是要利用它的积极作用,限制它的消极作用"。但是,由于对乡村集市上市品种、交易价格和参与主体的限制,加上对所谓"投机倒把"的宽泛打击,乡村集市贸易实际上并未成为商品流通中真正的第三条渠道。

(四) 批判"三自一包"

在国民经济稍有好转后,又开始收缩自留地和农村集市贸易政策,并上升到政治斗争的层面。1963年5月,毛泽东在杭州主持召开了有部分中央政治局委员和大区书记参加的研究关于农村社会主义教育问题的会议,他在会上批评说,资产阶级右派和中农分子把希望寄托在自留地、自由市场、自负盈亏和包产到户这"三自一包"上面。1964年2月9日和29日,毛泽东在会见两个外国党领导人的谈话中,批评中央农村工作部有人主张"三自一包",目的是要解散社会主义农业集体经济,要搞垮社会主义制度。[2]

在"文化大革命"期间,在农业学大寨运动中,一些地区提出"多一分自留地就多一分私心"、"自留地种得好就是私心重"的批判口号,解决"三自

---

[1] 《邓子恢文集》,人民出版社1996年版,第598页。
[2] 中共中央党史研究室编:《中国共产党历史大事记》,人民出版社1989年版,第269页。

留"(自留地、自留时间、自留人)和"三争"(自留地和集体地争季节、肥料、劳力)的问题,大砍自留地,有些地区甚至取消社员的全部自留地,收归集体所有。这种做法侵害了社员的利益,给种植家庭生活用菜和经济作物造成了极大不便。一些地区采取命令手段,强行规定社员饲养家禽、家畜只数,甚至提出"鸡头不许超过人头"。还有的地区采取抄家办法,没收家庭副业财产,称之为"割资本主义尾巴","堵不住资本主义的路,就迈不开社会主义的步"。江苏省在1962年对农副产品有250种奖售,到1970年只剩下4种。① 据统计,1968年全国社员交售为主的鲜蛋收购量,由1966年的53.9万吨,下降到38.1万吨。乡村副业在农业总产值中的比重,由1966年的6.1%下降到1971年的2.7%。家庭副业的严重萎缩,不仅影响了社员的生活,而且使城市人民生活和出口贸易都受到严重影响。

在社会主义教育运动期间,以及特别是在"文化大革命"时期,给集市贸易扣上"资本主义自由市场"的罪名,对乡村集市贸易又予以限制和取消。农民到农贸市场出售自己生产的鸡蛋、蔬菜等,均被当作所谓"资本主义的自发倾向"加以批判,大批乡村集市贸易被勒令取消,自发进行交易者遭到批判和没收,从而切断了农民同商品、市场的直接经济联系,强化了自给半自给的封闭式的自然经济格局。按牌价计算,集市贸易农副产品成交额占农民出售农副产品总值的份额,由1962年的21.4%下降到1965年的13.5%,并继续下降到1976年的10.8%。与此相呼应,1975年1月辽宁省革委会在彰武县哈尔套公社召开现场会议,推行所谓"社会主义大集",以取代乡村集市贸易。"哈尔套经验"推广后,该省城乡集贸市场几乎全部被强行关闭。1976年5月9日《人民日报》发表《社会主义大集好》的文章,对全国城乡集市贸易产生了较大的负面影响。实际上,这个"哈尔套经验"是一个人为炮制的集体交换和发扬"共产主义风格"的虚假典型。具体做法是,公社采取强迫命令、弄虚作假等手段,强行向农民摊派农副产品交售任务,要求做到"上到九十九,下自刚会走,人人去赶集,个个不空手",社员凭交售的收据才能记工分。如果社员没有养猪和养鸡,只好到外地高价买来肉、蛋后再到大集按国家收购价交售;有些生产队派人用高价买来的肉、蛋、菜去赶集,然后再向社员摊派差价损失。此外,还强令城市有关单位到大集返销肉、蛋、菜,人为地制造虚假的经济繁荣景象。

---

① 参见《全国计划会议简报》,1972年1月26日。

二、农民对包产到户的探索

长期单家独户经营的农民,在建立起清一色的高度集中统一的农村集体经济组织后,针对农村集体经济组织统一经营、集体劳动中投入与收益离散的问题,捕捉到了获得潜在利益的机会而自发地进行包产到户等制度创新。这种在集体经济组织内部实行包产到户的责任制,在改革前三次兴起,且范围一次比一次大。包产到户因为增产效果显著,不仅农民群众和基层干部拥护,还得到党和国家领导人刘少奇、邓小平、陈云、邓子恢等人的支持和赞成。但是,当时主流意识认为包产到户是"单干",三次包产到户都因被认为"成分不好"而被强制压下去。

(一)在高级农业生产合作社建立初期农民对包产到户的探索

在高级社的统一经营、集体劳动中,如何评价每个人所付出的劳动数量与质量,并在分配劳动成果时充分体现所付出的劳动数量与质量,一开始就成为一个突出的问题。有些地方农民因加入高级社而发生收入减少的现象,开始出现闹退社。对此,国家也做出了包括在高级社内分成若干作业组和定额管理等制度安排。1956年6月30日,第一届全国人大第三次会议通过的《高级农业生产合作社示范章程》规定,高级社应根据生产经营的范围、生产上的分工分业的需要和社员的情况,把社员分编成若干个田间生产队和副业生产小组或副业生产队,实行定额管理,并以劳动日作为报酬的计算单位。高级社下属的田间生产队,其人员规模与原初级社大体相同,但它不是独立的核算单位,也没有分配权。1957年2月,毛泽东在最高国务会议第十一次(扩大)会议上所做的《关于正确处理人民内部矛盾的问题》的讲话中,针对高级社中的一些问题,也提出了从分配上解决问题的思路,指出:"合作社正在经历一个逐步巩固的过程。它还存在着一些需要解决的矛盾。例如,在国家同合作社之间,在合作社内部,在合作社同合作社相互之间,都有一些矛盾需要解决。我们必须经常注意从生产问题和分配问题上处理上述矛盾。"①但是,在农业中实行定额管理,是一件极为繁杂的事情,因为农活的种类太多、差别太大,且同一类农活在不同的自然条件下所要付出的劳动量又大不相同,监督、检查也相当困难。因此,定额管理并以劳动日作为社员报酬的计量单位,实际上并不能解决社员与社员之间吃"大锅饭"的问题。农民认为,只有联系农作物的最终产量来计算劳动

---

① 《毛泽东文集》(第7卷),人民出版社1999年版,第221页。

者的报酬,才能准确地评价劳动者所付出的劳动。于是,就出现了包产到队、包产到组和包产到户。总之,农民感到,根据农业生产的特点,"包"的单位越小,评价劳动者付出劳动的准确性就越高,而包到了户之后,家庭内部的劳动成员之间就可以不必计较谁付出的劳动多少,因而生产管理的成本就最低,社员之间因计算报酬问题而发生纠纷和摩擦的可能性也最小。在这种理性认识下,农民做出了实行包产到户的选择。1956年秋开始,即高级社刚刚普及、尚未运转一个生产周期时,安徽、四川、江苏、浙江、河北、广东等一些地方的农村实行了包产到户。但是,针对不断发生的社员闹退社事件,1957年8月8日,中共中央发布《关于向全体农村人口进行一次大规模的社会主义教育的指示》,其中教育的第一个中心题目就是合作社的优越性。在农村开展社会主义教育,把闹退社和包产到户当作"走资本主义道路"加以批判。第一次包产到户就这样被迫终止,历时不足一年。

(二) 1959年夏季包产到户的再度兴起

1958年人民公社化初期,"共产风"盛行,盲目追求人民公社的规模和公有化程度,提倡共产主义式的"按需分配"方式,推行"兵营式"的生产和生活方式,实行"组织军事化、行动战斗化、生活集体化",加上农村劳动力大量抽调去搞大炼钢铁等各种大办,再次挫伤了广大农民的积极性,农村生产力受到了极大的破坏,农业生产大滑坡,部分地区乡村开始面临饥荒。从1959年5月开始,一部分地区开始自行改变人民公社初期那种"大呼隆"、"大锅饭"的经营管理办法,有的将"基本队有制"(生产大队所有制)改变为以生产小队为基本核算单位,或是名义上保留大队为基本核算单位,但实际上将分配权下放到了生产小队;有的扩大自留地,允许大搞家庭副业;有的则再次搞起了包产到户等。农民再次选择包产到户是迫不得已的维持生计的一种自救措施。1959年夏季的庐山会议和中共八届八中全会之后的"反右倾"斗争运动,把包产到户当作右倾典型,包产到户也就无立足之地了。

(三) 包产到户的第三次兴起

1959年开始的农业大波折,使许多农民生活陷入极端困苦,没有粮吃,靠"瓜菜代"也难以维持。在集体经济没有能力解决农民面临的饥饿、浮肿、非正常死亡之际,农民第三次悄然搞起了包产到户。

安徽省是第三次包产到户的发源地。安徽省责任田就是让社员以户为单位承包生产队的土地,并负责完成定产指标,实行超产全奖、减产全赔。具体做法是:①按田块定工定产。②按每户劳动力的数量和强弱,承包相应数量的田块。③定工以后,把工分(劳动日)分为两部分,一部分叫大农活,即抗旱、防涝、收割等需要集体干的农活,由三五个或六七个劳动力组成作业组承包;另一部分叫小农活,即田间管理等适宜分散干的农活,实行包工到户。④定产指标为常年产量。在正常年景下,超产或减产实行全奖、全赔,奖、赔量按大小农活占包工总数比例分摊。⑤土地仍归集体所有,生产队实行"五统一",即计划统一、包产部分分配统一、大农活和技术活统一、用水管水统一、抗灾统一。这实际上就是包产到户。只是因为在当时主流意识下,包产到户被视为"单干"和"资本主义自发势力",从上到下都忌讳,所以起名为"责任田"。

安徽省的责任田,是从恢复包产包工到组的集体责任制开始逐步演进的。1960年上半年,为了扭转农业生产大幅度下降的严重局面,中共安徽省委开始先后实施了按队核算、退赔平调财物、恢复家庭副业等措施,这对遏止"共产风"起到了一定作用,但是由于没有触及劳动报酬上的平均主义弊端,分配上吃"大锅饭"的现象依然存在,社员劳动积极性普遍较低,生产仍然上不去,生活仍然很困难。这就促使省委领导人和各级干部不得不考虑探索有效对策。于是,从1960年8月起,安徽省开始恢复包工包产到组的集体责任制。中共安徽省委第一书记曾希圣在调查中,一些农民向他提出:"你们最好把田包给我们种,我们保证种好。"1961年3月上旬,中共安徽省委决定扩大试行责任田,并根据讨论意见,起草了《关于包产到田、责任到人问题(草案)》,后来又两次修改,改为《关于推行包产到队、定产到田、责任到人办法的意见》。1961年3月20日,曾希圣给毛泽东写信,为安徽农民搞的"定产到田、责任到人"的办法进行解释和争取支持。他在信中说:我们并不是一成不变地采纳包产到户的办法,而是吸取它的好处,又规定办法防止它的坏处,所以特别强调了"五个统一"。并表示,绝大多数干部和社员都认为这个办法能够增产,今后是否会出现新的问题,需要在实践中继续摸索。到1961年8月中旬,安徽全省实行责任田的生产队达到74.8%,年底再增加到90.1%。

在安徽省推行责任田的同时或前后,其他一些省、自治区也不同程度地实行包产到户。湖南省在1961年春秋两季和1962年春耕生产中,先后三次实行包产到户,波及的生产队约有2.52万个,占全省生产队总数的5.5%。河南省在集体经济搞不上去的情况下,决定借少量土地给农民分散经营,以这种临时性权宜措施度过困难时期。全省借地加上自留地共占耕地的28.6%,期限定为五年,只顶口粮不计征购任务。农民说这个办法是"救命政策"、"拴人政策"（减少人口外流）。甘肃省临夏回族自治州为挽回夏收作物普遍受旱减产的损失，在深入调查研究和充分听取基层干部群众意见的基础上，提出在重灾区采取包工包产到户或大包干到户的办法，受到基层干部群众的普遍欢迎，当年秋收作物实行包工包产到户和大包干到户的生产队，占全州生产队总数的 72%。广西壮族自治区龙胜县有 20%～30% 的生产队，采用以分散经营为主、仍保留某些集体经济因素的形式，还有大约 10% 的生产队完全是"单干"。这些生产队按人口或按基本口粮分田，劳动力和肥料完全不统一调配、自种自收，各自完成征购任务。贵州、山东、河北、江苏等省也出现数量不等的分散经营现象。1961 年 9 月，中共中央农村工作部上报的《各地贯彻执行六十条的情况和问题》中反映：在一部分生产力破坏严重的地区，相当一部分干部和农民对于集体生产丧失信心，以致发展到"按劳分田"、"包产到户"、"分口粮田"等变相恢复单干的现象。在经营管理方面，发现了一些错误的做法，如"田间管理责任制"、"包产到户"，或者"部分产量包到户"，损害了集体生产。这表明，20 世纪 60 年代初实行包产到户的现象相当广泛。

1962 年 2 月，中共中央在北京举行的扩大工作会议结束后，留下安徽省的代表继续开会。会议内容之一是批评曾希圣推行责任田，没有把"五统一"全面搞起来。同年 3 月，经安徽省委常委会议通过，正式形成了《关于改正责任田办法的决议》。这一决议指出：安徽省绝大部分地区实行的责任田办法，与中央六十条和关于改变农村人民公社基本核算单位的指示精神是背道而驰的。因为这个办法是调动农民的个体积极性，引导农民走向单干，其结果必然削弱和瓦解集体经济，走资本主义道路。这个办法在方向上是错误的，是不符合广大农民根本利益的，必须坚决地把它改正过来。

中共安徽省委《关于改正责任田办法的决议》下达以后，围绕责任田的争论又激烈起来，参加争议的人员比以前更加广泛。在改正责任田的争论中，有些了解基层情况的干部、群众上书毛泽东和中共安徽省委，反对改正责任田。在中共安徽省太湖县委工作的钱让能，直接给毛泽东写了《关于保荐责任田办法的报告》。他写道：责任田是农民的一个创举，是适应当前生产力发展的必然趋势。有了它，当前农业生产就如鱼得水，锦上添花。责任田与初级社、高级社相比，在制度上更加合理、更加完善，是具体贯彻按劳分配一个新的发展和进步，是克服社员与社员之间平均主义最有效的措施。因为集体所有制下的农民，关键的问题在于如何使其关心个人利益,责任田正是完善地解决了这个问题。最简单易行且为农民所普遍乐意的,就是定产到田、责任到人。只有如此,农民才易于理解他们所做的每一件农活都是与自己利益发生直接关系,并且马上就能兑现。过去的办法主要就是靠评工记分,实际产量不到田、责任不到人,评工记分就不能真正搞好。① 1962年7月,中共安徽省宿县符离集区委会的全体人员也写信给毛泽东,用该区的大量事实材料,从理论和实践的结合上,驳斥了反对责任田的几种论调,说明责任田不是方向错误,没有复辟资本主义的危险。并且认为:责任田办法,在现阶段不仅不违背社会主义原则,而且简便易行,容易为广大农民群众所接受。它是与当前农业生产力水平、群众觉悟水平和干部管理水平相适应的。它可以发挥每个社员的生产积极性,又使每个社员的生活都有保障。实行以生产队为基本核算单位,克服了队与队之间的平均主义,调动了生产积极性,而推行责任田的办法,则比较彻底地克服了社员与社员之间的平均主义,可以充分调动社员的积极性。中共安徽省委也不断接到干部、群众的来信,陈述他们对责任田的看法。

邓子恢是当时积极主张推行农业生产责任制的代表人物。他根据到福建、黑龙江、广西、湖南、河南等省、自治区深入实际的调查,于1962年提出了"大活集体干,小活分开干","牲畜分户喂养,生下幼畜,三条腿归户,一条腿归集体"等集体经济的管理办法。他认为,农业生产责任制必须联系产量搞承包,不与产量结合是很难承包的。联产承包不仅使社员有了一定的生产自主权,而且直接取得了物质利益。当他看过宿县符离集区委会写给中共中央推荐责任田的信后,于1962年六七月派专人到符离集进行调查,写出了《关于实行包产到户责任田的调查报告》,认为对责任田不能一棍子打死,全盘否定,这是一个很值得研究的问题。中共中央书记处接到这个报告并开会讨论的时候,邓子恢直言指出,责任田这种生产责任制很好,没有改变所有制形式,可以普遍推广。不久,在北戴河召开的中共中央工作会议上,邓子恢又一次推荐了这个报告。然而,当时他的意见不但没有被理解,反而受到严厉的批评。

1962年9月召开的中共八届十中全会,号召全党全国人民"千万不要忘记阶级斗争",通过的《关于进一步巩固人民公社集体经济、发展农业生产的决定》中指出:"是单干力量大,还是集体经济的力量大;是单干能够使

---

① 《当代中国农业合作化》编辑室:《建国以来农业合作化史料汇编》,中共党史出版社1992年版,第720-722页。

农民摆脱贫困,还是集体经济能够使农民摆脱贫困;是单干能够适应社会主义工业化,还是农业的集体化能够适应社会主义工业化;这些问题是需要回答的。我国农业在实现集体化的过程中,曾经逐年增产,达到过历史上没有过的水平,而且对我国社会主义工业化的发展,给了巨大的援助。这就是事实的回答。"在这次会议上,包产到户被作为"复辟资本主义的单干风"而受到批判。中共中央农村工作部连同邓子恢的部长职务也一起被撤销。这次会议后,全国从上到下,加紧批判"单干风",加快了"改正"包产到户的步伐。安徽省分三片举办了有一万多人参加的"改正"责任田训练班,结业后以他们为骨干组成工作队,大张旗鼓地强迫"改正"责任田。在安徽省"改正"责任田的前后,其他省、自治区一些实行包产到户的社队,也被迫全部进行了"改正"。

　　从1956年到1962年,包产到户经历了三起三落。每次"起",都是农民群众自发的,而每次"落",则都是通过搞阶级斗争,将其强压下去。包产到户的三次兴起,反映出广大农民对于改革农业经营制度的愿望由来已久。包产到户虽三次遭遇取缔,但作为一种重要经营方式创新的尝试及其成果,在中国乡村发展史上却留下了不可磨灭的一页。它为以后中国乡村率先进行改革,普遍实行包干到户奠定了实践基础和思想基础。

三、城乡二元产业政策与乡村"五小"工业的反反复复

　　在高度集中的计划经济体制下,条块分割。在生产上,实行指令计划,层层下达生产计划指标,规定生产种类和数量,这不利于农业生产的合理布局和产业结构的优化;在流通上,实行农产品统派购,限制城乡集市贸易,严禁民间长途贩运,产品按品种由不同机构收购,按行政区划层层调拨,这样的流通体制不利于农产品向合理方向流动;价格被扭曲,不能及时反映供求变化,生产者不能根据市场需求组织生产,往往造成资源不能向合理的方向流动,表现出资源的短缺和浪费的双重性。在这种体制下,尽管在农业生产合作社时期倡导发展农村副业,在人民公社时期发展社队企业,农民也有着发展工业的积极性,但由于受工业化集中在城市、乡村主要发展农业的城乡二元产业政策的约束,乡村工业难以发展起来,即便是"五小"工业也经历了反反复复。

(一)乡村主要发展农业的产业政策

　　改革开放前,以毛泽东为代表的中央领导集体倡导发展乡村工业,将社队企业喻为"伟大的、光明灿烂的希望",并在人民公社建立初期大力推

进乡村工业的发展。尽管如此,在高度集中的计划经济体制下,由于把工业限制在城市发展,国家将资源配置到城市工业,乡村工业受多种政策约束而只能在夹缝中生存,并把乡村工业限定在以"五小"工业为主的范围。在这种城乡二元产业政策下,改革前乡村工业的发展几经反复,没有得到应有的发展。

在温饱问题没有得到解决的情况下,工业化的快速推进更是导致农产品供给短缺的矛盾日益突出,因而强调乡村的农产品供给功能,特别是粮食供给功能。在这种政策取向和农产品统派购制度下,地方政府和农业生产组织为完成粮食定购任务而不得不放弃其他作物生产,加上多种经营在相当一段时间被限制在一定范围,结果乡村劳动力和土地等资源向粮食生产倾斜,使乡村主要发展农业的格局依旧延续不变,而农业内部又形成了"三个为主"结构,即农业以种植业为主,种植业以粮食为主,粮食生产又以高产粮食作物为主,核心是追求粮食高产,以解决全国人民吃饭问题。更为严重的是,忽视农业的生态环境功能,大量围湖造田,毁林毁草造田,在陡坡种粮,导致生态环境的恶化,给农业及整个国民经济的发展带来严重的负面效应。农业资源、生产结构和劳动力资源三者的不合理配置,导致农业生产结构长期得不到改善,严重约束着农业和乡村经济的进一步发展。

(二) 乡村"五小"工业的反反复复

在1958年前,中国尚没有明确发展乡村工业的政策取向。当时,主要是基于乡村剩余劳动力的解决,提出了发展多种经营的政策取向。1955年毛泽东在《多余劳动力找到了出路》一文按语中写道:"根据这两个合作社的情况,按照现在的生产条件,就已经多余了差不多三分之一的劳动力。过去三个人做的工作,合作化以后,两个人做就行了,表示了社会主义的优越性。多余的三分之一甚至更多的劳动力向哪里找出路呢?主要地还是在农村。""他们可以组织起来,向一切可以发挥自己力量的地方和部门进军,向生产的深度和广度进军,替自己创造日益增多的福利事业。"[1]在《湘阴县解决了剩余劳动力的出路问题》一文按语中,毛泽东进一步指出:"这个县的情况也告诉我们,乡村中的剩余劳动力是能够在乡村中找到出路的。"[2]这就是发展乡村副业,为农业服务,为城市服务和为出口服务,但是

---

[1] 《毛泽东文集》(第6卷),人民出版社1999年版,第457页。
[2] 《建国以来毛泽东文稿》(第5册),中央文献出版社1991年版,第532页。

国家要有统一的计划。

1958年开始,中共中央正式提出了发展乡村工业的政策主张。1958年3月成都会议通过、4月5日中共中央政治局会议批准下发执行的《中共中央关于发展地方工业问题的意见》提出:"县以下办的工业主要应该面向农村,为本县的农业生产服务。为此,在干部中应该提倡,既要学会办社,又要学会办厂。现在各地县以下工业企业的形式,大体上可分为县营、乡营、合作社(农业社或手工业社)营,县、社或乡、社合营等三种。"这一文件还首次明确提出"社办工业"的生产经营范围,即"农业社办的小型工业,以自产自用为主,如农具的修理,农家肥料的加工制造,小量的农产品加工等"。

在人民公社化运动中,根据毛泽东关于人民公社包括工、农、商、学、兵的构想,办工业成为人民公社的重要产业政策。1958年12月10日,中共八届六中全会通过的《关于人民公社若干问题的决议》提出:"从现在开始,摆在我国人民面前的任务是:经过人民公社这种社会组织形式,根据党所提出的社会主义建设的总路线,高速度地发展社会生产力,促进国家工业化、公社工业化、农业机械化电气化,逐步地使社会主义的集体所有制过渡到社会主义的全民所有制,从而使我国的社会主义经济全面地实现全民所有制,逐步地把我国建成为一个具有高度发展的现代工业、现代农业和现代科学文化的伟大的社会主义国家。""人民公社必须大办工业。公社工业的发展不但将加快国家工业化的进程,而且将在农村中促进全民所有制的实现,缩小城市和乡村的差别。应当根据各个人民公社的不同条件,逐步把一个适当数量的劳动力从农业方面转移到工业方面,有计划地发展肥料、农药、农具和农业机械、建筑材料、农产品加工和综合利用、制糖、纺织、造纸以及采矿、冶金、电力等轻重工业生产。人民公社的工业生产,必须同农业生产密切结合,首先为发展农业和实现农业机械化、电气化服务,同时为满足社员日常生活需要服务,又要为国家的大工业和社会主义的市场服务。"经过不到一年的大办工业,1958年公社小工业企业达到70万个,产值达100多亿元。①

在"大跃进"和人民公社化运动导致的农业大滑坡和国民经济严重困难的情况下,把加强农业作为恢复农业生产和国民经济的首要措施。1960年8月10日,中共中央发出《关于全党动手,大办农业,大办粮食的指示》,

---

① 赵建国:《中国乡镇企业的实践·理论·发展》,档案出版社1988年版,第5页。

1960年11月3日,中共中央又发出《关于农村人民公社当前政策问题的紧急指示信》,都从加强农业生产第一线、保证农业生产第一线有足够的劳动力的角度,提出了包括压缩乡村工业的措施。到1962年5月27日,中共中央、国务院做出《关于进一步精减职工和减少城镇人口的决定》,明确提出了人民公社一般不办工业企业,指出:"农村社办工业企业有一百二十六万多人,摊子多,人数多,产值低,劳动生产率低,原材料浪费大,消耗商品粮不少,一般地应当停办,人员回到生产队。其中一部分可以根据当地条件,在生产队中或者仍在公社和大队中,从事季节性的手工业和加工工业,或者回到生产队中从事个体手工业和家庭副业。个别条件较好、确有必要保留的工业企业,整顿后成为独立核算单位,或者改为手工业合作社,归公社管理。今后,在调整阶段,农村人民公社一般地不办工业企业。"人民公社一般不办企业的政策,写入了1962年9月中共八届十中全会通过的《农村人民公社工作条例修正草案》,成为一项正式制度。

1966年开始,人民公社一般不办企业的政策在实践中有所突破。1966年,毛泽东在"五·七指示"中提出,"以农为主(包括林、牧、副、渔),也要兼学军事、政治、文化,在有条件的时候也要由集体办些小工厂",这从政策导向上给了乡村工业的发展留下了空间。但由于受"文化大革命"前期政治、经济动荡的影响,乡村工业无法发展起来。

直到20世纪70年代初期,推进农业机械化成为发展乡村工业的重要契机。1970年,全国北方地区农业会议提出,为了实现农业机械化,要求大办地方农机厂、农具厂以及与农业有关的其他企业,这给各地乡村围绕农业机械化发展工业提供了"红头文件"。江苏、浙江、广东等省率先行动起来,纷纷创办各种规模的农具、粮油加工、建材、编织、服装等社队工业。70年代中期,乡村工业再度得到政策上的支持。1974年12月18日,华国锋看到湖南省社队企业局的两个材料,写信指出:"社队企业有如烂漫的山花,到处开放,取得了可喜的成绩。"他要求加强党的领导,依靠群众,全面规划,"社队企业就会由无到有,由少到多,由低级到高级的不断向前发展"。①浙江省永康县人民银行干部周长庚受此鼓舞,1975年9月5日写信给毛泽东,建议改变1962年中央关于公社工作六十条中社队一般不办企业的规定,积极发展工业,为乡村剩余劳动力寻找出路。1975年9月27日,毛泽东将浙江省周长庚请求中央动员全党和全国各条战线支持社队企

---

① 马杰三主编:《当代中国的乡镇企业》,当代中国出版社1991年版,第55页。

业发展的信批给邓小平："请考虑,此三件可否印发在京中央同志。"邓小平将毛泽东的批示,以中共中央文件形式发至全国县级以上各级党组织,以示对社队企业的支持。1975年9月,全国第一次农业学大寨会议肯定了社队企业的发展使公社、大队两级经济强大起来,有效地帮助了穷队,促进了农业生产,支援了国家建设,加速了农业机械化的步伐,要求各地党委采取积极态度和有力措施,推动社队企业更快发展。这次会议第一次公开发表了毛泽东在1959年第二次郑州会议上赞扬社队企业的一句名言,即"我们伟大的、光明灿烂的希望也就在这里"。同年10月11日,《人民日报》发表了调查报告《伟大的、光明灿烂的希望》和评论文章,介绍了河南省巩县回郭镇公社发展社队企业的事迹,对社队工业予以明确的肯定和积极的支持,指出其发展方向主要是为农业和人民生活服务,有条件时也要为大工业、出口服务。要求各级领导采取积极措施,加以扶植。此后,社队工业得到了更快的发展。1965年至1976年期间,按不变价格计算,全国社办工业产值由5.3亿元增长到123.9亿元,在全国工业产值中的比重由0.4%上升到3.8%。到1976年底,全国社队企业发展到111.5万个,工业总产值243.5亿元,其中社办工业产值比1971年增长216.8%。江苏省乡村工业发展更好,1975年社队工业总产值达22.44亿元,比1970年的6.96亿元增长2.22倍,平均每年增长20%以上;同期社队工业在全省工业总产值中所占比重,由3.3%上升到9.3%。①

尽管在城市工业化战略下乡村工业被限定在"五小"工业的范围,发展社队工业还被指责为"搞资本主义"、"挖社会主义墙脚"、"钻国家计划的空子"、"投机倒把"等,但乡村工业这一草根工业有很强的生命力,因为它围绕农业办工业,办好工业为农业服务,为城市工业加工服务,同时就地取材,就地生产,就地销售,适应了当时乡村较低的生产力水平。社队工业的发展为农业机械化、农田水利事业的发展提供了有力的支持。正因为如此,即使在"文化大革命"的动乱中,许多城市工业纷纷"停产闹革命",多数社队工业仍能坚持发展生产,只是它没有自由的发展空间而已。

四、对农民抵触开展意识形态的教育

由于农业生产合作化、人民公社化、农产品统派购制度、城乡二元户籍管理制度等制度安排,是在当时农业剩余极其低下的历史条件下,从有利

---

① 莫远人主编:《江苏乡镇工业发展史》,南京工学院出版社1987年版,第140页。

于农业剩余向工业转移和农业向工业提供更多的农产品原料为出发点,而由国家做出的安排,它使农民利益受到损失,这种损失既有隐性损失,也有显性损失,因而遭到农民的抵触是必然的。农民在粮食统购统销实施初期家家喊叫缺粮甚至抢社里粮食,以及之后经常发生的隐瞒产量避免高征购、到集市交易被禁止交易的产品等,即是农民对这些政策抵触的表现。同时,农业生产合作社特别是人民公社虽以按劳分配为原则,但在实践中始终难以真正做到按劳分配,往往是在分配上发生严重的被称作"大锅饭"的平均主义问题,挫伤了农民的积极性,因而农民采取杀耕畜、闹退社、出工不出力、精心耕种自留地、实行包产到户等多种方式进行抵触。面对农民的抵触,国家在对政策进行微调的同时,还实施了一系列意识形态的教育运动,甚至还采用了阶级斗争的政治方式。正因为如此,1978年前,在乡村发动的"运动"多而频繁,还多次派工作队、宣传队到乡村指导农民开展各种运动。

在农业生产合作化初期,将农业生产合作化运动界定为农业社会主义改造,将初级农业生产合作社定性为半社会主义,将高级农业生产合作社定性为社会主义。在这种主流意识下,很多地方采用政治的方式,引导甚至采取"吓唬法"、"限制法"等,逼迫农民入社。例如,河北省安平县有的村庄在办社中,用"跟共产党走,还是跟老蒋(指蒋介石,笔者注)走"一类的大帽子压农民入社。浙江省吴兴县善连区召开全区斗争富农大会,宣传部部长在会上说:"走社会主义道路,就办社。不入社,跟他们一样。"有些地方的农民怕因不入社而重新被划为地主、富农等阶级成分,不好过日子,因此痛哭流涕哀求入社。当然,除了政治方式外,有的地方还用了不公平的经济方式,如在统购粮食时,对个体农民定产比农业生产合作社高,以引导个体农民入社。①

1955年7月,在农业生产合作社年度发展计划上,邓子恢主张翻半番(即由1955年春季的65万个发展到1956年的100万个),毛泽东主张翻一番(即由1955年春季的65万个发展到1956年的130万个)。邓子恢主张农业生产合作社的发展速度放慢一些,是从办社条件为基本出发点的,这也是基于当时已办的合作社存在不少问题而提出来的。但是,这种发展计划的快与慢之争,也是通过意识形态的斗争来解决的。同年7月11日,

---

① 吴植椽:《在第三次全国农村工作会议上的发言》,载《当代中国农业合作化》编辑室:《中国农业合作史资料》1986年第2期,第7页。

毛泽东对坚持翻半番的邓子恢说:"你的思想要用大炮轰。"7月31日至8月1日中共中央召开的省、市、自治区党委书记会议和10月4日至11日召开的中共七届六中全会扩大会议,就是"用大炮轰"的具体行动。毛泽东在省、市、自治区党委书记会议上做的《关于农业合作化问题》的报告,一开头就尖锐地批评说:"我们的某些同志却像一个小脚女人,东摇西摆地在那里走路,老是埋怨旁人说:走快了,走快了。过多的评头品足,不适当的埋怨,无穷的忧虑,数不尽的清规和戒律,以为这是指导农村中社会主义群众运动的正确方针。否,这是不正确的方针,这是错误的方针。"①不仅如此,还把这场争论的性质定为"两条路线的分歧"。毛泽东批评说:"他们老是站在资产阶级、富农或者具有资本主义自发倾向的富裕中农的立场上替较少的人打主意,而没有站在工人阶级的立场上替国家和全体人民打主意。"②在中共七届六中全会上,一边倒地不指名批评在农业生产合作化运动中的所谓"右倾保守思想"、"小脚女人"、"右倾机会主义"、"同资产阶级共呼吸的人"、"大批解散和坚决收缩的做法是反映了资产阶级、富农和富裕中农的立场"等。10月11日,毛泽东以《农业合作化的一场辩论和当前的阶级斗争》为题做会议总结,提出了要使"资本主义绝种"。在这一主流意识下,到1956年即基本实现了农业生产合作化,这比1953年提出的中国共产党在过渡时期的总路线规定的计划大大提前。

高级社取消了初级社的土地、耕畜入股分红的政策,实行按劳分配,但又没有找到实现按劳分配的有效办法,分配中的平均主义现象严重,农民的积极性受挫,发生了一些社员入社后收入下降而闹退社的事件,有的地方搞起了包产到户。为此,一方面加强合作社的管理,另一方面则加强教育。1957年8月8日,中共中央发布了《关于向全体农村人口进行一次大规模的社会主义教育的指示》,指出教育的中心题目是:第一,合作社的优越性问题;第二,粮食和其他农产品统购统销的问题;第三,工农关系问题;第四,肃反和遵守法制问题。并指出,对这些问题的辩论,实质上是关于社会主义和资本主义两条道路的辩论。据此,中国共产党各级党委自上而下地派遣工作组协助乡社的党组织,就合作社有没有优越性、粮食统购统销好不好等问题开展大鸣、大放、大辩论,对于一部分富裕中农说"合作社没有优越性"和闹退社等言行,视为有严重的资本主义思想或走资本主义道

---

① 《毛泽东文集》(第6卷),人民出版社1999年版,第418页。
② 《毛泽东文集》(第6卷),人民出版社1999年版,第433页。

路，一般采取思想批判与说理斗争的方法予以解决。在这次社会主义教育运动中，富裕中农成了主要的斗争对象。由于把批斗地主、富农结合在一起进行，各地出现了不同程度的对待富裕中农的过火行为。河北省清苑县打击230多人中，地富21人，伪顽固分子12人，贫农12人，其余都是富裕中农。陕西省有的县斗争了158人，79人被捆绑吊打。云南、广东省均有此现象，山东省则吓死、打死10多人。有的地方还出现了乱戴右派帽子的现象。通过这次大规模的社会主义教育，到1957年9月，各地农村闹退社的风潮基本平息下来。

为保障人民公社建立的顺利进行，中共中央政治局扩大会议在通过《中共中央关于在农村建立人民公社问题的决议》的同时，还通过了《中共中央关于今冬明春在农村中普遍展开社会主义和共产主义教育运动的指示》。

在"大跃进"和人民公社化运动中，以"共产风"为主的"五风"严重泛滥，严重挫伤了农民的积极性，致使农业发生大波折，农民对人民公社的优越性开始怀疑，一些地方再次搞起了包产到户。在这种情况下，在全国范围内，再次用整风整社的方式，开展社会主义教育运动。1960年5月15日，中共中央发出《关于在农村中开展"三反"运动的指示》，要求深入开展一场反贪污、反浪费、反官僚主义的运动，以达到"普遍提高干部的政治思想水平，改善他们的工作作风，进一步密切党和人民群众的联系；同时，对隐藏在我们队伍中的坏分子加以清理，以纯洁我们的组织"的目的。

到1962年，中共八届十中全会将农民群众为解决温饱问题而搞起来的包产到户等责任制定性为"单干风"加以批判。对包产到户的批判，引发了毛泽东重提阶级斗争。1963年5月2日，毛泽东在杭州主持召开了部分中央政治局委员和大区书记参加的小型会议，研究关于农村社会主义教育的文件。毛泽东在会上说，这次社会主义教育运动，是一次伟大的革命运动。资产阶级右派和中农分子把希望寄托在自留地、自由市场、自负盈亏和包产到户这"三自一包"上面。我们搞社会主义革命，在城市搞"五反"，在农村搞"四清"，就是挖资产阶级的社会基础，挖资本主义的根子，挖修正主义的根子。会议起草的《中共中央关于目前农村工作中若干问题的决定（草案）》（又称为《前十条》），于1963年5月20日经过中央政治局会议讨论通过后下发。经过几个月的试点，同年11月14日，《中共中央关于农村社会主义教育运动中一些具体政策的规定（草案）》（又称为《后十条》）印发实施。

从社会主义教育运动起,特别是在"文化大革命"时期,政府通过重塑的"大批修正主义、大批资本主义、大干社会主义"大寨经验,不仅采取对农民进行意识形态教育,还采取阶级斗争的方式,一方面批判"三自一包",另一方面宣传大寨实行大队核算和大寨工分评定办法,以推行"一大二公"的政策主张。《红旗》杂志1965年第11期发表的《让大寨精神遍地开花结果》一文,在谈及大寨的道路是怎样走过来时,指出:大寨在互助组、初级社、高级社、公社化的各个时期,从没有放松对资本主义势力的斗争。在1953年冬季的粮食统购统销的大辩论和1957年冬季农村两条道路的大辩论中,大寨善于抓住典型事例,发动群众,批判少数富裕中农的自发资本主义思想,打退了阶级敌人的进攻,坚持了社会主义方向。文章还认为:学大寨运动不仅是一次生产革命运动,实际上也是一次社会主义教育运动。只有在社会主义教育运动的基础上,才能又好又快地推广大寨的先进经验。[①] 1965年11月1日,《人民日报》社论《农业靠大寨精神》更进一步地把阶级斗争视为大寨精神的重要内容。社论指出:大寨精神就是毛泽东思想挂帅,坚持以阶级斗争为纲、彻底革命、不断革命的精神;就是依靠人民公社集体力量、穷干苦干巧干实干、吃大苦耐大劳的自力更生精神;就是党的鼓足干劲、力争上游、多快好省地建设社会主义总路线的精神。在"文化大革命"时期,大寨阶级斗争的范围已不再是搞不搞集体经济和统购统销的问题,而是更广泛的政治斗争。1968年8月26日,《人民日报》发表题为《狠抓阶级斗争,在社会主义道路上阔步前进——记大寨大队以毛泽东思想为武器坚持革命斗争的经历》的文章,宣扬大寨大队最基本的经验是以两个阶级、两条道路、两条路线斗争为纲,坚持不懈地同人斗。1970年11月9日,中共中央转发的《山东关于全省农村工作会议的报告》中强调说:"反对学大寨,就是走资派","学大寨,必须狠抓阶级斗争。大家以大量事实说明,不抓阶级斗争,学大寨是一句空话"。这一时期,大批干部和群众被当作"敌人",对他们进行残酷斗争和无情打击,甚至对社员群众日常生活中的一些小事也当作"资本主义同社会主义的两条道路斗争",进行"上纲上线"的批判。这样乱批乱斗的结果,使相当多的干部、群众遭到迫害。

第四节　城乡二元结构与乡村困境

对于工业化战略实施起至中共十一届三中全会前"三农"政策的评价,

---

① 陶鲁笳:《让大寨精神遍地开花结果》,《红旗》杂志1965年第11期。

无疑应当以乡村的发展,以及乡村发展的能力或发展的可持续性为依据。1953—1978 年间,中国乡村获得了较大的发展,特别是农业实现了较大发展,对于这些事实,毋庸置疑。全国粮食产量,由 1952 年的 16392 万吨增加到 1978 年的 30477 万吨。更为重要的是,农业的发展还为国家工业化战略的实施提供了剩余和所需农产品的供给,即农业的发展为国家工业化做出了巨大的贡献。然而,从全局的视角,即把乡村发展纳入整个经济社会的发展中考察,还可以得出这样一些判断:一是工农业发展失衡,二是就业结构转换滞后于产业结构转换,三是农业的发展缺乏稳定性而发生两次大波折,四是"三农"问题仍然严峻。

一、工农业发展失衡

农业养育工业政策的实施,实现了农业剩余大量向工业的转移,快速推进了工业化的发展,初步建立起相对独立的工业体系。到 1978 年,中国工业增加值比 1952 年增长了 15.9 倍;工业总产值占工农业总产值的比重,由 1949 年的 30% 上升到 1978 年的 75%。

工业化的发展为农业的发展提供了大量的农业机械、电力、化肥和农药,但由于农业剩余大量被转移至工业,削弱了农业自我积累和自我发展的能力,加之人民公社制度挫伤了广大农民的积极性,以及乡村富余劳动力向非农产业转移受到制度约束,这些都影响了农业现代化的进程,也使得农业技术的进步(主要是绿色革命的兴起)、农业基础设施的大幅度改善(主要是大规模地开展大江大河的治理和群众性的农田水利建设、发展农业机械化等)的效能未充分发挥出来,进而导致工农业发展失衡。1953—1978 年工农业增加值增长速度比为 5.5∶1,这一增长速度比远高于国际工业化初中期工农业增长速度 2.5~3∶1 的比例。

农业现代化严重滞后于工业化,反过来又成为水桶理论中约束工业化的短边因素。一方面,工业化快速的推进和人口的快速增长(全国人口由 1952 年底的 57482 万人增加至 1978 年底的 96259 万人,增长 67.46%),形成对农产品需求的快速增加。但是,由于农业现代化严重滞后,尽管农产品产量快速增长,农产品的供给仍严重不足,对城乡居民实行严格的凭票供应局面愈演愈烈,这反映出工业化的快速推进和人口的快速增长缺乏农业提供大量农产品供给的保障。以粮食为例,在高度集中的计划经济体制下,尽管农业资源向粮食生产倾斜,强调"以粮为纲",国内粮食产量也有一定增加,但仍需要进口,缺口呈增加之势。20 世纪 50 年代,中国是粮食净出口国,1960年开始转变为净进口国,1960—1978年共净进口粮食5877万吨,年均净进口309万吨。到1978年,中国农产品短缺形势依旧十分严峻,人均农产品产量粮食为318.74公斤、棉花为2.27公斤、油料为5.46公斤、糖料为24.91公斤、水果为6.87公斤、猪牛羊肉为8.96公斤、水产品为4.87公斤,城乡居民每人每天摄入的热量为2311大卡(在温饱线之下),全国居民的温饱问题没有得到很好解决。另一方面,由于农业发展的滞后和农民收入增长缓慢,还导致乡村市场对工业品需求的不足,也约束着工业化的进一步发展。在这种经济运行格局中,城市新增加的劳动力不能充分就业,政府不得已而动员大批知识青年到乡村就业,呈现出逆城市化态势。这些都严重约束着工业化和城镇化的发展,不利于整个国民经济的发展。据当年世界银行统计表明,1978年中国的人均GDP仅230美元①,在列入统计的126个国家与地区中排第104位。

二、就业结构转换滞后于产业结构转换

工业化、城市化是农业劳动力向非农产业转移和乡村人口的城市化过程。西蒙·库兹涅茨把工业化过程阐释为"产品的来源和资源的去处从农业活动转向非农业生产活动"。然而,中国在工业化进程中,城市在集聚和生长现代生产力,但城乡二元户籍管理和就业制度,以及人民公社和农产品统派购制度,抑制了农业富余劳动力向工业和城市的转移,广大农民贡献了大量廉价农副产品,却在工业化进程中得不到相应的就业机会。不仅如此,还号召城市知识青年到乡村就业,实施城市人口向乡村倒流的逆城市化政策。这与刘易斯提出的劳动力无限供给条件下的二元经济发展模型不同。在工业化先行国,产业结构转换和劳动力向工业转移基本上是同步的。例如,农业劳动力份额的下降和农业产值份额的下降速度之比,英国在1801—1961年间为1∶1.1,美国在1839—1965年间为1∶1.6,加拿大在1870—1965年间为1∶1.4。中国农业占工农业总产值的比重,由1949年的70%下降到1978年的25%;而农业劳动力由1952年的17317万人增加到1978年的29426万人,增长69.9%,农业人口占总人口的比例由1952年的85.6%变为1978年的84.2%,即20多年内几乎没有变化。在经济结构的重心已转移到城市、转移到工业的情况下,仍然保持如此之众的农业人口,这在世界工业化进程中绝无仅有。这种产业结构转换与就

---

① 根据2008年10月27日国家统计局公布的报告,1978年中国人均国民收入为190美元。

业结构转换不同步的非典型增长,把大量人口留在乡村,把大量劳动力留在农业,这种内卷化致使农业劳动生产率难以提高,以致农业现代化进程缓慢、农民增收难、乡村社会事业发展滞后,解决"三农"问题的难度也就日益增大。

三、农业的两次大波折

在赶超战略下,国民经济向工业偏斜运行,不利于农业的发展。在这种产业政策背景下,1959—1978年中国农业发生了两次大波折,其中有七年农业总产值还呈负增长。农业的两次大波折,既是当时"三农"政策的结果,也是农业发展中的重大事件,它不仅仅反映出农业发展能力没有充分发挥出来的问题,更是反映出资源过度向工业倾斜配置而导致农业发展能力弱的问题,其教训必须吸取。

(一)农业的第一次大波折

1959—1961年中国农业发生了大波折,农业总产值绝对值呈负增长(见图2-1),1961年比1958年下降26%,跌至1952年水平之下;农业产出大幅度下降,使农产品供应严重短缺。1960年与1957年相比,全国平均每人占有粮食由306公斤下降为215公斤,减少29.7%;棉花由2.6公斤下降为1.6公斤,减少38.5%;油料由6.6公斤下降为2.7公斤,减少56.1%;生猪由0.11头下降为0.07头,减少36.4%。全国出现农产品全面紧缺的状况,城乡居民生活陷入极端困难的境地,不得已食用玉米根粉、小麦根粉、橡子面粉、叶蛋白、人造肉精、小球藻等代食品(当时通称为"瓜菜代"),以度过饥荒。因食品缺乏,营养不良,大量发生浮肿病,也造成非

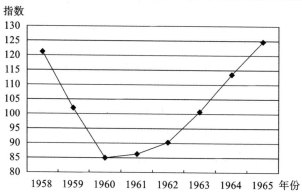

图2-1 1958—1965年农业增加值指数(1952年为100)

正常死亡。1960、1961年连续两年发生全国人口负增长,1960年减少1000万人,1961年又减少348万人,两年减少1348万人。这是新中国成立60年间仅有的两个人口负增长年。根据国内外学者的推算,这次饥荒导致的非正常死亡人数,较低者为1700万人,较高者为3000多万人。[①] 农业的大波折,不能适应工业化的进一步增长,整个国民经济也陷入困难境地,因而1959—1961年也被习惯称为"三年困难时期"。

    这次农业大波折的原因是多方面的,但其根本原因是高度集中的计划经济体制所致。人民公社化运动初期刮"共产风"、浮夸风、命令风、干部特殊风和对生产的瞎指挥风而严重挫伤农民积极性是重要原因。同时,在高度集中的计划经济体制下,在"总路线"、"大跃进"和人民公社"三面红旗"指引下,执行赶超战略,用政治运动的办法搞经济建设,工农业发展严重失衡,造成了极其严重的后果。"大跃进"运动中的"浮夸风"导致1958年农业丰收信号放大,这使得中央得出农业已经过关的判断,导致了把工作重心从农业转到工业和对农产品实行高征购等错误决策。1958年在北戴河举行的中共中央政治局扩大会议上,中共中央要求各省、自治区党委把重心从农业转到工业方面,并正式决定和公布1958年钢的产量要比1957年翻一番,即要达到1070万吨。为了完成这一任务,资源的配置过度向工业倾斜,最突出的变化有三项。一是组织大量乡村劳动力加入全民大办钢铁的群众运动。由各级党委第一书记挂帅动员了约9000万人上山,找矿炼铁,砍树挖煤,建起上百万个小土高炉、小土焦炉,大搞土法炼铁炼钢。同时提出"以钢为纲,全面跃进"的口号,以钢铁为中心,兴起了电力、交通、水利、文教等各行各业的"全民大办"。二是在大炼钢铁中,砍了大量树木,造

---

① 美国人口学家科尔教授于1984年出版的《从1952年到1982年中国人口的急剧变化》一书,估算1958年至1963年中国超线性死亡(非正常死亡)人口约为2700万(2680万)。西安交通大学人口研究所所长蒋正华教授(后任第九、十届全国人大常委会副委员长)于《中国人口动态参数的校正》(《西安交通大学学报》1986年第3期)、《中国人口动态估计的方法与结果》(载《中国人口年鉴(1987)》)等专论和有关著作中,估算中国1958年到1963年非正常死亡人口约为1700万人(1697万)。国家统计局原局长李成瑞在《"大跃进"引起的人口变动》(《中共党史研究》1997年第2期)中,针对科尔和蒋正华的估算进行了评价,指出:"根据以上几个方面的比较,笔者认为,科尔教授在80年代初对新中国建立以来包括'大跃进'人口后果的研究,是开拓性、具有重要价值的;蒋正华教授在后来的研究中所使用以历年生命表为中心、通过参数估计模型进行细致计算的方式,科学性更高一些。当然,更加深入的研究还有待于今后的努力。"李成瑞在该文中还分析指出:"笔者在研究中发现科尔计算的个别重要数字间存在着难以理解的矛盾,在针对这一矛盾对个别数字作技术修订后,认为按科尔的线性公式计算,超线性死亡人口应约为2200万(2158万)。"上海交通大学历史系曹树基教授在《1959—1961年中国的人口死亡及其成因》(《中国人口科学》2005年第1期)中发布的计算结果是,1959—1961年中国的非正常死亡人口多达3250万。

成生态破坏,不仅危及当时,更危及长远。三是对农产品实行高征购。1958年10月,中共中央、国务院发出了《关于突击完成农产品收购调运任务的紧急指示》,要求各地抓紧粮食收购调运工作,在全国掀起了一场高征购运动。严重征"过头粮"现象延及1959年和1960年。1958年至1960年的三年期间,全国总计生产粮食51350万吨,其中国家净征购12018.5万吨,乡村自留粮39331.5万吨,农业人口每年人均自留粮仅246公斤,比"一五"计划时期的285.2公斤减少39.2公斤,即减少13.7%。尤其严重的是1959年,全国粮食总产量17000万吨,国家净征购4756.5万吨,占28%,乡村自留粮12243.5万吨,即农业人口人均自留粮仅有228.3公斤,比"一五"计划时期减少56.9公斤,即减少20%。① 如果将"一五"计划时期农业人口每年人均留粮285.2公斤视为保障农民所需口粮、饲料粮和种子三项用粮的最低限度,则三年"大跃进"期间,征购"过头粮"6271.9万吨,平均每年征购"过头粮"2090.6万吨,其中最严重的1959年征"过头粮"3052.1万吨。这种"大跃进"式地将乡村资源向工业集中,不仅大大超过了农业的承受能力,而且严重挫伤了广大农民的积极性,进而也导致了农业生产的大波折。

  面对农业的大波折及工农业发展的严重失衡,从1961年开始按照"调整、巩固、充实、提高"的八字方针对国民经济进行调整,主要采取了三方面的措施。一是强调农业是国民经济的基础,按照农轻重的次序安排经济发展计划,调整资源过度向工业倾斜的格局,主要包括压缩基本建设规模,降低工业发展速度,把工业企业数量减少了一半;增加对农业的投资,把国家基本建设投资总额的17.7%用于农林水利气象系统,同时增加化肥等物资投入;将2000万职工和城市人口转到乡村生产第一线,减少粮食征购,减轻农业负担。二是调整政策,包括调整人民公社体制,明确实行"三级所有,队为基础"体制,以生产队为基本核算单位,解决生产大队与生产大队、生产队与生产队之间的平均主义问题;允许社员经营少量的自留地和小规模的家庭副业,有领导有计划地恢复集市,活跃乡村经济。三是推进技术改造,矮秆抗病水稻、小麦品种和粮棉油高产栽培技术投入使用。这些政策和措施使农业生产得到迅速恢复。1965年全国农业总产值比1962年增长37.2%,年平均增长11.1%,主要农产品总产量和人均占有量大体上恢

---

  ① 根据农业部计划司《中国农村经济统计大全(1949—1986)》第410页、第12页的统计数据计算得出。

复到1957年的水平,但人均粮食占有量比1957年还少34公斤。这是新中国历史上农业受挫后出现的首次高速恢复性增长。

(二)农业的第二次大波折

20世纪六七十年代,"绿色革命"的兴起使农业的快速发展成为可能。然而,1966—1978年中国农业发展缓慢,全国农业增加值年平均仅增长2%,比"绿色革命"兴起前的1953—1958年年平均增长3.2%的速度还低1.2个百分点。不仅如此,还发生了大波折,其显著特征是农业增加值的波折迭起,1968年、1972年、1976年、1977年还呈负增长(见图2-2)。这12年间,尽管粮食总产量由原来近2亿吨增加到3亿多吨,增长56.67%,但是由于人口增长过快,人均粮食占有量在300公斤上下徘徊,其他农产品人均占有量仍停留在1957年的水平上。究其原因,主要有三个方面。一是政治经济社会秩序的动荡。"三五"计划原定基本任务之一是大力发展农业,基本解决人民吃穿用问题。由于政治经济社会秩序的动荡,在政治上大搞阶级斗争,强调"无产阶级专政下继续革命和无产阶级的全面专政"。在动荡的政治社会环境中,"三五"计划没有得到贯彻执行,加上宣传"宁要社会主义的草,不要资本主义的苗",经济秩序遭遇破坏,农业生产秩序严重被扰乱。二是仍实施工业偏斜政策,尤其是在"全面备战"下,搞三线建设和"两弹一星",这增强了国防实力,同时也削弱了农业的积累和发展能力。三是在体制上,继续坚持人民公社体制,农业学大寨运动还搞基本核算单位由生产队向生产大队过渡和推行以大寨"自报公议工分"为主的劳动管理和分配办法,长期关闭自由市场,收回社员的自留地,抑制家庭副业,割所谓"资本主义尾巴",严重挫伤了广大农民的主动性和积极性。

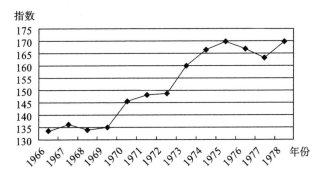

图2-2 1966—1978年农业增加值指数(1952年为100)

四、乡村困境

在高度集中的计划经济体制下,受工农产业发展上向工业偏斜、城乡发展上向城市偏斜的政策,以及与之配套的城市与乡村分治、农民与市民分隔、农业与非农产业分离等制度安排的综合作用,城乡被分割成为两个相对封闭而又失衡的经济社会系统:在产业体系上,实行乡村单一发展农业、城市发展工业的城乡二元产业政策,把农业产业链中的产供销、贸工农也分割开来;在要素配置上,实行计划配置,特别是实行城乡隔离的二元就业政策和二元户籍管理制度,人为地阻隔生产要素在城乡之间的自由流动;在国民收入分配上,实行城乡二元政策。这些都导致工业与农业、城市与乡村的非均衡发展。中国形成的城乡二元经济社会结构,并非是政府所明确的政策目标,而是一系列服从和服务于国家工业化发展战略的政策及制度安排的结果。

在城乡二元政策及制度下,城乡二元经济社会结构得以形成、固化和强化,"三农"的发展由此也陷入困境。到20世纪70年代后期,城乡基础设施和社会事业发展差距较大,农民的温饱问题也没有得到解决。1978年,全国乡村人口每人平均消费粮食199公斤、食用植物油1.1公斤,分别比1957年的205公斤和1.9公斤还减少了2.9%和42.1%。更为严重的是,1978年全国乡村尚有2.5亿人(占农业人口总数的30%以上)没有解决温饱问题。农民人均纯收入增长十分缓慢,1978年仅有133.6元,比1957年的74元只增加59.6元,平均每年每人增加不足3元,还有近1/4的生产队年人均分配在40元以下。

"三农"问题的严峻,不仅危及国民经济的发展,还危及社会的稳定,成为重大的政治问题。1978年12月10日,陈云在中央工作会议东北组发言时分析指出:"建国快三十年了,现在还有讨饭的,怎么行呢?要放松一头,不能让农民喘不过气来。如果老是不解决这个问题,恐怕农民就会造反,支部书记会带队进城要饭。"可见,乡村已到了非改革不可的境地。

第三章

向工业化中期迈进时期的乡村发展

本章围绕中共十一届三中全会起至十六大前乡村发展目标与实现路径的选择,就中国共产党促进乡村发展的探索进行回顾和讨论,主要回答三个方面的问题:一是中国在初步建立起相对独立的工业体系后,中国共产党在乡村发展目标、资源在工农两部门配置政策取向上做了哪些调整;二是在探索市场化改革进程中,围绕乡村发展目标的实现,探索出哪些实现路径,做出了哪些具体的政策调整或安排;三是从结构转换的视角,分析乡村发展取得了哪些进展。

中共十一届三中全会开始,中国乡村发展进入新的历史阶段。20世纪70年代末至世纪之交,中国基于仍处于工业化初期的经济社会发展阶段,继续实行农业养育工业政策,但国家尽可能多地增加财政对乡村的投入。同时,在改革开放的宏观政策背景下,并基于相对独立的工业体系初步建立起来的经济发展水平,对乡村发展目标及其实现路径进行了重大调整。在政策目标上,把农民增收提升至与农业增产、产业发展同一层次的政策目标。在乡村发展目标实现路径上,以市场化为取向,在改革中实行家庭承包经营制度和促进农业产业化经营发展、逐步减少农产品统派购品种直至取消统派购制度和放开农产品市场、发展多种经营和乡镇企业、允许农民进城务工经商和推进小城镇建设、对政社合一的人民公社实行政社分开和村民自治等赋权与放活政策,形成了新的乡村发展政策体系。这一时期,乡村改革取得的巨大成效,超出人们的预期,乡村改革的艰难和复杂程度,也是未经历转型时期者难以设想的。

第一节　乡村发展目标调整

中共十一届三中全会是中国乡村发展的转折点。从思想和政策方面分析，做出这一判断的依据主要有：第一，从乡村发展的宏观政治经济环境分析，这次全会果断停止使用"以阶级斗争为纲"的口号，确立了解放思想、实事求是的思想路线，确立了改革开放的重大政策取向，把全党的工作重点转移到现代化建设上来。这些都使冰封的思想开始解冻，不仅为乡村改革创造了良好的政治环境，还给改革提供了强大的思想武器。第二，从乡村政策本身分析，这次全会原则通过了《中共中央关于加快农业发展若干问题的决定（草案）》，对农业现代化建设进行了全面部署，对农业养育工业政策做出了重大调整，扭转了国民收入分配中不断强化对乡村"少予"的政策取向，启动了乡村改革。

一、农业现代化建设的全面部署

中共十一届三中全会拉开了乡村改革的序幕，从此中国农业现代化建设也进入新的历史时期。

农业现代化的命题，中国共产党早在新中国成立之前即已提出，但当时还只是一个预期性的、内涵尚不具体的概念。1954年9月，周恩来在第一届全国人民代表大会第一次会议上所做的政府工作报告中，正式提出了包括农业现代化在内的"四化"建设任务。新中国的成立为农业现代化建设构建起全新的社会制度，并不懈地推进农业现代化建设，尽管如此，从已有文献分析，当时尚未对农业现代化建设进行全面部署。

中共十一届三中全会基于"农业这个国民经济的基础，这些年受了严重的破坏，目前就整体来说还十分薄弱"的判断，提出"全党目前必须集中主要精力把农业尽快搞上去"，并原则通过了《中共中央关于加快农业发展若干问题的决定（草案）》，明确加快农业发展的政策措施。

这次全会的一个重要贡献，就是在决定把全党工作重心转移到现代化建设上来的同时，还在原则通过的《中共中央关于加快农业发展若干问题的决定（草案）》中，从农业科学技术，农业的机械化、水利化、化学化、电气化，农业的合理布局和区域化、专业化，商品粮、经济作物、畜牧业、渔业和林业基地建设，现代工业和交通运输的武装，建设现代化的农畜产品加工工业，有计划地发展小城镇建设和加强城市对农村的支援等方面，对农业现代化建设进行了全面部署。根据中共十一届三中全会的部署,20世纪70年代末至80年代初期,国家科委、国家农委、中国科学院、农业部、林业部、农垦部和国家水产总局相继建立16个农业现代化综合科学实验基地。同时,学术界对中国农业现代化问题也开展了空前活跃的讨论。到1982年,中共十二大提出了全面开创社会主义现代化建设的新局面的宏伟目标,这为农业现代化建设提出了更高的要求。1983年中央一号文件进一步明确了中国特色社会主义农业发展道路和目标,即:"实现农业发展目标,必须注意严格控制人口增长,合理利用自然资源,保持良好的生态环境。要在这样的前提下,改革农业经济结构,利用有限的耕地,实行集约经营,并把大量的剩余劳动力,转到多种经营的广阔天地中去;改革经济管理体制,发挥经济活力,开创商品生产日益发达的生动局面;继续实行对农业的技术改造,改善农业生产条件,加强农业科学技术和教育工作,使农业有一个比较先进的物质、技术基础。概括地说,就是要按照我国的国情,逐步实现农业的经济结构改革、体制改革和技术改革,走出一条具有中国特色的社会主义的农业发展道路。"

二、乡村发展目标的调整

中共十一届三中全会开始,在工业体系初步建立起来的前提下,对乡村发展目标进行了重大调整,突出变化是由农业为工业化提供剩余和农产品原料向乡村产业发展和农民增收转变。

在农业发展目标方面,仍然强调农产品数量的增长,但与改革前不同的是,在强调粮食增产的同时,明确了积极开展多种经营的重大方针。中共十一届三中全会强调全面发展,提出:"坚决地、完整地执行农林牧副渔并举和'以粮为纲,全面发展,因地制宜,适当集中'的方针。"1981年3月30日,中共中央、国务院在转发国家农委《关于积极发展农村多种经营的报告》的通知中明确提出:"决不放松粮食生产,积极开展多种经营,这就是我们的方针。""多种经营,综合发展,应当作为我国繁荣农村经济的一项战略措施。"在这一政策取向下,1979—2001年粮食生产稳步增产,其他农产品快速增产。

在乡村发展目标方面,仍以产业发展为主,所不同的是,由原来主要发展农业的产业政策,转变为一二三产业全面发展的产业政策。

在农民发展目标方面,最突出的变化是强调农民增收,改变了改革前农民增收是比农业增产、向工业提供原料和积累低一个层次的目标,将农民增收提升至与农业增产、产业发展同一个层次的目标。农民收入提高是乡村经济发展及至整个国民经济发展的结果,其水平是衡量一个国家现代化进程的重要指标之一,它既反映了农民生活水平的高低,更反映了乡村发展的实际能力。乡村发展目标的这一重大调整,是基于中国初步建立起相对独立的工业体系而乡村发展问题仍较严峻的背景做出的。

改革开放以来,中共中央、国务院对农民增收重要性的认识日益深化。早在中共十一届四中全会通过的《中共中央关于加快农业发展若干问题的决定》中,就把加快农业发展、减轻农民负担、增加农民收入、实现农业的现代化并列为"三农"发展目标,指出:"为了迅速改变目前我国农业的落后状况,我们必须着重在最近两三年内采取一系列的政策措施,加快农业发展,减轻农民负担,增加农民收入,并且在这个基础上逐步实现农业的现代化。"到2001年,则把增加农民收入作为基本目标,并将其放在整个国民经济的突出位置。《中共中央国务院关于做好2001年农业和农村工作的意见》就农民收入与农产品供给、农业发展等五个方面的关系做了深刻阐述,指出:"农民收入问题不仅关系农村的改革、发展和稳定,而且关系国民经济和社会发展的全局。农产品供给能力的提高如果不能给农民带来实惠,来之不易的供求平衡局面就会发生逆转;农民购买力不提高,扩大内需的方针就达不到预期的效果;农民生活不改善,影响农村社会稳定的因素就会增加;农民的投入和积累能力不强,我国农业就难以适应日趋激烈的国际市场竞争;农业和农村经济不能稳定发展,国民经济的好形势就难以保持。必须高度重视农业和农村工作,把千方百计增加农民收入作为做好新阶段农业和农村工作、推进农业和农村经济结构调整的基本目标,并放在整个国民经济的突出位置。"

1978—2001年,邓小平、江泽民、胡锦涛对于农民增收的重要性做了精辟论述,成为指导乡村工作和制定乡村政策的重要指导思想。

邓小平主张把经济政策制定的着眼点放在增加农民收入上。邓小平明确指出:"农业的发展一靠政策,二靠科学。"①靠政策,靠的是富民政策。只有富民政策,才能把农民的积极性调动起来,进而使农业和农村经济充满生机和活力。1978年12月,邓小平指出:"在经济政策上,我认为要允许一部分地区、一部分企业、一部分工人农民,由于辛勤努力成绩大而收入先

---

① 《邓小平文选》(第3卷),人民出版社1993年版,第17页。

多一些,生活先好起来。"①邓小平在考虑农业政策时,把能否增加农民收入作为产业政策的重要内容。1975年,邓小平指出:"工人有点菜吃,有点肉吃,农民也可以增加一些收入,这对于改善工农关系也有好处。""发展养猪,既可以使农民增加经济收入,又可以增加肥料,增产粮食。"②邓小平主张实行价格改革,缩小工农业产品价格"剪刀差"。1988年,邓小平指出:"过去,物价都由国家规定。例如粮食,还有各种副食品,收购价格长期定得很低,这些年提高了几次,还是比较低,而城市销售价格又不能高了,购销价格倒挂,由国家补贴。这种违反价值规律的做法……使农民生产积极性调动不起来"。③

江泽民指出,增加农民收入是一个带全局性的问题。1998年9月25日,江泽民在安徽考察工作时指出:"增加农民收入是一个带有全局性的问题,不仅直接关系到农村实现小康,还直接关系到开拓农村市场、扩大国内需求、带动工业和整个国民经济增长,从长远看还可能影响农产品的供给。现在,农民收入增长缓慢的问题越来越突出,必须引起高度重视。要引导农民根据市场需求调整和优化产业结构,发展高产优质高效农业,发展贸工农一体化的农业产业化经营,提高农业综合效益。"④

胡锦涛指出,要把增加农民收入作为新阶段农业和农村工作的中心任务。2000年12月3日,胡锦涛在全国农村"三个代表"重要思想学习教育工作会议上指出:"如果农民增产不增收,甚至增产还减收的现象继续发展下去,就会极大地伤害广大农民的生产积极性,甚至会使来之不易的农产品供求平衡的局面发生逆转。如果出现这种情况,国民经济发展的全局就会受到严重影响。因此,必须把积极推进农业和农村经济结构的战略性调整,提高农业、农村经济的素质和效益,千方百计增加农民收入,作为新阶段农业和农村工作的中心任务。"

1978—2001年,为了实现农民增收的目标,中共中央、国务院制定了一系列政策措施。到2001年,农民人均纯收入达到2366.4元,按可比价格计算,比1978年增长四倍,年均增长7.3%。

---

① 《邓小平文选》(第2卷),人民出版社1994年版,第152页。
② 《邓小平文选》(第2卷),人民出版社1994年版,第27页。
③ 《邓小平文选》(第3卷),人民出版社1993年版,第262页。
④ 《江泽民文选》(第2卷),人民出版社2006年版,第216页。

三、农业养育工业政策的重大调整

中共十一届三中全会从国民收入分配层面对工农关系进行了重大调整,扭转了较长时期内不断固化和强化对乡村实施"少予"政策的取向。这次全会在调整工农关系方面采取的一系列重大措施中,比较重要的有:

第一,调整国民收入初次分配政策,大幅度调整工农业产品比价。规定:"粮食统购价格从1979年夏粮上市起提高20%,超购部分在这个基础上再加价50%。棉花、油料、糖料、畜产品、水产品、林产品等的收购价格,也要分别情况,逐步做相应的提高。农业机械、化肥、农药、农用塑料等农用工业品,在降低成本的基础上降低出厂价格和销售价格,在1979年至1980年降低10%~15%,把降低成本的好处基本上给农民。农产品收购价格提高以后,粮食销价一律不动;群众生活必需的其他农产品的销价,也要坚决保持稳定;某些必须提价的,要给予消费者以适当补贴。今后还要根据国民经济的发展情况和等价交换的原则,对工农业产品的比价,继续进行必要的调整。

第二,调整国民收入二次分配政策,增加国家财政对农业的投入。规定:今后三五年内,国家对农业的投资在整个基本建设投资中所占的比重,要逐步提高到18%左右;农业事业费和支援社队支出在国家总支出中所占的比重,要逐步提高到8%左右。地方财政收入应主要用于农业和农用工业。

第三,减少农产品征购基数,多进口粮棉等农产品,让农民休养生息。规定:在今后一个较长的时间内,全国粮食征购指标继续稳定在1971年到1975年"一定五年"的基础上,并且从1979年起减少统购50亿斤,以利于减轻农民负担,发展生产。水稻地区口粮在400斤以下、杂粮地区口粮在300斤以下的,一律免购。绝对不许购"过头粮"。

在20世纪80年代初,这些政策中,增加国家财政对乡村的投入政策没有得到落实,但提高农产品收购价格和减少农产品征购基数的政策得到了很好的落实。1984年全国农产品收购价格总水平比1978年提高53.6%,与同期农村工业品零售价格总水平上升7.8%相比,高出了45.8个百分点。有学者研究测算:1979—1984年农业增长中,提高农产品收购价格的贡献份额为15.98%。① 同时,在改革中实施家庭承包经营制度、逐步减少农产品统派购品种和放开农产品市场、发展多种经营、允许农民进城务工经商、大力发展乡镇企业等赋权与放活政策,解放和发展了生产力,促进农业实现了高速发展,工农业增加值增长速度比由1953—1978年的5.5∶1改善为1979—1984年的1.1∶1;农民人均纯收入高速增长,由1978年的133.6元增加到1984年的355.3元(按可比价格计算,年均增长15.6%),城镇居民可支配收入与农村居民人均纯收入之比,由1978年的2.57∶1缩小到1984年的1.84∶1。

中共十一届三中全会尽管没有从根本上改变农业养育工业的政策取向,但对国民收入分配政策的重大调整,无疑在较大程度上改善了国家与农民的利益关系。

(一) 增加和改善对乡村的"予"

随着经济的发展和国家财政实力的增强,中国从多方面进行探索,逐步增加和改善对乡村的"予"。

第一,开辟支持农业的新的财政来源。为改变20世纪80年代中后期农业发展后劲不足而徘徊的局面,国家开征了耕地占用税,并以此为主要来源建立了农业发展基金,实施大规模的农业综合开发。"九五"时期,国家财政相继设立了水利建设基金和粮食、棉花等主要农产品风险基金。为应对1997年亚洲金融危机,扩大内需,从1998年起国家开始实施积极的财政政策,发行特别建设国债,支持包括重要水利工程设施建设在内的农业基础设施建设。直到2005年,国家才相机调整并顺利实现了财政政策由积极向稳健转变。

第二,逐步增加财政用于农业支出。"六五"时期,农业财政支出总量比"五五"时期略有减少。其原因是,在20世纪80年代初将高度集中的统收统支的财政体制改为财政包干体制,并将农业基本建设和小型农田水利补助费包干给地方的财政制度下,受工业项目财政增收效果明显而农业项目主要是社会效益的影响,况且农业产业化经营又尚未发展起来,往往是农业大省(县)、财政穷省(县),因而地方政府重视工业发展而忽视农业,使得农业基本建设支出和支援农村生产支出减少。从"七五"时期开始,国家财政用于农业基础设施投资、支援乡村生产支出、农林水气等部门事业费、

---

① 林毅夫:《制度、技术与中国农业发展》,上海三联书店、上海人民出版社1994年版,第9页。

财政扶贫支出快速增加。到"九五"时期,国家财政农业支出4938.88亿元,比"五五"时期的693.41亿元增长6.12倍。

第三,初步改善财政支农结构。从适应市场经济发展要求和向公共财政原则靠近出发,强化了对乡村基础设施建设、农业科技进步、农业抗灾救灾、扶贫开发、生态建设和乡村改革特别是税费改革的支持。尽管财政支农结构初步改善,但财政支农方式不合理的格局依旧。到"九五"期间,中国农业补贴主要包括开荒补助费、草场改良保护补助费、造林补助费、林木病虫害防治补助费、退耕还林还草粮食补贴等与保护环境有关的补贴、贷款贴息补贴,以及农业生产资料补贴和粮棉等农产品生产流通补贴。农业补贴主要集中在农产品流通环节,包括国家储备糖利息补贴、国家粮油差价补贴、粮食风险基金、国家储备粮油利息费用补贴、粮食财务挂账消耗款、出口粮食亏损补贴、棉花发展补贴款、国家储备棉花利息费用补贴、棉花差价补贴和销售棉花定额补贴等13个补贴项目。1998年起,每年用于粮棉油糖流通的补贴在500亿~700亿元之间,约占财政支农支出的30%。发达国家对农业一直实行高补贴,只是由于多边贸易谈判的要求和国内因素的影响,才逐渐从以价格补贴为主转向以收入补贴为主,从与生产挂钩的收入补贴转向不挂钩的收入补贴。在发达国家农民收入中,政府的补贴一般要占到1/3。据经济合作与发展组织(OECD)最新测算,中国的生产者支持估计(PSE),2000—2003年平均为6%,比OECD国家的平均值31%低25个百分点,更远低于日本和韩国(分别是58%和64%)。①

20世纪70年代末到世纪之交,尽管中国开始加强对农业的支持与保护,加大对乡村"予"的数量,但国家财政资金除1978—1984年是向乡村净流入外(流入量逐年减少),1985年以后财政资金是从乡村净流出的,且流出数量逐年增加并呈加速趋势。1978—2001年,农业各税和乡镇企业税金由54亿元增加到2789.7亿元。其中,农业各税由28亿元增加到481.7亿元,乡镇企业税金由26亿元增加到2308亿元。国家通过财政手段,从乡村拿走的多,给予乡村的少,到2001年乡村资金通过财政渠道净流出达1078亿元。按照WTO协议计算口径,把支持贫困地区发展的财政支出、粮棉油糖价格补贴计算在内,1996—2000年,中国农业支持总量分别是1083亿元、1267亿元、1826亿元、1709亿元和2200亿元,分别占当年农业

---

① 经济合作与发展组织:《中国农业政策回顾与评价》,中国经济出版社2005年版,第103-104页。

总产值的4.9%、5.3%、7.4%、7%和8.8%。按照相同口径,发达国家的支持水平为30%～50%,巴基斯坦、泰国、印度、巴西等发展中国家为10%～20%。在WTO规则允许的12种"绿箱"政策措施中,中国仅使用了政府的一般服务支出、食物安全储备、国内食物援助、自然灾害救助、生态环境保护和地区发展援助等6种。同时,农业财政投入稳定增长的机制未建立起来。1993年7月2日第八届全国人民代表大会常务委员会第二次会议通过的《中华人民共和国农业法》规定:"国家逐步提高农业投入的总体水平。国家财政每年对农业总投入的增长幅度应当高于国家财政经常性收入的增长幅度。"但是,这一规定在实践中没有得到很好执行。1998年起,财政支农资金的主要来源是国债资金,国债资金占年度中央预算内农业基建投资的70%以上,正常的年度预算内农业基建投资不足30%。然而,中国是不可能长期靠发行国债资金为农业筹集资金的。简言之,这一时期尽管财政用于乡村支出有所增加,但还没有形成稳定的增长机制。

(二)对乡村"取"的渠道多元化

改革前,在农业养育工业政策下,农民不仅向工业贡献工农业产品价格"剪刀差",还承担较重的税费负担,只是因为这些税费由集体经济组织统一支付而使农民负担问题隐性化。

实施家庭承包经营制度后,集体经济组织的统一经营和统一分配则改变为家庭分散经营和按照"交够国家的,留足集体的,剩下全是自己的"方式进行分配,针对"三农"的各种税费则由农民家庭直接承担,农民负担问题也就显现化。

在税费改革前,农民不仅要承担各种农业税收负担,还要承担各种名目繁多的"费",如"三提五统"(公积金、公益金、管理费等三项村提留和教育附加、计划生育费、民兵训练费、民政优抚费、民办交通费等五项乡镇统筹)、"两工"(劳动积累工和义务工)和各种行政事业性收费、政府基金或集资。

针对农民负担重的严峻局面,中央高度重视解决农民负担问题,做了多方面的努力,采取了一系列政策措施。1985年10月31日,中共中央、国务院发出《关于制止向农民乱派款、乱收费的通知》。1990年,国务院发出《关于切实减轻农民负担的通知》。1991年,国务院颁布《农民承担费用和劳务管理条例》,将此项工作纳入法制管理的轨道。1992年7月,国务院办公厅发出《关于进一步做好农民承担费用和劳务监督管理工作的通知》,做出了坚决贯彻落实《农民承担费用和劳务管理条例》的工作安排。1993年

3月和7月,中共中央办公厅、国务院办公厅先后发布《关于切实减轻农民负担的紧急通知》和《关于涉及农民负担项目审核处理意见的通知》,取消了中央和国家机关的37项集资、收费、基金项目和43项达标升级活动,并纠正了10种错误收费方法。1995年8月,中央又提出"约法三章",即:坚决把不合理的负担项目压下来,停止一切不符合规定和不切合实际的集资、摊派项目;暂停审批一切新的收费项目,禁止一切需要农民出钱、出物、出工的达标升级活动;已明令取消的项目,任何地方和部门都无权恢复,国务院规定的提留统筹费不超过上年农民人均纯收入5%的比例限额不得突破。1996年12月,中共中央、国务院做出《关于切实做好减轻农民负担工作的决定》,进一步完善了减轻农民负担的政策规定。

中共十五大以来,中共中央、国务院在减轻农民负担问题上采取了新的举措。1998年中共十五届三中全会通过的《中共中央关于农业和农村工作若干重大问题的决定》,把切实减轻农民负担问题提高到"这是保护农村生产力,保持农村稳定的大事"的高度,将"坚持多予少取,让农民得到更多的实惠"作为农民负担政策的方针,并对农民负担的具体政策进行了改进,规定:"合理负担坚持定项限额,保持相对稳定,一定三年不变。"这改变了此前农民负担以上年农民纯收入为基数、一年一定的办法,对于农民负担加重的矛盾起到了减缓作用。

这些不懈的努力,取得了一定的成效。例如,"三提五统"占农民人均纯收入的比重,从1993年开始没有突破1991年《农民承担费用和劳务管理条例》关于不能超过5%的规定,1990—2000年平均仅为4.45%(见表3-1)①。

表3-1 1990—2000年农民承担"三提五统"负担情况

年份	村提留/(元/人)	乡统筹/(元/人)	"三提五统"总额/(元/人)	"三提五统"占农民纯收入的比重/(%)
1990	216	117	333	5.8
1991	231	133	364	6.0
1992	219	154	373	5.6
1993	232	148	380	4.8

① 赵阳:《从"农民负担"走向"公共财政"——从财税视角对改革30年国家与农民关系的分析》,载农业部农村经济研究中心编:《中国农村改革:过去与未来》,中国农业出版社2008年版,第190-191页。

续表

年份	村提留 /(元/人)	乡统筹 /(元/人)	"三提五统"总额 /(元/人)	"三提五统"占农民 纯收入的比重/(%)
1994	287	174	461	4.4
1995	330	218	548	4.0
1996	377	234	611	3.7
1997	414	289	703	3.9
1998	430	300	730	3.9
1999	388	282	670	3.5
2000	352	268	620	3.4
平均	316	211	527	4.5

资料来源:根据《中国统计年鉴》和《中国农业年鉴》有关数据整理。

尽管如此,加重农民负担的机制和动力并没有消除,农民负担重的问题没有从根本上得到解决。就负担水平而言,农民说的"头税轻,二税重,三税是个无底洞"则是对实际情况的反映。据统计,1998年农民缴纳的各项农业税收总额为300亿元左右,农民直接缴纳的"三提五统"和其他各种费用900亿元左右,相当于农民缴纳各项农业税的3倍。农民税费负担重不仅是影响农村稳定的重要因素,而且也是影响中国农产品价格竞争力的因素。

改革开放以来,除了税费负担外,在工业化和城镇化进程中,还形成了向"三农""取"的新渠道。① 一是低价向农民征地。土地出让仅属于政府预算外收入,1993年的分税制改革后中央把土地出让金全部划归地方政府,被称为地方政府的"第二财政",这也成为地方政府低价征地的较强动力。这一时期,由于经营性用地也由政府先征用,然后再进入一级市场,政府向农民征地的价格与土地进入一级市场的价格之间有较大的差额。受利益驱动,许多城镇为筹集建设资金,大肆圈地,片面追求城区规模的扩张。一些地方政府还提出"吃饭靠财政,发展靠土地"和"以地聚财,要经营土地、经营城市"等。二是农民工与城市职工同工不同酬的工资差。中共中央党校第40期省部级进修班一份课题报告反映,国有企业对农民工不是实行

---

① 万宝瑞:《关于建设社会主义新农村的思考》,在合作经济学会论坛上的发言稿,2006年4月22日。

按劳分配而是按身份分配的情况比较普遍,进而导致同工不同酬的现象十分严重。一个极端的例子是,同样是一个电梯工,正式职工每月高的可拿3000元,农民工低的只有600元。据有关单位调查,农民工月平均工资与同类城镇职工月平均工资比较,2004年相差500～800元。三是乡村资金通过金融存贷大部分流向城市。2007年底,农业贷款余额仅占金融机构贷款余额的5.9%,乡镇企业贷款余额仅占金融机构贷款余额的2.7%,均低于其在国民经济中的份额。

第二节 以赋权与放活为内核的乡村发展路径探索

中共十一届三中全会起至十六大前的乡村改革是围绕解决影响乡村发展的体制机制问题而展开的。简而言之,1978年前中国的乡村问题依然严峻的症结,就在于实施工业化战略进程中,形成了一整套以有利于农业剩余向工业转移和农业向工业提供原料为目标、以城乡二元制度为特征的高度集中的计划经济管理体制。1978—2001年,随着实践的发展和认识的深化,面对高度集中的计划经济管理体制的问题,以市场化为取向,渐进式推进以赋权与放活为内核的改革,大体经历了三个阶段:一是1978—1984年改革启动阶段,主要是确立并实施家庭承包经营制度,废除人民公社体制,放活农产品流通,由此形成了农民家庭经济和乡镇企业两个充满生机和活力的市场主体。二是1985—1991年市场化改革探索阶段,主要是取消农产品统派购制度和调整乡村产业结构。三是1992年开始的全面向市场经济转型阶段,主要是建立适应社会主义市场经济发展要求的新体制。在改革进程中,以市场调节为主替代以计划调节为主,以经济手段为主替代以行政命令为主,同时农业政策工具也相应发生变化,逐步探索出家庭承包经营、放活农产品流通、农业产业化经营以及乡村工业化、城镇化等促进乡村发展的新路径。

一、实施家庭承包经营制度,重塑农户经济

在政社合一、统一经营、集中劳动、统一分配的人民公社难以调动农民积极性之际,中国农民自己选择了家庭承包经营。实施家庭承包经营制度这一改革,是投石问路之举,是改革的突破口,是20世纪80年代初期乡村改革的核心内容。这一制度的实施,又联动引发了乡村财产、收入分配、农民购置大中型农机具、雇工、个体经营、私人经济、城乡就业、基层政权组

织、农民负担、土地承包权流转、农民专业合作经济组织、农业产业化经营等一系列制度变迁。

(一) 实行家庭承包经营的改革首获成功是历史的必然

改革初期,在中央正式文件中,将包产到户、包干到户等统称为家庭联产承包责任制。包产到户、包干到户,两个概念一字之差,内涵却有重大区别。包产到户是将集体农地、水面等承包到农户经营,承包地、水面上的产出物全部交集体,根据产量计工分,最后由集体按工分分配。包干到户也是将集体农地、水面等承包到农户经营,但承包地、水面上的产出物的分配政策是"交够国家的,留足集体的,剩下全是自己的",利益直接,权责利关系明晰,方法简单。广大农民群众又称包干到户为大包干,简单明了,通俗易懂。在包产到户和包干到户中,农民更愿意选择包干到户。到1983年末,全国实行家庭联产承包责任制的生产队占生产队总数的99.5%,其中实行包干到户的占生产队总数的97.8%。中共十五届三中全会将包干到户的家庭联产承包责任制正名为家庭承包经营,更加符合实际。

家庭承包经营制度的确立,经历了群众首创、实践先行、政策紧跟、理论突破的过程,有农民群众首创的勇气,众多实际工作者和理论工作者也为之努力探讨。包产到户、包干到户于1978年冬季再次由农民兴起,时隔不久,《人民日报》即于1979年3月15日在头版头条发表《"三级所有,队为基础"应当稳定》的来信和编者按,要求坚决纠正分田到组、包产到组的错误做法,这给刚起步的改革投下了一颗重磅炸弹,并引发了全国性的大争论,包产到户、包干到户再次成为方向之争、道路之争的焦点。实行家庭承包经营制度的改革在整个经济体制改革中率先突破,首获成功,并非易事,经历了相当尖锐的斗争,因为改革前一直把包产到户视为分田单干和"走资本主义道路",而对其进行批判和予以取缔。实行家庭承包经营制度的改革之所以能够在中共十一届三中全会后获得成功,是农民寻求解决生存之计、国家寻求解决农业这一国民经济进一步发展的瓶颈约束、意识形态的转变和实行家庭承包经营的易操作性,特别是家庭承包经营制度显著的增产增收绩效等多种因素综合作用的结果,是历史的必然。

在农民层面,自我寻找解决温饱问题之计是实行家庭承包经营制度改革的原动力。在高度集中的计划经济体制下,农民不像工人那样,就业、住房、医疗、子女教育等从未被政府包下来过,城乡差别较大,是最穷困的阶层,他们渴望改变贫穷面貌,率先进行改革不是历史的偶然。农民除在政治上可能会遭批斗或被打成"地富反坏右"外,在经济上不担心改革会使他们失去什么,失去的只有束缚,一旦松绑,积极性和创造性可以充分发挥出来,所以在改革前即多次兴起包产到户等改革。包产到户增产增收效果铭记在农民心底,农民对"包"字十分熟悉而又情有独钟,加之操作简便而易于实施,在为改变落后面貌特别是为解决温饱而思变之际,这一制度呼之即出。安徽省凤阳县的小岗人实行包干到户,走在改革前列,这一故事发人深省。据"中国农村社会结构研究"课题组调查:安徽省凤阳县小岗队改革前社员年人均收入不到30元,户户外流过,都要过饭,生产、生活主要靠政府救济。1978年秋种之前,全队18户(另有2户仍在江西要饭)、110人分成两个作业组,麦子刚长齐,两个作业组都闹起来。生产队的干部只好把作业组再分小,先是分成四个组,后来又分成八个组,除两个组是邻居外,其余都是"父子组"、"兄弟组",即便如此,父子、兄弟之间在一起干活还是要"捣",八个作业组都出现了难以解决的矛盾。在这种困境下,社员对队干部说:"在我们队想要有碗饭吃,只有一家一户干,就怕政府不准许,你们当干部的敢不敢?"在当时历史条件下,农民选择家庭承包经营制度,是冒着被打成"地富反坏右"甚至更为严峻的风险。1978年11月24日晚,小岗人聚集在一起做出了一个决定——悄悄搞包干到户,18户农民还为此立下生死契约。① 小岗队实行"包干到户"的第二天,天还没亮,小岗人就到了田头,开始了新的劳动,可见积极性空前高涨。

在国家层面,农业基础薄弱成为国民经济进一步发展的瓶颈约束因素,解决这一困境成为国家探索农村改革的原动力。在中共十一届三中全会前夕,邓小平深刻地指出:"如果现在再不实行改革,我们的现代化事业和社会主义事业就会被葬送。"②拉开改革开放序幕的中共十一届三中全会之所以把农业作为重要问题进行讨论并做出专项决定,就是因为工农业发展严重失衡,农产品供给严重短缺,并成为改革开放前国民经济中最突出的结构性矛盾。中央对农业基础地位薄弱和由此成为国民经济发展的制约因素有强烈的危机感。正是基于这一压力,中共十一届三中全会原则通过了《中共中央关于加快农业发展若干问题的决定(草案)》,提出了加快农业发展的25条政策措施。

---

① 这天晚上,小岗村各家的户主在村西的严立华家召开秘密会议。20户人家除有2户仍在江西要饭,有18户到场。会上社员们一致通过了分田到户的决定,如若成功,择时向党如实汇报,如遇其他变故,全部责任由干部们承担。干部们要是为此坐牢,各家要轮流送牢饭,若被杀头,各家也要负责将其子女抚养到18岁。

② 《邓小平文选》(第2卷),人民出版社1994年版,第150页。

在意识形态层面,"解放思想,实事求是"思想路线的确立和工作重心转移到现代化建设上,为乡村改革创造了宽松的环境。长时期内,由于在社会主义农业公有制及其实现形式上发生了认识偏差,公有制实现形式单一化、绝对化,认为集体经济组织只能实行清一色的高度集中的统一经营,在实践中不断追求集体经济组织的公与大,连续推进由初级社到高级社、小的农业生产合作社合并成较大的农业生产合作社、人民公社的组织变迁,在因"大跃进"和人民公社化运动而导致农业大减产之际,1962年退到了被认为是不能再退的底线即以生产队为基本核算单位。基于这种理论认识,包产到户等责任制虽有极其显著的增产增收效果,但当时仅以此为理由不仅不足以让其合法化,反而视之为分田单干,把它作为"复辟资本主义"的行动而予以批判。每当高度集中统一经营的集体经济组织内部发生如退社、包产到户等现象时,政府则进行整风整社和搞阶级斗争,对农民进行思想教化,使不能搞包干到户的认识深深地植入人们心底。例如,当包产到户、包干到户在安徽滁县地区兴起之时,在相邻交界地带刷出了"反对复辟倒退"、"抵制安徽的单干风"等标语。再如,在推行家庭承包经营制度时,有的基层干部认为这是倒退,说:"辛辛苦苦30年,一夜回到解放前。"1978年,全国开展起"实践是检验真理的唯一标准"的大讨论,而邓小平在中共中央工作会议上所做的题为《解放思想,实事求是,团结一致向前看》的讲话中,重申了"不抓辫子,不扣帽子,不打棍子"的"三不主义"[①],恢复了"解放思想,实事求是"的思想路线,这使改革有了一个可以探讨的环境,各级干部群众的思想开始活跃起来,勇于探索。中共十一届三中全会果断停止使用"以阶级斗争为纲"这个口号,决定把工作重心转移到现代化建设上来,把全国人民的注意力引导到发展生产力上。正因为如此,改革以来没有因"以阶级斗争为纲"而采取轰轰烈烈的群众运动方式对包产到户、包干到户进行批判。这些都有利于包产到户、包干到户在实践和政策上的突破。尽管如此,在长期个人迷信盛行、"左"倾错误泛滥的中国,旧框框仍严重地束缚着人们的思想,要真正做到解放思想、实事求是是相当艰难的,包产到户、包干到户就是在艰难复杂的政治社会环境中,经历了相当激烈的斗争才得到肯定并在全国普遍推行的。

在实践操作层面,在高度集中的计划经济体制中,农业经济被控制的程度低于工业,易于突破。改革前,国家虽然对农业实行指令性种养计划,

---

① 《邓小平文选》(第2卷),人民出版社1994年版,第144页。

但最终考核指标都落实到农产品的收购数量上,亦即对农业经济的计划控制的核心是要求农业向工业和城市提供足额的农产品,以满足实施工业化战略和城市居民生活需要。相对城里的国有企业而言,即使是"文化大革命"期间,一般地区农民还有些小自由,仍可以种少量的自留地,可以从事有限的家庭种养业生产,一些社队还有有限的自行安排生产的余地,如众所周知的苏南地区的社队企业就是因此在这一时期逐步发展起来的。

在政策层面,在邓小平理论指导下,明确了家庭承包经营的社会主义性质,并将其肯定为农业改革和发展的第一次飞跃。改革没有现存的模式可以参照,可以说是"摸着石头过河"。"摸着石头过河",就是摸着历史的脉搏,到实践中去摸广大农民群众的意愿,实际上就是实事求是。包产到户、包干到户能在尖锐的斗争中取胜,其关键在于有了邓小平的以生产力标准衡量改革是非的理论。邓小平生产力标准的思想,在20世纪60年代初支持包产到户的讲话中就已经显现出来。1962年,邓小平指出:"生产关系究竟以什么形式为最好,恐怕要采取这样一种态度,就是哪种形式在哪个地方能够比较容易比较快地恢复和发展农业生产,就采取哪种形式;群众愿意采取哪种形式,就应该采取哪种形式,不合法的使它合法起来。"①这里,邓小平指出要使那些能恢复和发展农业生产的生产关系合法起来,就很明确地谈到了生产力标准问题。围绕发展生产力问题,邓小平在1975年的整顿期间和粉碎"四人帮"之后,多次谈到在生产管理中建立严格的责任制问题。在中共十一届三中全会前夕的中央工作会议上,邓小平指出:"当前要特别注意加强责任制。""要通过加强责任制,通过赏罚严明,在各条战线上形成你追我赶、争当先进、奋发向上的风气。"②中共十一届三中全会肯定了"包工到作业组,联系产量计算劳动报酬"的责任制,这是历史性的进步,但包产到户仍是禁区而不允许实行,这既是由于认识的局限性,也是旧的思想框框没能突破,因为当时中央主要领导人还在布置以学昔阳为榜样,掀起学习大寨经验的高潮,向大队核算过渡。在这种背景下,谁如果胆敢公开主张或实行、支持包产到户,就会被扣上两顶政治帽子:一顶是原有的,叫"违反宪法",因为"三级所有,队为基础"的人民公社制度载入了宪法;一顶是新帽子,叫"违反中央规定"。当时任中共安徽省委第一书记的万里多次向邓小平汇报包产到户、包干到户,邓小平给予了支持。时至

---

① 《邓小平文选》(第1卷),人民出版社1994年版,第323页。
② 《邓小平文选》(第2卷),人民出版社1994年版,第151-152页。

第三章　向工业化中期迈进时期的乡村发展

1980年5月,邓小平在同中央负责工作人员谈话时,赞扬了安徽农村实行的包产到户、包干到户,指出:"安徽肥西县绝大多数生产队搞了包产到户,增产幅度很大。'凤阳花鼓'中唱的那个凤阳县,绝大多数生产队搞了大包干,也是一年翻身,改变面貌。有的同志担心,这样搞会不会影响集体经济。我看这种担心是不必要的。我们总的方向是发展集体经济。实行包产到户的地方,经济的主体现在还是生产队。这些地方将来会怎样呢?可以肯定,只要生产发展了,农村的社会分工和商品经济发展了,低水平的集体化就会发展到高水平的集体化,集体经济不巩固的也会巩固起来。关键是发展生产力,要在这方面为集体化的进一步发展创造条件。"[①]邓小平还指出在集体化的组织形式方面思想不够解放。根据邓小平谈话的精神,中央要求国家农业委员会立即组织调查,为秋后形成中央文件做准备。同年9月14日至22日,中央召开了各省、市、自治区党委第一书记座谈会,讨论加强和完善农业生产责任制问题。同月27日,中共中央转发了《关于进一步加强和完善农业生产责任制的几个问题》的会议纪要,指出:"当前,在一部分省区,在干部和群众中,对于可否实行包产到户(包括包干到户)的问题,引起了广泛的争论。为了有利于工作,有利于生产,从政策上做出相应的规定是必要的。"还规定:"在那些边远山区和贫困落后的地区,长期'吃粮靠返销,生产靠贷款,生活靠救济'的生产队,群众对集体丧失信心,因而要求包产到户的,应当支持群众的要求,可以包产到户,也可以包干到户,并在一个较长的时间内保持稳定。"这个文件深受广大农民群众欢迎。由于当时对贫困地区没有做出统一的界定,而包产到户、包干到户成为大势所趋,农民群众在改革实践中,突破了包产到户、包干到户只在"三靠"地区推行的范围,在各地呈现出加速发展和不可阻挡之势。在邓小平理论的指导下,解放思想,实事求是,以生产力标准衡量是非曲折,终于在1982年中央一号文件中,第一次明确了包产到户、包干到户的社会主义性质,给这场大辩论画上了句号。1983年中央一号文件指出,联产承包制是马克思主义农业合作化理论在中国实践中的新发展,明确包产到户、包干到户是集体经济的一个经营层次,终于使包产到户、包干到户名正言顺,走出了包产到户、包干到户是单干和"走资本主义道路"的理论误区。

实行家庭承包经营制度的改革能够首获成功,根本在于这一制度创新切中了人民公社政社合一和单一统一经营的弊端,制度绩效极其显著。

[①]　《邓小平文选》(第2卷),人民出版社1994年版,第315页。

第一,实行家庭承包经营,将高度集中、统一经营改为以农户家庭承包经营为基础、统分结合的双层经营,从实践上把土地所有权与承包经营权分离开来,使广大农民获得了土地承包权和生产经营自主权,能较好发挥农户和集体的积极性和创造性。

第二,在中国传统伦理道德规范作用下,家庭承包经营中成员内部监督成本极低,几乎可以计为零,可以避免集体行动中偷懒等"搭便车"现象的发生。

第三,实行家庭承包经营,农民获得了剩余索取权,这一激励机制的形成,更是极大地调动了广大农民搞好家庭经营的积极性。家庭承包经营对农业增产作用的机理,最突出的就在于将人民公社的按工分分配改变为独具特色的包干分配政策,即以农户为单位的劳动(经营)者首先占有其全部劳动(经营)成果——产品及其价值,然后按照国家的政策法规和承包合同的规定,完成应上交国家的税收和定购任务及集体的提留、统筹。这样,权、责、利关系明晰,劳动经营成果与收入直接挂钩,剩余索取权归农户,可以充分地调动广大农民努力追求边际产出的积极性,加上中国农民吃苦耐劳,运用现代农业科学技术进行精细劳作,显著地提高了劳动生产率、土地产出率和资金利用率。

第四,形成了新的财产积累机制和扩大再生产机制。家庭承包经营制度的实施,重塑了农业经济的新型微观组织——农户经济,这不只是集体经济中的一个经营层次。由此,农户成为农业投入的主体,通过积累转化为生产性资产和资产收益,成为激励农户发展扩大再生产的内在动力,有利于促进农业生产的持续发展。

正是上述多方面的因素,1979—1984年农业实现连年丰收,并获得了农业增加值年递增7.8%的高速发展,有的学者称之为奇迹。据林毅夫根据生产函数估计,改革起至1984年间农作物总产值增量中有46.89%来自家庭承包经营制度改革所带来的生产率的提高。[①] 家庭承包经营制度在农业发展中的地位,不仅表现在对20世纪80年代初期农业高速发展的突出贡献,更是表现在农业的进一步发展需要以家庭承包经营所特有的对农民权益的保障和激励机制为基础,因而这一制度被明确为乡村政策的基石。

(二)家庭承包经营制度的实施为破解城乡二元结构奠定了基础

家庭承包经营制度的实施,不仅解决了人民公社体制下农民投入与收

---

① 林毅夫:《制度、技术与中国农业发展》,上海三联书店、上海人民出版社1994年版,第9页。

益离散而挫伤农民积极性的问题,还为破解城乡二元结构奠定了基础。

家庭承包经营制度既是经营制度的深刻变革,也是财产制度的深刻变革,它的建立促进了农户经济和乡镇企业这两个市场主体的兴起和发展。两个市场主体虽然是在改革初期的计划经济体制下萌生的,但在自主经营机制和自我寻求发展的动力下,有着采取多种方式打破城乡封闭格局的冲动和实践,或肩挑手提到城市卖农产品,或到城市务工和创业,或在乡村发展二三产业,使城乡二元经济社会结构的固化失去了微观经济组织基础。

家庭承包经营制度的实施,还引发了对政社合一的人民公社制度的改革,引发了村民自治制度的建立,使城乡二元经济社会结构的固化失去了基层组织和体制基础。

家庭承包经营制度的实施,促进了农业和乡村经济的快速发展,到20世纪80年代中期发生了新中国成立后的第一次卖粮难现象,初步缓解了农产品供给长期严重短缺的问题,农民进城导致农产品供给不足的约束问题得到化解,这为城乡二元经济社会结构的破解奠定了物质基础。

(三) 农业基本经营制度的确立

在很长时期内,不少人认为家庭承包经营制度是解决温饱问题的权宜之计,导致有些地方农民担心政策会变。当农业出现波动时,一些人则提出家庭承包经营不适应论,而一些地区则以搞规模经营、开发区、产业化、结构调整等为名义,采取多留机动地、提高发包价、中止承包合同等多种方式收回农民的土地承包经营权,这在农村中造成混乱。许多基层干部和农民群众反映说,农民最希望的就是实行家庭承包经营的政策不要变。

针对土地承包关系不稳定的问题,中央做出了一系列政策规定。1984年中央一号文件将土地承包期明确为15年以上。1991年11月中共十三届八中全会将"以家庭联产承包为主的责任制、统分结合的双层经营体制"明确为"我国乡村集体经济组织的一项基本制度"。1993年11月,中共中央、国务院发布《关于当前农业和农村经济发展的若干政策措施》,又将承包期再延长30年,规定:"在原定的耕地承包期到期后,再延长三十年不变。开垦荒地、营造林地、治沙改土等从事开发性生产的,承包期可以更长。"还规定:"为避免承包耕地的频繁变动……提倡在承包期内实行'增人不增地、减人不减地'的办法。"1998年9月,江泽民在安徽省考察期间指出:深化农村改革,首先必须长期稳定以家庭承包经营为基础的双层经营体制。这是党的农村政策的基石,任何时候都不能动摇。农业以家庭经营为基础,是农业生产的规律决定的,也是生产关系一定要适应生产力发展要求的规律决定的。他还指出,稳定家庭承包经营,核心是要稳定土地承包关系。长期稳定农村土地承包关系,既是发展农业生产力的客观要求,也是稳定农村社会的一项带根本性的措施。中央关于土地承包的政策是非常明确的,就是承包期再延长30年不变。而且30年以后也没有必要再变。①

1998年10月,中共十五届三中全会通过的《中共中央关于农业和农村工作若干重大问题的决定》,要求"长期稳定以家庭承包经营为基础、统分结合的双层经营体制"。这就将此前两者并列的表述——"以家庭联产承包责任制为主的责任制、统分结合的双层经营体制",改为"以家庭承包经营为基础、统分结合的双层经营体制",更加突出了家庭承包经营在双层经营体制中的基础性地位。

家庭承包经营制度得到法律保障。1999年3月15日,第九届全国人民代表大会第二次会议通过《中华人民共和国宪法修正案》,明确规定,"农村集体经济组织实行家庭承包经营为基础、统分结合的双层经营体制";2002年8月专门制定了《中华人民共和国农村土地承包法》;2007年3月16日第十届全国人民代表大会第五次会议通过的《中华人民共和国物权法》,用单独一章的篇幅对土地承包经营权进行了规定,并明确了其用益物权的性质;2009年6月27日,第十一届全国人民代表大会常务委员会第九次会议通过《中华人民共和国农村土地承包经营纠纷调解仲裁法》,为公正解决土地承包经营纠纷、维护当事人的合法权益提供了法律保障。

在稳定土地家庭承包经营权的同时,允许土地承包经营权依法、自愿、有偿转让。为了规范和促进土地承包经营权的流转,1995年3月《国务院批转农业部关于稳定和完善土地承包关系的意见》规定:"在坚持土地集体所有和不改变土地农业用途的前提下,经发包方同意,允许承包方在承包期内,对承包标的依法转包、转让、互换、入股,其合法权益受法律保护"。2001年中央进一步提出:土地使用权的流转必须在坚持家庭承包经营制度的前提下进行,必须坚持"条件、自愿、有偿、规范、有序"的原则。在政策推动和法律规范下,农民土地承包经营权有偿转让已呈现出多样化的形式。

在纪念改革开放30周年的2008年,中央对家庭承包经营制度不仅予以强调性肯定,还提出了促进其完善的要求,以及推进农业基本经营制度的完善与创新的方向。2008年中央一号文件指出:"以家庭承包经营为基础、统分结合的双层经营体制是农村改革最重要的制度性成果。深化农村

---

① 《江泽民文选》(第2卷),人民出版社2006年版,第212-213页。

改革是强化农业基础、促进城乡一体化发展的动力源泉。必须稳定完善农村基本经营制度,不断深化农村改革,激发亿万农民的创造活力,为农村经济社会发展提供强大动力。"中共十七届三中全会通过的《中共中央关于推进农村改革发展若干重大问题的决定》,针对家庭承包经营存在的问题,确定了促进农业基本经营制度完善和创新的政策选择:"赋予农民更加充分而有保障的土地承包经营权。现有土地承包关系要保持稳定并长久不变。推进农业经营体制机制创新,加快农业经营方式转变。家庭经营要向采用先进科技和生产手段的方向转变,增加技术、资本等生产要素投入,着力提高集约化水平;统一经营要向发展农户联合与合作,形成多元化、多层次、多形式经营服务体系的方向转变,发展集体经济、增强集体组织服务功能,培育农民新型合作组织,发展各种农业社会化服务组织,鼓励龙头企业与农民建立紧密型利益联结机制,着力提高组织化程度。"

(四) 适应家庭经济发展的生产要素配置政策的突破

实行家庭承包经营后,农户一方面是双层经营中的一个经营层次,另一方面因为有了经营权、财产权和收益分配权而具备了市场主体的特征。但是,允许家庭承包经营,只是明确了农民家庭经营的合法性,而家庭经济的形成和运行中还存在劳力、生产资料不足等一系列困难。这些问题如果不能够得到解决,农民家庭经济的发展将陷入困境。为此,中央进一步采取了放活政策,突破了改革前不允许雇工经营和购买大中型生产资料的政策禁区。这些政策突破,为农民家庭经济的发展构建起新的政策环境,促进了劳动力、资金、技术、生产资料等要素的有效组合,极大地解放了生产力。

1. 雇工政策的突破

20世纪50年代初,从恢复经济出发,允许雇工,但却认定雇工属雇佣剥削性质。在经历20世纪50年代初的一场争论后,特别是农业生产合作化后,雇工经营退出乡村经济生活。60年代起,包括雇工经营在内的"三自一包"遭到更加严厉的批判。

雇工经营在改革初期仍是禁区。1980年9月中共中央印发的《关于进一步加强和完善农业生产责任制的几个问题》中,仍明确规定"不准雇工"。

在机械技术没有充分发展,或由于种种原因难以使用现代技术装备以前,农民家庭生产经营的进一步发展,需要有较多的人共同协作。改革初期就处于这样的生产力水平。这时,农民家庭生产经营要实现进一步的发展,有两种选择,一是实行合作,二是雇工或联合雇工。有了20世纪50年代农业生产合作化特别是人民公社化留给农民的阴影,谈合色变,农民发展合作组织心有余悸,因而开始寻找其他劳动组合的形式。同时,实行家庭承包经营后,劳动效率较快提高而出现劳动力过剩现象。这些人有了一定的从业自由,愿意参与其他生产经营,但或缺乏经营资金,或不愿意承担生产经营的风险,或想学到某种技术愿意以被雇的形式从业。另一方面,有一些人在家庭经营的基础上积累了资金或能筹集到资金,又有经营技能,希望单独雇工或联合雇工而兴办较大的企业。这样,雇工经营便开始兴起。

改革初期兴起的雇工经营,再次引起了争论。这次争论是由广东省高要县陈志雄跨队承包鱼塘雇工经营(最多时雇长工5个,临时工2300多个劳动日)引起的。有人认为这是资本主义的剥削经营,应该禁止或取缔;有人则认为这属于剥削,但有利于生产的发展,应该鼓励和支持。1981年5月29日,《人民日报》发表了《一场关于承包鱼塘的争论》,并开辟"怎样看待陈志雄承包鱼塘问题"讨论专栏,历时三个月,共发表21篇讨论文章。同年9月登出一篇较全面的调查报告,认为陈志雄过多的收入有占有雇工剩余劳动的成分,但他的经营有利于发展生产,应实事求是地对待。

这次讨论引起中央领导人的注意。1982年7月,中央领导人在一次谈话中指出,对这种人不表扬、不批评、不戴帽子、不割尾巴,而要趋利避害。1983年中央一号文件针对农村雇工问题指出:"我国是社会主义国家,不能允许剥削制度存在。但是我们又是一个发展中的国家,尤其在农村,生产力水平还比较低,商品生产不发达,允许资金、技术、劳力一定程度的流动和多种方式的结合,对发展社会主义经济是有利的。因此,对农村中新出现的某些经济现象,应当区别对待。例如,农户与农户之间的换工,丧失劳动能力或劳力不足者为维持生活所请的零工,合作经济之间请季节工或专业工、技术工,等等,均属群众之间的劳动互助或技术协作,都应当允许。农村个体工商户和种养业的能手,请帮手、带徒弟,可参照《国务院关于城镇非农业个体经济若干政策性规定》执行。"

这之后,关于雇工问题的争论,开始集中到在私人企业雇请八个人以上经营的性质、作用、发展前景及对策等方面。1984年中央一号文件指出:"关于农村雇工问题,中央在《当前农村经济政策的若干问题》中已有原则规定,应继续依照执行。工商行政管理部门,要及时办理登记发证工作,加强管理。各有关部门要认真调查研究,以便在条件成熟时,进一步做出具体的政策规定。""目前雇请工人超过规定人数的企业,有的实行了有别于私人企业的制度,例如,从税后利润中留一定比例的积累,作为集体公有财产;规定股金分红和业主收入的限额;从利润中给工人以一定比例的劳动返还等等。这就在不同程度上具有了合作经济的因素,应当帮助它们继续完善提高,可以不按资本主义的雇工经营看待。""实行经理承包责任制的社队企业,有的虽然采取招雇工人的形式,但只要按照下列原则管理,就仍然是合作经济,不能看作私人雇工经营:(1)企业的所有权属于社队,留有足够的固定资产折旧费和一定比例的公共积累;(2)社队对企业的重大问题,如产品方向、公有固定资产的处理、基本分配原则等有决策权;(3)按规定向社队上交一定的利润;(4)经理只是在社队授权范围内全权处理企业业务;(5)实行按劳分配、民主管理,对个人投入的资金只按一定比例分红,经理报酬从优,但与工人收入不过分悬殊。"这些规定既反映了当时雇工经营企业的一些现实情况,又是引导雇工经营向合作经济发展的政策措施。1984年中央一号文件发出后,很多雇工经营企业向合作经济靠拢,在某种程度上改变了雇工经营的性质。

1987年1月,中共中央发出《把农村改革引向深入》,指出在社会主义初级阶段,在商品经济的发展中,在一个较长时期内,个体经济和少量私人企业的存在是不可避免的。私人企业作为社会主义经济结构的一种补充形式,对于实现资金、技术、劳力的结合,尽快形成社会生产力,对于从多方面提供就业机会,对于促进经营人才的成长,都是有利的。文件还认为,私人企业有同公有制经济矛盾的一面,本身也存在一些固有的弊端,主要是收入分配上的过分悬殊,对此可以通过管理和立法,加以调节和限制。基于这些认识,对雇工经营做了更为明确的规定:个体经营者为了补充自己劳力的不足,按照规定可以雇请一两个帮手,有技术的可以带三五个学徒。对于某些为了扩大经营规模,雇工人数超过这个限度的私人企业,也应当采取允许存在、加强管理、兴利抑弊、逐步引导的方针。由于采取了上述方针、政策,个体经济和私人企业在各地乡村继续得到发展,使乡村形成以集体所有制经济为主体、多种经济成分并存的格局。

邓小平在1987年4月16日会见香港特别行政区基本法起草委员会委员时说:"现在我们国内人们议论雇工问题,我和好多同志谈过,犯不着在这个问题上表现我们在'动',可以再看几年。开始我说看两年,两年到了,我说再看看。现在雇工的大致上只是小企业和农村已经承包的农民,雇工人数同全国一亿多职工相比,数目很小。从全局看,这只不过是小小的一点。要动也容易,但是一动就好像政策又在变了。动还是要动,因为我们不搞两极分化。但是,在什么时候动,用什么方法动,要研究。动也就是制约一下。像这样的事情,我们要考虑到不要随便引起动荡甚至引起反复,这是从大局来看问题。重要的是,鼓励大家动脑筋想办法发展我们的经济,有开拓的精神,而不要去损害这种积极性,损害了对我们不利。"①

　　进入20世纪90年代,中共中央、国务院进一步放宽了对雇工的限制,鼓励私营企业的发展。1990年中共十三届七中全会通过的《中共中央关于制定国民经济和社会发展十年规划和"八五"计划的建议》提出:"坚持以社会主义公有制为主体的多种经济成分并存的所有制结构,发挥个体经济、私营经济和其他经济成分对公有制经济的有益的补充作用,并对它们加强正确的管理和引导。"中共十五届三中全会则进一步明确要坚持"以公有制为主体、多种所有制经济共同发展的基本经济制度",这又突破了中共十三届八中全会提出的"以公有制经济为主体,允许并鼓励其他经济成分适当发展的政策"。这一提法把多种所有制的地位提到新的高度,有利于多种所有制的发展。

　　2. 农民购置大中型拖拉机等农用生产资料政策的突破

　　实行家庭承包经营后,作为生产经营单位的农户,自然就有了购买拖拉机等大中型农业生产资料的要求。生产要素组合的这种变化,是生产经营组织形式变化的必然结果。但是,这一新现象却引发了一场大争论。很多人持反对意见,认为"拖拉机是大型生产工具,私人购买,这还了得"。这一争论的实质,就是农民家庭对大中型生产资料是否可以有所有权的问题。

　　广大农民的实践,为中共中央、国务院决策提供了充分的依据。到1982年底,全国农民私人购买拖拉机已超过100万台(其中小型拖拉机80多万台,大中型拖拉机20多万台),汽车超过10万台,涌现出了一批农机、汽车专业户、联合体,成为农业生产和乡村运输中不可缺少的力量。

　　在经过大量调查研究之后,1983年中央一号文件决定允许农民购买农业机械,规定:"农民个人或联户购买农副产品加工机具、小型拖拉机和小型机动船,从事生产和运输,对发展农村商品生产、活跃农村经济是有利的,应当允许;大中型拖拉机和汽车,在现阶段原则上也不必禁止私人购置。"

　　1984年2月,国务院还专门发出了《关于农民个人或联户购置机动车

---

① 《邓小平文选》(第3卷),人民出版社1993年版,第216-217页。

船和拖拉机经营运输业的若干规定》,明确宣布:国家允许农民个人或联户用购置的机动车船和拖拉机经营运输业。农民个人或联户合法经营运输业,受国家法律保护。任何部门、单位或个人不得向他们乱收费、随意罚款或擅自提高收费标准,不得平调或摊派其资财。各地农机、交通部门要帮助农村培训驾驶、轮机和维修人员,积极为农民的机动车船和拖拉机提供维修和技术服务,可合理收取费用。从此,在政策上许可了农民购买汽车、农用机械,中国农用机械、汽车的发展随之进入新的时期。

上述两个问题的争论,当时结果是在政策上允许雇工经营和农民购买拖拉机等大中型农机具,从而促进了农户经济的发展。应该说,这两个争论,对政策突破的作用是显而易见的。现在看来,雇工经营和农民购买拖拉机问题的争论及其政策突破,还为此后以公有制为主体、多种所有制经济共同发展的基本经济制度的形成奠定了思想基础和实践基础。或者可以说,关于农户经济与生产要素组合的政策讨论及突破,从某种意义上讲,是社会主义初级阶段理论形成的实践基础。随着社会主义初级阶段理论的形成,允许雇工经营、农民家庭购置大中型农机具及个体经营、私有经济发展则成为毋庸争议的政策选择。

3. 鼓励专业户的发展

实行家庭承包经营后,一些能人开始了专业化生产,涌现出一批种植、养殖专业户。不少集体经济组织对商品性较强的种养业、手工业也采取了专业承包的办法,于是出现了经营一业为主的承包专业户。同时,除了种植、养殖专业户外,由于允许农户购置加工机具和拖拉机、汽车等生产资料,经营家庭工业和个体商业、服务业,又产生了各种自营专业户。

专业户一经出现,即受到中央的高度重视。1981 年,中共中央、国务院在转发国家农委《关于积极发展农村多种经营的报告》的通知中,提出在统一经营的前提下,按专业承包、联产计酬的生产责任制,组织各种形式的专业队、专业组、专业户、专业工。同时要通过订立合同和其他形式,积极鼓励和支持社员个人或合伙经营服务业、手工业、养殖业、运销业等,应允许一些半劳动力和辅助劳力不出集体工,以便专心从事力所能及的家庭副业。1983 年中央一号文件对专业户进一步给予肯定,指出:"近年来随着多种经营的开展和联产承包制的建立,出现了大批专业户(重点户),包括承包专业户和自营专业户。它们一开始就以商品生产者的面貌出现。讲求经济效益,充分利用零散的资金和劳力,发挥了农村各种能手的作用,促进了生产的专业分工和多样化的经济联合。"这些政策取向及引导,促进了专业户的迅速发展。据国家统计局按照暂定的统一标准，在全国28个省、自治区、直辖市（缺西藏）的调查统计，1985年各种专业户共有317.7万户，占农村总户数的1.66%；共有劳动力771.4万人，加上请的帮工、带的徒弟114.7万人，合计886.1万人，占农村劳动力总数的2.3%；总收入为214.9亿元，占农村经济总收入的3.9%，平均每个专业户收入6764.2元，比全国农户平均收入高一倍以上；专业户中，从事第一产业的占21.9%，从事第二产业的占40.1%，从事第三产业的占37.9%。

在自营专业户中，有许多是经营工商业的个体工商户。1979年以后，随着城乡集市贸易的开放和乡村富余劳动力的增加，乡村的个体工商户得到迅速发展，1981年登记在册的为96.1万户，从业人员为121.9万人；1987年总户数上升到1034.2万户，从业人员也增加到1666万人，占乡村劳动力总数的4.2%。乡村个体工商户的经营范围也逐步扩大到适合个体经营的工业、手工业、商业、饮食业、服务业、修理业、运输业、建筑业、房屋修缮业，以及国家允许个体经营的其他行业。为了加强对个体工商户的管理和指导，国务院于1984年2月颁发了《关于农村个体工商业的若干规定》，对个体工商户的经营范围、规则和贷款、价格、税收等问题做出了规定。

在发展专业户的基础上，各地还相继出现了一批专业村。专业村一般是以一业或一种产品为主，以自然村为单位的小型商品生产基地；大多数是利用当地自然条件在传统副业和专业户基础上，相互传帮，逐步联片而形成的。随着生产的发展，有的逐步形成了自己的产供销体系；有的吸引了周围的同类生产者和供销人员，形成了专业市场；有的甚至成为跨省区的某种商品的集散地。

二、实行农业产业化经营，重构农业经营模式

在实施家庭承包经营制度的条件下，面对小农户与大市场对接难的问题，中国农民在实践中选择了农业产业化经营，探索出新的农业经营模式。

世界各国经验表明，农业需要实行规模经营，以实现规模经济。20世纪50年代中国农业生产合作社的建立、小型农业生产合作社合并成大社和人民公社的建立，实际上就是追求规模经济的过程，只不过这一规模经营模式没有充分调动农民的积极性。实行家庭承包经营初期，农户小规模分散经营存在先进实用生产技术学习应用难、生产资料获得难、农产品加工和销售难等诸方面的问题。在人民公社的规模经济模式被实践否定后，

分散化的农民家庭经营,需要一种新的经营模式,承接人民公社提供技术交流与服务、生产资料供应、农产品产后加工和销售等服务的功能。在市场机制下,农民创造了农业产业化经营这一规模经营模式。农业产业化经营是农业产业一体化经营的简称,指在市场经济条件下,通过各种利益机制和组织形式,将在高度集中的计划经济体制下被严重分割的农业产前、产中、产后诸环节联结、融通和整合成一个集种养加,或产供销或贸工农于一体的过程。

农业产业一体化经营是市场经济高度发展条件下的普遍现象。把农产品的生产、加工、销售等各个环节有机地联结和整合到一个统一的生产经营体系中,构建起一系列的经济组合,可以改变以往各环节各自为政、难以对接的状况,可以提高各环节的协同化程度,进而可以大幅度提高农业的收益。正是如此,自20世纪50年代起,历经半个多世纪的发展,西方发达国家逐步形成了现代农业经营的一体化结构。

在全球分为社会主义和资本主义两大阵营的国际环境下,中国对西方发达国家的农业一体化经营没有给予高度关注,而首先关注到的是南斯拉夫的农工商综合经营经验。1979年开始,根据中央的决定,少数地方进行了农工商综合经营的改革试点,向农业的产前、产后延伸,建立农工商一体化的经济实体。在当时计划经济体制下小范围推行农工商综合经营改革试点,由于缺乏市场制度基础,加之它对条块分割的计划经济体制构成冲击,因而难以得到有关部门的有效配合,产业链各环节难以有效一体化,结果在小范围内试行也没有取得预期绩效,也就未能在整个农业领域推行。

20世纪80年代后期开始,面对分散经营的千家万户遇到的小规模经营难以顺利地进入国内外大市场和防御市场风险等新的问题,一些地方尝试将农业的产前、产中、产后联结在一起,形成贸工农、产加销一体化经营。最早进行这种尝试的是山东省潍坊市的诸城县。作为龙头企业的县外贸局(公司),对农户实行统一供应雏鸡、统一供应饲料、统一技术服务、统一收购、统一加工出售的"五统一"的服务,带动农民发展肉食鸡产业,很快形成年产几千万只鸡的规模,经济效益、社会效益显著提高。这一做法引起了山东省委、省政府的重视,经过调查研究,省委、省政府先后于1987年、1989年两次在诸城召开有地市县主要领导参加的现场经验交流会,学习诸城的经验,使这种一体化经营模式逐步在潍坊和全省各地相继推开。之后,广东、江苏、浙江等省也相继出现了类似诸城的贸工农一体化经营。当时,这种经营方式的叫法不一。1992年,山东省潍坊市首次使用了"农业产业化"的提法,山东省委、省政府调查组调研后认为"农业产业化"的提法比较确切。经省委研究,同意了调查组的意见,并印发了《关于按产业化组织发展农业的初步设想与建议》的报告。1993年,山东省政府把实施农业产业化经营战略作为发展社会主义市场经济的重要途径,在全省各地市进行推广。中央新闻单位,特别是《农民日报》,对山东和其他省区市实施以产业化经营方式发展农业的思路和做法做了及时报道宣传。1995年12月,《人民日报》发表论农业产业化的社论,并连续刊登文章,介绍了潍坊市发展农业产业化的经验,推动了这一新生事物的传播和发展。

对各地兴起的农业产业化经营,中共中央、国务院及时予以肯定。1993年《关于当前农业和农村经济发展的若干政策措施》指出,以市场为导向,积极发展贸工农一体化经营。《关于做好1995年农业和农村工作的意见》指出,多种形式的贸工农一体化经济组织,在带动农民发展商品生产,促进农业生产专业化、现代化方面,发挥着越来越重要的作用,要认真总结经验,引导其更好发展。1995年3月,江泽民在江西、湖南考察工作时指出:把千家万户的分散经营引导到规模化、系列化、产业化的轨道上来,提高了农业的规模效益,这就是一种集约化、集体化的形式。1996年,中共中央下发的第一份文件明确指出,要研究解决农户与市场的结合问题,推进农业产业化经营;紧接着的第二份文件强调,要大力发展贸工农一体化经营,加速经济向商品化、产业化、现代化的转变。1996年3月,第八届全国人民代表大会第四次会议通过的《国民经济和社会发展"九五"计划和2010年远景目标纲要》指出,鼓励发展多种形式的合作与联合,发展联结农户与市场的中介组织,大力发展贸工农一体化,积极推进农业产业化经营。1997年9月,中共十五大报告明确指出:"积极发展农业产业化经营,形成生产、加工、销售有机结合和相互促进的机制,推进农业向商品化、专业化、现代化转变。"1998年10月,中共十五届三中全会通过《中共中央关于农业和农村工作若干重大问题的决定》,对农业产业化经营给予了高度肯定,指出:"在家庭承包经营基础上,积极探索实现农业现代化的具体途径,是农村改革和发展的重大课题。农村出现的产业化经营,不受部门、地区和所有制的限制,把农产品的生产、加工、销售等环节连成一体,形成有机结合、相互促进的组织形式和经营机制。这样做,不动摇家庭经营的基础,不侵犯农民的财产权益,能够有效解决千家万户的农民进入市场、运用现代科技和扩大经营规模等问题,提高农业经济效益和市场化程度,是我国农业逐步走向现代化的现实途径之一。"

农业产业化经营的发展,受惠于国家的一系列支持政策。2000年1月,中央农村工作会议提出:国务院有关部门要在全国选择一批有基础、有优势、有特色、有前景的龙头企业作为国家支持的重点,在基地建设、原料采购、设备引进和产品出口等方面给予具体的帮助和扶持。根据这一要求,2000年11月,农业部、国家计委、国家经贸委、财政部、外经贸部、中国人民银行、国家税务总局、中国证监会联合在北京召开了全国农业产业化工作会议,出台了《关于扶持农业产业化经营重点龙头企业的意见》,另外,公布了151家农业产业化国家重点龙头企业名单,总结了一批农业产业化经营的好典型。从此,农业产业化经营逐步成为国家对农业投入的重要渠道,农业产业化经营进入新的发展阶段。2001年,国家税务总局印发《关于明确农业产业化国家重点龙头企业所得税征免问题的通知》;中央财政建立了农业产业化专项资金,用于对龙头企业的扶持。仅2002年,中央财政就安排农业产业化扶持资金8亿元,国债技改贴息项目中安排农业产业化国家重点龙头企业项目22个,项目总投资31亿元;农业银行安排重点龙头企业扶持贷款227亿元,并将资产超过亿元的1000多家龙头企业纳入农行的重点支持范围。中央在财政资金上对农业产业化经营予以支持,促进了农业多元化投入格局的进一步形成,起到以小拨大的作用。例如,2002年江苏省财政投入11亿元,金融机构贷款112亿元,集体经济投资8亿元,城乡法人投资34亿元,个人投资75.6亿元,引入外资11亿美元。

与20世纪70年代末学习南斯拉夫而由中国政府推动的农工商综合经营试点未能取得进展相比,由于市场化改革的不断深化,加之有力的政策支持,农业产业化经营如雨后春笋般在全国各地迅速发展起来。截至2001年,全国各类农业产业化经营组织发展到6.62万个。其中,龙头企业带动型的2.7万个,占41%;中介组织带动型的2.2万个,占33%;经纪人、专业大户带动型的9600个,占15%;专业市场带动型的7600个,占11%。各类产业化经营组织带动农户5900万户,占全国农户总数的25%,平均每户从事产业化经营增收900元。

三、取消农产品统派购制度,发挥市场在资源配置上的作用

商品化是现代农业的重要特征。世界各国农业现代化历程表明,农业商品化是农业现代化的起点,现代农业几乎与农业的商品化、市场化同步发展。从这一意义上讲,现代农业是发达的市场农业。

1978年前高度集中的计划经济体制解决了如何把有限资源配置到工

业化的重大问题,但也阻隔了乡村富余劳动力向工业、城市的转移,抑制了农民发展农业、乡村经济的积极性,进而导致"三农"问题凸显。在这一历史背景下,市场化改革成为解决乡村问题的路径之一。

在中国经济市场化改革进程中,乡村走在前列。

乡村改革引入市场机制,主要进行了两方面的改革。一是放活流通,包括大力恢复和发展城乡集市贸易,恢复供销合作社的合作商业性质(在后来的实践中,恢复供销合作社的合作商业性质的政策目标未能实现),鼓励农民、集体经济组织和国有农场(农垦区)自办商业组织或组建农工商联合企业,建立农副产品批发市场。1982年中央一号文件明确指出,农业经济"要以计划经济为主,市场调节为辅"。于是,农产品封闭式的流通体制发生了很大的变化,为多渠道、少环节、开放式的流通体制的形成奠定了基础,促进了农业和乡村商品生产的大发展。二是逐步缩减农产品统派购的品种和比重,扩大了议价收购和市场调节的范围。截至1984年底,属于统派购的农副产品由1978年的100多种减少到只剩下38种(其中中药材24种),即减少了67.6%。农民出售农副产品总额中,国家按计划牌价统派购的比重由1978年的84.7%下降到1984年的39.4%。

1985年乡村市场化改革迈出了重大步伐。改革初期农业和乡村经济的快速增长,初步扭转了粮食、棉花、油料等大宗农产品供给长期短缺的格局,为改革实行长达30多年的农产品统派购制度奠定了物质基础。1985年中央一号文件做出了取消农产品统派购制度的历史性决策,决定从当年起,除个别品种外,国家不再向农民下达农产品统派购任务,按照不同情况,分别实行合同定购和市场收购。同时规定,任何单位都不得再向农民下达指令性生产计划。这在当时被誉为是继实行家庭承包经营制度后乡村的第二步改革。

由于1985年粮棉油等大宗农产品大幅度减产及其后三年的低位徘徊,全面取消农产品统派购制度的改革在实践中遇到一些困难,因而基于产品特性,将改革方案修改为分品种渐进的方式推进,即:对需求弹性较大的水产品、水果、畜产品和蔬菜等仍实行自由购销制度,生产和流通完全由市场调节;对需求弹性小而又关系国计民生的粮棉等大宗农产品,后进入市场,实行全部或部分由国家定购,粮食实行国家定购和市场购销的"双轨制"("双轨制"的实施导致了一些混乱,不过也为市场化改革做了准备,所以后来有的学者以利用"双轨制"走向市场化来评价其作用);对棉花和桑蚕实行统一收购经营制度,对烟草实行国家专卖制度。

进入20世纪90年代,粮棉市场化改革再次启动。

棉花购销的放开。在棉花流通体制改革上,1996年开始实行"棉花交易会"制度,即以举办交易会的方式,让各主产区和有棉花调出计划的棉麻公司(卖方)与销区的棉麻公司、纺织企业(买方),直接见面,自主交易。1998年4月起将棉花收购价格由政府统一定价改为政府指导价,放开供应价,实行市场调节价。同年11月28日,国务院做出《关于深化棉花流通体制改革的决定》,提出的改革思路是:国家在管好棉花储备、进出口和强化棉花质量监督的前提下,完善棉花价格形成机制,拓宽棉花经营渠道,转换棉花企业经营机制,降低流通费用,建立新型的产销关系。还规定,要建立政府指导下市场形成棉花价格的机制,并决定从1999年9月1日新棉花年度起,棉花的收购价格、销售价格主要由市场形成,国家不再做统一规定。棉花流通和经营渠道也进一步拓宽,允许供销社及其棉花企业以外的农业部门所属的种棉加工厂和国有农场、经资格认定的纺织企业,直接收购、加工和经营棉花。国家主要通过储备调节和进出口调节等经济手段调控棉花市场,防止棉花价格的大起大落。2001年,棉花经营进一步放宽,取得资格认定后的棉花收购和加工企业都可以从事棉花经营,同时建立棉花质量检验机构,监督执法与检验分开,这是棉花流通体制具有实质意义的一项改革。

粮食购销实行渐进放开。表3-2是中国粮食流通体制形成与改革的发展历程。1993年实施"保量放价"改革受阻后,国家加强了对粮食市场的控制,强化粮食供给的行政责任和价格手段。1996年开始,中国粮食产量连续几年大幅度增加,粮食库存也逐年增加,在短期内实现了供求平衡、丰年有余,供求形势出现了历史性变化。针对中国粮食由长期短缺转变为阶段性供大于求的新形势及由此带来的新问题,1998年起,国家再次开始探索粮食流通体制改革的新思路,5月国务院做出了《关于进一步深化粮食流通体制改革的决定》,6月颁布了《粮食收购条例》,宣布实施以"四分开、一完善"(政企分开、储备与经营分开、中央与地方责任分开、新老粮食财务挂账分开、完善粮食价格机制)和"三项政策,一项改革"(按保护价敞开收购农民余粮、粮食收储企业实行顺价销售、粮食收购资金封闭运行、加快国有粮食购销企业自身改革)为主要内容的改革。实行以"三项政策,一项改革"为主要内容的新一轮粮改,是在粮价持续低迷、国有粮食企业亏损严重、收购资金被大量挪用的情况下提出的,这一方案有很强的针对性和自身逻辑性。这些改革举措,对农业收入影响最大的就是按保护价敞开收购农民余粮,因为在粮食阶段性供大于求、市场粮价低迷的情况下,实行按保护价敞开收购农民余粮对于稳定市场粮价、稳定粮食生产、保护农民种粮积极性起着积极作用。但是,运行中也遇到了一些难题,远远超出了政策设计时的预想。面对粮食流通体制改革中出现的问题,政府不断地调整原来的粮改方案,这些措施包括:①放松对粮食收购准入的限制;②一部分劣质粮退出保护价收购范围;③改进粮食财政补贴办法;④扩大粮食风险基金规模;⑤国家加大投资新建粮库;⑥新组建中国储备粮管理总公司,对中央储备粮实行垂直管理。2000年,调整按保护价收购粮食的品种和地区范围,拓宽经营渠道,允许和鼓励经省级工商行政管理部门审核批准的用粮企业和粮食经营企业,直接到农村收购粮食,农村集贸市场常年开放。到2001年,原来的制度微调终于引发了实质性的改革,其基本内容就是在销区取消农民的粮食定购任务、放开市场、放开粮价、放开经营。当年年初,国务院决定由浙江省率先进行粮食流通体制的市场化改革;7月,国务院公布了《关于进一步深化粮食流通体制改革的意见》,确定了放开销区、保护产区、省长负责、加强调控的粮改思路,将所放开的销区范围进一步拓展到浙江、上海、福建、广东、海南、江苏、北京、天津等地区。2004年中央一号文件提出:"从2004年开始,国家将全面放开粮食收购和销售市场,实行购销多渠道经营。……为保护种粮农民利益,要建立对农民的直接补贴制度。"同年,国务院还发出《关于进一步深化粮食流通体制改革的意见》。全面放开粮食购销和价格,实现了粮食购销市场化的最终突破。

表3-2 中国粮食流通体制变迁历程

时 间	粮食流通体制的内容
1949—1953年	市场收购、自由贸易、农业税
1953—1984年	统购统销:低价强制收购,限量定价销售
1985年起	双轨制:合同定购与议购,剩余部分可以多渠道经营,或称"死一块、活一块"
1988年起	地方粮改启动,中央与地方粮食管理分权
1991年起	全国范围粮改开始,实行购销同价,减少财政补贴
1993年	粮食保护价、粮食风险基金和粮食储备制度开始运作,98%的县基本放开了粮价;年底提出"保量放价"
1994年起	由于粮价上涨过快,粮食购销再次实行"双轨制";提出"米袋子"省长负责制

续表

时 间	粮食流通体制的内容
1998年	"四分开、一完善"和"三项政策,一项改革"
2001年	放开销区、保护产区、省长负责、加强调控
2004年	全面放开粮食收购和销售市场,实行购销多渠道经营,建立对农民的直接补贴制度

资料来源:姜春云主编,《中国农业实践概论》,人民出版社、中国农业出版社2001年版。

经过以上改革,除烟叶、蚕茧外的所有农副产品全部放开,农产品价格由市场形成,乡村市场主体呈多元化发展,市场配置资源的基础作用进一步增强。

在推进农产品流通体制改革的同时,加强了农产品市场体系建设。1998年,中共十五届三中全会通过的《中共中央关于农业和农村工作若干重大问题的决定》指出:"进一步搞活农产品流通,尽快形成开放、统一、竞争、有序的农产品市场体系,为农民提供良好的市场环境,是农业和农村经济持续稳定发展的迫切需要。"在农产品市场体系建设上,采取的主要举措有:一是加强以产地批发市场为中心的农产品市场体系建设。农业发展进入新阶段以前,农产品市场体系建设主要围绕"菜篮子"工程展开,建设重点是销地鲜活农产品批发市场。1998年,明确提出完善农产品市场体系,重点是在农产品集散地发展区域性或全国性的批发市场。此后,要求各地把产地批发市场纳入农业基础设施建设规划,落实资金,增加投入,重点建设公用设施,加快农产品批发市场建设进度。二是启动农产品经济信息体系、质量标准体系和检验检测体系的建设。三是培育农民自己的流通组织,提高农民进入市场的组织化程度。经过农产品流通体制的改革和市场体系的建设,农产品市场交易方式由集市贸易扩大到专业批发、跨区域贸易、"订单"农业、拍卖市场和期货交易等多种形式,初步形成了以城乡农贸市场为基础、以批发市场为中心、以直销配送和超市经营为补充的农产品市场体系,加上农产品运输"绿色通道"的开通和信息化建设的推进,农产品市场由封闭、分割的小市场逐步向开放、统一、竞争、有序的大市场演化。

在推进市场化改革进程中,国家还逐步建立宏观调控体系,以实现农产品特别是粮食供求总量基本平衡,保持农产品价格基本稳定。20世纪90年代初,国家从粮食入手,开始建立农产品市场宏观调控体系。到1994年,粮食专项储备制度和粮食风险基金制度初步建立,棉花和油、肉、糖等副食品的专项储备制度也陆续开始建立。农业和乡村经济发展进入新阶段后,国家在稳定棉花和副食品储备的同时,重点改革和完善粮食市场宏观调控体系,包括:合理划分中央与地方的粮食责权,实行在国务院宏观调控下,地方政府对本地粮食生产和流通全面负责的体制;实行粮食储备和经营分开,明确储备粮与企业经营周转粮分开管理;落实粮食风险基金,建立中央和地方两级粮食储备;扩大中央储备粮规模和保证地方储备粮规模,销区按保持六个月销量的要求充实省级粮食储备;扩大国家粮库建设规模,增加有效仓容;组建国家粮食局和成立中国储备粮管理总公司,取代国家粮食储备局,分别负责全国粮食流通宏观调控具体业务、行业指导,以及中央储备粮行政管理工作和中央储备粮的调运、轮换、仓储管理、进出口及对中央储备粮垂直管理等。粮食宏观调控体系的建立,在平衡粮食供求、稳定市场粮价、促进农业生产结构调整等方面发挥了重要作用。世纪之交,在粮食产量下降的情况下,国家粮食储备及时吞吐,保证了供给,稳定了市场,支持了农业结构调整政策的连续实施。

乡村市场化改革,改变着经济运行和管理模式。农产品流通方式从之前的指定交售、计划调配、配额销售,改变为通过市场来实现买卖双方的平等、自由购销,价格随行就市,市场对农业和农村生产、交换、分配、消费起着重要的调节作用,农业按市场规则配置资源和参与经济竞争的格局基本形成。经营主体多元化,不同所有制形式、不同规模的运销商、批发商参与农产品的营销,农民作为具有自主经营决策权的生产经营者,成为农产品商品流通的主要力量。政府对农产品流通的参与由直接干预转变为间接管理和宏观调控,更多地应用经济和法律的手段来调节农产品市场,以间接调控为主的政府宏观调控体系在探索中逐步形成。经济信息体系、质量标准体系和检验检测体系建设逐步推进,围绕农产品流通的社会化服务也逐渐发展起来。这些都为逐步形成开放、统一、竞争、有序的农产品市场体系奠定了基础。

四、探索乡村工业化和城镇化,推进农民就业和人口的非农化

中国在工业化和城镇化进程中解决乡村问题,需要以乡村经济的发展和乡村人口的减少为条件。在赋权与放活政策下,解决乡村问题的路径逐步拓宽,突破了城市发展工业、乡村发展农业的产业政策,乡镇企业异军突起,乡村城镇化快速推进,探索出中国特色的农民就业和人口的非农化路径,乡村的内涵也发生了重大变化。

(一) 乡镇企业异军突起是以赋权与放活为内核的改革的必然产物

乡镇企业在改革初期的计划经济体制下,仍受到各种歧视和政策限制,然而却出乎人们的预料而异军突起。这不是偶然的历史现象,而是以赋权与放活为内核的改革的必然产物。其中,主要的制度和经济背景有:一是实行家庭承包经营制度后,人民公社体制下的集中劳动、统一经营方式被农民家庭自主经营所替代,农民可以自主择业,可以从事农业生产经营,也可以从事非农产业,加上农业劳动生产率的迅速提高,使农业劳动力向非农产业转移成为可能。二是农民收入大幅度增加,使乡镇企业的兴起和发展有了资本积累的基础。三是允许农民进入城镇经营工商业和开店设坊、提供各种劳务,并允许农民集体和个人按照城镇规划兴建或扩建店房、街道、市场和服务设施,以供自主经营或出租之用。四是农产品统派购制度的取消和市场体系的逐步建立,乡镇企业可以从市场上获得所需农产品原料,解决了其原料供应没有纳入计划的问题。五是允许农民集体和个人购置机动车船和拖拉机从事长途贩运,并本着"有路大家行车,有河大家行船"的精神,支持和鼓励农民兴办运输业。六是在计划经济体制下,乡镇企业尽管没有国家计划内资源、产品销路靠自己找市场、企业发展靠市场拉动,但乡镇企业职工没有"铁饭碗"、企业经营管理者没有"铁椅"的灵活机制,以及企业自负盈亏的生存压力,是乡镇企业异军突起的内在动力。在这一内在动力下,广大农民以"走遍千山万水、想尽千方百计、说尽千言万语、吃尽千辛万苦"的精神,谱写出乡镇企业异军突起的辉煌历史。简言之,被喻为草根工业的乡镇企业,在改革初期的计划经济体制下异军突起,是改革开放的产物,是制度创新的产物。

随着城市企业改革的推进,特别是中共十四大决定建立社会主义市场经济体制后,乡镇企业在机制上已无明显优势,而其在卖方市场下具有的"船小好掉头"的优势,在进入买方市场之后则成为劣势,其竞争力显然弱于装备先进和规模较大的城市大企业。此外,乡镇企业的发展也存在自身的问题,主要有:多数企业产权不清、政企不分,由此导致一些地方和部门平调乡镇企业的资产,改变企业的所有制性质,侵犯企业合法权益;企业不合理负担较重,乱摊派、乱收费、乱罚款现象普遍存在;有些地方盲目铺新摊子,搞低水平重复建设,产业产品结构不尽合理,企业布局过于分散;有些企业管理粗放,经营不善,负债率高,物耗能耗高,事故隐患严重,产品质量和经济效益不好。这些都严重地影响着乡镇企业的进一步发展。

进入20世纪90年代,乡镇企业经历了如火如荼的产权改革,以形成新的内在发展机制。1997年3月,中共中央、国务院批转了农业部《关于我国乡镇企业情况和今后改革与发展意见的报告》,提出乡镇企业发展要采取多种形式深化企业改革,明晰产权关系,确保乡镇企业资产特别是集体资产保值增值,完善经营机制,提高企业的经济效益和竞争能力。乡镇企业的异军突起,除如上所述经济制度的改革和政策调整等因素外,还有一个重要因素,即依托乡村两级集体经济组织的资源和积累滚雪球式地实现发展,在这一过程中也发生了乡村两级组织的"企业化"和干部角色的"企业家化",这一过程中形成的政企不分和产权不清晰的问题,影响着乡镇企业的进一步发展。针对这一问题,乡镇企业最初选择了实行股份合作制改造的产权制度改革模式。这种选择是基于坚持发展集体经济而不能将乡镇企业私有化的政策取向做出的,因为在当时关于股份合作制姓"社"或姓"资"的讨论中,股份合作制被认为是兼有股份制和合作制的特点,是劳动者的劳动联合和资本联合为主的企业组织形式,是一种集体所有制形式。中共十五大报告明确指出:"目前城乡大量出现的多种多样的股份合作制经济,是改革中的新事物,要支持和引导,不断总结经验,使之逐步完善。劳动者的劳动联合和劳动者的资本联合为主的集体经济,尤其要提倡和鼓励。"股份合作制也被视为探索实现公有制有效形式的途径。在这种理论背景和政策取向下,在乡镇企业产权改革初期,鼓励将企业大部分股份卖给企业职工的股份合作制改造。乡镇企业实行股份合作制改革后,财产权被明确地分割、量化到具体的自然人和法人,职工的激励机制建立起来;通过职工股东一人一票的投票机制,选举企业的董事会,决定企业的重大事项,使人格化的约束制度化和经常化,强化了人格化的约束机制。这一改革,初步建立了企业法人财产制度,在盘活存量资产、聚集新增资本、优化资源配置、促进政企分开、增进企业活力和经济效益等方面,一般都收到了显著的绩效。但是,股份合作制企业的产权结构及其运作机制也存在着明显的缺陷,一方面由于所有权对经营权的约束方式的原因,对经营者的激励不充分,资本利益得不到完全保障;另一方面由于股份合作制企业的股权不可转让、不可交易、不能变现,是一种准股权,人们对进行投资而形成不能再交易且本金也难以再收回的资产是心存疑虑的。在这种情况下,在对乡镇企业进行股份合作制改革后不久,又将非农产业的股份合作制乡镇企业改为股份制企业。

个案:常熟市乡镇企业的两次产权制度改革

地处苏南的常熟市,其乡镇企业首先经历了由集体企业到股份合作制企业的改革，然后又经历了由股份合作制企业到股份制企业的改革。常熟市在1996年7月至1999年10月对乡镇企业进行的第一轮产权制度改革，将集体企业改为股份合作制企业有915家、占40.0%，改为股份有限公司和有限责任公司的只有420家、占18.4%，拍卖、转让企业953家、占41.7%。此轮改革实行股份合作制等，将原来产权"归大堆"的集体经济，改为产权明晰到职工个人的集体经济。应当说，这一步的迈出，也非易事。股份合作制被认定为姓"社"，而这一渐进改革还"赎买"了职工，从而减少了制度变迁的成本。从改革后企业发展实践看，股份合作制企业存在着一些缺陷，主要是因为股权分散，企业形不成核心，在一定程度上抑制了企业家积极性的发挥。由于法人治理结构没有真正建立起来，不少企业董事会、监事会、股东大会形同虚设。这些使得常熟市乡镇企业在第一轮改制后不久即开始了第二轮改制。在2001年2月开始的第二轮改革中，将股份合作制企业改为股份有限公司、有限责任公司或个体私营企业，当地称之为"两头转化"。其目的是实现产权、责任、利益明晰到人，建立起新的运行机制。经过第二轮产权制度改革，常熟市已不存在股份合作制的乡镇企业。

随着对乡镇企业认识的深化，中共中央、国务院把发展乡镇企业明确为一项重大战略，采取了一系列政策、法律等措施，强化了促进乡镇企业发展的政策取向和制度保障。继1984年中共中央、国务院转发农牧渔业部和部党组《关于开创社队企业新局面的报告》后，1996年10月颁布了《中华人民共和国乡镇企业法》，使乡镇企业步入了依法经营、依法管理的轨道。1998年4月，江泽民在江苏考察乡镇企业时指出，发展乡镇企业是实现农业现代化、实现农村小康的必由之路，在我们这样一个农村人口占大多数的国家搞现代化，发展乡镇企业是一项重大战略，是一个长期的根本方针。各级领导同志对此一定要有战略眼光。

在外有促进乡镇企业发展的政策、内有乡镇企业产权制度改革形成新的激励机制的条件下，乡镇企业开始了新的创业。2001年，全国乡镇企业增加值为2.9亿元，吸纳农村劳动力1.28亿，为乡村发展和农民增收做出了巨大贡献。

（二）推进小城镇的发展

城镇化是现代化的重要标志。城镇化的特征，不同学科从不同侧面予以揭示。1978年前，中国实施了抑制乡村人口向城镇转移的政策，城镇化进程缓慢，城镇化率仅由 1952 年的 12.5% 提高到 1978 年的 17.9%。乡村人口城镇化的停滞，不仅使滞留在乡村的人口过多而不利于乡村问题的解决，也使得"大中国，小市场"格局未能发生明显改变。

改革初期，国家提出有计划地推进小城镇建设。中共十一届三中全会原则通过、十一届四中全会正式通过的《中共中央关于加快农业发展若干问题的决定》，要求"有计划地发展小城镇建设和加强城市对农村的支援"。并指出："这是加快实现农业现代化，实现四个现代化，逐步缩小城乡差别、工农差别的必由之路。我国农村现在有八亿人口，有三亿劳动力，随着农业现代化的进展，必将有大量农业劳动力可以逐步节省下来，这些劳动力不可能也不必要都进入现有的大、中城市，工业和其他各项建设事业也不可能和不必要都放在这些城市。我们一定要十分注意加强小城镇的建设，逐步用现代工业交通业、现代商业服务业、现代教育科学文化卫生事业把它们武装起来，作为改变全国农村面貌的前进基地。全国现有两千多个县的县城，县以下经济比较发达的集镇或公社所在地，首先要加强规划，根据经济发展的需要和可能，逐步加强建设。还可以运用现有大城市的力量，在它们的周围农村中，逐步建设一些卫星城镇，加强对农业的支援。"1981年，中共中央、国务院在转发国家农委《关于积极发展农村多种经营的报告》的通知中指出："要结合发展多种经营，依靠集体经济的力量，发展小城镇建设。这不但是城乡商品交流的需要，而且对向农村传送先进的科学文化，改变国家整个经济布局，逐步缩小城乡差别都有非常深远的意义。"1984年中央一号文件指出："随着农村分工分业的发展，将有越来越多的人脱离耕地经营，从事林牧渔等生产，并将有较大部分转入小工业和小集镇服务业。这是一个必然的历史性进步，可为农业生产向深度广度进军，为改变人口和工业的布局创造条件。不改变'八亿农民搞饭吃'的局面，农民富裕不起来，国家富强不起来，四个现代化也就无从实现。"文件进一步指出："农村工业适当集中于集镇，可以节省能源、交通、仓库、给水、排污等方面的投资，并带动文化教育和其他服务事业的发展，使集镇逐步建设成为农村区域性的经济文化中心。建设集镇要做好规划，节约用地。一九八四年，各省、自治区、直辖市可选择若干集镇进行试点，允许务工、经商、办服务业的农民自理口粮到集镇落户。"1985年中央一号文件指出，要加强对小城镇的指导；运用经济杠杆，鼓励宜于分散生产或需要密集劳动的产业，从城市向小城镇和乡村扩散；县和县以下小城镇的发展规划，要适应商品经济的需要。

世纪之交,即在农业和乡村经济进入新的发展阶段后,国家采取了更加有力的政策措施,促进城镇化发展。中共十五届三中全会通过的《中共中央关于农业和农村工作若干重大问题的决定》指出:"发展小城镇,是带动农村经济和社会发展的一个大战略,有利于乡镇企业相对集中,更大规模地转移农业富余劳动力,避免向大中城市盲目流动,有利于提高农民素质,改善生活质量,也利于扩大内需,推动国民经济更快增长。"要制定和完善促进小城镇健康发展的政策措施,进一步改革小城镇户籍管理制度。经过实践探索,2000年6月,中共中央、国务院出台了《关于促进小城镇健康发展的若干意见》,提出力争经过10年左右的努力,将一部分基础较好的小城镇建设成为规模适度、规划科学、功能健全、环境整洁、具有较强辐射能力的农村区域性经济文化中心,其中少数具备条件的小城镇要发展成为带动能力更强的小城市,使全国城镇化水平有一个明显的提高;改革小城镇户籍管理制度,凡在县级市市区、县人民政府驻地镇及县以下小城镇有合法固定住所、稳定职业或生活来源的农民,均可根据本人意愿转为城镇户口,并在子女入学、参军、就业等方面享受与城镇居民同等待遇;对进镇落户的农民,可根据本人意愿,保留其承包土地的经营权,也允许依法有偿转让。根据文件精神,全国共选择了100个基础条件较好、示范带动作用明显的建制镇进行经济综合开发的试点,引导乡镇企业合理集聚,完善市场体系,发展农业产业化经营和社会化服务体系,促进小城镇经济发展;对58个全国第二批小城镇建设示范镇,国家给予了一定的技术、政策和资金支持,加强了对小城镇建设和规划的指导。

在政策引导下,改革以来小城镇快速发展。全国建制镇,由1978年的2176个,增加到1988年的11481个;1992年以后,进入快速增长期,到2001年突破2万个,达到20374个。1990—2001年,全国平均每年新增小城镇800个左右,每年转移乡村人口1000万人,共有超过1亿的乡村人口到小城镇。小城镇的发展,加快了城镇化步伐,到2001年城镇化率为37.7%,1979—2001年城镇化率平均每年增加0.86个百分点,比1953—1978年平均每年增加0.21个百分点高出0.65个百分点。

乡镇企业异军突起,小城镇迅速发展,突破了乡村发展农业、城市发展工业的结构,乡村产业结构由较单一的农业向一二三产业全面发展转变;突破了乡村居民只能务农的政策,走出了一条中国特色的农民就业非农化和人口城镇化之路。

五、实行政社分设和村民自治,重构乡村治理结构

改革政社合一的人民公社体制,首先来自基层组织和农民的实践创造。1980年4月,四川省广汉县向阳乡在全国率先取下公社管理委员会的牌子,取而代之的是乡政府的牌子。1981年,全国第一个村民委员会诞生在广西壮族自治区宜山县,它由群众自己组织起来,进行自我管理,自己办理自己的事务。1998年10月,中共十五届三中全会通过《中共中央关于农业和农村工作若干重大问题的决定》,对村民自治给予了高度评价,指出:"扩大农村基层民主,实行村民自治,是党领导亿万农民建设有中国特色社会主义民主政治的伟大创造。"换言之,在赋权与放活的政策取向下,改革政社合一的人民公社体制,实行政社分设和村民自治,推进民主建设,成为乡村基层组织和农民选择的解决乡村问题的又一重要路径。

(一)实行政社分设与切实放权

乡村基层组织由政社合一改为政社分设体制,实质是放权,即减少政府对集体经济组织的干预,并实现集体经济组织的独立自主经营。实行政社分设的改革,在中央政府层面一开始就纳入立法范畴。1982年底,第五届全国人民代表大会第五次会议通过了《中华人民共和国宪法》,彭真在修宪草案的报告中说,改变人民公社政社合一的体制,设立乡政府,人民公社将只是农村集体经济的一种组织形式,这就从宪法层面重新明确乡、民族乡、镇为基层政权组织。1983年10月12日,中共中央、国务院发出《关于实行政社分开,建立乡政府的通知》,就政社分设做出具体规定和部署。政社分开工作自1983年开始,到1985年基本完成。人民公社改为乡,大体上分为一社一乡、大区小乡、大区中乡三种类型。一社一乡制,即在原人民公社的区划范围内建乡,这在全国较普遍。大区小乡制,即将原公社改为区,原生产大队改为乡,这种体制在广东、云南等省实行。大区中乡制,即将原人民公社改为区,原人民公社下的管理区改为乡。这主要在原人民公社管辖范围较大的地方实行,约占全国总乡数的13%。当时,全国共有县辖区(区公所)7908个,乡82450个(其中民族乡3144个),镇9140个。

在乡级政权组织建设上,大力推进基层民主建设。一是建立和完善人民代表大会制度。1982年12月10日,第五届全国人民代表大会第五次会议修正后的《中华人民共和国地方各级人民代表大会和地方各级人民政府组织法》规定:"乡、民族乡、镇的人民代表大会会议由乡、民族乡、镇的人民政府召集。"1986年12月2日,第六届全国人大常委会第十八次会议将这

项规定改为:"乡、民族乡、镇的人民代表大会举行会议的时候,选举主席团。由主席团主持会议,并负责召集下一次的本级人民代表大会会议。"1995年2月28日,第八届全国人大常委会第十二次会议又做了修改,规定:"乡、民族乡、镇的人民代表大会举行会议的时候,选举主席团。由主席团主持会议,并负责召集下一次的本级人民代表大会会议。乡、民族乡、镇的人民代表大会主席、副主席为主席团的成员。"中共十五届三中全会通过的《中共中央关于农业和农村工作若干重大问题的决定》指出,要坚持和完善乡镇人民代表大会的直接选举制度。乡镇人民代表大会要认真履行法律规定的各项职权。二是在全国乡镇政权机关和派驻乡镇的站所全面推行政务公开制度。中共十五届三中全会通过的《中共中央关于农业和农村工作若干重大问题的决定》指出:乡镇政权机关都要实行政务公开,方便群众办事,接受群众监督。2000年12月6日,中共中央办公厅、国务院办公厅发出《关于在全国乡镇政权机关全面推行政务公开制度的通知》,对乡镇政务公开进行了部署。这一通知指出:在乡镇政权机关和派驻站所全面推行政务公开制度,有利于加强基层政权建设、党组织建设和干部队伍建设,提高乡镇政权机关依法行政的水平,增强权力运行的透明度,促进廉政勤政建设,推动党在农村各项政策的落实。推行乡镇政务公开的基本原则是依法公开、真实公正、注重实效和有利监督。要求乡镇政务公开从人民群众普遍关心和涉及群众切身利益的实际问题入手,对群众反映强烈的问题,容易出现不公平、不公正甚至产生腐败的环节以及本乡镇经济和社会发展的重大问题,都应当公开。

在乡镇机构改革上,采取了一系列措施,包括通过转变职能以适应社会主义市场经济发展要求,通过减少财政供给人员以减轻农民负担。在税费改革之前,中国乡级政权组织机构和人员不断增多。以湖北省汉川市乡级政府机构与人员配备为例,1998年与1949年相比,乡镇部门数由3个增加至44个,行政干部由13.6人增加至43.8人,与群众的比例由1∶2552增加至1∶736(见表3-3)。这种现象在中国历史上是空前的,在国外也极其少见。导致这一现象的原因,根源是计划经济体制所导致的部门分割。在这种体制下,尽管要求下面机构设置不与上面对口,但在实践中难以做到,部门设置较多,包括党委、政府、人大主席团、政协联络处、武装部、纪律检查委员会、政法委员会等,还有自上而下设立的七站八所。如有的镇的政协联络处设主任1人,副主任2人,都是"吃皇粮"的公务员,而这些镇连一个统战对象都没有。1998年9月25日,江泽民在安徽考察工作时指出:

"现在农民负担重,一个主要原因就是靠农民负担供养的人员太多。'养民之道,必以省官为先务'。乡镇机构改革,要认真研究解决这个问题。"[1]中共十五届三中全会通过的《中共中央关于农业和农村工作若干重大问题的决定》,明确了乡镇机构改革的任务,指出乡镇政府要切实转变职能,精简机构,裁减冗员,先要坚决把不在编人员精减下来,做到依法行政,规范管理。在启动农村税费改革试点之初,2001年2月2日,中央召开全国市县乡镇机构改革工作会议,对乡镇机构改革进行了具体部署。这次会议明确:确保全国市县乡机关行政编制总的精简20%;积极推进行政审批制度改革;清理整顿行政执法队伍,实行集中综合执法;坚决清退超编人员和各类临时聘用人员,压缩财政供养人员;想方设法把分流人员安置好。

表3-3　1949—1998年湖北省汉川市乡级政府机构与人员配备

年份	部门数量/个	行政干部数量/人		行政干部与群众的比例/(%)
		合计	其中乡级领导	
1949	3	13.6	3.8	1∶2552
1950	5	16.5	6.3	1∶2710
1951	8	13.7	4.2	1∶2062
1956	14	40.1	5.1	1∶1120
1957	16	36.5	4.6	1∶1163
1958	26	53.3	6	1∶1136
1959	27	35.3	4.5	1∶1189
1961	27	38	4.4	1∶1070
1964	27	47.8	4.7	1∶1066
1966	28	62.5	4.5	1∶863
1975	36	37.1	9	1∶795
1978	38	51.9	8.2	1∶694
1984	44	64.9	11.8	1∶733
1985	47	70.1	9.6	1∶498

---

[1] 《江泽民文选》(第2卷),人民出版社2006年版,第215页。

续表

年份	部门数量/个	行政干部数量/人		行政干部与群众的比例/(%)
		合计	其中乡级领导	
1987	48	38.7	11.7	1∶740
1998	44	43.8	17.3	1∶736

注：1949年7月至1958年9月为区、乡体制；1958年9月至1984年1月为人民公社体制；1984年1月至1987年9月为区、乡体制；1987年9月至1998年为乡下设管理区体制。

(二) 实行村民自治让农民自主公共事务和公益事业

实行家庭承包经营制度后，土地由农户经营，一些地方乡村基层组织出现了瘫痪、半瘫痪局面，社会治安问题、民事纠纷大量增加，乱砍滥伐、偷牛盗马等时有发生。于是，有些地方出现了村民自治会、村民自治组、村民委员会等组织。一些地方村民自治搞得较好，消息传到北京，很快得到彭真的关注。他认为这是农民群众的伟大创造，并立即请全国人大常委会法工委和民政部派人调查研究。1982年4月，在总结各地建立村民委员会经验的基础上，将村民委员会正式写进了《中华人民共和国宪法修正草案》，并在各地有领导、有计划、有步骤地展开建立村民委员会的试点工作。1982年12月，第五届全国人民代表大会第五次会议通过《中华人民共和国宪法》，规定了村民委员会的性质、基本任务、组织设置、选举等有关事宜，从而确立了村民委员会的法律地位。1983年10月，中共中央、国务院发出《关于实行政社分开建立乡政府的通知》，对村民委员会的建立提出明确要求："村民委员会是基层群众性自治组织，应按村民居住状况设立。村民委员会要积极办理本村的公共事务和公益事业。协助乡人民政府搞好本村的行政工作和生产建设工作。村民委员会主任、副主任和委员要由村民选举产生。各地在建乡中可根据当地情况制订村民委员会工作简则，在总结经验的基础上，再制订全国统一的村民委员会组织条例。有些以自然村为单元建立了农业合作社等经济组织的地方，群众愿意实行两个机构一套班子，兼行经济组织和村民委员会的职能，也可同意试行。"根据这一文件，全国建立了926439个村民委员会。大多数地方在建乡政府的同时，将原来的生产大队、生产小队分别改建为村民委员会和村民小组。在北方农区，由于村落居住比较集中，较普遍的是以原生产大队范围建立村民委员会，原生产队则变为村委会下属的村民小组或自然村。在南方农区，有的将原来的大队改为乡，村委会下设到原生产队所在的自然村；也有的以原生产大队为范围建立村委会,以原生产队为范围建立村民小组。几经调整,到1995年,有74万个村民委员会,约500万个村民小组。大多数村实行党支部、村委会、经济合作社三套班子领导成员交叉兼职,村级组织仍然承担着较强的行政功能,并赋予其征收村的公积金、公益金和行政管理等三项提留费用,为乡镇政府和上级部门代收教育、计划生育、道路建设、民兵训练、优抚等五项统筹的权利。

在各地村民自治的实践基础上,1987年11月,第六届全国人民代表大会第二十三次会议通过了《中华人民共和国村民委员会组织法(试行)》,为村民自治提供了法律保障,也促进了村民自治的规范运作。1994年,中央召开全国农村基层组织建设工作会议,明确提出完善村民选举、村民议事、村务公开、村规民约等项制度,使村民自治制度进一步完善。在总结各地实践经验的基础上,民政部将开展村民自治活动的基本内容提炼、概括为民主选举、民主决策、民主管理、民主监督。1997年10月,村民自治的基本内容——民主选举、民主决策、民主管理、民主监督被写入中共十五大报告。1998年11月4日,第九届全国人大常委会第五次会议通过了修订后的《中华人民共和国村民委员会组织法》,将民主选举、民主决策、民主管理、民主监督用法律的条文固定下来。

村民自治制度的建立,使广大农民在中国共产党的领导下走上了一条直接行使民主权利、依法自治的道路。

(三) 村集体经济组织的变化

在政社分设、村民自治的条件下,中央从完善以家庭承包经营为基础、统分结合的双层经营体制出发,明确了促进村集体经济组织发展的政策取向。1984年中央一号文件提出:"一般应设置以土地公有为基础的地区性合作经济组织。这种组织,可以叫农业合作社、经济联合社或群众选定的其他名称;可以以村(大队或联队)为范围设置,也可以以生产队为单位设置;可以同村民委员会分立,也可以一套班子两块牌子。"1987年,中共中央政治局通过《把农村改革引向深入》,明确指出,乡村集体经济组织不管名称如何,均应承担生产服务职能、管理协调职能和资产积累职能,尤其要积极为家庭经营提供急需的生产服务。有条件的地方,还要组织资源开发,兴办集体企业,以增强为农户服务和发展基础设施的经济实力。村集体经济组织是一笔历史传承下来的组织资源,应充分有效地发挥其功能。20世纪80年代初以来,村集体经济组织发生了一系列变化。

名称的变化。各地在实践中的做法不一,少数地方保留村经济合作社,多数地方村集体经济组织不挂经济合作社牌子,极少数集体经济实力强的村发展为公司、总公司、集团公司等等。2002年笔者调查所到的江苏、河南、湖南、四川、福建等地,前四个省的村集体经济组织一般不戴经济合作社帽子,福建省仙游县村集体经济组织仍戴着村经济合作社帽子。

领导机构的变化。20世纪80年代初期,行政村一般都设了与党支部、村民委员会并列的村经济合作社领导机构。之后,除少数保留经济合作社的村还设有专门的领导机构外,村集体经济组织不再设专门的领导机构,由村民委员会代行其职。即便是设了村经济合作社专门领导机构的,其集体资产管理和生产经营活动主要是由村党支部和村民委员会负责,如在土地、林果场、企业等集体资产的承包、租赁、参股等经济活动中,代表村集体签合同的是村民委员会。换言之,在实际运作中,村经济合作社的经济活动主要是由村党支部和村民委员会代理,村经济合作社管理机构虚置。

产权制度改革时将部分集体资产量化到职工个人,还有部分集体股从企业退出。以江苏省常熟市为例,在乡镇企业产权制度改革之前以集体经济为主,是典型的苏南模式。该市1999年10月完成乡镇企业第一轮产权制度改革后,集体股仍有较大比例,其中:全市集体参股、控股企业354家,占改制企业总数的15.4%;"租股"、"租售"结合企业1945家,占改制企业总数的84.6%。该市在2001年2月开始的第二轮产权制度改革中,政府倡导对集体参股、控股企业实行提高经营者持股比例和非集体股比例的改革;对"租股"、"租售"结合企业,变租为卖。截至2001年6月底,全市乡镇企业集体退股37家(退出股金2882万元),集体资产租赁转让1283万元。

集体资产经营方式的变化。产权制度改革后,政企分开,产权明晰,村里从直接经营领域退出,村集体资产以承包、租赁、参股等方式经营,村集体经济组织的职能主要是负责集体资产的管理,并盘活资产,以确保资产保值增值。

集体收入的变化。产权制度改革后,村集体企业改为股份制企业或卖给私人成为私营企业,这使得村集体收入相应减小,一般只有企业股权分红收入和企业、门面等集体资产承包或出租收入。乡村居民收入来源由以集体经营收入为主到以家庭经营收入为主,从集体所获收入占农民全年纯收入的比重,1978年为66%,1985年以后这一比重便迅速下降到不足10%。

财务管理的变化。20世纪80年代初,每个村的财务均由村里自行管理。随着村民自治制度的建立和完善,以及从减轻农民负担出发,逐步形成了两头监督机制,即在村内实行村务、财务公开让村民监督制度的同时,还实行"村账镇代管",以加强上级监督。江苏省常熟市在探讨做好村集体财务与资产管理电算化工作方面,于2002年6月底开始实行"村账镇代管"。具体办法是每个镇成立村级财务管理服务中心,在镇经济服务中心的统一管理指导下,接受各村委会的委托,为各村代理记账核算。"村账镇代管"实行"五个不变"原则,即村级经济独立核算单位不变,村级资产(资金)的所有权、使用权、收益权不变,村级财产及债权债务管理的主体不变,村级资金的收支审批权不变,村会计定员干部性质不变。并规定任何单位和个人不得平调、挪用、侵犯村集体经济组织的合法权益。同时,建立与"村账镇代管"相配套的相关管理制度,主要有:村级财务管理制度,村级经济预决算制度,村务、财务公开制度,村级经济合同管理制度及集体资产保值增值考核制度,档案管理制度,镇村财会人员管理岗位责任制和考核奖惩制度等。现在,很多地方都实行了"村账镇代管"制度。"村账镇代管"的实施,起到了积极功效,如:加强对集体资产经营管理的监管力度,保障集体资产保值增值;规范会计工作秩序和财务管理行为,完善村级财务预决算制度;精简村级干部,减少和压缩非生产性支出,增加和稳定村级集体经济收入,切实减轻农民负担。

功能的变化。村集体经济组织的功能是与其经济实力的强弱匹配的,经济实力强则其功能发挥较好,经济实力弱则会约束其功能的发挥。笔者调查的江苏省常熟市的蒋巷村、梦兰村、康博村和常南村,2001年村级可用财力分别是606万元、308万元、1243万元和96万元,其集体经济的功能发挥较好。以蒋巷村为例,2001年村级集体收入除满足管理功能外,大量的是用于扩大再生产和提供公共品,如农业投入支出达203.89万元,福利事业费支出达357.2万元(见表3-4)。但是,就全国大多数农村而言,很多村的收入难以维持村级事务的正常运转。一方面,历史债务负担沉重。据2000年的统计,全国乡镇负债1740亿元(平均每个乡负债近400万元),村级负债1420亿元(平均每个村负债近20万元),两级负债合计3160亿元。这些债务很大一部分是在完成教育、道路、卫生等各种达标过程中形成的。另一方面,税费改革和产权制度改革后,村集体收入减少。在这两方面因素影响下,很多村集体收入难以维持村务的正常运转,村集体经济组织提供公共品的功能难以实现。

表 3-4 2001 蒋巷村集体收入与支出情况

收入		支出		备注
项目	金额/万元	项目	金额/万元	
收入合计	648.26	支出合计	625.23	农业投入包括：农田水利建设16.4万元，农村道路、桥梁82.36万元，竹林、果园培植105.13万元。 管理费用包括：干部报酬、招待费、办公费。 福利费用包括：优、供、补，合作医疗，发放养老金，绿化环境，社会公益事业
经营收入	54.42	经营支出	39.68	
水资源承包上交	1.39	农业投入	203.89	
租金收入	0.2	管理费用	24.49	
集体企业上交	588	福利费用	357.2	
两税附加收入	1.25	投资企业	—	
其他收入	3	其他支出	—	
上年结余	17.2	当年结余	23	

大学毕业生出任"村官"和村干部职业化趋势显现。村干部年龄老化、活力不强、观念不新等已成为影响新农村建设的较为普遍的问题。2007年初对22个县35个村的村党支部书记、村委会主任的调查显示，年龄在50岁以上的占总数的75%以上，最大的72岁。一些基层干部和群众说：县级领导40多岁，乡镇干部30多岁，村干部却是50多岁，这样的年龄结构很不合理。针对村干部年龄偏大、文化程度偏低的状况，一些地方采取政策措施，鼓励具有大专及以上学历的年轻人到农村担任村干部（习惯称之为"大学生村官"）。这种做法既有利于乡村基层干部结构和人才结构的改善，又有利于人才的成长和培养。发达地区较早进行公开招聘优秀大中专学历者到村里出任"村官"的尝试。2002年初笔者到常熟市蒋巷村调查，已有一名大专生经公开招聘到村里任助理，后由于工作出色，经选举任村民委员会副主任。大专及以上学历毕业生到村里任职，是把村干部作为就业的一种岗位，这需要几个基本条件：大专及以上学历者在村干部岗位上能有所作为，可以实现自己的人生价值；大专及以上学历者在村干部岗位上能挣到较理想的薪金；有经济基础，即村的经济发展水平和县、镇、村财力具有支付职业化了的村干部工资的能力。常熟市、镇、村三级财力和部分村经济社会发展状况具备这些条件，所以为数较多的大专学历者在常熟市出任"村官"于2002年即已成为事实。2006年开始，北京市招聘大学毕业生到郊区担任村党支部书记助理和村委会主任助理，入选大学生与乡镇签订为期三年的劳动合同，第一年人均月薪2000元，第二年2500元，第三年

3000元,并由政府缴纳各类社会保险。2008年中央一号文件明确提出,"制定鼓励政策,引导高等学校毕业生和选派县乡年轻干部到乡村任职"。另外,税费改革后,村干部的基本报酬由从集体经济组织的收入中支付改为政府财政支付,这既有利于农民负担的减轻,也有利于基层干部队伍的稳定。这些也表明,村干部职业化趋势已显现出来。

六、实施扶贫开发,破解贫困问题

到20世纪80年代中期,改革开放政策使乡村贫困人口快速减少,但到1985年因受经济、社会、历史、自然、地理等方面制约而处于贫困状况的农民仍有1.25亿人。贫困地区仅靠自身的努力,难以缩小与其他地区的差距。国家对贫困地区实施了差别政策——扶贫开发政策。1984年9月,中共中央、国务院发出《关于帮助贫困地区尽快改变面貌的通知》,决定对贫困地区实施与一般地区不同的扶持政策。1986年4月,第六届全国人民代表大会第四次会议将帮助贫困地区较快地摆脱经济文化落后状况列入"七五"计划。同年,国务院成立专门扶贫工作机构,安排专项资金,制定专门的优惠政策,将此前的救济式扶贫政策改为开发式扶贫政策。经过八年的不懈努力,乡村贫困人口由1985年的1.25亿人减少到1992年的8000万人,占乡村总人口的比重从14.8%下降到8.7%。

随着贫困人口逐年减少,贫困人口分布的地缘性特征更加明显,主要集中分布在西南大石山区(缺土)、西北黄土高原区(严重缺水)、秦巴贫困山区(土地落差大、耕地少、交通不便、水土流失严重)、青藏高寒区(积温严重不足)等几类地区。导致贫困的主要因素是自然条件恶劣、基础设施薄弱和社会发育落后等。解决这部分人的脱贫问题,并创造稳定解决温饱的基础条件,必须打一场"攻坚战"。为此,1994年4月15日,国务院做出《国家八七扶贫攻坚计划》(简称"八七计划"),明确提出:集中人力、物力、财力,动员社会各界力量,力争用七年左右的时间,到2000年底基本解决农村贫困人口的温饱问题。这是一个目标明确、对象明确、措施明确和期限明确的扶贫开发行动纲领。在实施"八七计划"中,国家采取了一系列措施:一是加强领导。突出强调了党政一把手扶贫工作责任制。二是增加投入。中央政府用于扶贫开发的投入逐年增加,从1995年的98亿元增加到2000年的248亿元。同时,要求各级地方政府相应增加扶贫资金,并把扶贫列入财政预算。三是收缩范围、集中力量、保证重点。全国确定了592个重点扶持的贫困县。这些县的贫困人口占8000万贫困人口的70%。同时,强调把贫困县中最贫困的乡、村、户始终作为扶持的重点,彻底改变不论贫富均等扶持的办法。四是扶贫到户。1997年颁布实施的《国家扶贫资金管理办法》明确规定,中央的各类专项扶贫资金要以贫困户为对象,除了以当地农副产品为原料的加工业中效益好、有还贷能力的项目外,扶贫专项贷款不再支持贫困地区非农产业项目。四是对贫困地区在信贷、财税、经济开发方面实行优惠政策。1998年国家开始的小额信贷试点和推广工作,在1999年即覆盖240多万个贫困农户。2000年银行信贷扶贫资金总额150亿元,其中50亿元直接用于农户解决温饱的种植业、养殖业。五是开展东西扶贫协作和以中央各部委为主的定点扶贫工作。到2000年,东部13个沿海省、市实际投资57.9亿元,无偿捐助16.38亿元,并通过干部交流、人才培训为贫困地区培养了大量人才。中央各部委扶持了325个国定贫困县,投入资金44亿元,帮助引进资金105亿元,进行各类培训68万多人次。

20多年间,在解决贫困地区乡村问题上实施的差别政策,以及救济式扶贫逐步转变为开发式扶贫、封闭式扶贫逐步转变为开放式扶贫,解决了2亿多乡村贫困人口的温饱问题。乡村尚未解决温饱问题的贫困人口由1978年的2.5亿人减少到2000年的3000万人,贫困发生率从30.7%下降到3%左右。同时,这些地区乡村经济社会事业取得明显进展。到2000年底,贫困地区通电、通路、通邮、通电话的行政村分别达到95.5%、89%、69%和67.7%。"八七计划"执行期间,国家重点扶持贫困县农业增加值增长54%,年均增长7.5%;工业增加值增长99.3%,年均增长12.2%;地方财政收入增加近一倍,年均增长12.9%;粮食产量增长12.3%,年均增长1.9%;农民人均纯收入由648元增加到1337元,年均增长12.8%。592个国家重点扶持贫困县中有318个实现了基本普及九年义务教育和基本扫除青壮年文盲的目标。大多数贫困地区乡镇卫生院得到改造或重新建设,缺医少药的状况得到缓解。推广了一大批农业实用技术,农民科学种田的水平明显提高。贫困地区95%的行政村能够收听收看到广播电视节目,群众的文化生活得到改善,精神面貌发生了明显变化。缓解和消除贫困是一项长期任务。2001年,国务院又颁布《中国农村扶贫开发纲要(2001—2010年)》,致力于进一步减少贫困人口和改善贫困地区的生产生活条件。

第三节　结构转换与二元结构的初步破解

对于1978—2001年乡村改革成效的评价,可以有多种视角。本书从结构转换的视角,对其进行评价。之所以选择这一视角,是因为在经济学中,经济结构的转换比经济增长更能科学反映经济发展的程度和实质。这期间,中国农业实现了快速发展,并因此而解决了全国人民的温饱问题,农产品的供给也实现了由供不足需转向供需基本平衡的历史性跨越,这是乡村改革的巨大而又突出的成就之一。从结构转换视角分析,乡村改革更具深远意义的成就是实现了重大的结构转换:随着整个经济的发展和市场化改革中一系列赋权与放活政策的实施,扭转了1978年前城乡二元经济社会结构固化的格局,显著的变化是传统农业快速向现代农业转变,乡村产业结构由较单一发展农业向一二三产业全面发展转变,由此也改变了乡村劳动力就业结构,农民收入来源也随之由以农业为主向以二三产业为主转变。这些重大结构的转换,成为之后较长时期乡村发展乃至整个经济社会发展的积极的前置因素。

一、就业结构与产业结构的转换

1978年以来,中国放弃了动员城市知识青年到乡村从事农业生产的政策,市场化改革又改变了乡村劳动力较单一从事农业的政策,农民可以在乡村从事二三产业,也可以进城经商务工和创业。

改革初期,乡村富余劳动力主要是向乡镇企业转移,当时通俗地将这种劳动力转移称为"离土不离乡"。

20世纪80年代末期开始,随着城市经济的快速发展,加上就业政策逐步市场化,乡村劳动力开始大量进入城市务工经商。进入90年代,农产品长期短缺的问题基本得到解决,在当地乡镇企业吸纳部分劳动力的同时,乡村劳动力外出就业规模显著扩大。1992—1995年,平均每年转移约540万人。当时对农民大量涌入城市经商务工缺少思想和物质准备,加上城市体制改革不到位,对农民进城务工的服务跟不上,农民大量进城经商务工给铁路运输、城市管理、生活品供应和服务构成压力,也发生了一些社会治安问题,因而社会上将农民工大量流动现象形象地喻之为"民工潮",甚至还被歧视性地称为"盲流"。

在对农民进城务工经商认识存在偏见和城市就业压力增大的情况下,

国家在当时对乡村劳动力到城市务工经商实行了一些限制性政策措施。1989年3月,针对"民工潮"问题,国务院办公厅发出了《关于严格控制民工盲目外出的紧急通知》。1990年4月,国务院又发出了《关于做好农村劳动力就业工作的通知》,指出对农村劳动力进城务工,要运用法律、行政、经济的手段和搞好宣传教育,实行有效控制,严格管理。确定一个时期内城市使用农村劳动力规划,由劳动部门本着从严的精神负责统一审批,并建立临时务工许可证和就业登记制度。1994年11月,劳动部颁布的《农村劳动力跨省流动就业管理暂行规定》提出,被用人单位跨省招收的农村劳动者外出之前,须持身份证和其他必要的证明,在本人户口所在地的劳动就业服务机构进行登记并领取外出人员就业登记卡;到达用人单位后,须凭出省就业登记卡领取当地劳动部门颁发的外来人员就业证;证、卡合一生效,简称流动就业证,作为流动就业的有效证件。从此,以就业证、卡管理为主的乡村劳动力跨地区流动就业制度开始在中国实施。1995年9月,中共中央办公厅、国务院办公厅转发中央社会治安综合治理委员会《关于加强流动人口管理工作的意见》,决定实行统一的流动人口就业证和暂住证制度,以提高流动的组织化、有序化程度。对进城务工经商农民实行就业证、暂住证、健康证等名目繁多的证件管理制度,实际上不能起到管理的功能,也不能实现引导农民工有序流动的政策预期,反而成为向农民收费和实现一些部门创收目标的制度,也成为农民进入城镇就业、创业的一道门槛。换言之,在城镇居民与乡村居民就业上,尽管在就业市场化改革中城市向农民工开了城门,却设了门槛,即仍实行城乡二元就业政策。受宏观经济增长速度放缓及农民进城务工经商限制性政策的影响,1995—1997年乡村劳动力外出就业转移的数量继续增加,但增幅下降,平均每年只转移约360万人。

农民工价格低廉,特别能吃苦,他们进城务工解决了城市脏累差工种劳动力短缺的问题。随着经济社会的发展,农民工日益成为城市发展的重要力量,城市的发展也越来越离不开农民工,社会各方面对进城务工农民的认识和态度也随之发生了显著的变化。进入21世纪,各级政府加强了对进城务工农民的服务,一些输入地政府还将农民工管理经费纳入当地财政支出,为农民进城务工创造更加良好的政策环境。2001年3月30日,国务院批转公安部《关于推进小城镇户籍管理制度改革意见的通知》,提出凡在小城镇有合法固定的住所、稳定的职业或生活来源的人员及与其共同居住生活的直系亲属,均可根据本人意愿办理城镇常住户口;已在小城镇办理的蓝印户口、地方城镇居民户口、自理口粮户口等,符合上述条件的,统一登记为城镇常住户口。这标志着在小城镇上废除了城乡分隔制度。有些地方还采取了鼓励农民到小城镇居住和创业的政策。2001年10月,国家计委、财政部在《关于全面清理整顿外出或外来务工人员收费的通知》中明确规定,除证书工本费外,暂住费、暂住(流动)人口管理费、计划生育管理费、城市增容费、劳动力调节费、外地务工经商人员管理服务费、外地(外省)建筑(施工)企业管理费等行政事业性收费一律取消。证书工本费收费标准每证最高不得超过5元。由于对农民进城就业政策的调整,加上对农业和乡村经济结构进行战略性调整,1998年以后乡村劳动力外出就业人数增加量又开始呈增长态势。

乡村工业化、城镇化的推进和允许农民进城务工经商这一结构性政策的调整,促进了农民就业的非农化和人口的城镇化,使改革前留下的就业结构转换严重滞后于产业结构转换的问题得到初步校正,并发生了两个转折性变化:一是以1992年为转折点,农业部门就业的劳动力数量开始持续减少。2001年农业部门的从业人数比1991年减少了2585万人。二是到1997年,农业部门就业的劳动力数量占全社会劳动力的份额仅为49.9%,即第一次下降到50%以下,比1978年的70.5%下降了20.6个百分点。这两个转折性变化,表明中国在改变城乡二元经济社会结构方面有了一个良好的开端。尽管如此,农业部门就业的劳动力数量占全社会劳动力的份额仍较大,这一结构性问题的解决,仍需要相当长的时间。

二、农业素质的提升和农产品供求关系的根本改变

乡村改革解放和发展了生产力,促进了传统农业向现代农业的快速转变,农业增长方式发生重大转变,由20世纪70年代末的主要依靠增加劳动力和土地投入实现农业增长,转变为世纪之交的主要依靠科技进步和现代生产要素投入实现农业增长,农业的整体素质显著提升,农业综合生产能力大幅度提高。以增长相对缓慢的粮食产量为例,在耕地面积逐步减少的情况下,由1978年的30477万吨提高到2001年的45264万吨,其中1998年还高达51230万吨。

农产品产量的快速增长,使农产品供求关系在20世纪90年代末发生了历史性变化,从总量不足转变为供需基本平衡,并出现结构性和区域性过剩,长时期的"生产什么卖什么"、"生产多少卖多少"的卖方市场特征逐渐消失,买方市场特征渐显。这标志着农业和乡村经济进入新的发展阶

段。在农产品供给大幅度增加的同时,城乡居民的生活水平显著提高,城乡居民恩格尔系数逐步下降,分别由1978年的57.5%和67.7%,下降为2001年的38.2%和47.7%。

中国农业的成功,被国际社会公认为是一件十分了不起的事情,受到普遍赞誉。1993年,联合国粮农组织将世界粮食奖颁发给中国,以表彰中国为世界粮食事业所做出的巨大贡献。1998年,联合国粮农组织又向江泽民颁发了"农民"奖章。

三、乡村产业结构调整和农民收入结构的改善

在改革进程中,放弃了仅在城市发展工业的政策,大力支持乡村发展工业;放弃不准农民进城的政策,允许农民进城务工经商;大力引导和支持小城镇的健康发展。这些放活政策,促进了乡村产业结构的调整,乡村产业结构由较单一的农业向一二三产业全面发展转变。2001年,乡镇企业增加值达29356亿元,是农业增加值的1.9倍,即在乡村非农产业已是三分天下有其二。

乡村产业结构和农民就业结构的变化,导致了农民收入结构的变化,由改革前的主要依靠农产品特别是粮食增产和提价,转向主要依靠多种经营和非农产业的发展。2001年农民人均纯收入中,来自第一产业的收入为1165.17元,在纯收入中所占份额为49.2%,比1978年的91.5%下降42.3个百分点;在农民人均现金收入中,2001年工资性收入达769.77元,工资性收入占现金收入的份额由1995年的22.1%增加至30.4%,增加8.3个百分点,非农业收入尤其是工资性收入逐步成为农民收入增长的主要来源。

中共十一届三中全会至十六大之前,中国还不是主动地、全面系统地对城乡二元结构进行破解,而主要是通过在乡村层面实施赋权与放活政策,局部打破城乡二元经济社会结构。而这一时期解决乡村问题的努力,仍是在农业养育工业的政策框架下进行的,还形成了通过低价征用乡村土地、农民工与城市职工同工不同酬的工资差、乡村资金大规模流向城市等向乡村"取"的新渠道。正因为如此,城镇居民可支配收入与乡村居民人均纯收入的差值由1978年的210元扩大到2001年的4493元,两者之比由2.6:1扩大到2.9:1;受城乡居民收入差距长期持续扩大的影响,城乡居民消费差距也呈持续扩大之势;城乡社会事业发展和居民社会保障水平差距明显;2001年城镇居民平均期望寿命为75.2岁,农民为69.5岁,两者相

差 5.7 岁。简言之,经过 20 多年改革与发展之后,到世纪之交,城乡差距不但没有缩小,反而有所扩大,与工业、城市、城市居民相比,农业的弱质性、乡村的弱势地域、农民的弱势群体格局依旧,城乡二元经济社会结构依旧。

第四章

进入工业化中期的乡村发展

本章围绕中共十六大起至十八大前乡村发展目标与实现路径的选择，就中国共产党解决"三农"问题的探索进行回顾和讨论，主要回答三个方面的问题：一是进入工业化中期阶段后，中国共产党在乡村工作指导思想、战略任务、政策目标、资源在工农两部门配置政策取向上做了哪些调整；二是在统筹城乡经济社会发展方略下，围绕乡村发展目标的实现，探索出哪些路径，做出了哪些具体的政策安排；三是从历史观、国际视野和理论视角分析中国乡村发展取得了哪些重大进展。

21世纪初，基于中国进入工业化中期的新的经济社会发展阶段和"两个趋向"重要论断，中共中央、国务院做出中国已经进入工业反哺农业、城市支持农村阶段的判断，将长期实行的农业养育工业调整为工业反哺农业。这是资源在工农两部门配置政策取向上的根本转变。基于经济社会阶段和政策取向的变化，中国对乡村发展目标进行了重大调整，在坚持农业增产、农民增收的目标的同时，又把乡村基础设施和社会事业发展列入显著的发展目标，并将这些发展目标统一于建设社会主义新农村。为实现新的发展目标，在统筹城乡经济社会发展的方略下，国家全面启动城乡二元制度向一元制度的转变，城乡经济社会发展一体化的政策框架初显。这期间，在新的强农惠农富农政策下，农业持续快速发展，其中难度最大的粮食生产，扭转了连续五年下滑的局面，总产实现了"九连增"而创历史新高；农民收入也扭转了增幅连年下降和低位徘徊的局面，实现"九连快"；乡村基础设施建设和社会事业发展快速推进，乡村民生显著改善。

第一节　统筹城乡发展与乡村发展目标调整

世纪之交,中国城乡差距较大,粮食连年减产、农民收入增长幅度连年下降,还发生了农民工工资拖欠和子女上学难、城乡接合部(一些进城务工农民当时选择在城乡接合部租用较便宜的简陋住房)治安状况差等问题。在信息便捷传播的条件下,社会对"三农"问题更为关注而成为热点。政府官员投入大量精力抓"三农",人大代表和政协委员热议"三农",学术界广论"三农",新闻媒介聚焦"三农",城市居民谈"三农","三农"还成为出租车司机与乘客聊侃的话题。中共十六大起,针对"三农"问题成为全面建设小康社会和构建和谐社会的难点问题,中央确立了统筹城乡经济社会发展的方略和重中之重的指导思想,开始了工农城乡关系和乡村发展目标的重大调整。

一、统筹城乡发展和重中之重指导思想的确立

面对城乡差距的拉大,针对城乡二元体制是"三农"问题的根源,从国家现代化发展出发,2002年11月中共十六大报告首次提出了统筹城乡经济社会发展的方略,明确指出:"统筹城乡经济社会发展,建设现代农业,发展农村经济,增加农民收入,是全面建设小康社会的重大任务。"在2003年1月召开的中央农村工作会议上,胡锦涛指出,要统筹城乡经济社会发展,充分发挥城市对农村的带动作用和农村对城市的促进作用,实现城乡经济社会一体化发展。温家宝在2003年3月15日第十届全国人大一次会议结束后的答记者问中,提出了"城乡协调、东西互动、内外交流、上下结合、远近兼顾、松紧适度"的施政理念。2003年春夏之交暴发"非典"疫情后,中央领导集体对实现经济社会协调发展的迫切性,特别是加强乡村公共卫生体系建设的紧迫性有了新的认识。2003年10月,中共十六届三中全会通过的《中共中央关于完善社会主义市场经济体制若干问题的决定》,提出了统筹城乡发展、统筹区域发展、统筹经济社会发展、统筹人与自然和谐发展、统筹国内发展和对外开放的要求。2004年9月,中共十六届四中全会通过的《中共中央关于加强党的执政能力建设的决定》,进一步提出了要推动建立统筹城乡发展、统筹区域发展、统筹经济社会发展、统筹人与自然和谐发展、统筹国内发展和对外开放的有效体制机制。2005年10月,中共十六届五中全会通过的《中共中央关于制定国民经济和社会发展第十一个五

年规划的建议》提出:"要从社会主义现代化建设全局出发,统筹城乡区域发展。坚持把解决好'三农'问题作为全党工作的重中之重,实行工业反哺农业、城市支持农村,推进社会主义新农村建设,促进城镇化健康发展。"中共十七大报告进一步提出:"建立以工促农、以城带乡长效机制,形成城乡经济社会发展一体化新格局。"中共十七届三中全会通过的《中共中央关于推进农村改革发展若干重大问题的决定》提出:"必须统筹城乡经济社会发展,始终把着力构建新型工农、城乡关系作为加快推进现代化的重大战略。"这进一步明确了构建新型城乡关系的方向和目标,是对统筹城乡经济社会发展方略的丰富和发展。统筹城乡经济社会发展方略的确立,将解决"三农"问题放到整个经济社会发展的全局和战略高度,跳出了就农业论农业、就农村论农村、就农民论农民的局限,它包含着对城乡二元政策的叫停和城乡一体化政策的启动,有利于构建起空间更为广阔的解决"三农"问题的政策体系,也标志着中国乡村发展进入新的历史阶段。

在长期确立的把农业放在国民经济首位的指导思想的基础上,中共十六大以来,又确立了把解决好"三农"问题作为全党和全部工作的重中之重的指导思想。2003年1月,胡锦涛在中央农村工作会议上指出:为了实现十六大提出的全面建设小康社会的宏伟目标,必须统筹城乡经济社会协调发展,更多地关注农村,关心农民,支持农业,把解决好农业、农村和农民问题作为全党工作的重中之重,放在更加突出的位置,努力开创农业和农村工作的新局面。2004年3月,温家宝在第十届全国人大第二次会议上所做的政府工作报告中指出:"解决农业、农村和农民问题,是我们全部工作的重中之重。"把解决好"三农"问题作为全党和全部工作的重中之重,是对把农业放在国民经济首位思想的坚持和发展。从2004年起,中央每年都发出一号文件,对乡村工作做出部署,制定和实施一系列新的强农惠农富农政策。这反映出在实践中重中之重已切实成为乡村工作的指导思想,更反映出中央领导集体解决好"三农"问题的决心和信心。

二、建设社会主义新农村战略任务的提出

改变乡村落后的状况,是一代又一代中国人为之奋斗的目标。

新中国成立之初至中共十六届五中全会之前,中共中央和中央政府就非常明确地提出了建设社会主义新农村这一概念。从能获得的中共中央、全国人大、国务院文件看,建设社会主义新农村这一概念,较早地出现在1960年4月10日第二届全国人大第二次会议通过的《关于为提前实现全

国农业发展纲要而奋斗的决议》中。这一决议指出:"中共中央制订的一九五六年到一九六七年全国农业发展纲要是高速度发展我国社会主义农业和建设社会主义新农村的伟大纲领。"实际上,自1955年底起,毛泽东就开始组织起草《一九五六年到一九六七年全国农业发展纲要(草案)》。在此前,1954年9月,周恩来在第一届全国人大第一次会议上所做的政府工作报告中,代表中央政府正式提出了包括农业现代化在内的"四化"建设任务。可见,尽管建设社会主义新农村这一概念在中央文件中是因为实施《一九五六年到一九六七年全国农业发展纲要》而引出来的,但从20世纪50年代初就开始了建设社会主义新农村的实践探索是不可否认的。

改革初期,1981年11月30日和12月1日第五届全国人大第四次会议政府工作报告《当前的经济形势和今后经济建设的方针》,号召把调整农村生产关系与发展农村生产力结合起来,改善农业生产条件,促进农业经济全面发展,促进社会主义新农村的富裕繁荣。1984年中央一号文件提出国家设在农村的一切企事业单位,要"加强同附近农民的联系,按照互惠的原则,通过提供当地农民需要的各种服务,与农民共同建设农村的物质文明和精神文明,为促进商品生产发展、加强工农联盟、建设社会主义新农村做出新的贡献";号召农村党组织"带领广大共产党员、共青团员和社会主义建设积极分子,团结亿万农民,为建设社会主义新农村而奋斗"。1987年1月22日中共中央发出《把农村改革引向深入》的通知,要求农村各级领导,组织干部群众进行系统的学习,全面理解新时期农村政策的精神,进一步动员起来,巩固和扩大改革的成果,促进农业生产,为争取农村经济的新增长,为建设繁荣富裕文明的社会主义新农村而奋斗。1992年3月18日,国务院批转农业部《关于促进乡镇企业持续健康发展报告》,要求各地促进乡镇企业持续健康发展,合理利用农村富余劳动力,为农业生产上新台阶和建设社会主义新农村提供相应的资金,实现有中国特色的工业化。

在探索社会主义新农村建设的实践中,中共中央认为农村党组织是关键。1991年11月29日中共十三届八中全会通过的《中共中央关于进一步加强农业和农村工作的决定》指出,建设社会主义新农村,必须加强以党组织为核心的基层组织建设。1994年11月5日,中共中央发出《关于加强农村基层组织建设的通知》,指出全国农村几百万基层干部,是贯彻党在农村的方针政策,完成各项任务,团结带领广大农民建设社会主义新农村的骨干力量。要求各级党组织始终坚持以经济建设为中心,以奔小康、建设社会主义新农村为目标,把搞好农村基层组织建设与推动农村改革、发展、稳定结合起来,相互促进。把亿万农民紧紧团结在党的周围,凝聚成建设社会主义新农村的强大力量,推进农村改革的深化、经济的发展和社会的进步。在同年召开的全国农村基层组织建设工作会议上,胡锦涛指出,新一代农村青年朝气蓬勃,开拓进取,是农村社会力量中最活跃、最有生气的一部分,是建设社会主义现代化新农村的希望所在,也是农村基层党组织建设的希望所在。要密切联系建设社会主义新农村的实践,对他们进行党的路线、方针、政策的教育和形势、任务的教育,进行党的宗旨和群众路线的教育,进行党的优良传统和作风的教育,使广大农村基层干部充分认识自己肩负的重大责任,不辜负党的期望和农民群众的信任,努力为建设社会主义新农村做出新的贡献。

随着乡村经济的发展,中央要求各地以建设社会主义新农村为目标,加强精神文明建设。为此,1995年10月20日中共中央办公厅、国务院办公厅转发《中央宣传部、农业部关于深入开展农村社会主义精神文明建设活动的若干意见》,1996年10月10日中共十四届六中全会通过的《中共中央关于加强社会主义精神文明建设若干重要问题的决议》,都强调指出:要以提高农民素质、奔小康和建设社会主义新农村为目标,开展创建文明村镇活动。1998年10月中共十五届三中全会通过的《中共中央关于农业和农村工作若干重大问题的决定》,明确提出了到2010年建设有中国特色社会主义新农村的奋斗目标。

中共十一届三中全会起至十六届五中全会之前,一些经济发展较快的地区和小康村开始了社会主义新农村建设行动。特别是中共十六大提出统筹城乡经济社会发展方略后,许多地方积极地推进社会主义新农村建设,为建设社会主义新农村积累了实践经验。

改革开放后步入经济快速发展轨道的小康村,大都积极推进社会主义新农村建设。2004年,在65万个行政村中,人均纯收入在1万元以上的村2335个,占总数的0.35%;人均收入在3万元以上的村65个,约占1%。江苏省江阴市华西村是其中有代表性的佼佼者。昔日华西村是人人穷得没饭吃的贫穷小村,在以吴仁宝为书记的村党组织的领导下,1969年起发展村办工业。改革开放以来,华西村坚持以公有制为主体,走社会主义共同富裕的道路,物质文明、精神文明一起抓,一二三产业协调发展。华西村于1983年成为江苏省第一个千万元村,1988年成为江阴市第一个亿元村,2005年实现销售收入超300亿元。富裕了的华西村在推进社会主义新农村建设上始终走在前列。现在,华西村家家住别墅,户户有轿车。农民们生活环境像花园,日子过得像乐园。北京市韩村河村、窦店村、大营村,浙江省杭州市航民村、东阳市花园村、宁波市滕头村、义乌市大陈村,江苏省常熟市蒋巷村、太仓市太星村,河北省唐山市半壁店村、石家庄市柳辛庄村、晋州市周家庄乡,山西省晋城市皇城村,河南省新乡市刘庄村、漯河市南街村,山东省兖州市小马青村,江西省南昌市进顺村、萍乡市菜场村,湖南省长沙市印山村,广西壮族自治区南宁市西津村,辽宁省大连市后石村,吉林省四平市红咀村,云南省昆明市福保村等小康村都在经济发展的基础上,大力推进社会主义新农村建设。在这些小康村中,路面硬化,村庄绿化,环境美化,空气净化,一个村庄就是一个花园,一个花园就是一个城镇。村里公益事业完善,不但有幼儿园、敬老院、医疗所,有的还有电影院、游泳池,做到幼有所教,壮有所为,老有所养,残有所帮,病有所医。这些小康村中,农民不仅富裕,而且文明,他们都有较高的思想道德素质、科学文化素质和良好的精神风貌。村里呈现一派安定祥和、健康向上的社会风尚。尤其令人欣喜的是,一代有文化、有理想、有道德的新型农民不断成长,给这些村增添了新的活力和发展的后劲。小康村在推进社会主义新农村建设上取得令人瞩目的成效,共同经验主要有:一是坚持发展经济;二是不断增强集体经济实力;三是坚持以人为本,物质文明与精神文明建设相互促进,经济社会协调发展;四是有一个好的带头人和团结向上的领导集体。

中共十六大起,一些经济发达省市围绕全面建设小康社会,按照城乡统筹发展思路,朝着城乡一体化方向,积极探索社会主义新农村建设。规模较大、成效显著的是浙江省实施的"千村示范、万村整治"工程。2003年6月,浙江省委、省政府决定用五年时间,全面整治10000个村,并把其中1000个左右的村建设成为全面小康示范村。为推动这项工作,各级财政半年中就投入350亿元。到2005年6月底,全省累计启动建设的示范村达1677个,环境整治村达10582个,整治建设的村庄总数达到12259个,超过了五年的计划数。在义乌市,2003年7月就在整合人口和产业布局、优化各种资源的基础上,围绕缩小城乡差距、促进城乡一体化的目标,在全国率先制定颁发《城乡一体化行动纲要》。对义乌市1105平方公里市域进行整体性、一次性的规划,确立了"四个区、三步走、二十年、一体化"的总体思路,即在义乌主城区、副城区、城郊区和远郊区等四个区,分三步实施小康工程,用20年时间实现城乡一体化,改变城乡差别发展的状况,使村庄转变为社区,农民转化为市民。全市810个村的旧村改造和303个村的整治建设启动以后,2002—2005年,义乌市财政分别投入资金8.4亿元、8.9亿元、12.5亿元、16.8亿元,占财政总支出的比例分别为25.5%、26.1%、28.6%、45.8%。这些资金主要投向交通、农业、水利、卫生等九个方面的基础设施建设。浙江省村庄整治建设有四个特点:一是由点到面,从重点整治单个村庄开始向连片整治整个乡镇演进;二是由村容村貌整治向区域环境治理演进,重点解决垃圾无处去、污水随处流的问题;三是加快推进社区公共服务设施建设,着力提高农民的物质和文化生活质量;四是优化村庄布局,推进村庄集聚。2005年8月,浙江省委、省政府在嘉兴召开了"千村示范、万村整治"工程现场会,提出之后一个时期的"千村示范、万村整治"工程要扎实推进农村现代产业体系建设、农村现代社区建设、现代农民素质建设、城乡一体化的公共服务体系建设以及城乡配套的体制改革和制度建设,努力把传统农业改造建设成为具有持久的市场竞争力和能持续致富农民的高效生态农业,把传统村落改造建设成为让农民能过上现代文明生活的新社区,把传统农民改造成为能适应市场经济分工分业发展要求的有文化有技能有道德高素质的现代农民,形成城乡互促、共同繁荣的城乡一体化发展新格局。中共十六届五中全会后,浙江省对社会主义新农村建设提出了更高的要求。

经济发展处于中等水平的一些中部地区也不例外,积极探索社会主义新农村建设。例如,江西省赣州市在财政实力并不宽裕的情况下,从实际出发,积极推进社会主义新农村建设,取得可喜的成绩。2004年9月,江西省赣州市委、市政府做出《关于加强社会主义新农村建设工作的决定》,开始了以建设新村镇、发展新产业、培育新农民、组建新经济组织、塑造新风貌、创建好班子(简称"五新一好")为主要内容的社会主义新农村建设行动。赣州市社会主义新农村建设的总体目标是:到2010年,全市60%的村镇基本达到经济社会发展、群众生活安康、环境整洁优美、思想道德良好、公共服务配套、人与自然和谐的目标,缩小城乡差距,建设和谐农村,为全面建设小康社会奠定良好的基础。经过一年多的实践,赣州市初步确立了建设社会主义新农村的政策框架,探索了一套切合实际的工作方法、工作机制,社会主义新农村建设呈现出良好的发展态势,取得了阶段性成果。到2005年11月,全市农村"空心房"改造面积410万平方米,腾出老宅基地5980亩,垦复耕地5.36万亩,拆除废弃牛栏、猪圈、茅厕5.76万处;完成村庄改水6718个,改厕6.7万座,受益人口达50多万人;完成通村公路3420多公里;农业四大主导产业和六个区域特色产业的规划布局基本形成,产业建设和农民专业合作经济组织建设健康发展;党建与村建良性互促,物质文明与精神文明建设良性互动,基层组织和党员干部的为政能力得到明显提高,党群干群关系进一步密切。

基于中国进入工业化中期的经济社会发展阶段,也基于一些地方对建设社会主义新农村的实践探索,在统筹城乡经济社会发展的方略下,中共十六届五中全会提出:建设社会主义新农村是我国现代化进程中的重大历史任务,要按照生产发展、生活宽裕、乡风文明、村容整洁、管理民主的要求,扎实稳步地加以推进。从此,建设社会主义新农村成为新的乡村发展目标,成为集统筹城乡发展方略、"重中之重"、工业反哺农业和"多予少取放活"等强农惠农富农政策于一体的新的政策取向,成为集经济建设、政治建设、文化建设、社会建设和党的建设于一体的发展战略,成为解决"三农"问题、坚持以人为本而实现农民全面发展的新的切入点和总抓手,即成为包括政策目标、政策取向、发展战略、切入点和抓手等在内的完整的政策体系。全面推进社会主义新农村建设的历程,也从此启动。

三、乡村发展目标的调整

中共十六大起,中央对乡村发展目标的重大调整,突出的变化是在统筹城乡经济社会发展方略下,把乡村基础设施和社会事业发展纳入重要的发展目标。

在农业发展目标方面,从追求数量增长向追求质量提高转变。增加农产品产量、解决全国人民温饱问题一直是20世纪90年代以前中国农业政策的主要目标之一。世纪之交,中国农产品供求格局由长期短缺转变为基本平衡和丰年有余,这就形成了将农业发展目标由解决总量短缺问题调整为解决农产品供求结构矛盾和质量问题的内在需求。适应这种变化,20世纪末中央提出了对农业和农村经济进行战略性结构调整,这与20世纪80年代中期和90年代初期的两次农业结构调整相比,不是单纯农产品数量的增减,而是全面提升农产品的质量和农业的素质、效益。同时,随着工业化和城镇化的发展,土地、水等资源被大量非农化,也不同程度受到污染,农业的发展受资源约束愈来愈明显,这也在客观上提出了从粗放型发展向实现集约型发展和可持续发展转变的农业发展目标。科技进步与农业生产条件的改善,也为农业发展方式逐步由粗放型转向集约型发展和实施农业可持续发展战略提供了可能。

在乡村发展目标方面,不仅坚持强调一二三产业全面发展的产业发展目标,还强化了大力改善基础设施和发展社会事业的目标。产业发展在任何时期被列为重要的发展目标都是必然的和必须的,因为它是社会发展的基础。与产业发展始终是重要的发展目标有所不同的是,基础设施建设和社会事业发展在21世纪之前没有被纳入重要的发展目标。进入新世纪,进入工业化中期的经济社会发展阶段后,产业发展仍是重大发展目标,同时实现乡村基础设施和社会事业发展,进而形成城乡经济社会发展一体化新格局的需要更加突显。

在农民发展目标方面,把增加农民收入列为乡村发展的核心目标。农村居民收入增长缓慢,对农民生活的改善、农村市场的开拓,以及城乡经济的协调发展,都产生了明显的不利影响。1997年和1998年乡村居民人均生活消费支出出现负增长。同期,城镇居民人均生活消费支出年均递增达6.09%,城乡消费差距由1996年的2.49:1扩大到2000年的2.99:1。农民居民消费负增长导致乡村消费市场份额的萎缩,2001年县及县以下社会消费品零售额仅占全社会消费品零售总额的36.4%,2008年进一步下降至32%。此外,农民收入增长缓慢,也不利于农民增加对农业的投入和乡村社会的稳定。无论是从解决"三农"问题,还是从实现国民经济的持续发展考虑,都需要把农民增收纳入重要的政策目标。2003年12月胡锦涛在山东、河南考察工作时指出,要切实把增加农民收入作为农业和农村工作的中心任务,采取有效措施促进农民收入较快增长。2004年,中共中央、国务院专门就增加农民收入问题发文件,即中央一号文件《中共中央国务院关于促进农民增加收入若干政策的意见》,这在新中国的历史上还是第一次。中共十七大报告进一步指出:"以促进农民增收为核心,发展乡镇企业,壮大县域经济,多渠道转移农民就业。"2008年中央一号文件提出了"形成农业增效、农民增收良性互动格局"的要求。中共十七届三中全会提出了到2020年农民人均纯收入比2008年翻一番的目标。2009年中央一号文件再次将促进农业稳定发展和农民持续增收作为主题。这些与改革前将农民增收列为次于农业增产的政策目标形成反差,反映了经济社会发展阶段的必然要求。

四、工业反哺农业政策取向的确立

工业反哺农业的实质是将工业部门的部分剩余回流农业,路径是调整国民收入分配结构及财政支出结构,对农业实行"多予少取"。1998年中共十五届三中全会通过的《中共中央关于农业和农村工作若干重大问题的决定》提出了"坚持多予少取,让农民得到更多的实惠"的政策,但这并不能表明从此开始实施工业反哺农业的政策,因为当时还仅仅是从切实减轻农民负担出发而提出"多予少取"的政策,还不具有工业反哺农业的政策含义。

中共十六大起,中国启动了工业反哺农业政策,替代了长期实行的农业养育工业政策。胡锦涛在2004年9月召开的中共十六届四中全会上做出"两个趋向"的重要论断:综观一些工业化国家发展历程,在工业化初始阶段,农业支持工业、为工业提供积累是带有普遍性的趋向;但在工业化达到相当程度以后,工业反哺农业、城市支持农村,实现工业与农业、城市与农村协调发展,也是带有普遍性的趋向。胡锦涛在2004年12月召开的中央经济工作会议上进一步指出,我国在总体上已进入以工促农、以城带乡的发展阶段。温家宝在会议上指出:要下决心合理调整国民收入分配格局,实行工业反哺农业、城市支持农村的方针。资源在工农两部门配置政策取向的这一根本调整,是基于"两个趋向"的重要论断和关于中国进入工业反哺农业、城市支持农村阶段的重要判断而做出的。

中央做出中国进入工业反哺农业、城乡支持农村阶段的判断,是基于新世纪之初中国进入了工业化中期的经济社会发展阶段。从人均GDP水平看,进入21世纪,中国人均GDP超过1000美元水平,到2007年又快速增加至2360美元;沿海发达地区发展水平更高,10个东部沿海省市的人均GDP已超过全国平均水平一倍以上。从经济结构看,中国二三产业在国内生产总值中的份额,2001年达85.6%,2008年进一步提高到88.7%,即二三产业已成为国民经济的绝对主体;二三产业从业人员占全社会从业人员的份额,2001年达到50%,2008年进一步提高到60.4%;城镇人口占总人口的份额,2001年达到37.7%,2008年进一步提高到45.7%。进入21世纪,无论是从经济总体水平还是经济结构分析,中国无疑步入了工业化中期阶段。从国际经验看,进入工业化中期,即应将农业养育工业的政策转变为工业反哺农业的政策,否则将不利于"三农"问题的解决,并影响整个经济社会的进一步发展。

中央做出中国进入工业反哺农业、城市支持农村阶段的判断,也基于中国工业对农业反哺的实际能力。改革以来,特别是1994年以来,国家财政收入呈大幅度增长态势,2003年突破2万亿元台阶,2008年突破6万亿台阶达到6.13万亿元,这是实施工业反哺农业最直接的条件。从发展趋势看,未来一个时期,中国仍将处于工业化和城镇化步伐加快、居民消费结构升级的发展阶段,宏观经济继续处于快速发展周期。在科学发展观指导下,中国经济结构的演进、经济发展方式的转变、节约型社会的建立,将减少消耗、污染和浪费,获得更好的产出效益,这些将为未来经济的发展打下良好的基础;中国正在走先行工业化国家所未走过的以信息化带动工业化的新型工业化道路,这是与先行工业化国家当年情况的重大不同,也意味着未来中国工业较先行工业化国家当年的工业成长速度更快、资质更好;构建和谐社会和建立社会主义新农村,都将增强内需动力(2008年在GDP实现8.4%的快速增长中,消费、投资、净出口分别拉动4.1、4.1、0.8个百分点,贡献率分别为45.7%、45.1%、9.2%),成为经济增长的新契机;继续支持西部大开发,振兴东北老工业基地,促进中部崛起,加大解决"三农"问题的力度,这些仍是经济快速发展的重要因素。据中国科学院于2009年6月10日发布的2050年科技发展路线图中预测,到2050年,中国经济总量将达到世界首位,进入世界中等发达国家行列,成为政治、物质、社会、精神、生态五大文明高度发达且高度开放的国家。① 简言之,中国经济发展在未来仍将保持强劲的动力和巨大的潜力,全国财政收入也将随之继续保持较高增长幅度,这将为实施工业反哺农业、城市支持农村方针,逐步加大国家财政对"三农"的投入力度,推进城乡统筹发展奠定坚实的基础。

中共十六大起,通过国民收入分配及财政支出结构的调整,而对"三农"实施"多予少取"的政策取向不断强化。2003年1月召开的中央农村工作会议提出,要随着经济的发展和国家财力的增强,进一步调整国民收入分配和财政支出的结构,增加对农村经济和社会事业的支持,逐步形成国家支农资金稳定增长的机制。2004年中央一号文件明确把多予、少取、放活确定为当前和今后一个时期做好农民增收工作的重要方针。2006年2月胡锦涛在省部级主要领导干部建设社会主义新农村专题研讨班上指出:解决好农业和农村发展、农民增收问题,仅靠农村内部的资源和力量已经不够,必须在继续挖掘农村内部的资源和力量的同时,充分运用外部的资源和力量,推动国民收入分配向农业和农村倾斜,依靠工业的反哺和城市的支持。② 通过2004—2012年的中央一号文件和2008年10月中共十七届三中全会通过的《中共中央关于推进农村改革发展若干重大问题的决定》,逐步强化工业反哺农业的政策取向,不断强化工业反哺农业的政策措施,财政对乡村的支持力度逐步加大,直接补贴等政策工具也开始启用。

---

① 《中科院预测:2050年中国经济总量将达到世界首位》,http://www.chinanews.com/cj/cj-gncj/news/2009/06-10/1728794.shtrnl。

② 胡锦涛:《尊重农民意愿 维护农民利益 增进农民福祉 扎扎实实规划和推进社会主义新农村建设》,《中共中央党校报告选》2006年增刊。

财政对乡村的支持不断强化。继《中华人民共和国农业法》对农业投入规定之后,中共十六大起的十年间,制定实施了一系列有力有效的财政支持乡村发展的政策措施,密度之高、力度之大,超过历史上任何一个时期,探索形成乡村财政投入的稳定增长机制,财政对乡村的支持强度不断增加。中央财政"三农"支出,由2002年的1925亿元,增加到2012年的13799亿元①。2003年至2012年,中央财政"三农"投入累计超过6万亿元(2012年数据为年初预算数)。在总量上,中央财政"三农"投入从2144亿元增加到12286.6亿元,翻了两番多;在速度上,中央财政"三农"投入年均增长21%,高于同期财政支出年均增长4.5个百分点;在比重上,中央财政"三农"投入占财政支出的比重从13.7%提高到19.2%,达到将近1/5。②

开启对农民实施直接补贴的先河。2002年,国家启动了对农民购买使用良种给予补贴的政策,以鼓励良种的推广应用。2004年开始,将此前主要用于流通环节补贴的粮食风险基金,从中拿出一部分直接补贴给种粮农民,以调动农民种粮积极性;实施农具购置补贴政策,以鼓励农民购买先进农机具,促进农机化发展和提高农业生产的物质装备水平。2006年开始,针对农资价格大幅度上涨影响种粮农民收益的问题,国家以燃油价格调整为契机,开始建立农资涨价综合直接补贴制度,对种粮农民因化肥、农药、农用柴油等农资价格上涨带来的损失予以补偿。2009年4月22日国务院常务会议决定,启动实施马铃薯原种补贴,中央财政对马铃薯原种生产给予每亩补贴100元。在对农民实施农业补贴的同时,国家还实施家电、汽车下乡补贴:2007年12月开始,国家先在山东、河南、四川三省开展家电下乡试点;2009年2月1日起,家电下乡在全国推广;从2009年3月1日起,汽车、摩托车下乡在全国实施。家电、汽车下乡补贴政策的实施,不仅是一项改善民生的惠农政策,还是扩大内需、拉动消费以应对国际金融危机冲击的重大举措。2010年中央一号文件提出,完善农业补贴制度和市场调控机制。坚持对种粮农民实行直接补贴。增加良种补贴,扩大马铃薯补贴范围,启动青稞良种补贴,实施花生良种补贴试点。进一步增加农机具购置补贴,扩大补贴种类,把牧业、林业和抗旱、节水机械设备纳入补贴范围。落实和完善农资综合补贴动态调整机制。按照存量不动、增量倾斜的原

---

① 参见财政部《关于2012年中央和地方预算执行情况与2013年中央和地方预算草案的报告》。

② 《财政部:中央财政"三农"投入年均增21%》,http://kjs.mof.gov.cn/mofhome/mof/zhuantihuigu/2012sn/201211/t20121107_692859.html。

则,新增农业补贴适当向种粮大户、农民专业合作社倾斜。逐步完善适合牧区、林区、垦区特点的农业补贴政策。加强对农业补贴对象、种类、资金结算的监督检查,确保补贴政策落到实处,不准将补贴资金用于抵扣农民交费。落实小麦最低收购价政策,继续提高稻谷最低收购价。扩大销区粮食储备规模。适时采取玉米、大豆、油菜籽等临时收储政策,支持企业参与收储,健全国家收储农产品的拍卖机制,做好棉花、食糖、猪肉调控预案,保持农产品市场稳定和价格合理水平。2012年中央一号文件提出,按照增加总量、扩大范围、完善机制的要求,继续加大农业补贴强度,新增补贴向主产区、种养大户、农民专业合作社倾斜。提高对种粮农民的直接补贴水平。落实农资综合补贴动态调整机制,适时增加补贴。加大良种补贴力度。扩大农机具购置补贴规模和范围,进一步完善补贴机制和管理办法。健全主产区利益补偿机制,增加产粮(油)大县奖励资金,加大生猪调出大县奖励力度。探索完善森林、草原、水土保持等生态补偿制度。研究建立公益林补偿标准动态调整机制,进一步加大湿地保护力度。加快转变草原畜牧业发展方式,加大对牧业、牧区、牧民的支持力度,草原生态保护补助奖励政策覆盖到国家确定的牧区半牧区县(市、旗)。加大村级公益事业建设一事一议财政奖补力度,积极引导农民和社会资金投入"三农"。对农民实施补贴政策,让中国农民喜出望外。不少农民说:上下五千年,种地不要钱,政府还给钱,做梦也没有想到。对农民实行直接补贴,不仅具有重大的经济意义,还有利于和谐社会的构建,具有重大的政治意义。中共十六大起,中央财政涉农补贴种类不断增加,范围逐渐扩大,标准日益提高,到2012年已经形成了包含四项直接补贴、造林补贴、家电下乡补贴等在内的补贴政策体系,其中2012年对农民的粮食直补、农资综合补贴、农作物良种补贴、农机购置补贴支出1700.55亿元[①]。

对粮食实行价格支持政策。改革开放以来,由于政府在农业产业结构上的主动调整、种粮比较效益低、从事粮食生产劳动机会成本增加等多重因素,粮食播种面积大幅度减少。毋庸置疑,粮食安全是中国农业第一位需要考虑的战略问题,到2008年全国粮食播种面积占农作物播种面积的份额仍高达68.3%,从事粮食生产对农民特别是主产区农民的增收有着重要的意义。鉴此,在2004年起国家全面放开粮食收购市场、粮食收购价格

---

① 参见财政部《关于2012年中央和地方预算执行情况与2013年中央和地方预算草案的报告》。

由市场供求形成的条件下,国家对粮食实施价格支持政策,即从国民收入一次分配上进行调整,以促进粮食生产稳定发展。具体做法是,国家将粮食保护价制度过渡到最低收购价制度,对短缺的重点粮食品种在粮食主产区实行最低收购价格。2004—2005年只对稻谷实施最低收购价政策,2006年起将小麦纳入最低收购价政策,2007年12月中旬在黑龙江省部分地区启动了粳稻最低收购价执行预案。2008年三次较大幅度提高稻谷和小麦的最低收购价,提价幅度超过20%;同年10月末起,国家开始对南方中晚稻、东北粳稻、东北玉米、东北大豆、长江流域油菜籽、新疆棉花实施临时收储政策。2009年中央一号文件提出:保持农产品价格合理水平。密切跟踪国内外农产品市场变化,适时加强政府调控,灵活运用多种手段,努力避免农产品价格下行,防止谷贱伤农,保障农业经营收入稳定增长。2009年继续提高粮食最低收购价。扩大国家粮食、棉花、食用植物油、猪肉储备,2009年地方粮油储备要按规定规模全部落实到位,适时启动主要农产品临时收储,鼓励企业增加商业收储。加强"北粮南运"、新疆棉花外运协调,继续实行相关运费补贴和减免政策,支持销区企业到产区采购。把握好主要农产品进出口时机和节奏,支持优势农产品出口,防止部分品种过度进口冲击国内市场。根据这一要求,2009年1月24日国家发展和改革委员会宣布,2009年继续在稻谷主产区实行最低收购价政策,早籼稻、中晚籼稻、粳稻收购价分别提高到每50公斤90元、92元、95元,均比2008年提高13元。这是2004年以来中国实行粮食最低收购价政策以来提价幅度最大的一次。2012年中央一号文件提出,稳步提高小麦、稻谷最低收购价,适时启动玉米、大豆、油菜籽、棉花、食糖等临时收储,健全粮棉油糖等农产品储备制度。抓紧完善鲜活农产品市场调控办法,健全生猪市场价格调控预案,探索建立主要蔬菜品种价格稳定机制。

提高征地补偿标准。改革开放以来,在市场化改革进程中,农业养育工业的方式发生了变化,由改革前以工农产品价格"剪刀差"为主,转变为生产要素价格"剪刀差"等新的形式,其中对农村土地实施低价征用即是主要方式之一。针对低价征地而对农民的过多"索取",以及由此导致一些农民种田无地、就业无路、创业无本、社保无份的状况,中共十六届三中全会提出实行最严格的耕地保护制度,并开始着手完善土地征用程序和补偿机制,提高补偿标准。2006年11月财政部、国土资源部和中国人民银行联合印发《关于调整新增建设用地土地有偿使用费政策等问题的通知》,决定从2007年1月1日起将新增建设用地土地有偿使用费标准提高一倍。2008

年中央一号文件规定:切实保障农民土地权益。继续推进征地制度改革试点,规范征地程序,提高补偿标准,健全对被征地农民的社会保障制度,建立征地纠纷调处裁决机制。对未履行征地报批程序、征地补偿标准偏低、补偿不及时足额到位、社会保障不落实的,坚决不予报批用地。中共十七届三中全会通过的《中共中央关于推进农村改革发展若干重大问题的决定》进一步规定:依法征收农村集体土地,按照同地同价原则及时足额给农村集体组织和农民合理补偿,解决好被征地农民就业、住房、社会保障。

在一系列工业反哺农业的政策措施中,废税费而施补贴是最为值得称颂的政策,受到了农民的由衷欢迎。

工业反哺农业的政策取向已经确立,但工业反哺农业政策体系的建立和完善还需要较长时间。从"多予"政策看,城乡二元财政体制开始向一元体制转变,但城乡二元财政体制尚未根除,农业财政支出虽实现快速增加,财政对农业的支持总量仍是低水平的。从"少取"政策看,农业税被取消了,但通过低价征地、农民工低工资和农村资金向城市流动等新的渠道向"三农""取"的问题尚未得到根本解决,这是改变农业养育工业和全面实施工业反哺农业政策需要进一步解决好的重大课题。

第二节 以二元体制向一元体制转变为内核的乡村发展路径探索

在第二、三章的分析中,充分讨论了这样一个问题,即中国的城乡二元体制是实施国家工业化战略及与之配套的农业养育工业政策的体制保障,同时它又导致"三农"问题日益严峻,并成为破解"三农"问题的体制障碍。如此,实现城乡二元制度向一元制度的转变,既是实现农业养育工业向工业反哺农业转变的制度前提,也是解决"三农"问题的必然路径。

21世纪初开始解决"三农"问题的努力,与此前有着根本的变化,即它是在统筹城乡经济社会发展的方略和工业反哺农业政策的取向下进行的,是主动地、全面系统地开始对城乡二元结构进行破解。在统筹城乡经济社会发展的方略下,国家启动了以城乡二元体制向一元体制转变为内核的路径探索。中共十七大报告提出"建立以工促农、以城带乡长效机制,形成城乡经济社会发展一体化新格局","依法保证全体社会成员平等参与、平等发展的权利",并在多处强调公平公正、均等平衡、人人享有、覆盖城乡等的理念和政策取向,更是为统筹城乡经济社会发展、推进城乡二元体制向一元体制转变提供了理论指导。2008年中央一号文件进一步明确提出:"探索建立促进城乡一体化发展的体制机制。着眼于改变农村落后面貌,加快破除城乡二元体制,努力形成城乡发展规划、产业布局、基础设施、公共服务、劳动就业和社会管理一体化新格局。健全城乡统一的生产要素市场,引导资金、技术、人才等资源向农业和农村流动,逐步实现城乡基础设施共建共享、产业发展互动互促。切实按照城乡一体化发展的要求,完善各级行政管理机构和职能设置,逐步实现城乡社会统筹管理和基本公共服务均等化。"2008年10月中共十七届三中全会通过的《中共中央关于推进农村改革发展若干重大问题的决定》,基于"我国总体上已进入以工促农、以城带乡的发展阶段,进入加快改造传统农业、走中国特色农业现代化道路的关键时刻,进入着力破除城乡二元结构、形成城乡经济社会发展一体化新格局的重要时期"的重大判断,提出:"必须统筹城乡经济社会发展,始终把着力构建新型工农、城乡关系作为加快推进现代化的重大战略。统筹工业化、城镇化、农业现代化建设,加快建立健全以工促农、以城带乡长效机制,调整国民收入分配格局,巩固和完善强农惠农政策,把国家基础设施建设和社会事业发展重点放在农村,推进城乡基本公共服务均等化,实现城乡、区域协调发展,使广大农民平等参与现代化进程、共享改革发展成果。"

中共十六大起至十八大前,积极推进城乡二元体制向一元体制的转变,探索建立促进城乡一体化发展的体制机制,具体的政策改进有:以建立覆盖城乡的公共财政制度为标志,加大"三农"财政投入;以取消农业税为标志,实行城乡统一的税赋制度;以实施农村义务教育"两免一补"为标志,实行城乡同等的义务教育制度;以建立新型农村合作医疗制度为标志,实行城乡平等的医疗服务制度;以探索建立农民最低生活保障制度为标志,实行覆盖城乡的社会保障制度;以全面保护农民工权益为标志,实行城乡统一的劳动力市场和公平竞争的就业制度。城乡二元体制向一元体制的转变是国家层面的制度供给,农业养育工业向工业反哺农业政策的转变需要调整国民收入分配结构和财政支出结构,它们并非如家庭承包经营、乡镇企业、农业产业化、村民自治等基层发明创造即可为之的,这就决定了,它必然是以国家财政支出能力为基础而由国家主导的制度变迁。

一、取消农业税以实现城乡税制统一

2000年中国启动的农村税费改革,是中央主动发起的关于调整国家与农民经济关系的一场意义深远的重大变革。取消农业税是中国经济社会发展的必然结果。这项改革还推动了农村政权组织、财政体制、公共产品和服务的提供等一系列的深刻改变。

(一) 城乡二元税制与农民负担

在农村税费改革之前,农业生产方面的税种有农业税、农业特产税、牧业税和屠宰税等。

农业税是国家对一切从事农业生产、有农业收入的单位和个人征收的一个税种。它是中国历史传承下来的一个税种。在传统农业社会中,农业部门是经济的主要部门和社会财富的主要来源,国家的赋税无疑主要依赖于农业,农民也必然成为纳税的主要社会群体,也只有这种选择才能维持国家机器的正常运转和提供必要的公共产品。新中国成立初期,农业仍是国民经济的主导产业,基于保障国家工业化的快速推进和国家政权的稳定的考量,延续了征收农业税的政策。1958年6月3日第一届全国人大常委会第九十六次会议通过《中华人民共和国农业税征收条例》,使农业税的征收成为新中国统一的正式制度。根据《中华人民共和国农业税征收条例》的规定,农业税以常年产量为计税依据,实行地区差别比例税率,全国平均税率为15.5%,各省(区、市)的平均税率由国务院根据全国平均税率,结合各地区的不同经济情况分别加以规定。各地实际执行时可以根据不同情况确定所属地区税率,但最高不得超过常年产量时的25%。长期以来,在农业税上,中国一直实行增产不增税的稳定税负政策。

农业特产税是从农业税中分离出来的,税率大多在15%以上。1958年的《中华人民共和国农业税征收条例》规定对园艺作物可以征收农业税,但除主产区外基本没有针对园艺作物征收农业税。在种植特产作物收益高于粮食的情况下,1983年11月,从平衡粮食和特产作物的收益而促进粮食生产发展出发,国务院发布了《关于对农林特产收入征收农业税的若干规定》,要求各地对农林特产征收农林特产税。这样,农林特产税则从农业税中分离出来。1994年,随着整个税收制度的改革,鉴于农林特产品中有6个品目既征收特产税又征收产品税,将产品税并入特产税中,同时适当降低了税率,改称农业特产税。

屠宰税是在发生屠宰行为时向屠宰单位和个人征收的一个税种。它是始于清朝末期的一个老税种。1950年1月,政务院颁布《全国税政实施要则》,将屠宰税列为全国统一开征的税种。同年12月,政务院正式公布《中华人民共和国屠宰税暂行条例》。1993年12月25日,国务院批转国家税务总局提出的工商税制改革实施方案,将屠宰税下放给地方管理。

牧业税是国家对牧业区、半农半牧业区牧养牲畜,从事畜牧生产,有畜牧业收入的单位和个人征收的一个税种。国家采取了牧区税轻于农区税、合理负担、因地制宜、鼓励生产的政策。课税对象主要是马、牛(包括犏牛、牦牛)、骆驼、绵羊、山羊等五种。一般按牧业总收入或实有牲畜头数计征。

农业各税(包括农业税、牧业税、耕地占用税、农业特产税和契税)是国家财政的重要来源,由1952年的27.4亿元增加到2000年的465.31亿元。

在现代税制条件下,仍征收农业税,实际上是城乡二元税制,导致城乡税赋的不公平。征收农业税,还成为难以走出中国历史上多次出现农民负担"重—减—重"周期性循环的"黄宗羲定律"的重要因素之一。一方面,由于"三提五统"受到中央的严格限制,从维持乡镇工作开支出发,乡镇政府另辟蹊径增加农民的其他负担;另一方面,由于农村税制的混乱,也为向农民乱收费的行为,甚至以权谋私、中饱私囊者开通了可以随意搭乘的便车,发生了向农民乱收费、乱集资和乱罚款(简称"三乱")等现象。尤其从1997年起,农民收入增长幅度持续下滑,使农民负担过重的问题更加凸显出来,严重影响着"三农"问题的解决,还导致一些地区农村的干群关系紧张,引发了不少冲突,甚至还发生了群体性事件,农民负担问题从经济问题演化成为影响农村稳定的社会问题。

(二)农村税费改革的分步推进

彻底解决农民负担重的问题,走出"黄宗羲定律",需要将城乡二元税制转变为城乡一元税制,从根本上调整国家与农民之间的利益分配关系。

进入工业化中期阶段后,由于非农产业成为经济的主体,国家财政收入快速增加,其结构也发生了重大变化,农业各税在整个税收中的份额逐渐下降,由1952年的28%下降至2000年的3.7%和2005年的3.25%,这为取消农业税、实行城乡统一税制奠定了基础。在这种条件下,国家做出了改革农村税费制度的重大决策。这一改革经历了两个阶段。

一是"减轻、规范、稳定"阶段。这是农村税费改革的第一步,主要是正税清费。2000年3月,中共中央、国务院发布《关于进行农村税费改革试点工作的通知》,决定开展农村税费改革试点。试点的主要内容可以概括为"三个取消、两个调整、一个逐步取消和一项改革"。取消乡统筹费、农村教育集资等专门面向农民征收的行政事业性收费和政府性基金、集资,取消屠宰税,取消统一规定的劳动积累工和义务工;调整农业税和农业特产税政策;改革村提留征收使用办法。按照改革方案,农民共缴纳农业税及附加额为8.4%(其中农业税的比例为7%,农业税附加为正税的20%),此外不再承担其他任何收费。同时,还出台了四项配套措施:规范农村收费管理,精简乡镇机构和压缩人员,改革和完善县乡财政管理体制,建立健全农民负担监督机制。农村税费改革试点逐步扩大,2000年中央决定在安徽省首先进行试点,2001年开始在江苏省进行试点,2002年试点范围扩大到20省市,2003年在全国全面推开。

二是逐步取消农业税阶段。这是农村税费改革的第二步,主要是在规范农村税费制度的基础上,按照完善社会主义市场经济体制的要求,取消专门面向农民征收的各种税费,建立覆盖城乡的公共财政制度,建立精干高效的基层行政管理体制和运行机制,建立农民增收减负的长效机制,促进城乡经济社会协调发展。2004年中央加大农村税费改革力度,决定在5年内取消农业税,当年农业税税率总体上降低1个百分点,取消除烟叶以外的农业特产税,有条件的地方,可以进一步降低农业税税率或免征农业税,并在黑龙江、吉林两省进行了免征农业税改革试点。2005年加快降低农业税税率的步伐,鼓励有条件的省区市自主进行免征农业税试点,全面取消牧业税。2005年12月29日,第十届全国人大常委会第十九次会议以162票赞成、1票弃权、0票反对的表决结果,通过了关于自2006年1月1日起废止《中华人民共和国农业税征收条例》的决定,牵动了亿万人的心弦。

(三)农村税费改革的配套措施

为了保障农村税费改革的顺利进行,还采取了相应的配套措施,主要有:

加大中央和省两级财政的转移支付力度,对农村税费改革提供必要的财力保障。从调查情况看,农村税费改革前,农业税一般占县财政收入的30%~50%,占乡财政收入的70%~90%。农村税费改革后,不仅取消了农业税,还切断了政府向农民收费的途径,使得乡级财政骤然减少。例如,2006年安徽省东至县胜利镇、青山乡和花园乡的地方一般预算收入分别为187.5万元、20.4万元和19.2万元,分别比2000年减少35.94%、78.97%和62.43%。[1] 这使得乡镇政府及村级组织的运转经费不足,农村公共产品和服务的提供能力受到限制。对于农村税费改革后出现的乡村收支缺口,在地方精简机构、削减开支、调整支出结构的基础上,通过中央

---

[1] 罗丹、陈洁等:《中国县乡财政调查》,上海远东出版社2008年版,第23页。

和省两级转移支付的办法予以适当补助。到2005年,中央财政累计安排农村税费改革和取消农业税转移支付资金1830亿元,以保证免征农业税后基层政权和农村义务教育的正常运转。取消乡统筹费后,原由乡统筹费开支的乡村两级九年义务教育、计划生育、优抚和民兵训练支出,由各级政府通过财政预算安排。修建乡村道路所需资金不再固定向农民收取。村级道路建设资金由政府负责安排。农村卫生医疗事业逐步实行有偿服务,政府适当补助。取消在农村进行教育集资。中小学危房改造资金由财政预算安排。

积极推进乡镇机构、农村义务教育体制、乡镇财政体制等农村综合改革。体制性因素是农民负担难以从根本上减轻的重要原因:一方面,由于地方政府特别是县乡政府承担了太多的上面交办的各种工作,但财权与事权又不匹配,特别是1994年分税制改革后,县乡财政收入急剧减少;另一方面,乡镇机构庞大,人员冗杂,而且呈逐年膨胀的趋势。这些体制性因素的存在,使得县乡政府及有关部门不得不通过各种名目向农民收费,以弥补事业发展和机构运转所需经费不足。鉴此,在推进农村税费改革的同时,还积极推进乡镇机构、农村义务教育体制、乡镇财政体制等农村综合改革,以精简乡镇机构和人员、转变乡镇政府职能、建立健全财权与事权相匹配的财政管理体制、完善财政转移支付制度、增强基层政府公共产品和服务的供给能力,进而保障农村税费改革的顺利实施。2007年中央一号文件还提出中央和省级财政要安排一定资金,对地方推进农村综合改革给予奖励补助。

(四)农村税费改革的历史意义

农村税费改革的顺利推进,终结了几千年的"皇粮国税"制度,终结了专门面向农民征收的各种税费,也宣告了实施覆盖城乡的公共财政政策的全面启动,是一次具有划时代意义而又影响深远的重大制度变革。

农村税费改革的实施,使中国的农业税收制度发生了根本性的变革。传统社会留下的"皇粮国税",实际上是一个专门针对农业、农民设置的税种,它有悖于现代社会关于税制公平的基本原则。除取消农业税外,国家还较大幅度地提高了农民从事个体经营活动时按期(次)缴纳增值税、营业税的起征点。取消专门针对农业、农民设置的税种,不仅体现了国家经济结构和财源结构的演进,更体现了整个国家税收制度向现代化的迈进。

农村税费改革的实施,消除了现代社会中不应由农民承担的不合理赋税,使国家、集体与农民分配关系发生根本性变化。农村税费改革的实施,还取消了面向"三农"的各种收费,包括取消、免收或降低标准的全国性及中央部门涉农收费项目150多项,取消乡村"三提五统"、教育集资等收费项目,基本堵死了向农民搭便车收费的渠道,因而也成为减轻农民负担的治本之策。取消农业"四税"(农业税、农业特产税、牧业税和屠宰税),直接减轻农民税费负担约1250亿元(人均减负约140元),加上制止了各种摊派、集资、乱罚款等,农民减负总额在1600亿元左右。[①] 对广大农民而言,这是一笔不小的实惠。

农村税费改革的实施,催化了建立覆盖城乡的公共财政取向的确立。农村税费改革以前,乡村的社会事业发展主要依靠农民自己投资,资金来源是靠向农民收取提留款,靠向农民集资和摊派,致使农民负担较重,甚至超出农民的承受能力,但各项社会事业仍因投入不足而发展严重滞后。农村税费改革后,国家逐步形成了建立覆盖城乡的公共财政取向,强化了政府对义务教育、公共卫生、基础设施建设等方面的责任,改变了以前主要靠乡村和农民自己投入的格局。

农村税费改革的实施,由于税费的减免,有利于降低农业生产经营成本,提高农业效益和农产品市场竞争力,促进"三农"问题的解决,推进社会主义新农村建设;有利于增加农民收入,扩大内需,促进整个国民经济的发展。

农村税费改革的实施,为构建服务型政府奠定了制度基础。农村税费改革前,乡镇政府对乡村、农民的管理主要体现在向农民收取农业税,收取统筹提留款,催促农民完成粮食定购任务等。农村税费改革后,基层政府的主要职能开始由收取税费转变为更多地提供社会管理和公共服务,向为各类市场主体提供良好的政策环境转变。这不仅把乡村基层干部从向农民催收粮款的繁重事务中解脱出来,还有利于促进基层政府把更多的精力放到履行社会管理、提供更多更好的公共产品和服务上来。通过这一职能的转变,改善了政府在农民心目中的形象,有效缓解了干群矛盾,密切了干群关系,有利于促进和谐社会的构建。

广大农民对取消农业税这一大善举,感到欢欣鼓舞。2006年9月的一天,河北省灵寿县青廉村的村民们聚集在王老汉家的院子里,敲锣鼓,扭秧歌。王老汉用了20个月的时间,亲手铸造了一个重252公斤、铸有563字

[①] 参见2009年8月18日温家宝在全国新型农村社会养老保险试点工作会议上的讲话,《人民日报》2009年8月20日,第2版。

铭文的青铜大鼎,取名"告别田赋鼎"。他说:"我是农民的儿子,祖上几代耕织辈辈纳税。今朝告别了田赋,我要代表农民铸鼎刻铭,告知后人,万代歌颂,永世不忘!"这是中国农民发自肺腑的心声,是令历史难忘的一幕。

二、按照公共财政要求加大对乡村的支持

建立覆盖城乡的公共财政,启动城乡二元财政制度向一元制度的转变,是中共十六大起乡村政策新的突破,成为实施工业反哺农业政策的主要方式和统筹城乡经济社会发展方略下解决"三农"问题的重要路径之一。

城乡二元财政支出制度是城乡二元结构形成和固化的重要因素之一。改变城乡二元结构,缩小城乡差距,形成城乡经济社会发展一体化新格局,需要将城乡二元财政支出制度转变为城乡一元制度,以改善乡村生产生活条件和促进乡村社会事业的发展,实现城乡基本公共服务均等化。中共十六大起,从解决"三农"问题、破除城乡二元结构并形成城乡经济社会发展一体化新格局、建设社会主义新农村出发,国家开始建立覆盖城乡的公共财政,把乡村发展全面纳入公共财政范围,特别是将公共财政逐步扩大到乡村社会事业和基础设施。2007年中央一号文件规定:"各级政府要切实把基础设施建设和社会事业发展的重点转向农村,国家财政新增教育、卫生、文化等事业经费和固定资产投资增量主要用于农村,逐步加大政府土地出让收入用于农村的比重。"中共十七大报告提出了"加快推进以改善民生为重点的社会建设"的新要求。2008年中央一号文件进一步指出:"推进城乡基本公共服务均等化是构建社会主义和谐社会的必然要求。必须加快发展农村公共事业,提高农村公共产品供给水平。"2008年10月中共十七届三中全会通过的《中共中央关于推进农村改革发展若干重大问题的决定》提出:"统筹城乡基础设施建设和公共服务,全面提高财政保障农村公共事业水平,逐步建立城乡统一的公共服务制度。"这些政策取向的确立,使长时期实施的乡村建设单纯靠农民投资投劳的政策成为封存的历史,覆盖城乡公共财政的政策框架初步初显。

(一)公共财政逐步扩大到乡村社会事业

发展乡村社会事业是全面建设小康社会的重要任务。2003年1月,《中共中央国务院关于做好农业和农村工作的意见》首次明确把乡村社会事业发展纳入财政支持范围,并规定国家每年新增教育、卫生、文化等事业经费,主要用于乡村,逐步缩小城乡社会事业发展的差距,这在推进城乡二元财政支出制度向一元制度转变上迈出了重要一步。2008年10月,中共

十七届三中全会通过的《中共中央关于推进农村改革发展若干重大问题的决定》提出了新的目标和要求："建设社会主义新农村,形成城乡经济社会发展一体化新格局,必须扩大公共财政覆盖农村范围,发展农村公共事业,使广大农民学有所教、劳有所得、病有所医、老有所养、住有所居。"

在乡村教育上,城乡二元制度向一元制度改革实现重大突破,突出体现在将乡村义务教育全面纳入公共财政范围。2001年5月国务院在《关于基础教育改革与发展的决定》中提出:"实行在国务院领导下,由地方政府负责、分级管理、以县为主的体制。"在此前的体制下,乡镇政府和农民承担了乡村义务教育的主要责任,存在较多问题,主要有:①许多地方乡镇财力有限,难以支撑义务教育发展,所需办学经费得不到保障而由农民承担,导致农民负担重;②难以对教师队伍的编制、资格实行有效管理,教师素质参差不齐,教学质量得不到保障;③难以统筹安排教育资源,办学效益得不到提高。实行"以县为主"的体制,县级政府主要有三个方面的责任:一是统筹规划责任,即对农村义务教育的发展进行全面规划,因地制宜地逐步调整农村中小学布局,整合优质教育资源,促进义务教育均衡发展,保证义务教育阶段适龄儿童少年按时入学。二是经费保障责任,即通过调整本级财政支出结构,增加教育经费预算,合理安排使用上级转移支付资金,确保按时足额、统一发放教职工工资,确保农村义务教育学校公用经费,确保农村中小学危房改造经费。三是教育管理责任,即核定学校的教职工编制,负责配备学校领导班子,对教职工进行选拔、任用、调配、培训和管理;指导农村中小学教育教学改革和发展,全面实施素质教育,统筹普通教育、职业教育和成人教育的发展,推进农科教结合。为此,该决定进一步规定:"国家确定义务教育的教学制度、课程设置、课程标准,审定教科书。中央和省级人民政府要通过转移支付,加大对贫困地区和少数民族地区义务教育的扶持力度。省级和地(市)级人民政府要加强教育统筹规划,搞好组织协调,在安排对下级转移支付资金时要保证农村义务教育发展的需要。县级人民政府对本地农村义务教育负有主要责任,要抓好中小学的规划、布局调整、建设和管理,统一发放教职工工资,负责中小学校长、教师的管理,指导学校教育教学工作。乡(镇)人民政府要承担相应的农村义务教育的办学责任,根据国家规定筹措教育经费,改善办学条件,提高教师待遇。继续发挥村民自治组织在实施义务教育中的作用。……乡(镇)、村都有维护学校的治安和安全、动员适龄儿童入学等责任。"2002年4月14日,国务院办公厅发出《关于完善农村义务教育管理体制的通知》,就推进乡村义务教育管理体制做出进一步的规定。2006年国家启动了乡村义务教育经费保障机制改革,将乡村义务教育全面纳入公共财政保障范围,逐步建立中央和地方分项目、按比例分担的乡村义务教育经费保障机制。这一体制机制的改革,初步建立起政府分级负责的乡村义务教育经费保障机制,改变了乡村义务教育由乡镇政府和农民办的制度,开启了乡村义务教育经费供给的城乡一体化进程。在新的乡村教育体制下,国家财政对乡村教育的支出快速增加,其中减免学生费用和改善办学条件取得明显进展。在减免学生费用上,2005年国家决定在中西部地区国家扶贫工作重点县对义务教育阶段的贫困家庭子女实行"两免一补"(免费提供教科书、免收杂费和对寄宿生补助生活费)政策。2007年中央一号文件规定:"全国农村义务教育阶段学生全部免除学杂费,对家庭经济困难学生免费提供教科书并补助寄宿生生活费,有条件的地方可扩大免、补实施范围。"2008年中央一号文件进一步规定:"对全部农村义务教育阶段学生免费提供教科书,提高农村义务教育阶段家庭经济困难寄宿生生活费补助标准,扩大覆盖面,提高农村中小学公用经费和校舍维修经费补助标准,加大农村薄弱学校改造力度。"农村义务教育"两免一补"的实施,实现了真正意义上的免费义务教育。2008年10月,中共十七届三中全会通过的《中共中央关于推进农村改革发展若干重大问题的决定》提出,加快普及农村高中阶段教育,重点加快发展农村中等职业教育并逐步实行免费,即又将农村中等职业教育纳入免费范畴。在改善办学条件上,2003—2007年,中央和地方共同安排资金100亿元,为中西部地区3.75万所农村初中建设计算机教室,为38.4万所农村小学配备卫星教学接收设备,为11万个小学教学点配备教学光盘播放设备和成套教学光盘。2009年财政安排的农村义务教育经费达到662亿元[①];提高农村义务教育公用经费标准,把小学、初中学生人均公用经费分别提高到300元和500元。2010年中央一号文件提出,落实以公办学校为主、以输入地为主解决好农民工子女入学问题的政策,关心农村留守儿童。尽管中小学教育资源在城乡之间的不均衡分布格局依旧,但经费保障机制的改革和财政支持重点的转变,标志着教育发展向基本实现城乡同等的义务教育转变。

在乡村卫生事业上,启动了城乡卫生事业一体化进程,突出体现在推

---

① 参见2009年8月18日温家宝在全国新型农村社会养老保险试点工作会议上的讲话,《人民日报》2009年8月20日,第2版。

进新型农村合作医疗制度的实施和卫生服务体系建设。在城乡二元卫生制度下,乡村缺乏有效的基本健康保障,农民就医难,因病致贫、因病返贫成为乡村突出的社会问题。2000年全国卫生服务调查显示,农民两周内因病未就诊率达46%,两周内因病未住院率超过30.3%,31.4%的农民有病采取"自我医疗"的方式,因疾病和损伤导致贫困的农户占到33.4%。城乡居民之间的健康水平差距较大,2001年农民平均期望寿命为69.5岁,比城镇居民的75.2岁差5.7岁。在统筹城乡经济社会发展方略下,从2003年下半年起,中国启动了以个人缴费、集体补助、政府资助相结合的新型农村合作医疗试点工作,中央财政对中西部地区除市辖区以外的参加新型农村合作医疗的每个农民每年10元补助,地方财政也按不低于10元的标准给予补助,农民个人出10元,用于农民大病统筹。2006年,扩大试点范围,中央财政和地方财政分别将补助标准提高到20元,并提出用三年时间(到2008年)基本普及新型农村合作医疗制度。2008年中央一号文件进一步规定:"2008年在全国普遍建立新型农村合作医疗制度,提高国家补助标准,适当增加农民个人缴费,规范基金管理,完善补偿机制,扩大农民受益面。完善农村医疗救助制度。"到2008年底,新型农村合作医疗制度已全面覆盖有农业人口的县(市、区),参与农民达8.15亿人,参与率为91.5%;全国累计15亿人次享受到补偿,补偿基金支出1253亿元,其中有1.1亿人次享受到住院补偿、11.9亿人次享受到门诊补偿,对2亿人次进行了健康体检。参加新型农村合作医疗的农民次均住院补偿金额从试点初期的690元提高到1066元。2009年中央一号文件提出,巩固发展新型农村合作医疗,坚持大病住院保障为主、兼顾门诊医疗保障,开展门诊统筹试点,有条件的地方可提高财政补助标准和水平。进一步增加投入,加强县、乡、村医疗卫生公共服务体系建设。2009年3月17日发布的《中共中央国务院关于深化医药卫生体制改革的意见》提出,到2010年各级财政对新型农村合作医疗的补助标准提高到每人每年120元,到2020年覆盖城乡居民的基本医疗卫生制度基本建立。这一时期,乡村公共卫生防疫体系的建设得到强化。2008年中央一号文件提出:"加强农村卫生服务网络建设和药品监管,规范农村医疗卫生服务。加大农村传染病和地方病防治力度。优先在农村落实扩大免费预防接种范围的政策。"2008年10月中共十七届三中全会通过的《中共中央关于推进农村改革发展若干重大问题的决定》进一步提出:"坚持政府主导,整合城乡卫生资源,建立健全农村三级医疗卫生服务网络,重点办好县级医院并在每个乡镇办好一所卫生院,支持村卫生室建设,向农民提供安全价廉的基本医疗服务。"从 2009 年开始,国家还在全国乡村实行住院分娩补助政策,定期为孕产妇做产前检查和产后访视,为三岁以下婴幼儿做生长发育检查。新型农村合作医疗制度的实行和农村医疗卫生服务能力的提升,使参加合作医疗的农民就诊率和住院率均明显提高,就医经济负担有所减轻。

在文化事业方面,"十五"期间新建和改建县级图书馆、文化馆 1156 个,基本实现了县县有图书馆、文化馆。50 户以上已通电自然村基本实现广播电视村村通,解决了近亿农民收听收看广播电视问题。为中西部地区 632 个低收入县配置了流动电影放映车和放映设备。2008 年中央财政向农村电影放映工程投入 5.3 亿元,全国农村地区放映电影 700 多万场,观众超过 16 亿人次。其中,"企业经营、市场运作、政府购买、农民受惠"的农村电影发行放映模式,创新了电影公共服务的供给方式,财政资金"办事不养人",通过市场经济的办法,充分调动了社会各方面的积极性,放映范围覆盖全国 1/3 的行政村。

在乡村社会保障上,开始探索最低社会保障、养老制度等。到 2008 年 10 月,中共十七届三中全会通过的《中共中央关于推进农村改革发展若干重大问题的决定》,提出了"贯彻广覆盖、保基本、多层次、可持续原则,加快健全农村社会保障体系"的目标要求。第一,最低生活保障制度的建立。最低生活保障制度是社会保障体系中必不可少的基本组成部分,世界上绝大多数市场经济国家普遍实行这项制度。乡村最低生活保障制度是对家庭年人均纯收入低于当地最低生活保障标准的农村居民,由国家按最低生活保障标准发放保障金,进行差额补助,以保障他们基本生活的救助制度。1996 年,民政部印发了《关于加快农村社会保障体系建设的意见》,制定了《农村社会保障体系建设指导方案》,要求在有条件的乡村开始探索建立最低生活保障制度。到 2006 年,基本实现了农村"五保"从农民集体互助共济向财政供养为主的转变。2007 年中央一号文件要求在全国范围建立农村最低生活保障制度;同年 7 月国务院发出《关于在全国建立农村最低生活保障制度的通知》,就乡村最低生活保障制度的实施做出具体规定。2008 年 10 月中共十七届三中全会通过的《中共中央关于推进农村改革发展若干重大问题的决定》进一步提出:"完善农村最低生活保障制度,加大中央和省级财政补助力度,做到应保尽保,不断提高保障标准和补助水平。"经过几年的努力,中国乡村最低生活保障制度基本建立,全面覆盖有农业人口的县(市、区),正向应保尽保迈进。截至 2008 年底,4284.3 万人被纳入农村低保,还有63.2万农村人口享受传统的农村社会救济,686.5万人次享受农村临时生活救助。农村最低生活保障制度的建立,构筑起农民基本生活的最后一道保障线。第二,农村养老保险制度的建立。中共十六届三中全会通过的《关于完善社会主义市场经济体制若干问题的决定》提出,农村养老保障以家庭为主,同社区保障、国家救济相结合。一些有条件的地方积极开展探索建立个人缴费、集体补助、政府补贴相结合的新型农村养老保险试点工作,重点解决被征地农民、进城务工经商农民、小城镇农转非人员和农村计划生育对象的养老保险问题。到2007年底,全国31个省、自治区、直辖市1900多个县(市、区、旗)开展农村社会养老保险工作,有5400多万农民参加农村社会养老保险。2008年中央一号文件进一步提出:"探索建立农村养老保险制度,鼓励各地开展农村社会养老保险试点。"2008年10月中共十七届三中全会通过的《中共中央关于推进农村改革发展若干重大问题的决定》进一步提出:"按照个人缴费、集体补助、政府补贴相结合的要求,建立新型农村社会养老保险制度。创造条件探索城乡养老保险制度有效衔接办法。"2009年中央一号文件提出,抓紧制定指导性意见,建立个人缴费、集体补助、政府补贴的新型农村社会养老保险制度。加大中央和省级财政对农村最低生活保障补助力度,提高农村低保标准和补助水平。加快研究解决农垦职工社会保障问题。2009年6月24日,国务院常务会议就开展新型农村社会养老保险试点进行了研究部署,明确以"保基本、广覆盖、有弹性、可持续"为新型农村社会养老保险制度的基本原则,决定2009年在全国10%的县(市、区)开展新型农村社会养老保险试点。具体做法主要有:一是从农村实际出发,低水平起步,筹资和待遇标准要与经济发展及各方面承受力相适应;二是个人、集体、政府合理分担责任,权利与义务相适应;三是政府引导和农民自愿相结合,引导农民普遍参保;四是先行试点,逐步推开。还要求做好新型农村社会养老保险制度与家庭养老、土地保障、社会救助等其他社会保障政策的配套衔接工作。同年8月18日,温家宝在全国新型农村社会养老保险试点工作会议上做了以开展新型农村社会养老保险试点工作、逐步推进基本公共服务均等化为主题的讲话,明确到2020年前新型农村社会养老保险在全国基本实现全覆盖。新型农村社会养老保险强调了国家对农民老有所养承担的重要责任,明确了政府资金投入的原则要求,与原来的农村社会养老保险主要是建立农民的账户,农民自己缴费(即自我储蓄积累模式)相比,它包括基础养老金和个人账户养老金两部分,其中最低标准的基础养老金由国家财政全部保证支付（中央财政对中西部地区最低标准基础养老金给予全额补助，对东部地区补助50％），即中国农民将享受到国家基本性、公平性和普惠性的养老金，这是又一项重大的惠农政策。2010年中央一号文件提出，健全农民工社会保障制度，深入开展工伤保险全覆盖行动，加强职业病防治和农民工健康服务，将与企业建立稳定劳动关系的农民工纳入城镇职工基本医疗保险，抓紧落实包括农民工在内的城镇企业职工基本养老保险关系转移接续办法。第三，农民工社会保障制度建设。截至2008年底，全国有2400多万农民工参加城镇企业职工基本养老保险，4200多万农民工参加城镇基本医疗保险，4900多万农民工参加工伤保险，1500多万农民工参加失业保险。另外，2007年中央一号文件提出全面推行农村计划生育家庭奖励扶助政策，2009年又将农村部分计划生育家庭奖励扶助标准由人均600元提高到720元。

中共十六大起，大幅度增加农村社会事业发展支出。据统计，十年间，中央财政通过大规模、超常规的投入，逐步将农村教育、文化、医疗卫生等纳入公共财政支出范围，构建起了具有中国特色的农村社会安全保障网络。到2012年，中央财政用于促进乡村教育、卫生等社会事业发展支出6051.12亿元[①]，乡村社会事业发展支出将近占到"三农"支出的半壁江山[②]。国家促进乡村社会事业发展、社会保障政策取向的确立及具体政策措施的实施，标志着整个国家在破除城乡二元结构、实现基本公共服务均等化、促进社会公平上迈出了坚实的步伐。农民种地不交税、上学不付费、看病不太贵、养老不犯愁，后顾之忧大大减少，促进了农村社会的和谐进步。

（二）国家增加对乡村基础设施建设的投入

改革初期至世纪之交，乡村基础设施建设依然以农民出资出劳为主。与改革前有所不同的是，实行政社分开和以家庭承包经营为基础、统分结合的双层经营体制后，乡村组织的集体收入及上级拨款，一般只能维持村级组织的正常运转，有的甚至连正常的运转都难以保证。在计划经济体制下形成的压力型农村管理体制下，县及县以上各级政府和有关部门还从所谓的发展事业出发，要求乡村开展各种升级达标活动，但不出资，这些活动

---

① 参见财政部《关于2012年中央和地方预算执行情况与2013年中央和地方预算草案的报告》。
② 《财政部：中央财政"三农"投入年均增21％》，http://kjs.mof.gov.cn/mofhome/mof/zhuantihuigu/2012sn/201211/t20121107_692859.html。

超出了捉襟见肘的乡村财力,只好由农民出资出劳完成,致使农民负担重而难以减轻。

农村税费改革后,"三提五统"、农村"两工"被取消,乡村基础设施等公益事业建设的费用,一方面在村民自治制度下,通过一事一议制度,向农民筹资筹劳,但全国还只是少数村开展了一事一议筹资筹劳兴办基础设施;另一方面,国家逐步加大了公共财政对乡村道路、水利、电力、通信等基础设施建设的投入。在推进粮棉油生产基地、优质粮食产业工程、农业综合开发、动物防疫体系、种养业良种工程等农业建设工程的同时,重点加强了以节水灌溉、人畜饮水、乡村道路、农村沼气、农村水电、草场围栏等"六小工程"为主要内容的乡村基础设施建设投入力度,扩大以工代赈规模,稳步推进异地扶贫(生态移民)试点工作,改变乡村基础设施落后状况的进程加快。2007年国债投资和中央预算内投资用于直接改善乡村生产生活条件的资金达到360亿元,其中用于乡村水、路、电、气建设的资金达300亿元。2003—2007年,全国新改建乡村沥青水泥路约85万公里,是1949—2002年总和的2.5倍。到2008年底,全国乡村公路里程为321万公里[①],全国乡镇通沥青(水泥)路率达88.7%,东、中部地区建制村通沥青(水泥)路率分别达89.7%、79%,西部地区建制村通公路率达78.1%。针对乡村电力基础设施落后、供电严重不足和电价过高的问题,1998年开始国家把乡村电网建设与改造确定为扩大内需的重要投资领域,10年间国家累计投入4000亿元资金,超过新中国成立后前50年农村电网投资总和,同时按照城乡同网同价的原则对城乡低压电网实行统一管理。乡村电网建设与改造和城乡居民生活用电同网同价政策的实行,改善了农村供电质量,到户电价明显降低,减轻了农民的用电负担。1949年新中国成立时,乡村年用电量仅有2000万千瓦时,人均用电量仅为0.05千瓦时;到1978年,乡村年用电量增加,但全国大部分乡村地区居民依然用不上电;改革开放以来,乡村用电水平得到了跨越式发展,用电量年增长率约15%。到2007年底,全国乡村居民用电量达到1467.92亿千瓦时,有22个省份(省、自治区、直辖市)实现"户户通电",绝大多数行政村通电率达到99%以上。乡村通信基础设施建设逐步加强,改善了乡村与外界信息不畅的问题。全国通电话行政村比例达到99.7%,有29个省份实现所有行政村通电话;全国通电话自

[①] 新中国成立初期,全国公路总里程仅有8万多公里,而农村公路的数量极少。改革开放前的30年中,中国农村公路依靠群众投工投劳为主发展起来。到1978年末,全国县乡公路达到58.6万多公里,占全国公路总里程的67%。

然村比例达到92.4%,有7个省份实现所有自然村通电话。信息服务迅速推开,全国95%的乡镇通宽带、98%的乡镇能上网、89%的行政村能上网,全国27个省份"乡乡能上网"已成现实,19个省份基本实现行政村"村村能上网"。针对乡村基础设施建设薄弱的问题,2008年10月中共十七届三中全会通过的《中共中央关于推进农村改革发展若干重大问题的决定》,不仅提出加强乡村基础设施和环境建设,还提出"健全农村公共设施维护机制,提高综合利用效能"。2009年中央一号文件进一步明确了水、电、路、气、房等五方面的新要求,即"调整农村饮水安全工程建设规划,加大投资和建设力度,把农村学校、国有农(林)场纳入建设范围。扩大电网供电人口覆盖率,加快推进城乡同网同价。加大农村水电建设投入,扩大小水电代燃料建设规模。加快农村公路建设,2010年底基本实现全国乡镇和东中部地区具备条件的建制村通油(水泥)路,西部地区具备条件的建制村通公路,加大中央财政对中西部地区农村公路建设投资力度,建立农村客运政策性补贴制度。增加农村沼气工程建设投资,扩大秸秆固化气化试点示范。发展农村信息化。加快国有林区、垦区棚户区改造,实施游牧民定居工程,扩大农村危房改造试点"。2009年4月22日国务院常务会议决定,当年新增中央投资中,安排650亿元用于乡村教育、卫生等基础设施建设,改善乡村水、电、交通、通信等基础设施条件。2010年中央一号文件提出,预算内固定资产投资优先投向农业基础设施和农村民生工程,土地出让收益优先用于农业土地开发和农村基础设施建设。2011年中央一号文件提出,把水利作为国家基础设施建设的优先领域,把农田水利作为农村基础设施建设的重点任务。文件还从继续实施大江大河治理、加强水资源配置工程建设、搞好水土保持和水生态保护、合理开发水能资源、强化水文气象和水利科技支撑五个方面明确了全面加快水利基础设施建设的措施。

三、建立城乡劳动者平等就业制度

中共十六大起,农民就业政策发生的重大突破,突出体现在进一步敞开城门,确立了城乡劳动者平等就业的政策取向,着力解决城乡劳动力市场分割、农民进城务工的歧视性政策等阻碍农民进城务工的问题。在促进农民进城就业方面,继2002年1月《中共中央国务院关于做好2002年农业和农村工作的意见》第一次提出"公平对待,合理引导,完善管理,搞好服务"方针后,2003年1月5日国务院办公厅发出《关于做好农民进城务工就业管理和服务工作的通知》,提出取消对农民进城就业的不合理限制,切实解决拖欠和克扣农民工工资问题,改善农民工的生产生活条件,做好农民工培训工作,多渠道安排农民工子女就学,加强对农民工的管理。中共十六届三中全会通过的《中共中央关于完善社会主义市场经济体制若干问题的决定》提出,要大力发展县域经济,加快城镇化进程,逐步统一城乡劳动力市场,形成城乡劳动者平等就业的制度,为农民创造更多的就业机会。2004年中央一号文件提出,进一步清理和取消针对农民进城就业的歧视性规定和不合理收费,简化农民跨地区就业和进城务工的各种手续,防止变换手法向进城就业农民及用工单位乱收费;健全有关法律法规,依法保障进城就业农民的各项权益。2004年劳动和社会保障部提出,城市的各级公共职业介绍机构要免费向农民工开放,免费提供就业信息和政策咨询。2006年国务院发出《关于解决农民工问题的若干意见》,明确提出了做好农民工工作的指导思想、基本原则和政策措施,要求建立健全县乡公共就业服务网络,为农民转移就业提供就业信息、职业介绍、就业指导和政策咨询等方面的服务。2007年中央一号文件进一步明确提出:"按照城乡统一、公平就业的要求,进一步完善农民外出就业的制度保障。做好农民工就业的公共服务工作,加快解决农民工的子女上学、工伤、医疗和养老保障等问题,切实提高农民工的生活质量和社会地位。"2008年中央一号文件要求"改善农民工进城就业和返乡创业环境",进一步明确提出:"全面加强农民工权益保障。建立统一规范的人力资源市场,形成城乡劳动者平等就业的制度。加快大中城市户籍制度改革,探索在城镇有稳定职业和固定居所的农民登记为城市居民的办法。各地和有关部门要切实加强对农民工的就业指导和服务。采取强有力的措施,建立农民工工资正常增长和支付保障机制。健全农民工社会保障制度,加快制定低费率、广覆盖、可转移、与现行制度相衔接的农民工养老保险办法,扩大工伤、医疗保险覆盖范围。鼓励有条件的地方和企业通过多种形式,提供符合农民工特点的低租金房屋,改善农民工居住条件。农民工输入地要坚持以公办学校为主接收农民工子女就学,收费与当地学生平等对待。农民工输出地要为留守儿童创造良好的学习、寄宿和监护条件。"中共十七届三中全会通过的《中共中央关于推进农村改革发展若干重大问题的决定》,更加明确了统筹城乡劳动就业的制度框架,提出:"统筹城乡劳动就业,加快建立城乡统一的人力资源市场,引导农民有序外出就业,鼓励农民就近转移就业,扶持农民工返乡创业。加强农民工权益保护,逐步实现农民工劳动报酬、子女就学、公共卫生、住房租购等与城镇居民享有同等待遇,改善农民工劳动条件,保障生产安全,扩大农民工工伤、医疗、养老保险覆盖面,尽快制定和实施农民工养老保险关系转移接续办法。统筹城乡社会管理,推进户籍制度改革,放宽中小城市落户条件,使在城镇稳定就业和居住的农民有序转变为城镇居民。推动流动人口服务和管理体制创新。"这些文件不仅确立了公正对待农民工、建立城乡劳动者平等就业制度、让进城农民融入城市的政策取向,还形成了初步的政策框架。

围绕城乡劳动者平等就业制度的建立,促进农村劳动力的转移,还采取了一系列措施:

解决农民工工资拖欠问题。2003年10月,温家宝在视察重庆农村时答应农村妇女熊德明的请求,为她的丈夫讨回被拖欠的工资。由此,全国掀起了一场为农民工讨回被拖欠工资的"讨薪风暴",也掀开了全社会关注农民工权益、保护农民工权益新的历史一页。当年11月22日,国务院办公厅印发《关于切实解决建设领域拖欠工程款问题的通知》,全国各地纷纷出台政策,严打拖欠农民工工资行为。经过三年努力,到2006年,基本解决建设领域历史上拖欠工程款和农民工工资的问题;各地偿还拖欠工程款1834亿元,占历史拖欠的98.6%,其中清付农民工工资330亿元。

城市政府把对进城农民工的子女教育、劳动保障及其他服务和管理经费,纳入正常的财政预算。在城市中小学就学的农民工子女,负担的学校收费项目和标准与当地学生一视同仁,不再收取借读费、择校费或要求农民工捐资助学及摊派其他费用。

对农民转移就业开展培训和培育新型农民。2003年9月,国务院办公厅转发农业部、劳动和社会保障部、教育部、科技部、建设部、财政部等六部委制定的《2003—2010年全国农民工培训规划》,明确中央和地方各级财政在财政支出中安排专项经费,用于农村劳动力转移培训。2004年3月起,农业部、财政部、劳动和社会保障部、教育部、科技部和建设部开始共同组织实施对农村劳动力转移前的非农技能培训给予补助的农村劳动力转移培训阳光工程(简称"阳光工程")。"阳光工程"的目标任务是:重点支持粮食主产区、劳动力主要输出地区、贫困地区和革命老区开展短期职业技能培训,探索培训工作机制,为大规模开展培训奠定基础。"阳光工程"实施以来,逐年扩大培训规模,提高补助标准,创新补贴形式,健全培训机制,丰富培训课程。2004—2007年,中央财政对"阳光工程"共投入1230亿元资金,累计培训农民1230万人,转移就业1063万人,转移就业率达到86%以上。在实施"阳光工程"的同时,国家有关部委按照各自职能积极开展农村劳动力转移培训工作,如国务院扶贫办实施了农村劳动力转移培训雨露计划、劳动和社会保障部实施了农村劳动力技能就业计划、教育部实施了农村劳动力转移培训计划等。这些培训提高了农村劳动力从事非农产业的技能水平、就业的能力和就业竞争力,促进了农村劳动力转移,也促进了农民工收入水平的提高。据2007年全国阳光工程办公室抽样统计表明,"阳光工程"转移就业学员的月收入983.5元,同比增长131.3元,比没有接受培训的农民工高277.5元。2006年中央一号文件明确提出,建设现代农业,最终要靠有文化、懂技术、会经营的新型农民。为社会主义新农村建设提供智力支撑和人才保障,从2006年起,农业部、财政部开始组织实施新型农民科技培训工程。2006年新型农民科技培训工程计划在全国300个县、10000个村开展培训工作。2007年11月,中共中央办公厅、国务院办公厅《关于加强农村实用人才队伍建设和农村人力资源开发的意见》提出,当前和今后一个时期,农村实用人才队伍建设和农村人力资源开发的目标任务是:根据新农村建设的总体要求,以繁荣农村经济为重点,全面促进农村经济社会发展,扩大规模,提高素质,优化结构,使农村实用人才总量大幅度增加,农村人力资源整体实力不断增强;农村实用人才的培养、服务、评价、激励机制更加健全,配套措施更加完善,有利于农村实用人才成长和发挥作用的环境不断优化,农村实用人才运用先进科学技术和经营管理知识带头致富、带领群众致富的能力显著提高;加强对农村基础教育、职业教育的投入,整合教育培训资源,拓宽教育培训途径,提高教育培训水平,基本建立与农村经济社会发展相适应的农村人力资源开发体系;农村人才工作格局不断完善,社会各方面力量积极支持、参与农村人才工作的氛围逐步形成。文件要求,采取多种形式,培养造就大批农村实用人才;加大支持服务力度,充分发挥农村实用人才在新农村建设中的作用;完善评价激励体系,强化农村实用人才的示范带头作用;大力加强农村教育培训工作,推进农村人力资源开发;统筹城乡资源,为新农村建设提供人才和智力支持;进一步加强对农村实用人才队伍建设和农村人力资源开发工作的组织领导。2008年,农业部在3万个村实施新型农民科技培训工程,在实行整村推进的基础上,每村确定40名农民作为基本学员,开展农业科技知识和实用技术培训。培训机构进村开展集中培训的时间不少于15天,现场指导不少于15次。另外,还以贫困地区、粮食主产区、劳动力主要输出地区和革命老区为重点,对350万农民开展"阳光工程",培训后转移就业率不低于80%。2012年中央一号文件指出,要加快培养农业科技人才。

开展农业技术推广服务特岗计划试点,选拔一批大学生到乡镇担任特岗人员。积极发挥农民技术人员示范带动作用,按承担任务量给予相应补助。同时,大力培训农村实用人才。以提高科技素质、职业技能、经营能力为核心,大规模开展农村实用人才培训。充分发挥各部门各行业作用,加大各类农村人才培养计划实施力度,扩大培训规模,提高补助标准。加快培养村干部、农民专业合作社负责人、到村任职大学生等农村发展带头人,农民植保员、防疫员、水利员、信息员、沼气工等农村技能服务型人才,种养大户、农机大户、经纪人等农村生产经营型人才。大力培育新型职业农民,对未升学的农村初、高中毕业生免费提供农业技能培训,对符合条件的农村青年务农创业和农民工返乡创业项目给予补助和贷款支持。

实施法律保障。2007年8月30日第十届全国人大常务委员会第二十九次会议通过的《中华人民共和国就业促进法》第二十条规定,国家实行城乡统筹的就业政策,建立健全城乡劳动者平等就业的制度,引导农业富余劳动力有序转移就业。这就为国家实行城乡统筹的就业政策和建立健全城乡劳动者平等就业的制度提供了法律保障。

农民工成为国家最高权力机关的组成人员。2008年3月,在第十一届全国人大一次会议上,胡小燕、康厚明和朱雪芹成为全国人大代表中的首批农民工代表,成为国家最高权力机关的组成人员。这一突破性和标志性事件,不仅意味着农民工大军拥有了表达自己心声诉求的"直接通道",更意味着国家越来越重视对农民工的权益维护。

尽管城乡二元就业制度还未根除,上述方针、政策或措施的出台和实施,使城乡劳动力市场的制度性分割格局被打破,农民外出务工环境明显改善,有利于农村富余劳动力向非农产业转移和人口的城镇化,农民工成为中国产业工人的重要组成部分。根据第五次人口普查的结果,中国农民工占二三产业就业人口的份额高达46.5%。农村富余劳动力进城务工为促进城市繁荣和推进工业化、城镇化发展发挥了重要作用。

四、壮大以农业产业化、农村工业化和城镇化为内核的县域经济

中国农业人口是县域人口的主体,农业和农村经济是县域经济的重要方面。县域经济的壮大是解决好"三农"问题最直接的外部环境,是乡村发展的直接平台,而乡村发展又是壮大县域经济的重要方面军,即壮大县域经济与乡村发展呈正相关互动关系。鉴此,壮大县域经济,并在县域内实现城乡经济社会统筹发展,是解决"三农"问题的重要路径之一。

在20世纪80年代初实施以家庭承包经营制度为主的改革获得成功后,以1984年10月中共十二届三中全会通过《中共中央关于经济体制改革的决定》为标志,经济体制改革的重点从乡村转向城市,城市偏斜政策也再次启动,农业部门的土地、资金、人才等要素大量被转移到城市和非农部门,1997年开始实施积极财政政策,又将国债资金大量用于城市基础设施建设。此外,国家还实施了东部沿海地区优先发展战略,东南沿海地区特别是珠三角、长三角迅速成为新的经济增长极。到2000年,中国城市从1980年223个增加到663个,出现了东南沿海经济带、长三角、珠三角、京津环渤海城市群。在这种政策和经济发展背景下,县域经济尤其是中西部地区的县域经济发展相对滞后,这不利于乡村的发展。

2002年11月,中共十六大做出了壮大县域经济的重大决策(这也是首次将壮大县域经济写进中国共产党的全国代表大会报告),从此壮大县域经济纳入国家经济重大发展战略的范畴。2004年中央一号文件提出壮大县域经济、发展乡镇企业和小城镇、推进农业产业化经营相结合的发展思路,即"小城镇建设要同壮大县域经济、发展乡镇企业、推进农业产业化经营、移民搬迁结合起来,引导更多的农民进入小城镇,逐步形成产业发展、人口聚集、市场扩大的良性互动机制,增强小城镇吸纳农村人口、带动农村发展的能力"。2007年中共十七大报告明确提出:"以促进农民增收为核心,发展乡镇企业,壮大县域经济,多渠道转移农民就业。"2008年中共十七届三中全会通过的《中共中央关于推进农村改革发展若干重大问题的决定》指出:"扩大县域发展自主权,增加对县的一般性转移支付、促进财力与事权相匹配,增强县域经济活力和实力。"2009年中央一号文件明确提出"增强县域经济发展活力",并明确了具体的政策措施:"调整财政收入分配格局,增加对县乡财政的一般性转移支付,逐步提高县级财政在省以下财力分配中的比重,探索建立县乡财政基本财力保障制度。推进省直接管理县(市)财政体制改革,将粮食、油料、棉花和生猪生产大县全部纳入改革范围。稳步推进扩权强县改革试点,鼓励有条件的省份率先减少行政层次,依法探索省直接管理县(市)的体制。"2010年中央一号文件提出,大力发展县域经济,抓住产业转移有利时机,促进特色产业、优势项目向县城和重点镇集聚,提高城镇综合承载能力,吸纳农村人口加快向小城镇集中。在实践中,逐步探索出以解决"三农"问题为重点,以大力发展中小企业为突破口和支柱,推进工业化、城镇化、农业产业化,以工业化带动城镇化,以城镇经济辐射带动乡村经济,使县域内形成良性的产业结构和就业结构,实现经济增长、社会发展、农民增收、农民就业非农化、乡村人口城镇化、农业现代化的路径。

（一）农业产业化经营组织模式的完善

进入21世纪,农业产业化经营快速发展。到2007年,全国共有农业产业化经营组织171608个。其中,全国75487个龙头企业固定资产总值12878亿元,比2000年增长319.5%；销售收入31694.9亿元、利润1969亿元、创汇310亿美元、上缴税金977.7亿元,分别比2000年增长437.1%、318.3%、365.1%、310.3%；年销售收入亿元以上的龙头企业5889家,比2000年增加4703家。双汇、雨润、伊利、蒙牛、新希望、六和等大型龙头企业销售收入已超百亿元。

农业产业化经营的快速发展,不仅表现为龙头企业规模、竞争力、发展能力和带动能力增强,更表现为农业产业化经营的组织模式和利益联结机制不断完善,尤其是农民专业合作组织的发展在促进农业组织化发展和完善农业产业化经营利益联结机制上发挥着越来越重要的作用。

农业产业化经营快速发展的原因,一方面是由于包括龙头企业和农民在内的各参与主体抓住发展机遇和勇于探索创新,在市场经济中善于发现发展机会和增强发展能力；另一方面则是得益于国家支持政策的强化和对完善组织模式与利益联结机制的引导和促进。

在政府对农业产业化经营的支持上,继中共十五届三中全会将农业产业化经营明确为农业现代化的现实途径后,中共十六大起,政府加大了对农业产业化经营的政策扶持力度。中共十六大报告指出,积极推进农业产业化经营,提高农民进入市场的组织化程度和农业综合效益。2004年起的中央一号文件,都提出要加快农业产业化经营的发展,并明确了多种支持政策和措施。中共十七届三中全会通过的《中共中央关于推进农村改革发展若干重大问题的决定》,提出了农业产业化经营发展的新目标,即"发展农业产业化经营,促进农产品加工业结构升级,扶持壮大龙头企业,培育知名品牌。"根据这些文件精神,中央和地方政府在财政、信贷、税收、科研开发、技术改造、出口贸易等方面实施一系列支持政策。

在对农业产业化经营组织模式探索与利益联结机制的建立上,国家采取了有力的引导和促进措施。促进农业产业化发展,需要解决的一个重大问题,就是在把小规模分散经营的农户纳入农业产业化经营体系过程中,如何处理好龙头企业与农户的利益关系,形成和完善"利益共享、风险共担"的机制,从而形成紧密合作的经济共同体。在农业产业化经营发展初期，龙头企业与众多农户的合作，不是组织内成员之间的合作，一般是作为不同利益主体的组织之间的合作。在这种合作关系中，由于利益联结机制还不完善，处于强势地位的龙头企业往往采取不利于农户的合作方案，而农户力求利益最大化则在产品相对短缺条件下选择直接到市场上交易或寻找新的合作伙伴。这种博弈，导致龙头企业与农户的合作缺乏稳定性和可持续性，龙头企业难发展，农民利益难保障，影响着农业产业化经营的进一步发展。

针对这一现象，中共中央、国务院一方面采取政策措施促进龙头企业的发展，另一方面还通过政策取向、鼓励措施和组织制度供给等多种措施，促进农业产业化经营利益联结机制的完善。2004年中央一号文件把龙头企业与农民建立起合理的利益机制作为政策扶持的条件，提出："不管哪种所有制和经营形式的龙头企业，只要能带动农户，与农民建立起合理的利益联结机制，给农民带来实惠，都要在财政、税收、金融等方面一视同仁地给予支持。"2005年中央一号文件提出："鼓励龙头企业以多种利益联结方式，带动基地和农户发展。"2008年中央一号文件提出："龙头企业要增强社会责任，与农民结成更紧密的利益共同体，让农民更多地分享产业化经营成果。……鼓励农民专业合作社兴办农产品加工企业或参股龙头企业。"2009年中央一号文件提出："扶持农业产业化经营，鼓励发展农产品加工，让农民更多分享加工流通增值收益。中央和地方财政增加农业产业化专项资金规模，重点支持对农户带动力强的龙头企业开展技术研发、基地建设、质量检测。鼓励龙头企业在财政支持下参与担保体系建设。采取有效措施帮助龙头企业解决贷款难问题。"2010年中央一号文件提出："支持龙头企业提高辐射带动能力，增加农业产业化专项资金，扶持建设标准化生产基地，建立农业产业化示范区。"

在发展农业产业化经营实践中，各地因地制宜、因业制宜，根据参与农业产业化经营各利益主体的意愿，逐步探索出合同、合作、股份合作等利益联结机制，初期以"公司＋农户"模式为主，逐渐向"公司＋基地＋农户"、"专业批发市场＋中间商＋农户"、"农民专业合作社＋成员"、"公司＋农民专业合作经济组织＋成员"、"行业协会＋公司＋农民专业合作经济组织＋农户"等多种模式演变，初步构建起企业与农户双赢的机制。

在引导和促进农业产业化经营、建立多种形式的利益联结机制的同时，国家大力引导和促进农民专业合作组织的发展，并对农民专业合作社的发展提供法律制度保障。2001年，《中共中央国务院关于做好2001年农业和农村工作的意见》明确将合作组织作为农业产业化龙头企业而予以扶持,指出对农产品加工企业、批发市场、合作组织等各种类型、各种所有制的农业产业化经营龙头企业,只要有市场、有效益,能够增加农民收入,都要一视同仁,给予扶持。2006年中央一号文件明确把合作组织作为保障农民从产业化经营中得到更多的实惠的重要组织形式,提出要着力培育一批竞争力、带动力强的龙头企业和企业集群示范基地,推广龙头企业、合作组织与农户有机结合的组织形式,让农民从产业化经营中得到更多的实惠。同年10月31日,第十届全国人大常务委员会第二十四次会议通过《中华人民共和国农民专业合作社法》①,从此在法律上确立了农民专业合作社的市场主体地位,也在法律上为农业产业化经营的发展提供了一种完善农业产业化经营利益机制的新的组织制度。根据上述政策取向和法律制度,各级政府及有关部门实施了一系列政策措施,促进农民专业合作经济组织的发展,主要有:第一,国家安排专项财政资金,实施农民专业合作经济组织试点项目,把政府对农民专业合作经济组织的指导和扶持进一步落到了实处。2003年财政部安排专门资金,启动了支持农民专业合作经济组织发展项目。2004年,农业部安排专项资金,又启动了农民专业合作经济组织示范项目,重点支持农民专业合作经济组织为成员开展信息、技术、培训、质量标准与认证、市场营销等服务。2003—2008年,中央财政累计安排专项资金8.45亿元,对3000多个农民专业合作经济组织给予了扶持补助;在农业部、财政部示范项目的带动下,各级地方政府高度重视,安排财政专项资金对农民专业合作经济组织的发展予以扶持,2004—2008年各省级财政安排专项扶持资金已超过13亿元。② 第二,经国务院批准,2008年6月24日,财政部、国家税务总局发出《关于农民专业合作社有关税收政策的通知》,规定:对农民专业合作社销售本社成员生产的农业产品,视同农业生产者销售自产农业产品免征增值税;增值税一般纳税人从农民专业合作社

---

① 2002年7月1日,中国合作经济学会向姜春云副委员长、李鹏委员长报送了《关于尽快制定〈合作社法〉的建议》。姜春云副委员长和李鹏委员长分别于同年7月30日、8月3日做了批示。8月20日上午,全国人大法工委卞耀武副主任主持会议,听取中国合作经济学会的汇报。中国合作经济学会的缪建平、郑有贵同志和农业部农村经济体制与经营管理司的两位同志在会上汇报了《关于尽快制定〈合作社法〉的建议》起草中的有关情况和考虑。2003年,《农民专业合作经济组织法》列入第十届全国人大立法规划。2006年8月,第十届全国人大常务委员会第二十三次会议对《农民专业合作经济组织法(草案)》进行第二次审议时,更名为《农民专业合作社法》。

② 农业部农村经济体制与经营管理司、农业部农村合作经济经营管理总站编著:《农民专业合作组织案例评析》,中国农业出版社2009年版,第2页。

购进的免税农业产品,可按13%的扣除率计算抵扣增值税进项税额;对农民专业合作社向本社成员销售的农膜、种子、种苗、化肥、农药、农机,免征增值税;对农民专业合作社与本社成员签订的农业产品和农业生产资料购销合同,免征印花税。第三,2009年2月,中国银监会、农业部联合印发《关于做好农民专业合作社金融服务工作的意见》,提出从把农民专业合作社全部纳入农村信用评定范围、加大信贷支持力度、创新金融产品、改进金融服务方式、鼓励有条件的农民专业合作社发展信用合作并优先选择在农民专业合作社基础上开展组建农村资金互助社的试点工作等方面加大对农民专业合作社的金融支持。第四,2008年12月,商业部、农业部联合下发了《关于开展农超对接试点工作的通知》,促进大型连锁超市与农民专业合作社有效对接,以减少农产品流通环节和降低流通成本。2009年中央一号文件提出,扶持农民专业合作社发展。加快发展农民专业合作社,开展示范社建设行动。加强合作社人员培训,各级财政给予经费支持。将合作社纳入税务登记系统,免收税务登记工本费。尽快制定金融支持合作社、有条件的合作社承担国家涉农项目的具体办法。2010年中央一号文件提出,着力提高农业生产经营组织化程度。推动家庭经营向采用先进科技和生产手段的方向转变,推动统一经营向发展农户联合与合作,形成多元化、多层次、多形式经营服务体系的方向转变。壮大农村集体经济组织实力,为农民提供多种有效服务。大力发展农民专业合作社,深入推进示范社建设行动,对服务能力强、民主管理好的合作社给予补助。各级政府扶持的贷款担保公司要把农民专业合作社纳入服务范围,支持有条件的合作社兴办农村资金互助社。扶持农民专业合作社自办农产品加工企业。2011年中央一号文件提出,大力发展农民用水合作组织。2012年中央一号文件提出,按照增加总量、扩大范围、完善机制的要求,继续加大农业补贴强度,新增补贴向主产区、种养大户、农民专业合作社倾斜。有序发展农村资金互助组织,引导农民专业合作社规范开展信用合作。继续发展农户小额信贷业务,加大对种养大户、农民专业合作社、县域小型微型企业的信贷投放力度。还提出,通过政府订购、定向委托、招投标等方式,扶持农民专业合作社、供销合作社、专业技术协会、农民用水合作组织、涉农企业等社会力量广泛参与农业产前、产中、产后服务。充分发挥农民专业合作社组织农民进入市场、应用先进技术、发展现代农业的积极作用,加大支持力度,加强辅导服务,推进示范社建设行动,促进农民专业合作社规范运行。支持农民专业合作社兴办农产品加工企业或参股龙头企业。壮大农村集体经济,探索有效实现形式,增强集体组织对农户生产经营的服务能力。加快培养农民专业合作社负责人。加大信贷支持力度,鼓励农机合作社购置大中型农机具。扶持产地农产品收集、加工、包装、贮存等配套设施建设,重点对农民专业合作社建设初加工和贮藏设施予以补助。支持生产基地、农民专业合作社在城市社区增加直供直销网点,形成稳定的农产品供求关系。扶持供销合作社、农民专业合作社等发展联通城乡市场的双向流通网络。

"公司+农户"向"公司+农民专业合作社+成员"的演变,是农业产业化经营组织模式的自我完善,其动力首先来自公司。

在农业产业化经营的初始模式"公司+农户"中,公司凭借其拥有的资本优势,将农业产业链诸环节整合起来,形成产供销、种养加、贸工农一体化经营,为解决当时遇到的小农户难以进入大市场问题做出了不可磨灭的历史贡献。在"公司+农户"模式中,随着公司市场拓展能力的提升,其辐射带动农户的覆盖半径也相应增大,但随之而来也带来一些问题,如公司与农户之间缺少一种承担生产组织和利益协调的组织,一些公司所需的较大数量的优质农产品原料得不到稳定供给,往往是在市场销路好时有的农民不把产品卖给签约公司,在市场不景气时有的公司不兑现对农民的合同收购,其结果是使公司因原料数量和质量波动而缺乏竞争力,公司不仅难以提高其产品的市场占有率,有的甚至丧失已占有的市场。在农业产业化经营中,与农业公司等龙头组织有订单合同关系的农户较少,履约率极低。"公司+农户"模式遇到的这一问题,除了诚信和法制建设方面的因素外,是缘于在信息不对称和农民在谈判中处于弱势地位的情况下,作为不同利益主体的公司与农户两者之间形成"利益共享、风险共担"机制较为困难,农民得到农业产业链中平均利润的理论预期在实践中难以实现,在双方的博弈中,公司与农户之间的合作不如人意便成自然之事。

随着公司市场开拓能力的增强,需要更多的农户为其生产统一技术规格的优质农产品原料,进而需要一种组织对农户生产进行组织和对利益进行协调,而引入农民专业合作社则是最佳选择。农民专业合作社的引入,使农业产业链中各利益主体形成"利益共享、风险共担"机制更易成为现实:农民专业合作社增强了农民的谈判地位,农民获得农业产业链中平均利润的可能性增强,特别是合作社盈余按交易量(额)返还成员的预期则吸引成员在合作社内进行交易合作,公司因此而避免与社会争资源且保障原料的稳定供给,从而保障原料的质量和数量,为其产品质量和市场占有率的提高提供保障,进而为公司提高其竞争力奠定基础,实现可持续发展。

由于引入农民专业合作社能促进公司和农户双赢格局的形成,这使得农民专业合作社成为农业产业化经营中的重要力量。例如,山东得利斯畜牧科技有限公司把农民专业合作社纳入500万头生猪产业化经营体系,积极发展"公司＋合作社＋养猪场"的经营模式,在各基地县组建生猪产销联合社,各乡镇成立生猪产销合作社,各养猪场按标准化要求自繁自养、封闭运行,实行"统一供应种猪、统一人工授精、统一供应饲料、统一兽药防疫、统一技术服务、统一收购肥猪"。

在"公司＋农户"模式中引入农民专业合作社后,公司与农户之间更容易形成"利益共享、风险共担"机制从而吸引更多农户加入其团队,有利于根据市场需求实现优质农产品供应基地的扩张,进而促进优势产业带的形成。以湖南省湘潭市为例,2004年全市拥有伟鸿、港越、先锋、三旺、金锣等生猪加工企业13家,年加工能力170万头。全市龙头企业创办了74个养猪协会,占全市养猪协会总数的59%。响水乡青竹村牲猪产业发展协会是其中之一。该协会成立前的2001年,全村仅养800多头猪,其中瘦肉型猪450头、良种猪200多头、土杂猪100多头。协会成立于2002年初,仅两年时间,到2003年底,除本村272户养猪户入会外,还吸引了周边九个村的800多户加入协会。2007年该村出栏生猪3万头,人均纯收入6000多元。"公司＋农民专业合作经济组织＋成员"模式的兴起,不仅实现了公司与农户的双赢,还为湘潭市养猪业成为优势产业提供了组织基础,2006年全市出栏生猪500余万头,猪肉产品出口量占全省的70%。

正是由于农业产业化经营各方对发展农民专业合作经济组织的内在需求,加上国家通过政策、法律措施对农民专业合作经济组织实施引导、支持和保护,农民专业合作经济组织呈现出快速发展态势。到2012年底,全国农民专业合作社达68.9万户,出资总额1.1万亿元。

农民专业合作社的迅速发展,已成为农业产业化经营不可或缺的方面军,其在农业产业化经营中的功能发生着积极的演变,其龙头带动功能日益增强。第一,在众多的"公司＋农民专业合作经济组织＋成员"模式中,随着农民对合作需要的增加和经济实力的增强,有的协会转型为合作社,合作社在发挥公司与农户之间的中介功能的同时,不断拓展经营业务,兴办自己的加工厂,同时开拓与龙头公司合作以外的营销业务,不少协会、合作社拥有自己的品牌和注册商标,逐渐成为新的龙头组织。第二,在日益兴起的"农民专业合作社＋成员"模式中,农民专业合作社独立兴办加工厂、开展市场营销业务,成为独立的产业化龙头组织。例如,安徽省池州市江南乡村土鸡专业合作社建于 2001 年 5 月,主要经营苗种、饲料、疫苗、土鸡、乌鸡、土蛋、绿壳蛋等业务,注册"乌凤牌"商标,叫花鸡加工生产线也于 2007 年底正式投产。仅 2007 年该社就销售土种鸡 6 万只、土鸡蛋 280 万枚、乌鸡 1 万只、绿壳蛋 100 万枚,营销收入 520 万元,实现净利润 13.2 万元。通过社员辐射带动全镇 300 户养鸡户,养殖土种鸡 35 万只。

农业产业化经营的发展,成为解决农业问题进而推进现代农业发展的现实路径;农业产业化利益联结机制的逐步完善,不仅可以很好地将农户融入产业化经营的产业体系之中,还可以使农业和农民分享到加工和销售环节的利润,分享到产业拓展和市场扩张的成果和利益,在产业发展层次上实现工业对农业的反哺,进而促进农民增收。据全国政协无党派人士农业产业化考察团报告:"1978 年改革开放之前,全国农民的人均纯收入 133 元,山东省才 101 元,低于全国水平 24.1%。在全国排名第 24 位。改革开放以后,山东农业发展良好,尤其是 1993 年率先提出农业产业化,农民收入增长迅速。到 2004 年,全国农民人均纯收入 2936 元,山东达 3507 元,比全国水平高 19.4%,在全国排名第 7 位。特别是在农业产业化水平比较高的地方,比如寿光,农民人均纯收入达到 5016 元,青岛 5080 元,和天津的 5019 元处于同一水平。像寿光这样绝大多数的劳动力还是农民的农业大县,农民的收入水平已经达到天津这样农业人口比重非常少的直辖市,确实是非常了不起的成绩。"[①]

(二)农村工业的集聚壮大和城镇化的快速推进

农村工业化与城镇化结合,乡镇企业向工业园区集中,逐步形成一批主导产业突出、产业链完整、规模优势明显的产业集群,是这一时期农村经济发展的新特征。

美国学者迈克尔·波特在 1990 年出版的《国家竞争优势》一书中提出产业集群概念,对政府和企业思考经济、评估地区的竞争优势和制定公共政策产生着重大影响。产业集聚是在一个适当大的区域范围内,生产某种产品的若干个同类企业,为这些企业配套的上下游企业,以及相关的服务业,高密度地集聚在一起。产业集聚是市场经济条件下经济发展到一定阶段后的必然产物,是现阶段产业竞争力的重要来源和集中体现。传统企业"大而全"、"小而全"的生产方式,通过产业集聚,能够实现专业化分工、协

---

① 黄连贵、张照新、张涛:《我国农业产业化发展现状、成效及未来发展思路》,《经济研究参考》2008 年第 31 期。

作化生产,从而有效提高专业化生产水平。联合国贸易与发展大会在《2001年世界投资报告》中指出,产业集聚优势已经超越其他因素而成为吸引外资投向的主导力量,推动产业联系将成为投资政策关注的新焦点;招商引资已经从当初的"政策招商"转向"产业招商";进一步推动经济发展,必须走产业集群的道路。

20世纪90年代中期以来,特别是加入WTO以后,中国乡镇企业在产权制度改革后,开始了重组的进程,逐步冲破城乡和社区限制,改变了"村村点火、处处冒烟"的发展模式,也改变了船小好掉头的发展战略,开始向工业园区、小城镇及大中城市发展,经济园区化、园区产业化、产业集群化成为趋势,企业集群逐步形成,产业集聚度日益提升。2007年全国以乡镇企业为主的工业园区有20717个,实现营业收入72900亿元,占全国乡镇企业营业收入的25.4%;据不完全统计,全国年产出总量超过100亿元的产业集群已超过100个。[①]

在引导农村工业向工业园区、城镇集聚和促进产业集群形成的同时,国家进一步采取政策措施促进乡镇企业的发展。2004年中央一号文件,根据乡镇企业普遍进行了产权制度改革的新形势,提出大力发展农村个体私营等非公有制经济,并提出:"法律法规未禁入的基础设施、公用事业及其他行业和领域,农村个体工商户和私营企业都可以进入。要在税收、投融资、资源使用、人才政策等方面,对农村个体工商户和私营企业给予支持。对合法经营的农村流动性小商小贩,除国家另有规定外,免于工商登记和收取有关税费。"2009年中央一号文件提出:"支持发展乡镇企业,加大技术改造投入,促进产业集聚和升级。"2010年中央一号文件提出,推进乡镇企业结构调整和产业升级,扶持发展农产品加工业,积极发展休闲农业、乡村旅游、森林旅游和农村服务业,拓展农村非农就业空间。乡镇企业的发展培育出一大批现代农民和现代产业工人,锻炼形成农民企业家阶层,成为农民就业和增收的重要渠道。2010年与2001年相比,全国乡镇企业增加值由29356亿元增加到112231.5亿元,年末从业人员由13086万人增加到15892.56万人。

中共十六大起,国家进一步采取措施,促进城镇化的发展。2004年中央一号文件提出:"国家固定资产投资要继续支持小城镇建设,引导金融机

[①] 中华人民共和国农业部:《2008中国农业发展报告》,中国农业出版社2008年版,第20页。

构按市场经济规律支持小城镇发展。重点渔区渔港、林区和垦区场部建设要与小城镇发展结合起来。"中共十七届三中全会通过的《中共中央关于推进农村改革发展若干重大问题的决定》提出："坚持走中国特色城镇化道路,发挥好大中城市对农村的辐射带动作用,依法赋予经济发展快、人口吸纳能力强的小城镇相应行政管理权限,促进大中小城市和小城镇协调发展,形成城镇化和新农村建设互促共进机制。"2009年中央一号文件进一步采取赋权措施促进小城镇的发展,提出："依法赋予经济发展快、人口吸纳能力强的小城镇在投资审批、工商管理、社会治安等方面的行政管理权限。"2010年中央一号文件提出,协调推进工业化、城镇化和农业现代化,推进城镇化发展的制度创新。积极稳妥推进城镇化,提高城镇规划水平和发展质量,当前要把加强中小城市和小城镇发展作为重点。深化户籍制度改革,加快落实放宽中小城市、小城镇特别是县城和中心镇落户条件的政策,促进符合条件的农业转移人口在城镇落户并享有与当地城镇居民同等的权益。多渠道多形式改善农民工居住条件,鼓励有条件的城市将有稳定职业并在城市居住一定年限的农民工逐步纳入城镇住房保障体系。采取有针对性的措施,着力解决新生代农民工问题。统筹研究农业转移人口进城落户后城乡出现的新情况新问题。大力发展县域经济,抓住产业转移有利时机,促进特色产业、优势项目向县城和重点镇集聚,提高城镇综合承载能力,吸纳农村人口加快向小城镇集中。完善加快小城镇发展的财税、投融资等配套政策,安排年度土地利用计划要支持中小城市和小城镇发展。农村宅基地和村庄整理所节约的土地首先要补充耕地,调剂为建设用地的,在县域内按照土地利用总体规划使用,纳入年度土地利用计划,主要用于产业集聚发展,方便农民就近转移就业。继续推进扩权强县改革试点,推动经济发展快、人口吸纳能力强的镇行政管理体制改革,根据经济社会发展需要,下放管理权限,合理设置机构和配备人员编制。

随着对城乡二元经济社会体制的逐步改革、乡镇企业的发展、乡村城镇化的快速推进,乡村人口向城镇转移的进程明显加快。全国城镇人口占总人口的份额,由2002年的39.1%上升到2012年的52.6%,城乡结构发生了历史性变化。

第三节 乡村快速发展

中共十六大提出统筹城乡经济社会发展,特别是十六届五中全会提出建设社会主义新农村起,农业农村发展实现了历史性跨越,农业综合生产能力迈上新台阶并实现粮食产量"九连增"、乡村基础设施显著改善、农民增收实现"九连快"、乡村民生加速改善。乡村政策的调整和发展,使乡村党群干群关系明显改善,社会保持和谐稳定。乡村的发展,为中国综合国力在国际风云变幻中大幅提升,为现代化建设在重重风险挑战中昂首迈进,为党和国家事业在各种困难考验中兴旺发达,注入了强劲动力,增添了应对底气,赢得了战略主动。①

一、农业综合生产能力迈上新台阶并实现粮食产量"九连增"

中共十六大以来,随着对"三农"投入的增加,农业现代物质技术装备水平不断改善,农业生产水平持续提高。

农业科技创新成效显著。2002年10月,科技部、财政部和中编办联合批复农业部等九个部门所属科研院所体制改革方案,随后农业部所属69个研究所按照组建非营利性科研机构、转制为科技型企业、转为农业事业单位和进入大学等四种类型进行分类改革。这一改革优化了学科结构和布局,大幅减少了非科研人员,提高了科研创新能力。2011年,国务院发布《加快推进现代农作物种业发展的意见》,将农作物种业提升到国家战略性、基础性核心产业的高度,促进了中国现代种业的发展。2012年中央一号文件明确指出:"实现农业持续稳定发展、长期确保农产品有效供给,根本出路在科技。农业科技是确保国家粮食安全的基础支撑,是突破资源环境约束的必然选择,是加快现代农业建设的决定力量,具有显著的公共性、基础性、社会性。"由此农业科技创新被提升至更高的国家层次,农业科技创新体系逐渐完善和稳步发展。中共十六大以来,中国在生物育种、粮食丰产、节水农业、数字农业、循环农业、动植物疾病防治等领域开展科技攻关,取得了一系列重大科技成果,增加了农业技术储备,显著提高了农业生产技术水平和综合生产能力。据科技部统计,2011年全国农作物良种覆盖率达到95%以上,良种对粮食作物增产的贡献率超过40%,科技进步对农业增长的贡献率达到53.5%。

农业机械化和信息化水平快速提高。2004年中央一号文件首次提出实施农机具购置补贴政策,当年全国地方各级财政共投入购置农机具补贴

---

① 参见2013年中央一号文件《中共中央国务院关于加快发展现代农业 进一步增强农村发展活力的若干意见》。

资金 4.1 亿元,到 2012 年增至 215 亿元,比 2004 年增加 210.9 亿元。2004 年 11 月 1 日,《中华人民共和国农业机械化促进法》颁布实施,该法明确了国家对农业机械化的扶持措施,规定国家对农业机械生产企业的税收优惠、中央和省级财政给予农民购买农业机械补贴及贷款支持、农业机械的生产作业服务享受税收优惠等,这部法律的颁布实施标志着中国农业机械化进入了依法促进阶段。中共十六大起的十年间,随着中央和地方不断加大对农业机械化的扶持力度,中国农机装备总量快速增加,装备结构不断优化,农机社会化服务向广度和深度拓展,农机社会化服务逐渐向产前和产后环节延伸。到 2012 年,全国农用机械总动力为 10.2 亿千瓦,比 2011 年增长 4.9%;大中型拖拉机上升到 485.24 万台,水稻插秧机 51.3 万台,稻麦联合收割机 104.55 万台,玉米联合收获机 23.3 万台。[1] 截至 2012 年,全国农作物耕种收综合机械化水平 57.2%,连续 7 年保持 2 个百分点以上的增幅,其中全国小麦基本实现全过程机械化,水稻机械种植水平由 2005 年的 7.1% 提高到 30% 以上,玉米机收水平从 4% 提高到 40%;农机化作业服务组织 16.7 万个,农机从业人员达 5334.74 万人。[2] 同时,中央一号文件以不同角度、不同方式提出支持发展农业农村信息化工作。农业部也制定了关于促进农业信息化的文件。2007 年,农业部制定《全国农业和农村信息化建设总体框架(2007—2015)》,对中国在未来一段时期开展农业农村信息化工作做出部署。2011 年,农业部发布《全国农业农村信息化发展"十二五"规划》,提出到 2015 年农业农村信息化取得明显进展,农业农村信息化总体发展水平提高到 35%。这一系列政策下,中国农业农村信息化建设取得长足发展,2010 年全国农业网站总数达到 31108 个,建成了以中国农业信息网为核心,以 30 多个专业网站为支撑,覆盖部、省、地、县四级的农业信息交流网络体系。

农业基础设施建设持续展开。中共十六大以来,国家大力推广保护性耕作技术,实施旱作农业示范工程,推广测土配方施肥,推行有机肥综合利用与无害化处理,引导农民多施农家肥,增加土壤有机质。2004 年中央一号文件提出"围绕农田基本建设,加快中小型水利设施建设,扩大农田有效灌溉面积,提高排涝和抗旱能力"。2005 年中央一号文件提出"国家对农民

---

[1] 中华人民共和国农业部:《2013 中国农业发展报告》,北京:中国农业出版社 2013 年版,第 2 页。

[2] 中华人民共和国农业部:《2013 中国农业发展报告》,北京:中国农业出版社 2013 年版,第 2 页。

兴建小微型水利设施所需材料给予适当补助"。由于乡村组织不完善,国家投资建设及维护的大中型水利设施难以和分散农户有效衔接。从2006年的川渝大旱到2009年的华北地区大旱,再到2010年的西南五省大旱,每次大旱都给农业带来了巨大损失,暴露出中国农田水利等基础设施的薄弱状况。鉴此,2011年中央一号文件《中共中央国务院关于加快水利改革发展的决定》分析指出"农田水利建设滞后仍然是影响农业稳定发展和国家粮食安全的最大硬伤,水利设施薄弱仍然是国家基础设施的明显短板",强调"力争通过5年到10年努力,从根本上扭转水利建设明显滞后的局面。到2020年,基本建成防洪抗旱减灾体系,重点城市和防洪保护区防洪能力明显提高,抗旱能力显著增强"。基本农田保护和建设稳步开展,2011年9月,国土资源部印发《高标准基本农田建设规范(试行)》,明确了高标准基本农田建设的目标、任务、原则、建设内容与技术要求、建设程序等,首次从国家层面规范高标准基本农田建设工作。2012年3月,国务院批准颁布《全国土地整治规划(2011—2015年)》,明确"十二五"土地整治目标任务,部署4亿亩高标准基本农田建设。2012年,中央财政全年拨付资金273亿元,启动500个高标准基本农田示范县建设,完成了6.7万平方千米高标准基本农田建设任务。[①] 同年6月,国土资源部发出《关于提升耕地保护水平全面加强耕地质量建设与管理的通知》,12月又出台了《土地复垦条例实施办法》,进一步加强耕地质量建设和生态管护。这期间,还启动实施了农业基础设施建设补贴项目。2005年农业部和财政部启动测土配方施肥试点工作,拿出专项资金扶持测土配方施肥项目,成立测土配方施肥技术专家组。中央财政2006年启动土壤有机质提升补贴项目。2012年,继续增加中央财政小型农田水利设施建设补助专项资金。中共十六大以来,农业基础设施建设取得显著成效。据农业部统计,截至2010年,测土配方施肥项目已涵盖全国2498个县(场、单位),受益农户达1.6亿,技术推广面积11亿亩以上;土壤有机质提升试点项目已涵盖全国30个省、自治区、直辖市(含中央农垦系统)的619个县(市、区、场),实施面积增加到2750万亩。2012年全国有效灌溉面积为63036.4千公顷,比2002年增长了16%。

农业科技进步、机械化水平提高、农业生产条件改善和各种现代投入品的大量使用,有力地推动了现代农业发展,促进了农业生产水平的提高。

---

① 参见环境保护部:《2012年中国环境状况公报》。

一是粮食综合生产能力连上新台阶。2012年,全国粮食总产量58958万吨,比2002年增长29%。2004年至2012年粮食总产量实现连续九年增产,2007—2012年粮食总产量连续六年超5亿吨,标志着中国粮食综合生产能力稳定跃上新台阶。

二是经济作物全面增产。2012年,棉花产量为683.6万吨,比2002年增长39.1%;油料产量为3436.8万吨,比2002年增长18.6%。糖料、蔬菜、水果等产量也快速增长。

三是森林资源和林业经济快速增长。根据国家林业局第七次全国森林资源清查(2004—2008年)主要结果,全国森林面积净增2054.30万公顷,森林覆盖率由18.21%提高到20.36%,活立木总蓄积净增11.28亿立方米,森林蓄积净增11.23亿立方米,天然林面积净增393.05万公顷,天然林蓄积净增6.76亿立方米,人工林面积净增843.11万公顷,人工林蓄积净增4.47亿立方米。据国家林业局统计,2003年至2011年全国林业重点工程累计完成造林面积3646.4万公顷,其中天然林保护工程707.1万公顷,退耕还林工程1720.8万公顷,京津风沙源治理工程431.9万公顷,速生丰产用材林基地工程9.2万公顷。

四是肉蛋奶等主要畜产品产量稳定持续增长。2012年全国肉类总产量达到8387.2万吨,比2002年增长34.5%,肉类总产量稳居世界第一。2012年,全国禽蛋产量为2861.2万吨,比2002年增长26.3%。2012年,全国奶类产量为3875.4万吨,比2002年增长1.77倍。

五是水产品产量快速增长。2012年,全国水产品总产量为5907.7万吨,比2002年增长49.4%。其中,人工养殖扩张迅速。2012年,人工养殖内陆水产品2644.5万吨,增长80.9%;人工养殖海水产品1643.8万吨,增长55%。

二、乡村基础设施显著改善

这十年,乡村基础设施建设大体可划分为两个小的阶段。

中共十六大起至十六届五中全会前,在统筹城乡经济社会发展下,国家对"三农"的财政支出明显增加,节水灌溉、人畜饮水、乡村道路、农村沼气、农村水电、草场围栏等"六小工程"乡村基础设施建设稳步实施。2003年,中共中央、国务院发出《关于做好农业和农村工作的意见》,提出加大农村中小型基础设施建设力度。农村中小型基础设施建设,对直接增加农民收入、改善农村生产生活条件效果显著,要加快发展。国家农业基本建设投资和财政支农资金,要继续围绕节水灌溉、人畜饮水、乡村道路、农村沼气、农村水电、草场围栏"六小工程",扩大投资规模,充实建设内容。农村能源建设,要重点支持退耕还林地区发展农村沼气,启动"小水电代燃料"试点,巩固退耕还林成果。农村道路建设,要重点支持中西部地区改造县乡公路,争取用三年左右时间,使西部地区具备条件的县际公路实现等级油路,中部地区县到乡通油路。农村饮水建设,要在原有工作的基础上,继续解决中西部地区由于水源条件变化引起的人畜饮水困难问题。各地要高度重视农村中小型基础设施建设工作,切实增加投入,加强项目管理,防止挤占挪用。开展农村中小型基础设施建设,在保证工程质量的前提下,要尽量多使用农民工,让农民从工程建设中多得实惠。鼓励个人、集体和各类经济主体多渠道投资建设农村中小型基础设施,实行谁投资、谁受益。国家和集体投资的基础设施,有条件的要采取承包、租赁、拍卖等形式,实行企业化管理和商业化运作,实现有效维护和运营。2004年中央一号文件提出,进一步加强农业和农村基础设施建设。国家固定资产投资用于农业和农村的比例要保持稳定,并逐步提高。适当调整对农业和农村的投资结构,增加支持农业结构调整和农村中小型基础设施建设的投入。节水灌溉、人畜饮水、乡村道路、农村沼气、农村水电、草场围栏等"六小工程",对改善农民生产生活条件、带动农民就业、增加农民收入发挥着积极作用,要进一步增加投资规模,充实建设内容,扩大建设范围。各地要从实际出发,因地制宜地开展雨水集蓄、河渠整治、牧区水利、小流域治理、改水改厕和秸秆气化等各种小型设施建设。创新和完善农村基础设施建设的管理体制和运营机制。继续搞好生态建设,对天然林保护、退耕还林还草和湿地保护等生态工程,要统筹安排,因地制宜,巩固成果,注重实效。2005年中央一号文件提出,加大农村小型基础设施建设力度。要继续增加农村"六小工程"的投资规模,扩大建设范围,提高工程质量。在巩固人畜饮水解困成果的基础上,高度重视农村饮水安全,解决好高氟水、高砷水、苦咸水、血吸虫病等地区的饮水安全问题,有关部门要抓紧制定规划。调整公路建设投资结构,加大农村公路建设力度,统筹考虑农村公路建设的技术标准、质量管理和养护等问题,合理确定农村公路投资补助标准。加快农村能源建设步伐,继续推进农村沼气建设,积极发展太阳能、风能等新型洁净能源和可再生能源。扩大"小水电代燃料"工程建设规模和实施范围,搞好农村电网改造工程的后续建设和经营管理。增加扶贫开发投入,加强贫困地区农村基础设施建设,引导农民治水改土修路,实施整村推进扶贫规划,完善扶贫开发机制,加快脱贫致富步伐。"六小工程"等基础设施建设的开展,对改善农民生产生活条件、带动农民就业、增加农民收入发挥着积极作用。

2005年中共十六届五中全会起,随着社会主义新农村建设的开展,也随着公共财政覆盖城乡政策的实施,乡村基础设施建设快速推进。2006年中央一号文件提出,要把国家对基础设施建设投入的重点转向农村,这是国家基础设施建设投入政策的重大变化。文件提出加快乡村基础设施建设。要着力加强农民最急需的生活基础设施建设。在巩固人畜饮水解困成果基础上,加快农村饮水安全工程建设,优先解决高氟、高砷、苦咸、污染水及血吸虫病区的饮水安全问题。有条件的地方,可发展集中式供水,提倡饮用水和其他生活用水分质供水。要加快农村能源建设步伐,在适宜地区积极推广沼气、秸秆气化、小水电、太阳能、风力发电等清洁能源技术。从2006年起,大幅度增加农村沼气建设投资规模,有条件的地方,要加快普及户用沼气,支持养殖场建设大中型沼气。以沼气池建设带动农村改圈、改厕、改厨。尽快完成农村电网改造的续建配套工程。加强小水电开发规划和管理,扩大"小水电代燃料"试点规模。要进一步加强农村公路建设,到"十一五"末基本实现全国所有乡镇通油(水泥)路,东、中部地区所有具备条件的建制村通油(水泥)路,西部地区基本实现具备条件的建制村通公路。要积极推进农业信息化建设,充分利用和整合涉农信息资源,强化面向农村的广播电视电信等信息服务,重点抓好"金农"工程和农业综合信息服务平台建设工程。引导农民自愿出资出劳,开展农村小型基础设施建设,有条件的地方可采取以奖代补、项目补助等办法给予支持。按照建管并重的原则,逐步把农村公路等公益性基础设施的管护纳入国家支持范围。加强村庄规划和人居环境治理。随着生活水平提高和全面建设小康社会的推进,农民迫切要求改善农村生活环境和村容村貌。各级政府要切实加强村庄规划工作,安排资金支持编制村庄规划和开展村庄治理试点;可从各地实际出发制定村庄建设和人居环境治理的指导性目录,重点解决农民在饮水、行路、用电和燃料等方面的困难,凡符合目录的项目,可给予资金、实物等方面的引导和扶持。加强宅基地规划和管理,大力节约村庄建设用地,向农民免费提供经济安全适用、节地节能节材的住宅设计图样。引导和帮助农民切实解决住宅与畜禽圈舍混杂问题,搞好农村污水、垃圾治理,改善农村环境卫生。注重村庄安全建设,防止山洪、泥石流等灾害对村庄的危害,加强农村消防工作。村庄治理要突出乡村特色、地方特色和民族特色,保护有历史文化价值的古村落和古民宅。要本着节约原则,充分立足现有基础进行房屋和设施改造,防止大拆大建,防止加重农民负担,扎实稳步地推进村庄治理。在随后的中央一号文件中,对乡村基础设施建设都做出了安排。随着国家对"三农"财政投入的大幅提升,乡村道路、乡村电力、乡村环境、乡村危房改造、乡村饮水安全等基础设施建设进入新的阶段,取得了历史性的进展。

一是乡村道路建设快速推进。2005年,经国务院审议通过的《农村公路建设规划》提出,20世纪的前二十年,农村公路建设的总体目标是具备条件的乡(镇)和建制村通沥青(水泥)路,基本形成较高服务水平的农村公路网络。具体发展目标为:到"十一五"末,基本实现全国所有具备条件的乡(镇)通沥青(水泥)路(西藏自治区视建设条件确定);东、中部地区所有具备条件的建制村通沥青(水泥)路;西部地区基本实现具备条件的建制村通公路。到2010年,全国农村公路里程达到310万公里。到2020年,具备条件的乡(镇)和建制村通沥青(水泥)路,全国农村公路里程达370万公里,全面提高农村公路的密度和服务水平,形成以县道为局域骨干、乡村公路为基础的干支相连、布局合理、具有较高服务水平的农村公路网,适应全面建设小康社会的要求。2006年9月,交通部发布《公路水路交通"十一五"发展规划》,提出要全面实施并基本完成农村公路"通达工程"(指乡镇、建制村通公路)建设任务,加快推进"通畅工程"(指乡镇、建制村通沥青或水泥路)建设,为加快社会主义新农村建设,进一步解决"三农"问题提供支撑和服务。新建和改造农村公路120万公里,基本实现全国所有乡镇通沥青(水泥)路,东、中部地区所有具备条件的建制村通沥青(水泥)路,西部地区基本实现具备条件的建制村通公路(西藏自治区视建设条件确定)。经过建设,农村公路通达水平和通畅程度大幅提高。据交通部统计,2011年末全国农村公路(含县道、乡道、村道)里程达356.4万公里,比2002年增长了1.7倍,年均增长幅度为11.5%;全国通公路的乡(镇)占全国乡(镇)总数的99.97%,通公路的建制村占全国建制村总数的99.38%,其中,通硬化路面的乡(镇)占全国乡(镇)总数的97.18%,通硬化路面的建制村占全国建制村总数的84.04%。

二是乡村电力建设加快,电网改造成效显著。2006年7月,水利部还发布《农村水电建设项目环境保护管理办法》,用于加强农村水电建设项目环境保护管理,坚持在保护生态基础上有序开发水电,促进农村水电建设与环境的协调发展。8月,水利部发布《关于加强农村水电建设管理的意见》,内容涵盖农村水电开发建设的全过程,以落实中央关于加强农村水电开发规划和管理的指示,建立科学有序的农村水电开发建设秩序。2007年2月,国家发展和改革委员会发布《关于做好"十一五"农村电网完善和无电地区电力建设工作的通知》,要求按照"因地制宜、统筹规划、先易后难、分步实施"的原则,在已开展的各项工作基础上进一步做好"十一五"期间农网完善和无电地区电力建设规划工作。从2008年起,对未完成农网改造和县城电网改造任务或农网完善投资计划的省份将暂缓安排新的投资计划。2010年9月,国家启动新一轮农网改造升级工程,按照国家能源局部署,国家电网公司、南方电网公司两大电网企业加快推进农村电网改造升级建设,着力满足农村经济社会发展和农民生活改善的用电需求。

三是大力推进危房改造,农民住房面积增加较多。"十一五"规划纲要提出做好乡村建设规划,引导农民合理建设住宅。2009年5月,国务院发出《关于当前稳定农业发展促进农民增收的意见》,明确提出要把支持农民建房、改善居住条件作为今后一段时期扩大农村消费的重要着力点。同月,住房城乡建设部、发展和改革委员会、财政部联合发布《关于2009年扩大农村危房改造试点的指导意见》,提出2009年扩大农村危房改造试点的任务是完成陆地边境县、西部地区民族自治地方的县、国家扶贫开发工作重点县、贵州省全部县和新疆生产建设兵团边境一线团场约80万农村贫困户的危房改造。扩大农村危房改造试点补助对象重点是居住在危房中的分散供养"五保户"、低保户和其他农村贫困农户,政府支持其修缮加固或新建40～60平方米的安全住房。根据国家安排,2009年是扩大农村危房改造试点的第一年,中央财政共安排40亿元资金,支持全国陆地边境县、西部地区民族自治地方的县、国家扶贫开发工作重点县、贵州省全部县和新疆生产建设兵团边境一线团场完成79.4万农村贫困户的危房改造。同时,支持东北、西北和华北等三北地区试点范围内1.5万农户,结合农村危房改造开展建筑节能示范。截至2009年10月31日,全国危房改造开工66.28万户,开工率83.48%;竣工41.39万户,竣工率52.13%。2010年3月,住房和城乡建设部《村镇建设司2010年工作要点》提出,2010年要在东部地区率先完成农村危房改造,基本解决中西部地区贫困农户居住安全问题。2011年中央补助标准为每户平均6000元,在此基础上对陆地边境县边境一线贫困农户和建筑节能示范户每户增加补助2000元。2012年中央补助标准提高到每户平均7500元,在此基础上对陆地边境县边境一线贫困农户和建筑节能示范户每户增加补助2500元。据调查,2012年农村居民人均住房面积为37.1平方米,比2002年增长40%。

四是乡村饮水安全显著改善。2006年8月30日,国务院常务会议审议并原则通过的《全国农村饮水安全工程"十一五"规划》提出,"十一五"期间要优先解决对农民生活和身体健康影响较大的饮水安全问题,重点解决农村居民饮用高氟水、高砷水、苦咸水、污染水及微生物病害等严重影响身体健康的水质问题,以及局部地区的严重缺水问题;优先安排解决人口较少民族、水库移民、血吸虫疫区、涉水重病区村、农村学校和华侨农场的饮水安全问题。规划要求,"十一五"期间要解决1.6亿人的农村饮水安全问题(涉及15万多个行政村),使农村饮水不安全人数减少一半,集中式供水受益人口比例提高到55%,供水质量和水平有较大提高。2007年7月,国家发展和改革委员会、水利部共同印发了《全国农村饮水安全工程示范县建设管理办法》,并同时印发了《县级农村饮水安全工程"十一五"规划指南》。该办法中要求,每个省、自治区、直辖市选择2~5个不同类型的县(市、区),利用3年时间完成农村饮水安全工程示范县建设的任务。示范县的主要任务是科学规划农村饮水安全工程,探索总结农村饮水安全工程建设与新农村建设有机结合的经验;建立政府主导、责任明确、用水户全过程参与,确保工程良性运行的管理体制和运行机制,建立相应的监管机制,利用市场机制探索农村饮水安全工程建设和运营的办法;总结不同类型区的农村供水发展模式,示范推广农村供水工程建设管理的先进技术、先进设备材料以及水处理、生活排水等方面的先进技术,建立县级农村供水工程信息化网络;总结加强项目建设和管理确保工程质量的经验;完善水源保护、水资源配置、节约用水、水价形成机制、水质检验和监测、社会化服务、应急机制等方面的制度和具体办法。2008年,中共十七届三中全会明确提出,要在五年内解决农村饮水安全问题。到2009年,农村自来水普及率达到68.7%,提前1年完成了"十一五"饮水安全规划任务,提前6年实现联合国千年宣言提出的到2015年将饮水不安全人口比例降低一半的目标。2011年,财政部、国家税务总局发布的《关于支持农村饮水安全工程建设运营税收政策的通知》,从五个方面明确了支持农村饮水安全工程建设、运营的税收优惠政策:第一,对饮水工程运营管理单位为建设饮水工程而承受土地使用权,免征契税;第二,对饮水工程运营管理单位为建设饮水工程取得土地使用权而签订的产权转移书据,以及与施工单位签订的建设工程承包合同,免征印花税;第三,对饮水工程运营管理单位自用的生产、办公用房产、土地,免征房产税、城镇土地使用税;第四,对饮水工程运营管理单位向农村居民提供生活用水取得的自来水销售收入,免征增值税;第五,对饮水工程运营管理单位从事《公共基础设施项目企业所得税优惠目录》规定的饮水工程新建项目投资的经营所得,自项目取得第一笔生产经营收入所属纳税年度起,第一年至第三年免征企业所得税,第四年至第六年减半征收企业所得税。

五是乡村环境建设加快。2006年,国家开始实施农村小康环保行动计划,先期在宁夏、四川成都、安徽绩溪等地启动试点,为全面建设小康社会提供环境安全保障。辽宁、上海、江苏、浙江、安徽、湖北、宁夏等省市区分别安排专项资金,用于支持农村环境综合整治、生态示范建设和自然生态保护工作。四川、福建加大了农村集中式饮用水源保护区内的环境综合整治。河南等地探索了加强县以下环保机构建设,湖南长沙实行农村环保村民自治,农民的主体作用得到充分发挥。青海、西藏印发了《关于加强农村牧区环境保护工作的意见》,加强农村牧区生态环境保护,推进农村牧区特色经济发展。2007年10月,中共十七大把生态文明首次写入了政治报告中,将建设资源节约型、环境友好型社会写入党章,把建设生态文明作为一项战略任务和全面建设小康社会目标首次明确下来,标志着环境保护作为基本国策和全党意志,进入了国家政治经济社会生活的主干线、主战场、大舞台,充分显示了党和国家的环保理念进一步升华,环境保护将站在新的历史起点上,迎来大发展的良好机遇,迈开大踏步前进的坚实步伐。2008年7月,国务院召开全国农村环境保护工作电视电话会议,做出了"以奖促治"的重大决策,旨在通过加大农村环境保护投入,逐步完善农村环境基础设施,调动广大农民投身农村环境保护的积极性和主动性,推进农村环境综合整治。之后3年全面启动"连片整治"示范工作,中央财政投入农村环保专项资金达30亿元,支持2160多个村开展环境综合整治和生态建设示范,带动地方投资135亿元,1300多万农民直接受益,许多村庄的村容村貌明显改善,一些项目实现了生态、社会和经济效益的统一,农村环境保护统筹规划能力日益提高,农村环保机构和队伍建设得到进一步加强。2012年中央一号文件要求,搞好生态建设。巩固退耕还林成果,在江河源头、湖库周围等国家重点生态功能区适当扩大退耕还林规模。扩大退牧还草工程实施范围,支持草原围栏、饲草基地、牲畜棚圈建设和重度退化草原改良。加强牧区半牧区草原监理工作。继续开展渔业增殖放流。加大国家水土保持重点建设工程实施力度,加快坡耕地整治步伐,推进清洁小流域建设,强化水土流失监测预报和生产建设项目水土保持监督管理。把农村环境整治作为环保工作的重点,完善以奖促治政策,逐步推行城乡同治。推进农业清洁生产,引导农民合理使用化肥农药,加强农村沼气工程和"小水电代燃料"生态保护工程建设,加快农业面源污染治理和农村污水、垃圾处理,改善农村人居环境。截至2011年底,全国户用沼气达到3996万户,占乡村总户数的23%,受益人口达1.5亿多人。沼气的发展,促进了粪便、秸秆、有机垃圾等农村主要废弃物的无害化处理、资源化利用,有效防止和减轻了畜禽粪便排放和化肥农药过量施用造成的面源污染,解决了乡村"脏乱差"环境问题,改善了农业农村生产生态环境,成为农村民生工程和新农村建设的一大亮点。根据卫生部统计,截至2011年底,农村改水累计受益人口达到89972万人,比2002年增长3.6%;改水累计受益人口占农村人口的比重为94.2%,比2002年提高2.5个百分点。农村卫生条件改善。2011年农村卫生厕所普及率为69.2%,比2002年提高20.5个百分点。

三、农民收入实现"九连快"和乡村社会事业发展

农民收入增幅,在20世纪90年代后期逐年下降,由1996年的9.0%,降至1997年的4.6%、1998年的4.3%、1999年的3.8%和2000年的2.1%,2001年起有所上升,但到2003年也仅为4.3%。

继20世纪80年代出台5个以"三农"为主题的中央一号文件后,2004年农民又一次盼来了以"三农"为主题的中央一号文件。该文件以促进农民增加收入为主题,明确了促进农民增加收入的若干重大政策。这是新中国成立半个多世纪以来第一次以农民增收为主题的中央文件,标志着农民增收开始成为"三农"发展的核心目标。

2004年中央一号文件分析指出:应当清醒地看到,当前农业和农村发展中还存在着许多矛盾和问题,突出的是农民增收困难。全国农民人均纯收入连续多年增长缓慢,粮食主产区农民收入增长幅度低于全国平均水平,许多纯农户的收入持续徘徊甚至下降,城乡居民收入差距仍在不断扩大。农民收入长期上不去,不仅影响农民生活水平提高,而且影响粮食生产和农产品供给;不仅制约农村经济发展,而且制约整个国民经济增长;不仅关系农村社会的进步,而且关系全面建设小康社会目标的实现;不仅是重大的经济问题,而且是重大的政治问题。全党必须从贯彻"三个代表"重要思想,实现好、维护好、发展好广大农民群众根本利益的高度,进一步增强做好农民增收工作的紧迫感和主动性。文件还指出,现阶段农民增收困难,是农业和农村内外部环境发生深刻变化的现实反映,也是城乡二元结构长期积累的各种深层次矛盾的集中反映。在农产品市场约束日益增强、

农民收入来源日趋多元化的背景下,促进农民增收必须有新思路,采取综合性措施,在发展战略、经济体制、政策措施和工作机制上有一个大的转变。文件有针对性地提出,当前和今后一个时期做好农民增收工作的总体要求是各级党委和政府要认真贯彻十六大和十六届三中全会精神,牢固树立科学发展观,按照统筹城乡经济社会发展的要求,坚持"多予、少取、放活"的方针,调整农业结构,扩大农民就业,加快科技进步,深化农村改革,增加农业投入,强化对农业支持保护,力争实现农民收入较快增长,尽快扭转城乡居民收入差距不断扩大的趋势。中央出台一号文件,着力解决农民增收困难,体现了要解决好"三农"问题的决心和信心,向农民发出了中央实施强农惠农的政策信息。

2006年中央一号文件第三部分"促进农民持续增收,夯实社会主义新农村建设的经济基础"明确了四个方面的措施。一是拓宽农民增收渠道。要充分挖掘农业内部增收潜力,按照国内外市场需求,积极发展品质优良、特色明显、附加值高的优势农产品,推进"一村一品",实现增值增效。要加快转移农村劳动力,不断增加农民的务工收入。鼓励和支持符合产业政策的乡镇企业发展,特别是劳动密集型企业和服务业。着力发展县城和在建制的重点镇,从财政、金融、税收和公共品投入等方面为小城镇发展创造有利条件,外来人口较多的城镇要从实际出发,完善社会管理职能。要着眼兴县富民,着力培育产业支撑,大力发展民营经济,引导企业和要素集聚,改善金融服务,增强县级管理能力,发展壮大县域经济。二是保障务工农民的合法权益。进一步清理和取消各种针对务工农民流动和进城就业的歧视性规定和不合理限制。建立健全城乡就业公共服务网络,为外出务工农民免费提供法律政策咨询、就业信息、就业指导和职业介绍。严格执行最低工资制度,建立工资保障金等制度,切实解决务工农民工资偏低和拖欠问题。完善劳动合同制度,加强务工农民的职业安全卫生保护。逐步建立务工农民社会保障制度,依法将务工农民全部纳入工伤保险范围,探索适合务工农民特点的大病医疗保障和养老保险办法。认真解决务工农民的子女上学问题。三是稳定、完善、强化对农业和农民的直接补贴政策。要加强国家对农业和农民的支持保护体系。对农民实行的"三减免、三补贴"和退耕还林补贴等政策,深受欢迎,效果明显,要继续稳定、完善和强化。2006年,粮食主产区要将种粮直接补贴的资金规模提高到粮食风险基金的50%以上,其他地区也要根据实际情况加大对种粮农民的补贴力度。增加良种补贴和农机具购置补贴。适应农业生产和市场变化的需要,建立和完善对种粮农民的支持保护制度。四是加强扶贫开发工作。要因地制宜地实行整村推进的扶贫开发方式，加大力度改善贫困地区的生产生活条件，抓好贫困地区劳动力的转移培训，扶持龙头企业带动贫困地区调整结构，拓宽贫困农户增收渠道。对缺乏生存条件地区的贫困人口实行易地扶贫。继续增加扶贫投入，完善管理机制，提高使用效益。继续动员中央和国家机关、沿海发达地区和社会各界参与扶贫开发事业。切实做好贫困缺粮地区的粮食供应工作。

2008年中央一号文件再次以农民增收为主题，即《中共中央国务院关于切实加强农业基础建设进一步促进农业发展农民增收的若干意见》，分析指出农业比较效益下降，保持粮食稳定发展、农民持续增收难度加大，要求健全农业支持保护体系，提出要形成农业增效、农民增收良性互动格局。要通过结构优化增收，继续搞好农产品优势区域布局规划和建设，支持优质农产品生产和特色农业发展，推进农产品精深加工。要通过降低成本增收，大力发展节约型农业，促进秸秆等副产品和生活废弃物资源化利用，提高农业生产效益。要通过非农就业增收，提高乡镇企业、家庭工业和乡村旅游发展水平，增强县域经济发展活力，改善农民工进城就业和返乡创业环境。要通过政策支持增收，加大惠农力度，防止农民负担反弹，合理调控重要农产品和农业生产资料价格。进一步明确农民家庭财产的法律地位，保障农民对集体财产的收益权，创造条件让更多农民获得财产性收入。

2009年中央一号文件第三次以农民增收为主题，即《中共中央国务院关于2009年促进农业稳定发展农民持续增收的若干意见》。文件分析指出，当前国际金融危机持续蔓延、世界经济增长明显减速，对中国农业农村发展的冲击不断显现。在当前农民工就业形势严峻的情况下，保持农民收入较快增长的制约更加突出。必须切实增强危机意识，充分估计困难，紧紧抓住机遇，果断采取措施，坚决防止粮食生产滑坡，坚决防止农民收入徘徊，确保农业稳定发展，确保农村社会安定。鉴此，文件提出千方百计促进农民收入持续增长。

自2004年发出《中共中央国务院关于促进农民增加收入若干政策的意见》起，中共中央、国务院坚持把增加农民收入作为乡村工作的中心任务，千方百计拓宽增收渠道，农民收入进入新一轮快速增长期，实现"九连快"。农民人均纯收入从2002年的2475.6元增加至2012年7916.6元，其中2010年、2011年、2012年连续三年收入增速超过城镇（见表4-1）。

表 4-1　2002—2012 年农民人均纯收入和恩格尔系数

年　份	农民人均纯收入/元	城乡居民收入之比	农民居民家庭恩格尔系数/(%)
2002	2475.6	3.11∶1	46.2
2003	2622.2	3.23∶1	45.6
2004	2936.4	3.21∶1	47.2
2005	3254.9	3.22∶1	45.5
2006	3587.0	3.28∶1	43.0
2007	4140.4	3.33∶1	43.1
2008	4760.6	3.31∶1	43.7
2009	5153.2	3.33∶1	40.0
2010	5919.0	3.23∶1	41.1
2011	6977.3	3.13∶1	40.4
2012	7916.6	3.10∶1	39.3

资料来源：历年《中国统计年鉴》。

随着社会主义新农村建设的推进,乡村社会事业快速发展。

一是农村公共文化体系建设快速推进。2005 年 11 月 7 日,中共中央办公厅、国务院办公厅发出《关于进一步加强农村文化建设的意见》,分析指出,加强农村文化建设,是全面建设小康社会的内在要求,是树立和落实科学发展观、构建社会主义和谐社会的重要内容,是建设社会主义新农村、满足广大农民群众多层次多方面精神文化需求的有效途径,对于提高党的执政能力和巩固党的执政基础,促进农村经济发展和社会进步,实现农村物质文明、政治文明和精神文明协调发展,具有重大意义。文件提出,农村文化建设的目标任务是,按照建设社会主义新农村的要求,经过 5 年的努力,基本形成适应社会主义市场经济体制、符合社会主义精神文明建设规律的农村文化建设新格局。县、乡、村文化基础设施相对完备,公共文化服务切实加强。农村文化工作体制机制逐步理顺,现有文化资源得到有效利用。文化队伍不断壮大,农民自办文化更加活跃。文化产业较快发展,看书难、看戏难、看电影难、收听收看广播电视难的问题基本解决。农村文明程度和农民整体素质有所提高,文化在促进农村生产发展、生活宽裕、乡风文明、村容整洁、管理民主等方面发挥重要作用。文件还提出了加强农村公共文化建设、丰富农民群众精神文化生活、创新农村文化建设的体制和机制、动员社会力量支持农村文化建设、加强对农村文化建设的组织领导等方面的措施。2007年,中共十七大报告中明确指出,要重视城乡、区域文化协调发展,着力丰富农村、偏远地区、进城务工人员的精神文化生活。2008年10月,中共十七届三中全会通过的《中共中央关于推进农村改革发展若干重大问题的决定》对繁荣农村文化提出了三点要求:要把社会主义核心价值体系建设融入农村文化建设全过程;要尽快形成完备的农村公共文化服务体系;要广泛开展农民群众乐于参与、便于参与的文化活动。2011年,中共十七届六中全会审议通过的《中共中央关于深化文化体制改革推动社会主义文化大发展大繁荣若干重大问题的决定》,指出重点加强农村地区和中西部贫困地区公共文化服务体系建设,加快推进基本公共文化服务均等化。中央财政设立农村文化建设专项资金,对村级公共文化体育设施设备更新维护和开展农村文体活动予以补助和奖励。地方财政要积极落实应负担的资金,加强资金分配和使用管理。要继续支持实施重点文化惠民工程,推进面向农村的广播电视直播卫星公共服务,推进公共文化设施免费开放,加强公共数字文化建设。研究出台相关政策,引导企业、社区积极开展面向农民工的公益性文化活动。

二是农村教育水平提高。2003年9月,国务院《关于进一步加强农村教育工作的决定》指出,农村教育在全面建设小康社会中具有基础性、先导性、全局性的重要作用。发展农村教育,办好农村学校,是直接关系8亿多农民切身利益,满足广大农村人口学习需求的一件大事;是提高劳动者素质,促进传统农业向现代农业转变,从根本上解决农业、农村和农民问题的关键所在;是转移农村富余劳动力,推进工业化和城镇化,将人口压力转化为人力资源优势的重要途径;是加强农村精神文明建设,提高农民思想道德水平,促进农村经济社会协调发展的重大举措。必须从实践"三个代表"重要思想和全面建设小康社会的战略高度,优先发展农村教育。文件提出了具体措施:加快推进"两基"攻坚,巩固提高普及义务教育的成果和质量;坚持为"三农"服务的方向,大力发展职业教育和成人教育,深化农村教育改革;落实农村义务教育"以县为主"管理体制的要求,加大投入,完善经费保障机制;建立健全资助家庭经济困难学生就学制度,保障农村适龄少年儿童接受义务教育的权利;加快推进农村中小学人事制度改革,大力提高教师队伍素质;实施农村中小学现代远程教育工程,促进城乡优质教育资源共享,提高农村教育质量和效益;切实加强领导,动员全社会力量关心和支持农村教育事业。2005年12月24日,国务院发出《关于深化农村义务教育经费保障机制改革的通知》,要求按照"明确各级责任、中央地方共担、加大财政投入、提高保障水平、分步组织实施"的基本原则,逐步将农村义务教育全面纳入公共财政保障范围,建立中央和地方分项目、按比例分担的农村义务教育经费保障机制。2006年中央一号文件指出:加快发展农村义务教育。着力普及和巩固农村九年制义务教育。2006年对西部地区农村义务教育阶段学生全部免除学杂费,对其中的贫困家庭学生免费提供课本和补助寄宿生生活费,2007年在全国农村普遍实行这一政策。继续实施国家西部地区"两基攻坚"工程和农村中小学现代远程教育工程。建立健全农村义务教育经费保障机制,进一步改善农村办学条件,逐步提高农村中小学公用经费的保障水平。加强农村教师队伍建设,加大城镇教师支援农村教育的力度,促进城乡义务教育均衡发展。加大力度监管和规范农村学校收费,进一步减轻农民的教育负担。2006年6月29日,第十届全国人民代表大会常务委员会第二十二次会议表决通过修订后的《中华人民共和国义务教育法》,进一步明确了中国义务教育的公益性、统一性和义务性。2007年,国务院决定在教育部直属师范大学实行师范生免费教育试点,鼓励更多的优秀青年从事基础教育工作,到农村、到艰苦的地方去当中小学教师。2008年,中共十七届三中全会审议通过的《中共中央关于推进农村改革发展若干重大问题的决定》提出,大力办好农村教育事业。发展农村教育,促进教育公平,提高农民科学文化素质,培育有文化、懂技术、会经营的新型农民。巩固农村义务教育普及成果,提高义务教育质量,完善义务教育免费政策和经费保障机制,保障经济困难家庭儿童、留守儿童特别是女童平等就学、完成学业,改善农村学生营养状况,促进城乡义务教育均衡发展。加快普及农村高中阶段教育,重点加快发展农村中等职业教育并逐步实行免费。健全县域职业教育培训网络,加强农民技能培训,广泛培养农村实用人才。大力扶持贫困地区、民族地区农村教育。增强高校为农输送人才和服务能力,办好涉农学科专业,鼓励人才到农村第一线工作,对到农村履行服务期的毕业生代偿学费和助学贷款,在研究生招录和教师选聘时优先。保障和改善农村教师工资待遇和工作条件,健全农村教师培养培训制度,提高教师素质。健全城乡教师交流机制,继续选派城市教师下乡支教。发展农村学前教育、特殊教育、继续教育。加强远程教育,及时把优质教育资源送到农村。2012年中央一号文件提出振兴发展农业教育。推进部部共建、省部共建高等农业院校,实施卓越农林教育培养计划,办好一批涉农学科专业,加强农科教合作人才培养基地建设。进一步提高涉农学科(专业)生均拨款标准。加大国家励志奖学金和助学金对高等学校涉农专业学生倾斜力度，提高涉农专业生源质量。加大高等学校对农村特别是贫困地区的定向招生力度。鼓励和引导高等学校毕业生到农村基层工作，对符合条件的，实行学费补偿和国家助学贷款代偿政策。深入推进大学生"村官"计划，因地制宜实施"三支一扶"、大学生志愿服务西部等计划。加快中等职业教育免费进程，落实职业技能培训补贴政策，鼓励涉农行业兴办职业教育，努力使每一个农村后备劳动力都掌握一门技能。

三是乡村医疗卫生事业快速发展。中共十七届三中全会通过的《中共中央关于推进农村改革发展若干重大问题的决定》指出，促进农村医疗卫生事业发展。基本医疗卫生服务关系广大农民幸福安康，必须尽快惠及全体农民。巩固和发展新型农村合作医疗制度，提高筹资标准和财政补助水平，坚持大病住院保障为主、兼顾门诊医疗保障。完善农村医疗救助制度。坚持政府主导，整合城乡卫生资源，建立健全农村三级医疗卫生服务网络，重点办好县级医院并在每个乡镇办好一所卫生院，支持村卫生室建设，向农民提供安全价廉的基本医疗服务。加强农村卫生人才队伍建设，定向免费培养培训农村卫生人才，妥善解决乡村医生补贴，完善城市医师支援农村制度。坚持预防为主，扩大农村免费公共卫生服务和免费免疫范围，加大地方病、传染病及人畜共患病防治力度。加强农村药品配送和监管。积极发展中医药和民族医药服务。广泛开展爱国卫生运动，重视健康教育。加强农村妇幼保健，逐步推行住院分娩补助政策。坚持计划生育的基本国策，推进优生优育，稳定农村低生育水平，完善和落实计划生育奖励扶助制度，有效治理出生人口性别比偏高问题。中共十六大起，农村医疗制度逐步健全。从2003年起开始实行新型农村合作医疗制度，着力解决农民看病难、看病贵问题，实现"病有所医"。据卫生部统计，2011年新型农村合作医疗制度覆盖8.32亿人，农民参合率为97.5%，新农合筹资总额达到2047.6亿元，人均筹资246.2元，补偿受益人次13.15亿。农村乡镇卫生院床位数和卫生人员数增加。2011年末，全国乡镇卫生院床位数为102.6万张，比2002年增长了52.9%；乡镇卫生院卫生人员数为116.6万人，比2002年增长了9.5%。2011年，每千农业人口平均乡镇卫生院床位数和卫生人员数分别为1.16张和1.32人，比2002年分别增长48.7%和11.8%。①

---

① 国家统计局农村司：《农业基础地位更加稳固 农村面貌加快改善——从十六大到十八大经济社会发展成就系列报告之七》，http://www.stats.gov.cn/ztjc/ztfx/kxfzcjhh/201208/t20120824_72843.html。

第五章
新时代的乡村振兴

本章围绕中共十八大以来乡村发展目标与实现路径的选择进行回顾和探讨,主要回答三个方面的问题:一是在经济发展进入新常态下,乡村发展目标和战略上做出了什么样的选择;二是在中国进入上中等收入国家之列后,围绕乡村振兴目标的实现,在路径上做出了哪些探索,在具体政策上做出了哪些安排;三是为全面建成小康社会和满足人民生活水平日益提高,如何推进美丽乡村建设、乡村产业转型升级和脱贫攻坚。

中国在1979—2012年实现GDP年递增9.8%的高速增长,2010年成为世界第二大经济体和全球制造业第一大国,如此快速发展也带来生态环境问题、结构性问题等。面对中国发展中存在的问题,也面对国际金融危机后全球经济增长缓慢的问题,习近平总书记做出了中国经济进入新常态的重大判断,提出新发展理念。中共十八大以来,以习近平同志为核心的中共中央带领中国人民,以前所未有的勇气和决心,坚定不移地贯彻新发展理念,开启了一场中国经济发展方式向更高形态发展的结构之变,推动中国发展不断朝着更高质量、更有效率、更加公平、更可持续的方向前进,发展质量和效益不断提升。在这样的大背景下,中共十九大提出了实施乡村振兴战略,探索以城乡融合为内核的乡村发展路径,美丽乡村建设、乡村产业转型升级和脱贫攻坚扎实推进。

第一节 新发展理念下乡村发展理念和发展目标调整

在工业化、城镇化快速推进后,尽管国家实施了强农建农惠农富农政策,社会主义新农村建设快速推进,但破解长期存在的城乡二元结构所积累的难题,任务仍很艰巨。新发展理念和乡村振兴战略的提出,明确了乡村发展的新目标,也对乡村政策调整完善指明了新的方向。

一、新常态下乡村发展任务

1979—2012年,中国经济实现年均9.8%的快速增长,这无论是与中国历史纵向比较,还是在全球范围内进行横向比较,都是奇迹。在喜悦面前,如何冷静地对经济发展态势进行准确把握,是摆在新一届中央领导集体面前的重大课题。在成为世界第二大经济体后,对追求赶超发展时期要求高速增长的紧迫性已减弱,而实现有效益、有质量、可持续的经济发展,才能实现全面建成小康社会和中国梦的战略目标。

中共十八大以来,习近平总书记做出中国经济发展进入新常态的论断,科学地回答了这个问题。在2013年中央经济工作会议上,习近平使用了"新常态"这样一个概念。由此,中国经济有了全新历史坐标。2014年5月,习近平在考察河南时指出,解决中国经济的问题要有历史耐心;从当前中国经济发展的阶段性特征出发,适应新常态。在此次考察的新闻报道中,"新常态"一词第一次出现在公众视野里。①

习近平在2014年7月29日的党外人士座谈会、11月9日召开的APEC工商领导人峰会、12月9日召开的中央经济工作会议上,就中国经济发展的阶段特征和如何认识新常态、适应新常态、引导新常态等进行了系统论述,使经济发展新常态论断的内涵日益清晰。

2014年12月9日至11日的中央经济工作会议,全面系统地分析和概括了经济发展新常态的特征,指出中国经济正在向形态更高级、分工更复杂、结构更合理的阶段演化,经济发展进入新常态,正从10%左右的高速增长转向7%左右的中高速增长,经济发展方式正从规模速度型粗放增长转向质量效率型集约增长,经济结构正从增量扩能为主转向调整存量、做优增量并存的深度调整,经济发展动力正从传统增长点转向新的增长点。这就从速度、方式、结构、动力四个方面,明确了经济发展新常态的基本内涵。会议还分析了九个方面的具体特征:在消费需求方面,模仿型排浪式消费阶段已基本结束,而个性化、多样化消费渐成主流;在投资需求方面,传统

---

① 中共中央文献研究室编:《习近平关于社会主义经济建设论述摘编》,中央文献出版社2017年版,第73页。

产业相对饱和,而基础设施互联互通和一些新技术、新产品、新业态、新商业模式的投资机会将大量涌现;在出口和国际收支方面,低成本比较优势已发生转变,高水平引进来、大规模走出去正在同步发生;在生产能力和产业组织方式方面,传统产业供给能力大幅超出需求,新兴产业、服务业、小微企业作用更加凸显,生产小型化、智能化、专业化将成为产业组织新特征;在生产要素相对优势方面,以往最大优势是劳动力成本低,现在人口老龄化日趋发展,农业富余人口减少,要素规模驱动力减弱,经济增长将更多依靠人力资本质量和技术进步;在市场竞争方面,过去主要是数量扩张和价格竞争,现在正逐步转向质量型、差异化为主的竞争;在资源环境约束方面,环境承载能力达到或接近上限,必须推动形成绿色低碳循环发展新方式;在经济风险积累和化解方面,经济风险总体可控,但化解以高杠杆和泡沫化为主要特征的各类风险将持续一段时间;在资源配置模式和宏观调控方式方面,全面刺激政策的边际效果明显递减,既要全面化解产能过剩,也要通过发挥市场机制作用探索未来产业发展方向。①

中国经济发展进入新常态的论断,既是概念的创新,更是理念的创新,是在对经济发展规律科学把握基础上形成的,是现阶段促进中国经济发展大逻辑的起点。一是经济发展进入新常态论断的做出,厘清了经济发展的阶段特征,为完善政策提供了依据。对新阶段特征的准确把握,有利于针对发展中的新趋势和新问题,采取相适应的有针对性的战略布局和政策改进。二是经济发展进入新常态论断的做出,厘清了经济运行的态势,为使经济运行在合理区间提供了依据。三是经济发展进入新常态论断的做出,厘清了发展的新机遇和新动力,回应了对中国经济下行的担忧甚至唱空中国的观点。2014年11月9日,习近平在APEC工商领导人峰会上发表的主旨演讲中指出,新常态将给中国带来新的发展机遇。第一,新常态下,中国经济增速虽然放缓,实际增量依然可观。第二,新常态下,中国经济增长更趋平稳,增长动力更为多元。第三,新常态下,中国经济结构优化升级,发展前景更加稳定。第四,新常态下,中国政府大力简政放权,市场活力进一步释放。

2015年中央一号文件《中共中央国务院关于加大改革创新力度加快农业现代化建设的若干意见》深刻分析指出:"当前,我国经济发展进入新常态,正从高速增长转向中高速增长,如何在经济增速放缓背景下继续强化

---

① 参见《中央经济工作会议在北京举行》,《人民日报》2014年12月12日,第1版。

农业基础地位、促进农民持续增收,是必须破解的一个重大课题。国内农业生产成本快速攀升,大宗农产品价格普遍高于国际市场,如何在'双重挤压'下创新农业支持保护政策、提高农业竞争力,是必须面对的一个重大考验。我国农业资源短缺,开发过度、污染加重,如何在资源环境硬约束下保障农产品有效供给和质量安全、提升农业可持续发展能力,是必须应对的一个重大挑战。城乡资源要素流动加速,城乡互动联系增强,如何在城镇化深入发展背景下加快新农村建设步伐、实现城乡共同繁荣,是必须解决好的一个重大问题。破解这些难题,是今后一个时期'三农'工作的重大任务。"

习近平在2013年中央农村工作会议上指出,中国要强,农业必须强;中国要美,农村必须美;中国要富,农民必须富。农业基础稳固,农村和谐稳定,农民安居乐业,整个大局就有保障,各项工作都会比较主动。根据习近平在2013年中央农村工作会议上指出的讲话精神,2015年中央一号文件进一步明确了农业必须强、农民必须富、农村必须美的乡村发展的新目标。

——中国要强,农业必须强。做强农业,必须尽快从主要追求产量和依赖资源消耗的粗放经营转到数量质量效益并重、注重提高竞争力、注重农业科技创新、注重可持续的集约发展上来,走产出高效、产品安全、资源节约、环境友好的现代农业发展道路。为此,文件围绕建设现代农业,就加快转变农业发展方式做出安排。

——中国要富,农民必须富。富裕农民,必须充分挖掘农业内部增收潜力,开发农村二三产业增收空间,拓宽农村外部增收渠道,加大政策助农增收力度,努力在经济发展新常态下保持城乡居民收入差距持续缩小的势头。为此,文件围绕促进农民增收,就加大惠农政策力度做出安排。

——中国要美,农村必须美。繁荣农村,必须坚持不懈推进社会主义新农村建设。要强化规划引领作用,加快提升农村基础设施水平,推进城乡基本公共服务均等化,让农村成为农民安居乐业的美丽家园。为此,文件围绕城乡发展一体化,就深入推进新农村建设做出安排。

2018年中央一号文件《中共中央国务院关于实施乡村振兴战略的意见》和中共中央、国务院印发的《乡村振兴战略规划(2018—2022年)》,进一步强调和细化了农业强、农村美、农民富的目标。

二、新发展理念下乡村发展的使命

理念是行动的先导,是管方向、管根本、管全局的东西。2015年10月,中共十八届五中全会提出创新、协调、绿色、开放、共享的发展理念。以人民为中心是新发展理念的核心和灵魂,体现了中国共产党全心全意为人民服务的根本宗旨和领导发展的根本目的。创新发展注重的是解决发展动力问题,协调发展注重的是解决发展不平衡问题,绿色发展注重的是解决人与自然和谐问题,开放发展注重的是解决发展内外联动问题,共享发展注重的是解决社会公平正义问题。新发展理念是中国发展经验的集中体现,是在深刻分析国内外发展大势的基础上形成的,反映出中国共产党对发展规律的新认识。新发展理念已经成为中国发展思路、发展方向、发展着力点的集中体现。

用新发展理念破解"三农"新难题。2016年10月17日,国务院印发了《全国农业现代化规划(2016—2020年)》,提出指导思想:全面贯彻党的十八大和十八届三中、四中、五中全会精神,深入贯彻习近平总书记系列重要讲话精神,按照"五位一体"总体布局和"四个全面"战略布局,牢固树立创新、协调、绿色、开放、共享的发展理念,认真落实党中央、国务院决策部署,以提高质量效益和竞争力为中心,以推进农业供给侧结构性改革为主线,以多种形式适度规模经营为引领,加快转变农业发展方式,构建现代农业产业体系、生产体系、经营体系,保障农产品有效供给、农民持续增收和农业可持续发展,走产出高效、产品安全、资源节约、环境友好的农业现代化发展道路,为实现"四化"同步发展和如期全面建成小康社会奠定坚实基础。

——创新。《全国农业现代化规划(2016—2020年)》把坚持改革创新双轮驱动作为基本原则之一,提出把体制机制改革和科技创新作为两大动力源,统筹推进农村土地制度、经营制度、集体产权制度等各项改革,着力提升农业科技自主创新能力,推动农业发展由注重物质要素投入向创新驱动转变。该规划第三章"创新强农 着力推进农业转型升级"指出,创新是农业现代化的第一动力,必须着力推进供给创新、科技创新和体制机制创新,加快实施藏粮于地、藏粮于技战略和创新驱动发展战略,培育更健康、更可持续的增长动力。2015年中央一号文件提出,农业农村工作要主动适应经济发展新常态,按照稳粮增收、提质增效、创新驱动的总要求,继续全面深化农村改革,全面推进农村法治建设,推动新型工业化、信息化、城镇化和农业现代化同步发展,努力在提高粮食生产能力上挖掘新潜力,在优化农业结构上开辟新途径,在转变农业发展方式上寻求新突破,在促进农民增收上获得新成效,在建设新农村上迈出新步伐,为经济社会持续健康发展提供有力支撑。2016年中央一号文件提出,大力推进农业现代化,必须着力强化物质装备和技术支撑,着力构建现代农业产业体系、生产体系、经营体系,实施藏粮于地、藏粮于技战略,推动粮经饲统筹、农林牧渔结合、种养加一体、一二三产业融合发展,让农业成为充满希望的朝阳产业。这一文件还要求强化现代农业科技创新推广体系建设,进一步指出:农业科技创新能力总体上达到发展中国家领先水平,力争在农业重大基础理论、前沿核心技术方面取得一批达到世界先进水平的成果。统筹协调各类农业科技资源,建设现代农业产业科技创新中心,实施农业科技创新重点专项和工程,重点突破生物育种、农机装备、智能农业、生态环保等领域关键技术。强化现代农业产业技术体系建设。加强农业转基因技术研发和监管,在确保安全的基础上慎重推广。加快研发高端农机装备及关键核心零部件,提升主要农作物生产全程机械化水平,推进林业装备现代化。大力推进"互联网＋"现代农业,应用物联网、云计算、大数据、移动互联等现代信息技术,推动农业全产业链改造升级。大力发展智慧气象和农业遥感技术应用。深化农业科技体制改革,完善成果转化激励机制,制定促进协同创新的人才流动政策。加强农业知识产权保护,严厉打击侵权行为。深入开展粮食绿色高产高效创建。健全适应现代农业发展要求的农业科技推广体系,对基层农技推广公益性与经营性服务机构提供精准支持,引导高等学校、科研院所开展农技服务。推行科技特派员制度,鼓励支持科技特派员深入一线创新创业。发挥农村专业技术协会的作用。鼓励发展农业高新技术企业。深化国家现代农业示范区、国家农业科技园区建设。

——协调。《全国农业现代化规划(2016—2020年)》把坚持优产能调结构协调兼顾作为基本原则之一,提出以保障国家粮食安全为底线,更加注重提高农业综合生产能力,更加注重调整优化农业结构,提升供给体系质量和效率,加快形成数量平衡、结构合理、品质优良的有效供给。该规划第四章"协调惠农　着力促进农业均衡发展"指出,协调是农业现代化的内在要求,必须树立全面统筹的系统观,着力推进产业融合、区域统筹、主体协同,加快形成内部协调、与经济社会发展水平和资源环境承载力相适应的农业产业布局,促进农业现代化水平整体跃升。2016年中央一号文件就"推动城乡协调发展,提高新农村建设水平"进行规定,提出加快补齐农业农村短板,必须坚持工业反哺农业、城市支持农村,促进城乡公共资源均衡配置、城乡要素平等交换,稳步提高城乡基本公共服务均等化水平。

——绿色。《全国农业现代化规划(2016—2020年)》把坚持生产生活生态协同推进作为基本原则之一,提出妥善处理好农业生产、农民增收与环境治理、生态修复的关系,大力发展资源节约型、环境友好型、生态保育型农业,推进清洁化生产,推动农业提质增效、绿色发展。该规划第五章"绿色兴农　着力提升农业可持续发展水平"指出,绿色是农业现代化的重要标志,必须牢固树立绿水青山就是金山银山的理念,推进农业发展绿色化,补齐生态建设和质量安全短板,实现资源利用高效、生态系统稳定、产地环境良好、产品质量安全。2016年一号文件就"加强资源保护和生态修复,推动农业绿色发展"进行了部署,指出推动农业可持续发展,必须确立发展绿色农业就是保护生态的观念,加快形成资源利用高效、生态系统稳定、产地环境良好、产品质量安全的农业发展新格局。文件提出:第一,加强农业资源保护和高效利用。基本建立农业资源有效保护、高效利用的政策和技术支撑体系,从根本上改变开发强度过大、利用方式粗放的状况。坚持最严格的耕地保护制度,坚守耕地红线,全面划定永久基本农田,大力实施农村土地整治,推进耕地数量、质量、生态"三位一体"保护。落实和完善耕地占补平衡制度,坚决防止占多补少、占优补劣、占水田补旱地,严禁毁林开垦。全面推进建设占用耕地耕作层剥离再利用。实行建设用地总量和强度双控行动,严格控制农村集体建设用地规模。完善耕地保护补偿机制。实施耕地质量保护与提升行动,加强耕地质量调查评价与监测,扩大东北黑土地保护利用试点规模。实施渤海粮仓科技示范工程,加大科技支撑力度,加快改造盐碱地。创建农业可持续发展试验示范区。划定农业空间和生态空间保护红线。落实最严格的水资源管理制度,强化水资源管理"三条红线"刚性约束,实行水资源消耗总量和强度双控行动。加强地下水监测,开展超采区综合治理。落实河湖水域岸线用途管制制度。加强自然保护区建设与管理,对重要生态系统和物种资源实行强制性保护。实施濒危野生动植物抢救性保护工程,建设救护繁育中心和基因库。强化野生动植物进出口管理,严厉打击象牙等濒危野生动植物及其制品非法交易。第二,加快农业环境突出问题治理。基本形成改善农业环境的政策法规制度和技术路径,确保农业生态环境恶化趋势总体得到遏制,治理明显见到成效。实施并完善农业环境突出问题治理总体规划。加大农业面源污染防治力度,实施化肥农药零增长行动,实施种养业废弃物资源化利用、无害化处理区域示范工程。积极推广高效生态循环农业模式。探索实行耕地轮作休耕制度试点,通过轮作、休耕、退耕、替代种植等多种方式,对地下水漏斗区、重金属污染区、生态严重退化地区开展综合治理。实施全国水土保持规划。推进荒漠化、石漠化、水土流失综合治理。第三,加强农业生态保护和修复。实施山水林田湖生态保护和修复工程,进行整体保护、系统修复、综合治理。到2020年森林覆盖率提高到23%以上,湿地面积不低于8亿亩。扩大新一轮退耕还林还草规模。扩大退牧还草工程实施范围。实施新一轮草原生态保护补助奖励政策,适当提高补奖标准。实施湿地保护与恢复工程,开展退耕还湿。建立沙化土地封禁保护制度。加强历史遗留工矿废弃和自然灾害损毁土地复垦利用。开展大规模国土绿化行动,增加森林面积和蓄积量。加强三北、长江、珠江、沿海防护林体系等林业重点工程建设。继续推进京津风沙源治理。完善天然林保护制度,全面停止天然林商业性采伐。完善海洋渔业资源总量管理制度,严格实行休渔禁渔制度,开展近海捕捞限额管理试点,按规划实行退养还滩。加快推进水生态修复工程建设。建立健全生态保护补偿机制,开展跨地区跨流域生态保护补偿试点。编制实施耕地、草原、河湖休养生息规划。

——开放。《全国农业现代化规划(2016—2020年)》把坚持国内国际统筹布局作为基本原则之一,提出顺应全方位对外开放的大趋势,实施互利共赢的开放战略,加快形成进出有序、优势互补的农业对外合作局面,实现补充国内市场需求、促进结构调整、提升农业竞争力的有机统一。该规划第六章"开放助农　着力扩大农业对外合作"指出,开放是农业现代化的必由之路,必须坚持双向开放、合作共赢、共同发展,着力加强农业对外合作,统筹用好国内国际两个市场、两种资源,提升农业对外开放层次和水平。2016年中央一号文件提出,统筹用好国际国内两个市场、两种资源。完善农业对外开放战略布局,统筹农产品进出口,加快形成农业对外贸易与国内农业发展相互促进的政策体系,实现补充国内市场需求、促进结构调整、保护国内产业和农民利益的有机统一。加大对农产品出口支持力度,巩固农产品出口传统优势,培育新的竞争优势,扩大特色和高附加值农产品出口。确保口粮绝对安全,利用国际资源和市场,优化国内农业结构,缓解资源环境压力。优化重要农产品进口的全球布局,推进进口来源多元化,加快形成互利共赢的稳定经贸关系。健全贸易救济和产业损害补偿机制。强化边境管理,深入开展综合治理,打击农产品走私。统筹制定和实施农业对外合作规划。加强与"一带一路"沿线国家和地区及周边国家和地区的农业投资、贸易、科技、动植物检疫合作。支持我国企业开展多种形式的跨国经营,加强农产品加工、储运、贸易等环节合作,培育具有国际竞争力的粮商和农业企业集团。

——共享。《全国农业现代化规划(2016—2020年)》把坚持农民主体地位作为基本原则之一,提出以维护农民权益与增进农民福祉为工作的出发点和落脚点,尊重农民经营自主权和首创精神,激发广大农民群众创新、创业、创造活力,让农民成为农业现代化的自觉参与者和真正受益者。该规划第七章"共享富农 着力增进民生福祉"指出,共享是农业现代化的本质要求,必须坚持发展为了人民、发展依靠人民,促进农民收入持续增长,着力构建机会公平、服务均等、成果普惠的农业发展新体制,让农民生活得更有尊严、更加体面。2016年中央一号文件提出,完善农业产业链与农民的利益联结机制。促进农业产加销紧密衔接、农村一二三产业深度融合,推进农业产业链整合和价值链提升,让农民共享产业融合发展的增值收益,培育农民增收新模式。支持供销合作社创办领办农民合作社,引领农民参与农村产业融合发展、分享产业链收益。创新发展订单农业,支持农业产业化龙头企业建设稳定的原料生产基地、为农户提供贷款担保和资助订单农户参加农业保险。鼓励发展股份合作,引导农户自愿以土地经营权等入股龙头企业和农民合作社,采取"保底收益＋按股分红"等方式,让农户分享加工销售环节收益,建立健全风险防范机制。加强农民合作社示范社建设,支持合作社发展农产品加工流通和直供直销。通过政府与社会资本合作、贴息、设立基金等方式,带动社会资本投向农村新产业新业态。实施农村产业融合发展试点示范工程。财政支农资金使用要与建立农民分享产业链利益机制相联系。巩固和完善"合同帮农"机制,为农民和涉农企业提供法律咨询、合同示范文本、纠纷调处等服务。

三、乡村振兴战略的提出

中共十九大提出实施乡村振兴战略,这是进入中国特色社会主义新时代中国共产党对乡村发展目标的新定位,具有重要的理论和政策价值。

实施乡村振兴战略有三个方面的原因:一是发展基础。中共十八大以来,在以习近平同志为核心的中共中央坚强领导下,坚持把解决好"三农"问题作为全党工作重中之重,持续加大强农建农惠农富农政策力度,扎实推进农业现代化和新农村建设,全面深化农村改革,农业农村发展取得了历史性成就,为党和国家事业全面开创新局面提供了重要支撑。五年来,粮食生产能力跨上新台阶,农业供给侧结构性改革迈出新步伐,农民收入持续增长,农村民生全面改善,脱贫攻坚战取得决定性进展,农村生态文明建设显著加强,农民获得感显著提升,农村社会稳定和谐。农业农村发展取得的重大成就和"三农"工作积累的丰富经验,为实施乡村振兴战略奠定了良好基础。二是面临需要破解的新问题。现阶段,中国发展不平衡、不充分问题在乡村最为突出,主要表现在:农产品阶段性供过于求和供给不足并存,农业供给质量亟待提高;农民适应生产力发展和市场竞争的能力不足,新型职业农民队伍建设急需加强;农村基础设施和民生领域欠账较多,农村环境和生态问题比较突出,乡村发展整体水平亟待提升;国家支农体系相对薄弱,农村金融改革任务繁重,城乡之间要素合理流动机制亟待健全;农村基层党建存在薄弱环节,乡村治理体系和治理能力亟待强化。实施乡村振兴战略,是解决人民日益增长的美好生活需要和不平衡不充分的发展之间矛盾的必然要求,是实现"两个一百年"奋斗目标的必然要求,是实现全体人民共同富裕的必然要求。三是迎来新的发展机遇。在中国特色社会主义新时代,乡村是一个可以大有作为的广阔天地,迎来了难得的发展机遇。有中国共产党领导的政治优势,有社会主义的制度优势,有亿万农民的创造精神,有强大的经济实力支撑,有历史悠久的农耕文明,有旺盛的市场需求,完全有条件有能力实施乡村振兴战略。必须立足国情农情,顺势而为,切实增强责任感、使命感、紧迫感,举全党全国全社会之力,以更大的决心、更明确的目标、更有力的举措,推动农业全面升级、农村全面进步、农民全面发展,谱写新时代乡村全面振兴新篇章。①

中共十九大提出,要坚持农业农村优先发展,按照产业兴旺、生态宜居、乡风文明、治理有效、生活富裕的总要求,建立健全城乡融合发展体制机制和政策体系,加快推进农业农村现代化。实施乡村振兴战略关于产业兴旺、生态宜居、乡风文明、治理有效、生活富裕的总要求,其中的五个方面是一个有机整体,是不可分割的,应注重协同性、关联性、整体性,不能顾此失彼、只抓其一不顾其他。其中,第一,产业兴旺是重点。产业发展是激发乡村活力的基础所在。乡村振兴,不仅要农业兴,更要百业旺。五谷丰登、六畜兴旺、三产深度融合,是乡村振兴的重要标志。第二,生态宜居是关键。良好的生态环境是农村最大优势和宝贵财富。美丽中国,要靠美丽乡村打底色。第三,乡风文明是保障。伴随着城市化快速推进和城市文明的扩张,传统乡村文化被忽视、被破坏、被取代的情况相当严重,一些地方乡村传统生活形态、社会关系日趋淡泊,乡村文化日渐荒芜。振兴乡村,必须坚持物质文明和精神文明一起抓,既要"富口袋",也要"富脑袋"。第四,治

---

① 参见《中共中央国务院关于实施乡村振兴战略的意见》。

理有效是基础。乡村治理是国家治理的基石,必须把夯实基层基础作为固本之策。第五,生活富裕是根本。乡村振兴的出发点和落脚点,是为了让亿万农民生活得更美好。

2017年12月28日至29日,中央农村工作会议在北京举行。习近平在会上总结十八大以来中国"三农"事业的历史性成就和变革,深刻阐述实施乡村振兴战略的重大问题,对贯彻落实提出明确要求。会议深入贯彻中共十九大精神、习近平新时代中国特色社会主义思想,全面分析"三农"工作面临的形势和任务,研究实施乡村振兴战略的重要政策,部署2018年和今后一个时期的农业农村工作。会议强调,走中国特色社会主义乡村振兴道路,一是必须重塑城乡关系,走城乡融合发展之路。要坚持以工补农、以城带乡,把公共基础设施建设的重点放在农村,推动农村基础设施建设提档升级,优先发展农村教育事业,促进农村劳动力转移就业和农民增收,加强农村社会保障体系建设,推进健康乡村建设,持续改善农村人居环境,逐步建立健全全民覆盖、普惠共享、城乡一体的基本公共服务体系,让符合条件的农业转移人口在城市落户定居,推动新型工业化、信息化、城镇化、农业现代化同步发展,加快形成工农互促、城乡互补、全面融合、共同繁荣的新型工农城乡关系。二是必须巩固和完善农村基本经营制度,走共同富裕之路。要坚持农村土地集体所有,坚持家庭经营基础性地位,坚持稳定土地承包关系,壮大集体经济,建立符合市场经济要求的集体经济运行机制,确保集体资产保值增值,确保农民受益。三是必须深化农业供给侧结构性改革,走质量兴农之路。坚持质量兴农、绿色兴农,实施质量兴农战略,加快推进农业由增产导向转向提质导向,夯实农业生产能力基础,确保国家粮食安全,构建农村一二三产业融合发展体系,积极培育新型农业经营主体,促进小农户和现代农业发展有机衔接,推进"互联网+现代农业",加快构建现代农业产业体系、生产体系、经营体系,不断提高农业创新力、竞争力和全要素生产率,加快实现由农业大国向农业强国转变。四是必须坚持人与自然和谐共生,走乡村绿色发展之路。以绿色发展引领生态振兴,统筹山水林田湖草系统治理,加强农村突出环境问题综合治理,建立市场化多元化生态补偿机制,增加农业生态产品和服务供给,实现百姓富、生态美的统一。五是必须传承发展提升农耕文明,走乡村文化兴盛之路。坚持物质文明和精神文明一齐抓,弘扬和践行社会主义核心价值观,加强农村思想道德建设,传承、发展、提升农村优秀传统文化,加强农村公共文化建设,开展移风易俗行动,提升农民精神风貌,培育文明乡风、良好家风、淳朴民风,不断提高乡村社会文明程度。六是必须创新乡村治理体系,走乡村善治之路。建立健全党委领导、政府负责、社会协同、公众参与、法治保障的现代乡村社会治理体制,健全自治、法治、德治相结合的乡村治理体系,加强农村基层基础工作,加强农村基层党组织建设,深化村民自治实践,严肃查处侵犯农民利益的"微腐败",建设平安乡村,确保乡村社会充满活力、和谐有序。七是必须打好精准脱贫攻坚战,走中国特色减贫之路。坚持精准扶贫、精准脱贫,把提高脱贫质量放在首位,注重扶贫同扶志、扶智相结合,瞄准贫困人口精准帮扶,聚焦深度贫困地区集中发力,激发贫困人口内生动力,强化脱贫攻坚责任和监督,开展扶贫领域腐败和作风问题专项治理,采取更加有力的举措、更加集中的支持、更加精细的工作,坚决打好精准脱贫这场对全面建成小康社会具有决定意义的攻坚战。

2018年1月2日,2018年中央一号文件《中共中央国务院关于实施乡村振兴战略的意见》,明确指出实施乡村振兴战略,是中共十九大做出的重大决策部署,是决胜全面建成小康社会、全面建设社会主义现代化国家的重大历史任务,是新时代"三农"工作的总抓手。这一文件全面贯彻中共十九大精神,以习近平新时代中国特色社会主义思想为指导,围绕实施乡村振兴战略讲意义、定思路、定任务、定政策、提要求,坚持问题导向,加快推进乡村治理体系和治理能力现代化,加快推进农业农村现代化,走中国特色社会主义乡村振兴道路,谋划新时代乡村振兴的顶层设计。文件有两个重要特点:一是管全面。乡村振兴是以农村经济发展为基础,包括农村文化、治理、民生、生态等在内的乡村发展水平的整体性提升,是乡村全面的振兴。以往的中央一号文件讲农业问题、讲农村经济发展讲得比较多,2018年的一号文件按照中共十九大提出的关于乡村振兴的20个字五个方面的总要求,对统筹推进农村经济建设、政治建设、文化建设、社会建设、生态文明建设和党的建设做出全面部署。二是管长远。乡村振兴是党和国家的大战略,是一项长期的历史性任务。2018年中央一号文件按照中共十九大提出的决胜全面建成小康社会、分两个阶段实现第二个百年奋斗目标的战略安排,按照"远粗近细"的原则,对到2020年、到2035年和到2050年实施乡村振兴战略的三个阶段性目标任务做了部署。2018年中央一号文件还围绕实施好乡村振兴战略,谋划了一系列重大举措,确立起乡村振兴战略的"四梁八柱"。

一是提出制定国家战略规划引领。文件提出,制定国家乡村振兴战略规划(2018—2022年),分别明确至2020年全面建成小康社会和2022年召开中共二十大时的目标任务,细化实化工作重点和政策措施,指导各地区各部门分类有序推进乡村振兴。

二是提出制定党内法规保障。文件提出,根据坚持党对一切工作的领导的要求和新时代"三农"工作新形势、新任务、新要求,研究制定中国共产党农村工作条例,把党领导农村工作的传统、要求、政策等以党内法规形式确定下来,明确加强对农村工作领导的指导思想、原则要求、工作范围和对象、主要任务、机构职责、队伍建设等,完善领导体制和工作机制,确保乡村振兴战略有效实施。

三是提出实施一系列重要战略、重大行动和重大工程支撑。重要战略方面,部署制定和实施国家质量兴农战略规划,建立健全质量兴农评价体系、政策体系、工作体系和考核体系,等等。重大行动方面,部署实施农村人居环境整治三年行动、打好精准脱贫攻坚战三年行动、产业兴村强县行动等;部署的重大工程主要有大规模推进农村土地整治和高标准农田建设、建设一批重大高效节水灌溉工程、发展现代农作物畜禽水产林木种业等近30项。同时,文件对农民关心的关键小事,也做出了全面部署安排。比如,针对农村厕所这个影响农民生活品质的突出短板,部署推进农村"厕所革命";针对基层反映的上级考核检查名目多、负担重等问题,部署集中清理上级对村级组织的考核评价多、创建达标多、检查督查多等突出问题,等等。

四是提出提供全方位的制度性供给做保障。文件围绕巩固和完善农村基本经营制度、深化农村土地制度改革、深入推进农村集体产权制度改革、完善农业支持保护制度、全面建立职业农民制度、建立市场化多元化生态补偿机制、自治法治德治相结合的乡村治理体系、乡村人才培育引进使用机制、鼓励引导工商资本参与乡村振兴等方面,部署了一系列重大改革举措和制度建设。

五是对解决"钱从哪里来的问题"做出全面谋划。文件对开拓投融资渠道、强化乡村振兴投入保障做出全面部署安排。比如,要求建立健全实施乡村振兴战略财政投入保障制度,公共财政更大力度向"三农"倾斜,确保财政投入与乡村振兴目标任务相适应;坚持农村金融改革发展的正确方向,健全适合农业农村特点的农村金融体系,推动农村金融机构回归本源,把更多金融资源配置到农村经济社会发展的重点领域和薄弱环节,更好满足乡村振兴多样化金融需求。①

2018年5月31日,习近平主持中共中央政治局会议,审议通过《乡村振兴战略规划(2018—2022年)》。会议认为,《乡村振兴战略规划(2018—2022年)》细化实化工作重点和政策措施,部署若干重大工程、重大计划、重大行动,形成了今后5年落实中央一号文件的政策框架。要全面贯彻中共十九大精神,以习近平新时代中国特色社会主义思想为指导,加强党对"三农"工作的领导,坚持稳中求进工作总基调,牢固树立新发展理念,落实高质量发展的要求,坚持农业农村优先发展,按照产业兴旺、生态宜居、乡风文明、治理有效、生活富裕的总要求,建立健全城乡融合发展体制机制和政策体系,统筹推进农村经济建设、政治建设、文化建设、社会建设、生态文明建设和党的建设,加快推进乡村治理体系和治理能力现代化,加快推进农业农村现代化,走中国特色社会主义乡村振兴道路,让农业成为有奔头的产业,让农民成为有吸引力的职业,让农村成为安居乐业的美丽家园。会议要求,各级党委和政府要提高思想认识,真正把实施乡村振兴战略摆在优先位置,把党管农村工作的要求落到实处,把坚持农业农村优先发展的要求落到实处。各地区各部门要树立城乡融合、一体设计、多规合一理念,抓紧编制乡村振兴地方规划和专项规划或方案,做到乡村振兴事事有规可循、层层有人负责。要针对不同类型地区采取不同办法,做到顺应村情民意,既要政府、社会、市场协同发力,又要充分发挥农民主体作用,目标任务要符合实际,保障措施要可行有力。要科学规划、注重质量、稳步推进,一件事情接着一件事情办,一年接着一年干,让广大农民在乡村振兴中有更多获得感、幸福感、安全感。

2018年7月5日,全国实施乡村振兴战略工作推进会议召开。此前,习近平对实施乡村振兴战略做出重要指示强调,实施乡村振兴战略,是党的十九大做出的重大决策部署,是新时代做好"三农"工作的总抓手。各地区各部门要充分认识实施乡村振兴战略的重大意义,把实施乡村振兴战略摆在优先位置,坚持五级书记抓乡村振兴,让乡村振兴成为全党全社会的共同行动。习近平指出,要坚持乡村全面振兴,抓重点、补短板、强弱项,实现乡村产业振兴、人才振兴、文化振兴、生态振兴、组织振兴,推动农业全面升级、农村全面进步、农民全面发展。要尊重广大农民意愿,激发广大农民

---

① 施维、刘振远:《实施乡村振兴战略的顶层设计——中央农办主任、中央财办副主任韩俊解读2018年中央一号文件》,《农民日报》2018年2月5日,第1版。

的积极性、主动性、创造性,激活乡村振兴内生动力,让广大农民在乡村振兴中有更多获得感、幸福感、安全感。要坚持以实干促振兴,遵循乡村发展规律,规划先行,分类推进,加大投入,扎实苦干,推动乡村振兴不断取得新成效。会议部署落实了中共中央、国务院印发的《乡村振兴战略规划(2018—2022年)》提出的各项重点任务。

  2018年9月26日,新华社向全社会公开中共中央、国务院印发的《乡村振兴战略规划(2018—2022年)》。这是中国出台的第一个全面推进乡村振兴战略的五年规划,是统筹谋划和科学推进乡村振兴战略这篇大文章的行动纲领。规划共11篇37章,以习近平关于"三农"工作的重要论述为指导,按照产业兴旺、生态宜居、乡风文明、治理有效、生活富裕的总要求,对实施乡村振兴战略做出阶段性谋划,分别明确至2020年全面建成小康社会和2022年召开中共二十大时的目标任务,细化实化工作重点和政策措施,部署重大工程、重大计划、重大行动,确保乡村振兴战略落实落地,是指导各地区各部门分类有序推进乡村振兴的重要依据。规划指出,实施乡村振兴战略,是解决新时代我国社会主要矛盾、实现"两个一百年"奋斗目标和中华民族伟大复兴中国梦的必然要求,具有重大现实意义和深远历史意义。规划要求,按照到2020年实现全面建成小康社会和分两个阶段实现第二个百年奋斗目标的战略部署,2018年至2022年这5年间,既要在农村实现全面小康,又要为基本实现农业农村现代化开好局、起好步、打好基础。规划强调,实施乡村振兴战略的基本原则是:坚持党管农村工作,坚持农业农村优先发展,坚持农民主体地位,坚持乡村全面振兴,坚持城乡融合发展,坚持人与自然和谐共生,坚持改革创新、激发活力,坚持因地制宜、循序渐进。规划提出,到2020年,乡村振兴的制度框架和政策体系基本形成,各地区各部门乡村振兴的思路举措得以确立,全面建成小康社会的目标如期实现。到2022年,乡村振兴的制度框架和政策体系初步健全。探索形成一批各具特色的乡村振兴模式和经验,乡村振兴取得阶段性成果。到2035年,乡村振兴取得决定性进展,农业农村现代化基本实现。到2050年,乡村全面振兴,农业强、农村美、农民富全面实现。

第二节 探索城乡融合的乡村发展路径

  中国的乡村振兴有自身的历史逻辑和路径依赖。乡村振兴要走城乡融合发展之路、共同富裕之路、质量兴农之路、乡村绿色发展之路、乡村文化兴盛之路、乡村善治之路、中国特色减贫之路。中共十八大以来,对城乡融合的乡村发展路径进行了探索。

一、促进城乡融合发展

中共十八大以来,在促进城乡一体化实践基础上,探索促进城乡融合发展,是继在工业化初中期的社会生产力水平条件下实行以城市发展辐射带动乡村、打破城乡二元结构、统筹城乡发展、城乡一体化后的一种新型工农城乡关系,突破了城市与乡村相对独立并行的发展格局。

伴随工业化、城镇化深入推进,中国农业农村发展进入新的阶段,呈现出农业综合生产成本上升、农产品供求结构性矛盾突出、农村社会结构加速转型、城乡发展加快融合的态势。人多地少水缺的矛盾加剧,农产品需求总量刚性增长、消费结构快速升级,农业对外依存度明显提高,保障国家粮食安全和重要农产品有效供给任务艰巨;乡村劳动力大量流动,农户兼业化、村庄空心化、人口老龄化趋势明显,农民利益诉求多元,加强和创新乡村社会管理势在必行;国民经济与乡村发展的关联度显著增强,农业资源要素流失加快,建立城乡要素平等交换机制的要求更为迫切,缩小城乡区域发展差距和居民收入分配差距任重道远。鉴此,必须顺应阶段变化,遵循发展规律,增强忧患意识,举全党全国之力持之以恒强化农业、惠及农村、富裕农民。在这样的背景下,中共十八大提出,坚持走中国特色新型工业化、信息化、城镇化、农业现代化道路,推动信息化和工业化深度融合、工业化和城镇化良性互动、城镇化和农业现代化相互协调,促进工业化、信息化、城镇化、农业现代化同步发展。

中共十八大报告还明确要求推动城乡发展一体化。报告指出,解决好农业农村农民问题是全党工作重中之重,城乡发展一体化是解决"三农"问题的根本途径。要加大统筹城乡发展力度,增强农村发展活力,逐步缩小城乡差距,促进城乡共同繁荣。坚持工业反哺农业、城市支持乡村和多予少取放活方针,加大强农惠农富农政策力度,让广大农民平等参与现代化进程、共同分享现代化成果。加快发展现代农业,增强农业综合生产能力,确保国家粮食安全和重要农产品有效供给。坚持把国家基础设施建设和社会事业发展重点放在乡村,深入推进新乡村建设和扶贫开发,全面改善农村生产生活条件。着力促进农民增收,保持农民收入持续较快增长。加快完善城乡发展一体化体制机制,着力在城乡规划、基础设施、公共服务等方面推进一体化,促进城乡要素平等交换和公共资源均衡配置,形成以工促农、以城带乡、工农互惠、城乡一体的新型工农、城乡关系。

中共十八大以来,在促进城乡一体化方面,进行了新的探索。2013年中央一号文件提出把城乡发展一体化作为解决"三农"问题的根本途径。2014年中央一号文件提出,要城乡统筹联动,赋予农民更多财产权利,推进城乡要素平等交换和公共资源均衡配置,让农民平等参与现代化进程,共同分享现代化成果。2015年中央一号文件分析指出,城乡资源要素流动加速,城乡互动联系增强,如何在城镇化深入发展背景下加快新农村建设步伐,实现城乡共同繁荣,是必须解决好的一个重大问题。文件从加大农村基础设施建设力度、提升农村公共服务水平、全面推进农村人居环境整治、引导和鼓励社会资本投向乡村建设、加强农村思想道德建设、切实加强农村基层党建工作等六个方面,对"围绕城乡发展一体化,深入推进新农村建设"做出政策安排和工作部署。

2015年8月31日中共中央办公厅、国务院办公厅印发的《深化农村改革综合性实施方案》指出,城乡发展一体化是解决中国"三农"问题的根本途径,必须坚持工业反哺农业、城市支持农村的基本方针,协调推进城镇化和新农村建设,加快形成以工促农、以城带乡、工农互惠、城乡一体的新型工农城乡关系,努力缩小城乡发展差距。这一方案提出到2020年城乡经济社会发展一体化体制机制基本建立的改革目标,并就健全城乡发展一体化体制机制做出系统规定。

——完善城乡发展一体化的规划体制。加快规划体制改革,构建适应中国城乡统筹发展的规划编制体系,完善各类规划编制、审批和实施监管制度,健全县市域空间规划衔接协调机制。尽快修订完善县域乡村建设规划和镇、乡、村庄规划,在乡镇土地利用总体规划控制下,探索编制村土地利用规划,提高规划科学性和前瞻性,强化规划约束力和引领作用。

——完善农村基础设施建设投入和建管机制。进一步加大公共财政对农村基础设施建设的投入力度。加快基础设施向农村延伸,探索建立城乡基础设施和公共服务设施互联互通、共建共享的机制。创新农村基础设施和公共服务设施决策、投入、建设和运行管护机制,建立自下而上的民主决策机制,通过村民自选、自建、自管、自用等方式,更好地发挥农民主体作用。积极引导社会资本参与农村公益性基础设施建设、管护和运营。

——推进形成城乡基本公共服务均等化的体制机制。完善县域城乡义务教育资源均衡配置的机制。建立城乡统筹的公共文化服务体系建设协调机制。建立覆盖城乡的基本医疗卫生制度,整合城乡居民基本医疗保险制度。健全全国统一的城乡居民基本养老保险制度,完善待遇确定和正常调整机制。推进最低生活保障制度城乡统筹发展。加强农村留守儿童、妇女、老人关爱服务体系建设。规范基本公共服务标准体系,促进城乡区域标准水平统一衔接可持续,完善综合监测评估制度。鼓励地方开展统筹城乡的基本公共服务制度改革试点。

——加快推进户籍制度改革。充分考虑各类城镇的经济社会发展水平、综合承载能力和提供基本公共服务能力,细化完善和实施差别化落户政策,促进有能力在城镇稳定就业和生活的常住人口有序实现市民化。加快建立和实施居住证制度,以居住证为载体,逐步实现基本公共服务对常住人口的全覆盖。构建政府、企业、个人共同参与的农业转移人口市民化成本分担机制,明确各级政府承担的相应支出责任,增强吸纳农业转移人口较多地区政府公共服务保障能力。切实维护进城落户农民的土地承包权、宅基地使用权、集体收益分配权。

——完善城乡劳动者平等就业制度。进一步清理针对农民工就业的歧视性规定,保障城乡劳动者平等就业的权利。加强覆盖城乡的公共就业创业服务体系建设。完善就业失业登记管理制度。落实鼓励农村劳动力创业政策。落实农民工与城镇职工同工同酬原则,突出解决好农民工工资拖欠问题。扩大农民工参加城镇社会保障覆盖面,把进城落户的农业转移人口完全纳入城镇社会保障体系。完善社会保障关系转移接续政策。

2016年中央一号文件的第三、四部分分别就"推进农村产业融合,促进农民收入持续较快增长"和"推动城乡协调发展,提高新农村建设水平"做出具体规定。

2017年中共十九大,在城乡一体化实践的基础上,在党的文件中使用"城乡融合发展"概念。十九大报告提出,要坚持农业农村优先发展,按照产业兴旺、生态宜居、乡风文明、治理有效、生活富裕的总要求,建立健全城乡融合发展体制机制和政策体系,加快推进农业农村现代化,这就将"建立健全城乡融合发展体制机制和政策体系"明确为加快推进农业农村现代化的新路径。

2018年中央一号文件将"坚持城乡融合发展"列为实施乡村振兴战略的基本原则之一,要求坚决破除体制机制弊端,使市场在资源配置中起决定性作用,更好发挥政府作用,推动城乡要素自由流动、平等交换,推动新型工业化、信息化、城镇化、农业现代化同步发展,加快形成工农互促、城乡互补、全面融合、共同繁荣的新型工农城乡关系。文件还阐述了如何"构建农村一二三产业融合发展体系"的问题。文件指出,大力开发农业多种功能,延长产业链、提升价值链、完善利益链,通过保底分红、股份合作、利润返还等多种形式,让农民合理分享全产业链增值收益。实施农产品加工业提升行动,鼓励企业兼并重组,淘汰落后产能,支持主产区农产品就地加工转化增值。重点解决农产品销售中的突出问题,加强农产品产后分级、包装、营销,建设现代化农产品冷链仓储物流体系,打造农产品销售公共服务平台,支持供销、邮政及各类企业把服务网点延伸到乡村,健全农产品产销稳定衔接机制,大力建设具有广泛性的促进农村电子商务发展的基础设施,鼓励支持各类市场主体创新发展基于互联网的新型农业产业模式,深入实施电子商务进农村综合示范,加快推进农村流通现代化。实施休闲农业和乡村旅游精品工程,建设一批设施完备、功能多样的休闲观光园区、森林人家、康养基地、乡村民宿、特色小镇。对利用闲置农房发展民宿、养老等项目,研究出台消防、特种行业经营等领域便利市场准入、加强事中事后监管的管理办法。发展乡村共享经济、创意农业、特色文化产业。文件提出到2020年城乡融合发展体制机制初步建立,到2035年城乡融合发展体制机制更加完善。

中共十八大以来,城乡发展一体化迈出重大步伐。城乡要素双向流动正在加速,城乡差别逐步缩小。户籍制度改革的政策框架基本构建完成,2017年全国常住人口城镇化率达到58.52%。城乡统一的劳动力市场加快形成,农民工劳动保障权益以及农民工进城后子女教育等方面基本实现了有制度可循,城乡居民基本医疗和养老制度开始并轨,城乡融合发展的体制机制开始建立。

中共十八大以来,随着城乡一体化和融合发展,乡村民生实现根本改善。2017年农民人均可支配收入突破13000元,是1978年的100倍,尤其是2013—2017五年来,每年迈上一个千元台阶,提前三年实现了比2010年翻一番的目标。2010年起的八年里,农民收入增速连续超过城镇居民,城乡居民收入比降至2.7∶1。乡村恩格尔系数明显下降,2017年降至31.2%。乡村教育、文化、卫生、社会保障等社会事业快速发展,乡村道路、电网、通信等基础设施建设全面提速,乡村人居环境整治全面展开,乡村面貌发生了深刻变化。

二、推进乡村供给侧结构性改革

经济发展进入新常态的重大论断和新发展理念的提出,带来的是中国经济工作思路的重大调整。受世界经济增长乏力的影响,从2011年起,带动中国经济增长的投资、消费和出口的增速下降,经济增速持续下行。此时,中国人的海外消费却在上升。近年来,从奢侈品到普通生活用品,每年中国人有上万亿元人民币花在国外。而此时中国企业的大量产品卖不出去,日子越过越难。钢铁、煤炭、水泥等多个行业产能严重过剩、利润减少。2015年11月,在中央财经领导小组第十一次会议上,习近平指出,在适度扩大总需求的同时,着力加强供给侧结构性改革,着力提高供给体系质量和效率,增强经济持续增长动力,推动中国社会生产力水平实现整体跃升。供给侧结构性改革是习近平继经济发展进入新常态之后做出的又一重大理论创新,回应了适应、引领经济发展新常态,应该干什么的问题。

围绕供给侧结构性改革这条主线,中央继而提出了标本兼治的方案。去产能,让绝对过剩的产能退烧去热;去杠杆,消除瘀堵虚肿,让资金血脉畅行;去库存,消除困扰发展的炎症病痛;降成本,减税降费,为企业休养生息创造良好的政策环境;补短板,提升基础设施、加强公共服务、培育发展新产业,让经济社会发展强身健体。2018年政府工作报告显示,2013—2017年的五年间,在淘汰水泥、平板玻璃等落后产能基础上,以钢铁、煤炭等行业为重点加大去产能力度,退出钢铁产能1.7亿吨以上、煤炭产能8亿吨。

中共十九大报告指出随着供给侧结构性改革的深入推进,经济结构不断优化,数字经济等新兴产业蓬勃发展,高铁、公路、桥梁、港口、机场等基础设施建设快速推进。农业现代化稳步推进,粮食生产能力达到1.2万亿斤。城镇化率年均提高1.2个百分点,8000多万农业转移人口成为城镇居民。区域发展协调性增强,"一带一路"建设、京津冀协同发展、长江经济带发展成效显著。创新驱动发展战略大力实施,创新型国家建设成果丰硕,天宫、蛟龙、天眼、悟空、墨子、大飞机等重大科技成果相继问世。南海岛礁建设积极推进。开放型经济新体制逐步健全,对外贸易、对外投资、外汇储备稳居世界前列。结构之变,是追求质量效益之变,更是经济发展方式之变;结构之变,是全面之变,更是深层之变。中国经济,以壮士断腕的决绝,向旧的发展方式告别。

经过多年不懈努力,中国农业农村发展不断迈上新台阶,进入新的历史阶段。近几年,中国在农业转方式、调结构、促改革等方面进行积极探索,为进一步推进农业转型升级打下一定基础,但农产品供求结构失衡、要素配置不合理、资源环境压力大、农民收入持续增长乏力等问题仍很突出,增加产量与提升品质、成本攀升与价格低迷、库存高企与销售不畅、小生产与大市场、国内外价格倒挂等矛盾亟待破解。就粮食而言,在"十二五"时期实现农业综合生产能力质的飞跃和粮食连年高位增产的情况下,中国粮食价格下跌,进口和库存都创历史新高,迫切需要加快调整农业生产结构。尽管国内粮食总产量持续增加,但在品种结构存在产需矛盾和国内外粮价倒挂的情况下,不实行关税配额制度的玉米替代品进口急剧增加,由此形成了粮食产量、库存和进口三量齐增的现象。农业的主要矛盾由总量不足转变为结构性矛盾,突出表现为阶段性供过于求和供给不足并存,矛盾的主要方面在供给侧,农业供给侧结构性改革的问题也提出来了。这也反映出,不能单纯以数量来判断农业发展是否成功,不能单纯以增加产量论英雄,还要考虑提供的农产品在品种上、质量上能不能适应市场需求,从调结构、提品质、促融合、去库存、降成本、补短板等方面推进农业供给侧结构性改革。中央认识到,必须顺应新形势新要求,坚持问题导向,调整工作重心,深入推进农业供给侧结构性改革,加快培育农业农村发展新动能,开创农业现代化建设新局面。①

在这种条件下,2016年中央一号文件《中共中央国务院关于落实发展新理念加快农业现代化实现全面小康目标的若干意见》、2017年中央一号文件《中共中央国务院关于深入推进农业供给侧结构性改革加快培育农业农村发展新动能的若干意见》、2018年中央一号文件《中共中央国务院关于实施乡村振兴战略的意见》,不仅阐述了推进农业供给侧结构性改革的必要性和对于解决好"三农"问题的意义,还提出了实现路径和具体措施。

2016年中央一号文件提出"用发展新理念破解'三农'新难题",提出推进农业供给侧结构性改革的目标和路径。对于如何优化农业生产结构和区域布局,文件明确提出"面向整个国土资源,全方位、多途径开发食物资源,满足日益多元化的食物消费需求。在确保谷物基本自给、口粮绝对安全的前提下,基本形成与市场需求相适应、与资源禀赋相匹配的现代农业生产结构和区域布局,提高农业综合效益"。文件第一部分"持续夯实现代农业基础,提高农业质量效益和竞争力"提出,要大力推进农业现代化,必须着力强化物质装备和技术支撑,着力构建现代农业产业体系、生产体系、经营体系,实施藏粮于地、藏粮于技战略,推动粮经饲统筹、农林牧渔结合、种养加一体、一二三产业融合发展,让农业成为充满希望的朝阳产业。

---

① 参见2017年中央一号文件。

2017年中央一号文件明确提出推进农业供给侧结构性改革，要在确保国家粮食安全的基础上，紧紧围绕市场需求变化，以增加农民收入、保障有效供给为主要目标，以提高农业供给质量为主攻方向，以体制改革和机制创新为根本途径，优化农业产业体系、生产体系、经营体系，提高土地产出率、资源利用率、劳动生产率，促进农业农村发展由过度依赖资源消耗、主要满足量的需求，向追求绿色生态可持续、更加注重满足质的需求转变。文件还指出，推进农业供给侧结构性改革是一个长期过程，处理好政府和市场关系、协调好各方面利益，面临许多重大考验。必须直面困难和挑战，坚定不移推进改革，勇于承受改革阵痛，尽力降低改革成本，积极防范改革风险，确保粮食生产能力不降低、农民增收势头不逆转、农村稳定不出问题。文件围绕"优化产品产业结构，着力推进农业提质增效"，提出了以下措施：

一是统筹调整粮经饲种植结构。按照稳粮、优经、扩饲的要求，加快构建粮经饲协调发展的三元种植结构。粮食作物要稳定水稻、小麦生产，确保口粮绝对安全，重点发展优质稻米和强筋弱筋小麦，继续调减非优势区籽粒玉米，增加优质食用大豆、薯类、杂粮杂豆等。经济作物要优化品种品质和区域布局，巩固主产区棉花、油料、糖料生产，促进园艺作物增值增效。饲料作物要扩大种植面积，发展青贮玉米、苜蓿等优质牧草，大力培育现代饲草料产业体系。加快北方农牧交错带结构调整，形成以养带种、牧林农复合、草果菜结合的种植结构。继续开展粮改饲、粮改豆补贴试点。

二是发展规模高效养殖业。稳定生猪生产，优化南方水网地区生猪养殖区域布局，引导产能向环境容量大的地区和玉米主产区转移。加快品种改良，大力发展牛羊等草食畜牧业。全面振兴奶业，重点支持适度规模的家庭牧场，引导扩大生鲜乳消费，严格执行复原乳标识制度，培育国产优质品牌。合理确定湖泊水库等内陆水域养殖规模，推动水产养殖减量增效。推进稻田综合种养和低洼盐碱地养殖。完善江河湖海限捕、禁捕时限和区域，率先在长江流域水生生物保护区实现全面禁捕。科学有序开发滩涂资源。支持集约化海水健康养殖，发展现代化海洋牧场，加强区域协同保护，合理控制近海捕捞。积极发展远洋渔业。建立海洋渔业资源总量管理制度，规范各类渔业用海活动，支持渔民减船转产。

三是做大做强优势特色产业。实施优势特色农业提质增效行动计划，促进杂粮杂豆、蔬菜瓜果、茶叶蚕桑、花卉苗木、食用菌、中药材和特色养殖等产业提档升级，把地方土特产和小品种做成带动农民增收的大产业。大力发展木本粮油等特色经济林、珍贵树种用材林、花卉竹藤、森林食品等绿色产业。实施森林生态标志产品建设工程。开展特色农产品标准化生产示范,建设一批地理标志农产品和原产地保护基地。推进区域农产品公用品牌建设,支持地方以优势企业和行业协会为依托打造区域特色品牌,引入现代要素改造提升传统名优品牌。

四是进一步优化农业区域布局。以主体功能区规划和优势农产品布局规划为依托,科学合理划定稻谷、小麦、玉米粮食生产功能区和大豆、棉花、油菜籽、糖料蔗、天然橡胶等重要农产品生产保护区。功能区和保护区内地块全部建档立册、上图入库,实现信息化、精准化管理。抓紧研究制定功能区和保护区建设标准,完善激励机制和支持政策,层层落实建设管护主体责任。制定特色农产品优势区建设规划,建立评价标准和技术支撑体系,鼓励各地争创园艺产品、畜产品、水产品、林特产品等特色农产品优势区。

五是全面提升农产品质量和食品安全水平。坚持质量兴农,实施农业标准化战略,突出优质、安全、绿色导向,健全农产品质量和食品安全标准体系。支持新型农业经营主体申请"三品一标"认证,推进农产品商标注册便利化,强化品牌保护。引导企业争取国际有机农产品认证,加快提升国内绿色、有机农产品认证的权威性和影响力。切实加强产地环境保护和源头治理,推行农业良好生产规范,推广生产记录台账制度,严格执行农业投入品生产销售使用有关规定。深入开展农兽药残留超标特别是养殖业滥用抗生素治理,严厉打击违禁超限量使用农兽药、非法添加和超范围、超限量使用食品添加剂等行为。健全农产品质量和食品安全监管体制,强化风险分级管理和属地责任,加大抽检监测力度。建立全程可追溯、互联共享的追溯监管综合服务平台。鼓励生产经营主体投保食品安全责任险。抓紧修订农产品质量安全法。

六是积极发展适度规模经营。大力培育新型农业经营主体和服务主体,通过经营权流转、股份合作、代耕代种、土地托管等多种方式,加快发展土地流转型、服务带动型等多种形式规模经营。积极引导农民在自愿基础上,通过村组内互换并地等方式,实现按户连片耕种。完善家庭农场认定办法,扶持规模适度的家庭农场。加强农民合作社规范化建设,积极发展生产、供销、信用"三位一体"综合合作。总结推广农业生产全程社会化服务试点经验,扶持培育农机作业、农田灌排、统防统治、烘干仓储等经营性服务组织。支持供销、邮政、农机等系统发挥为农服务综合平台作用,促进传统农资流通网点向现代农资综合服务商转型。鼓励地方探索土地流转履约保证保险。研究建立农业适度规模经营评价指标体系,引导规模经营健康发展。

七是建设现代农业产业园。以规模化种养基地为基础,依托农业产业化龙头企业带动,聚集现代生产要素,建设"生产＋加工＋科技"的现代农业产业园,发挥技术集成、产业融合、创业平台、核心辐射等功能作用。科学制定产业园规划,统筹布局生产、加工、物流、研发、示范、服务等功能板块。鼓励地方统筹使用高标准农田建设、农业综合开发、现代农业生产发展等相关项目资金,集中建设产业园基础设施和配套服务体系。吸引龙头企业和科研机构建设运营产业园,发展设施农业、精准农业、精深加工、现代营销,带动新型农业经营主体和农户专业化、标准化、集约化生产,推动农业全环节升级、全链条增值。鼓励农户和返乡下乡人员通过订单农业、股份合作、入园创业就业等多种方式,参与建设,分享收益。

八是创造良好农产品国际贸易环境。统筹利用国际市场,优化国内农产品供给结构,健全公平竞争的农产品进口市场环境。健全农产品贸易反补贴、反倾销和保障措施法律法规,依法对进口农产品开展贸易救济调查。鼓励扩大优势农产品出口,加大海外推介力度。加强农业对外合作,推动农业走出去。以"一带一路"沿线及周边国家和地区为重点,支持农业企业开展跨国经营,建立境外生产基地和加工、仓储物流设施,培育具有国际竞争力的大企业大集团。积极参与国际贸易规则和国际标准的制定修订,推进农产品认证结果互认工作。深入开展农产品反走私综合治理,实施专项打击行动。

2018年中央一号文件明确要实施质量兴农战略,并规定:制定和实施国家质量兴农战略规划,建立健全质量兴农评价体系、政策体系、工作体系和考核体系。深入推进农业绿色化、优质化、特色化、品牌化,调整优化农业生产力布局,推动农业由增产导向转向提质导向。推进特色农产品优势区创建,建设现代农业产业园、农业科技园。实施产业兴村强县行动,推行标准化生产,培育农产品品牌,保护地理标志农产品,打造一村一品、一县一业发展新格局。加快发展现代高效林业,实施兴林富民行动,推进森林生态标志产品建设工程。加强植物病虫害、动物疫病防控体系建设。优化养殖业空间布局,大力发展绿色生态健康养殖,做大做强民族奶业。统筹海洋渔业资源开发,科学布局近远海养殖和远洋渔业,建设现代化海洋牧场。建立产学研融合的农业科技创新联盟,加强农业绿色生态、提质增效技术研发应用。切实发挥农垦在质量兴农中的带动引领作用。实施食品安全战略,完善农产品质量和食品安全标准体系,加强农业投入品和农产品质量安全追溯体系建设,健全农产品质量和食品安全监管体制,重点提高基层监管能力。

2018年中央一号文件把推进农业供给侧结构性改革作为实施乡村振兴战略的重要举措,指出乡村振兴,产业兴旺是重点。必须坚持质量兴农、绿色兴农,以农业供给侧结构性改革为主线,加快构建现代农业产业体系、生产体系、经营体系,提高农业创新力、竞争力和全要素生产率,加快实现由农业大国向农业强国转变。

三、构建新型农业经营体系和促进农村集体经济改革发展

中共十八大以来,在坚持和完善农村基本经营制度、构建新型农业经营体系和促进农村集体经济改革发展方面进行了新的探索。中共十八大报告提出,坚持和完善农村基本经营制度,依法维护农民土地承包经营权、宅基地使用权、集体收益分配权,壮大集体经济实力,发展农民专业合作和股份合作,培育新型经营主体,发展多种形式规模经营,构建集约化、专业化、组织化、社会化相结合的新型农业经营体系。改革征地制度,提高农民在土地增值收益中的分配比例。中共十八大后的第一个中央一号文件——2013年中央一号文件,在"2013年农业农村工作的总体要求部分"提出,围绕现代农业建设,充分发挥农村基本经营制度的优越性,着力构建集约化、专业化、组织化、社会化相结合的新型农业经营体系,进一步解放和发展农村社会生产力,巩固和发展农业农村大好形势。文件的第三部分"创新农业生产经营体制,稳步提高农民组织化程度"指出,农业生产经营组织创新是推进现代农业建设的核心和基础。要尊重和保障农户生产经营的主体地位,培育和壮大新型农业生产经营组织,充分激发农村生产要素潜能。中共十九大报告提出,巩固和完善农村基本经营制度,深化农村土地制度改革,完善承包地"三权"分置制度。保持土地承包关系稳定并长久不变,第二轮土地承包到期后再延长30年。深化农村集体产权制度改革,保障农民财产权益,壮大集体经济。构建现代农业产业体系、生产体系、经营体系,完善农业支持保护制度,发展多种形式适度规模经营,培育新型农业经营主体,健全农业社会化服务体系,实现小农户和现代农业发展有机衔接。加强农村基层基础工作,健全自治、法治、德治相结合的乡村治理体系。

中共十八大以来,在坚持和完善农村基本经营制度、构建新型农业经营体系和促进农村集体经济改革发展方面做出了重大政策和制度安排。

一是完善承包地"三权"分置制度。

2013年中央一号文件提出,抓紧研究现有土地承包关系保持稳定并长久不变的具体实现形式,完善相关法律制度。文件要求全面开展农村土地确权登记颁证工作。健全农村土地承包经营权登记制度,强化对农村耕地、林地等各类土地承包经营权的物权保护。用5年时间基本完成农村土地承包经营权确权登记颁证工作,妥善解决农户承包地块面积不准、四至不清等问题。加快包括农村宅基地在内的农村集体土地所有权和建设用地使用权地籍调查,尽快完成确权登记颁证工作。农村土地确权登记颁证工作经费纳入地方财政预算,中央财政予以补助。各级党委和政府要高度重视,有关部门要密切配合,确保按时完成农村土地确权登记颁证工作。深化集体林权制度改革,提高林权证发证率和到户率。推进国有林场改革试点,探索国有林区改革。加快推进牧区草原承包工作,启动牧区草原承包经营权确权登记颁证试点。

2016年中央一号文件提出,稳定农村土地承包关系,落实集体所有权,稳定农户承包权,放活土地经营权,完善"三权分置"办法,明确农村土地承包关系长久不变的具体规定。继续扩大农村承包地确权登记颁证整省推进试点。加快推进房地一体的农村集体建设用地和宅基地使用权确权登记颁证,所需工作经费纳入地方财政预算。完善草原承包经营制度。

2017年中央一号文件提出,落实农村土地集体所有权、农户承包权、土地经营权"三权分置"办法。加快推进农村承包地确权登记颁证,扩大整省试点范围。统筹协调推进农村土地征收、集体经营性建设用地入市、宅基地制度改革试点。全面加快"房地一体"的农村宅基地和集体建设用地确权登记颁证工作。认真总结农村宅基地制度改革试点经验,在充分保障农户宅基地用益物权、防止外部资本侵占控制的前提下,落实宅基地集体所有权,维护农户依法取得的宅基地占有和使用权,探索农村集体组织以出租、合作等方式盘活利用空闲农房及宅基地,增加农民财产性收入。允许地方多渠道筹集资金,按规定用于村集体对进城落户农民自愿退出承包地、宅基地的补偿。

2018年中央一号文件提出,落实农村土地承包关系稳定并长久不变政策,衔接落实好第二轮土地承包到期后再延长30年的政策,让农民吃上长效"定心丸"。全面完成土地承包经营权确权登记颁证工作,实现承包土地信息联通共享。完善农村承包地"三权分置"制度,在依法保护集体土地所有权和农户承包权前提下,平等保护土地经营权。农村承包土地经营权可以依法向金融机构融资担保、入股从事农业产业化经营。

二是支持土地流转,促进多种形式的规模经营。

2013年中央一号文件提出,坚持依法、自愿、有偿原则,引导农村土地承包经营权有序流转,鼓励和支持承包土地向专业大户、家庭农场、农民合作社流转,发展多种形式的适度规模经营。结合农田基本建设,鼓励农民采取互利互换方式,解决承包地块细碎化问题。土地流转不得搞强迫命令,确保不损害农民权益、不改变土地用途、不破坏农业综合生产能力。探索建立严格的工商企业租赁农户承包耕地(林地、草原)准入和监管制度。规范土地流转程序,逐步健全县乡村三级服务网络,强化信息沟通、政策咨询、合同签订、价格评估等流转服务。加强农村土地承包经营纠纷调解仲裁体系建设。文件还提出,努力提高农户集约经营水平。按照规模化、专业化、标准化发展要求,引导农户采用先进适用技术和现代生产要素,加快转变农业生产经营方式。创造良好的政策和法律环境,采取奖励、补助等多种办法,扶持联户经营、专业大户、家庭农场。大力培育新型农民和农村实用人才,着力加强农业职业教育和职业培训。充分利用各类培训资源,加大专业大户、家庭农场经营者培训力度,提高他们的生产技能和经营管理水平。制订专门计划,对符合条件的中高等学校毕业生、退役军人、返乡农民工务农创业给予补助和贷款支持。

2014年中央一号文件提出,发展多种形式规模经营。鼓励有条件的农户流转承包土地的经营权,加快健全土地经营权流转市场,完善县乡村三级服务和管理网络。探索建立工商企业流转农业用地风险保障金制度,严禁农用地非农化。有条件的地方,可对流转土地给予奖补。土地流转和适度规模经营要尊重农民意愿,不能强制推动。按照自愿原则开展家庭农场登记。在国家年度建设用地指标中单列一定比例专门用于新型农业经营主体建设配套辅助设施。鼓励地方政府和民间出资设立融资性担保公司,为新型农业经营主体提供贷款担保服务。加大对新型职业农民和新型农业经营主体领办人的教育培训力度。

2015年中央一号文件提出,坚持和完善农村基本经营制度,坚持农民家庭经营主体地位,引导土地经营权规范有序流转,创新土地流转和规模经营方式,积极发展多种形式适度规模经营,提高农民组织化程度。尽快制定工商资本租赁农地的准入和监管办法,严禁擅自改变农业用途。

2016年中央一号文件提出,依法推进土地经营权有序流转,鼓励和引导农户自愿互换承包地块,实现连片耕种。

2018年中央一号文件提出,实施新型农业经营主体培育工程,培育发展家庭农场、合作社、龙头企业、社会化服务组织和农业产业化联合体,发展多种形式适度规模经营。

中共十八大以来,以家庭承包经营为基础、统分结合的双层经营体制不断完善,实行农村承包地所有权、承包权、经营权"三权分置"改革,进一步明确农村土地承包关系保持稳定并长久不变,第二轮土地承包到期后再延长30年,让农民群众吃上了长久"定心丸"。

三是农村土地征收、集体经营性建设用地入市、宅基地制度改革试点。

2015年中央一号文件提出,在确保土地公有制性质不改变、耕地红线不突破、农民利益不受损的前提下,按照中央统一部署,审慎稳妥推进农村土地制度改革。分类实施农村土地征收、集体经营性建设用地入市、宅基地制度改革试点。制定缩小征地范围的办法。建立兼顾国家、集体、个人的土地增值收益分配机制,合理提高个人收益。完善对被征地农民合理、规范、多元保障机制。赋予符合规划和用途管制的农村集体经营性建设用地出让、租赁、入股权能,建立健全市场交易规则和服务监管机制。依法保障农民宅基地权益,改革农民住宅用地取得方式,探索农民住房保障的新机制。加强对试点工作的指导监督,切实做到封闭运行、风险可控,边试点、边总结、边完善,形成可复制、可推广的改革成果。

2016年中央一号文件提出,继续扩大农村承包地确权登记颁证整省推进试点。加快推进房地一体的农村集体建设用地和宅基地使用权确权登记颁证,所需工作经费纳入地方财政预算。推进农村土地征收、集体经营性建设用地入市、宅基地制度改革试点。完善宅基地权益保障和取得方式,探索农民住房保障新机制。总结农村集体经营性建设用地入市改革试点经验,适当提高农民集体和个人分享的增值收益,抓紧出台土地增值收益调节金征管办法。完善和拓展城乡建设用地增减挂钩试点,将指标交易收益用于改善农民生产生活条件。探索将通过土地整治增加的耕地作为占补平衡补充耕地的指标,按照谁投入谁受益的原则返还指标交易收益。研究国家重大工程建设补充耕地由国家统筹的具体办法。加快编制村级土地利用规划。

2017年中央一号文件提出,统筹协调推进农村土地征收、集体经营性建设用地入市、宅基地制度改革试点。全面加快"房地一体"的农村宅基地和集体建设用地确权登记颁证工作。认真总结农村宅基地制度改革试点经验,在充分保障农户宅基地用益物权、防止外部资本侵占控制的前提下,落实宅基地集体所有权,维护农户依法取得的宅基地占有和使用权,探索农村集体组织以出租、合作等方式盘活利用空闲农房及宅基地,增加农民财产性收入。允许地方多渠道筹集资金,按规定用于村集体对进城落户农民自愿退出承包地、宅基地的补偿。

2018年中央一号文件提出,系统总结农村土地征收、集体经营性建设用地入市、宅基地制度改革试点经验,逐步扩大试点,加快土地管理法修改,完善农村土地利用管理政策体系。扎实推进房地一体的农村集体建设用地和宅基地使用权确权登记颁证。完善农民闲置宅基地和闲置农房政策,探索宅基地所有权、资格权、使用权"三权分置",落实宅基地集体所有权,保障宅基地农户资格权和农民房屋财产权,适度放活宅基地和农民房屋使用权,不得违规违法买卖宅基地,严格实行土地用途管制,严格禁止下乡利用农村宅基地建设别墅大院和私人会馆。在符合土地利用总体规划前提下,允许县级政府通过村土地利用规划,调整优化村庄用地布局,有效利用农村零星分散的存量建设用地;预留部分规划建设用地指标用于单独选址的农业设施和休闲旅游设施等建设。对利用收储农村闲置建设用地发展农村新产业新业态的,给予新增建设用地指标奖励。进一步完善设施农用地政策。

四是促进农民合作社的发展。

2013年中央一号文件提出,大力支持发展多种形式的新型农民合作组织。农民合作社是带动农户进入市场的基本主体,是发展农村集体经济的新型实体,是创新农村社会管理的有效载体。按照积极发展、逐步规范、强化扶持、提升素质的要求,加大力度、加快步伐发展农民合作社,切实提高引领带动能力和市场竞争能力。鼓励农民兴办专业合作和股份合作等多元化、多类型合作社。实行部门联合评定示范社机制,分级建立示范社名录,把示范社作为政策扶持重点。安排部分财政投资项目直接投向符合条件的合作社,引导国家补助项目形成的资产移交合作社管护,指导合作社建立健全项目资产管护机制。增加农民合作社发展资金,支持合作社改善生产经营条件、增强发展能力。逐步扩大农村土地整理、农业综合开发、农田水利建设、农技推广等涉农项目由合作社承担的规模。对示范社建设鲜活农产品仓储物流设施、兴办农产品加工业给予补助。在信用评定基础上对示范社开展联合授信,有条件的地方予以贷款贴息,规范合作社开展信用合作。完善合作社税收优惠政策，把合作社纳入国民经济统计并作为单独纳税主体列入税务登记，做好合作社发票领用等工作。创新适合合作社生产经营特点的保险产品和服务。建立合作社带头人人才库和培训基地，广泛开展合作社带头人、经营管理人员和辅导员培训，引导高校毕业生到合作社工作。落实设施农用地政策，合作社生产设施用地和附属设施用地按农用地管理。引导农民合作社以产品和产业为纽带开展合作与联合，积极探索合作社联社登记管理办法。抓紧研究修订农民专业合作社法。

2014年中央一号文件提出，扶持发展新型农业经营主体。鼓励发展专业合作、股份合作等多种形式的农民合作社，引导规范运行，着力加强能力建设。允许财政项目资金直接投向符合条件的合作社，允许财政补助形成的资产转交合作社持有和管护，有关部门要建立规范透明的管理制度。推进财政支持农民合作社创新试点，引导发展农民专业合作社联合社。落实和完善相关税收优惠政策，支持农民合作社发展农产品加工流通。文件还要求，加快供销合作社改革发展。发挥供销合作社扎根农村、联系农民、点多面广的优势，积极稳妥开展供销合作社综合改革试点。按照改造自我、服务农民的要求，创新组织体系和服务机制，努力把供销合作社打造成为农民生产生活服务的生力军和综合平台。支持供销合作社加强新农村现代流通网络和农产品批发市场建设。

2015年中央一号文件提出，引导农民专业合作社拓宽服务领域，促进规范发展，实行年度报告公示制度，深入推进示范社创建行动。土地经营权流转要尊重农民意愿，不得硬性下指标、强制推动。全面深化供销合作社综合改革，坚持为农服务方向，着力推进基层社改造，创新联合社治理机制，拓展为农服务领域，把供销合作社打造成全国性为"三农"提供综合服务的骨干力量。抓紧制定供销合作社条例。

2017年12月27日，十二届全国人大常务委员会第三十一次会议审议通过《中华人民共和国农民专业合作社法（修订）》，并于2018年7月1日起施行。

五是促进集体经济改革发展。

2013年中央一号文件第五部分"改革农村集体产权制度，有效保障农民财产权利"提出，建立归属清晰、权能完整、流转顺畅、保护严格的农村集体产权制度，是激发农业农村发展活力的内在要求。必须健全农村集体经济组织资金资产资源管理制度，依法保障农民的土地承包经营权、宅基地使用权、集体收益分配权。文件要求加强农村集体"三资"管理。因地制宜探索集体经济多种有效实现形式,不断壮大集体经济实力。以清产核资、资产量化、股权管理为主要内容,加快推进农村集体"三资"管理的制度化、规范化、信息化。健全农村集体财务预决算、收入管理、开支审批、资产台账和资源登记等制度,严格农村集体资产承包、租赁、处置和资源开发利用的民主程序,支持建设农村集体"三资"信息化监管平台。鼓励具备条件的地方推进农村集体产权股份合作制改革。探索集体经济组织成员资格界定的具体办法。

2015年中央一号文件提出,推进农村集体产权制度改革。探索农村集体所有制有效实现形式,创新农村集体经济运行机制。出台稳步推进农村集体产权制度改革的意见。对土地等资源性资产,重点是抓紧抓实土地承包经营权确权登记颁证工作,扩大整省推进试点范围,总体上要确地到户,从严掌握确权确股不确地的范围。对非经营性资产,重点是探索有利于提高公共服务能力的集体统一运营管理有效机制。对经营性资产,重点是明晰产权归属,将资产折股量化到本集体经济组织成员,发展多种形式的股份合作。开展赋予农民对集体资产股份权能改革试点,试点过程中要防止侵蚀农民利益,试点各项工作应严格限制在本集体经济组织内部。健全农村集体"三资"管理监督和收益分配制度。充分发挥县乡农村土地承包经营权、林权流转服务平台作用,引导农村产权流转交易市场健康发展。完善有利于推进农村集体产权制度改革的税费政策。

2016年中央一号文件提出,深化农村集体产权制度改革。到2020年基本完成土地等农村集体资源性资产确权登记颁证、经营性资产折股量化到本集体经济组织成员,健全非经营性资产集体统一运营管理机制。研究制定稳定和完善农村基本经营制度的指导意见。加快编制村级土地利用规划。探索将财政资金投入农业农村形成的经营性资产,通过股权量化到户,让集体组织成员长期分享资产收益。制定促进农村集体产权制度改革的税收优惠政策。开展扶持村级集体经济发展试点。完善集体林权制度,引导林权规范有序流转,鼓励发展家庭林场、股份合作林场。

2016年12月26日,中共中央、国务院发出《关于稳步推进农村集体产权制度改革的意见》,针对集体经济组织中统一经营激励不足的问题,在吸取以往经验教训和一些地方开展农村集体经济组织产权制度改革的基础上,明确了惠及集体经济组织全体成员的股份合作制的改革方向,并提出用5年时间完成农村经营性资产股份合作制改革的要求。这一改革尽管错过了与实行家庭承包经营同步推进的最佳时期(对此,我们也不能脱离历史场景求全责备，毕竟当时是在摸着石头过河的改革中搞活经济，在农村则主要是通过实行家庭承包经营促进农业发展），仍将为集体经济的发展提供制度激励。

2017年中央一号文件提出，抓紧研究制定农村集体经济组织相关法律，赋予农村集体经济组织法人资格。全面开展农村集体资产清产核资。稳妥有序、由点及面推进农村集体经营性资产股份合作制改革，确认成员身份，量化经营性资产，保障农民集体资产权利。从实际出发探索发展集体经济有效途径，鼓励地方开展资源变资产、资金变股金、农民变股东等改革，增强集体经济发展活力和实力。研究制定支持农村集体产权制度改革的税收政策。深化集体林权制度改革。

2018年中央一号文件提出，深入推进农村集体产权制度改革。全面开展农村集体资产清产核资、集体成员身份确认，加快推进集体经营性资产股份合作制改革。推动资源变资产、资金变股金、农民变股东，探索农村集体经济新的实现形式和运行机制。坚持农村集体产权制度改革正确方向，发挥村党组织对集体经济组织的领导核心作用，防止内部少数人控制和外部资本侵占集体资产。维护进城落户农民土地承包权、宅基地使用权、集体收益分配权，引导进城落户农民依法自愿有偿转让上述权益。研究制定农村集体经济组织法，充实农村集体产权权能。全面深化供销合作社综合改革，深入推进集体林权、水利设施产权等领域改革，做好农村综合改革、农村改革试验区等工作。

中共十八大以来，农村集体产权制度改革稳步推进，农村集体资产清产核资在全国开展，农村集体经济不断发展壮大，归属清晰、权能完整、流转顺畅、保护严格的中国特色社会主义农村集体产权制度逐步形成。

六是在促进产业链联结上，促进利益机制的完善。

2013年中央一号文件提出，支持龙头企业通过兼并、重组、收购、控股等方式组建大型企业集团。创建农业产业化示范基地，促进龙头企业集群发展。推动龙头企业与农户建立紧密型利益联结机制，采取保底收购、股份分红、利润返还等方式，让农户更多分享加工销售收益。鼓励和引导城市工商资本到农村发展适合企业化经营的种养业。增加扶持农业产业化资金，支持龙头企业建设原料基地、节能减排、培育品牌。逐步扩大农产品加工增值税进项税额核定扣除试点行业范围。适当扩大农产品产地初加工补助项目试点范围。

2014年中央一号文件提出，鼓励发展混合所有制农业产业化龙头企业,推动集群发展,密切与农户、农民合作社的利益联结关系。

2015年中央一号文件提出,引导农民以土地经营权入股合作社和龙头企业。

2016年中央一号文件提出,要完善农业产业链与农民的利益联结机制。促进农业产加销紧密衔接、农村一二三产业深度融合,推进农业产业链整合和价值链提升,让农民共享产业融合发展的增值收益,培育农民增收新模式。支持供销合作社创办领办农民合作社,引领农民参与农村产业融合发展、分享产业链收益。创新发展订单农业,支持农业产业化龙头企业建设稳定的原料生产基地、为农户提供贷款担保和资助订单农户参加农业保险。鼓励发展股份合作,引导农户自愿以土地经营权等入股龙头企业和农民合作社,采取"保底收益＋按股分红"等方式,让农户分享加工销售环节收益,建立健全风险防范机制。加强农民合作社示范社建设,支持合作社发展农产品加工流通和直供直销。通过政府与社会资本合作、贴息、设立基金等方式,带动社会资本投向农村新产业新业态。实施农村产业融合发展试点示范工程。财政支农资金使用要与建立农民分享产业链利益机制相联系。巩固和完善"合同帮农"机制,为农民和涉农企业提供法律咨询、合同示范文本、纠纷调处等服务。

中共十八大以来,现代农业经营体系加快形成,家庭农场、农民合作社、农业龙头企业等各类主体发育壮大,新型职业农民超过1400万人,基本构建起了立体式、复合型现代农业经营体系。

第三节 美丽乡村建设和功能的拓展

中共十八大以来,中国基于已成为全球第一大制造业大国、世界第二大经济体,且进入上中等收入国家行列,着力推进美丽乡村建设和功能的拓展,乡村文化淡出的现象得到扭转,工业文化与农耕文化融合发展,适应了人们对乡村文化消费的需求,拓展了乡村发展的内涵,增添了乡村发展的动能。

一、美丽乡村建设

美丽乡村建设是美丽中国建设的重要组成部分。

2003年6月,时任浙江省委书记习近平做出"千村示范、万村整治"工程的决策,由此开启浙江美丽乡村建设的新篇章,也开启了浙江保护利用历史文化村落与美丽乡村建设融合推进的先行先试。浙江省2003年起实施的"千村示范、万村整治"工程,明确把保护古建筑、古村落作为重要内容。2006年浙江省人民政府出台的《关于进一步加强文化遗产保护的意见》提出,在新农村建设过程中,要切实加强对优秀乡土建筑和历史文化环境的保护,努力实现人文与生态环境的有机融合。2003年至2007年的5年间,浙江省对10303个建制村进行了整治,并把其中的1181个建制村建设成"全面小康建设示范村"。① 2010年,浙江省制定了《美丽乡村建设行动计划(2011—2015年)》。2012年4月,浙江省委、省政府发布了《关于加强历史文化村落保护利用的若干意见》,把修复、保护、传承和永续利用历史文化村落文化遗存,作为"千村示范、万村整治"和美丽乡村建设重要内容。

2012年11月,中共十八大报告提出努力建设美丽中国,实现中华民族永续发展,美丽乡村建设迅即成为中国乡村改革发展的新任务。

2013年中央一号文件在"推进农村生态文明建设"部分提出,加强农村生态建设、环境保护和综合整治,努力建设美丽乡村。加大三北防护林、天然林保护等重大生态修复工程实施力度,推进荒漠化、石漠化、水土流失综合治理。巩固退耕还林成果,统筹安排新的退耕还林任务。探索开展沙化土地封禁保护区建设试点工作。加强国家木材战略储备基地和林区基础设施建设,提高中央财政国家级公益林补偿标准,增加湿地保护投入,完善林木良种、造林、森林抚育等林业补贴政策,积极发展林下经济。继续实施草原生态保护补助奖励政策。加强农作物秸秆综合利用。搞好农村垃圾、污水处理和土壤环境治理,实施乡村清洁工程,加快农村河道、水环境综合整治。发展乡村旅游和休闲农业。创建生态文明示范县和示范村镇。开展宜居村镇建设综合技术集成示范。

在2013年中央农村工作会议上,习近平指出,中国要美,农村必须美。

2015年中央一号文件对"中国要美,农村必须美"做出进一步阐述,明确了"要强化规划引领作用,加快提升农村基础设施水平,推进城乡基本公共服务均等化,让农村成为农民安居乐业的美丽家园"的乡村发展目标。还提出了"全面推进农村人居环境整治"的措施,要求完善县域村镇体系规划和村庄规划,强化规划的科学性和约束力。改善农民居住条件,搞好农村公共服务设施配套,推进山水林田路综合治理。继续支持农村环境集中

---

① 徐燕飞整理:《浙江保护历史文化古村落大事记》,《经济日报》2016年6月16日,第12版。

连片整治,加快推进农村河塘综合整治,开展农村垃圾专项整治,加大农村污水处理和改厕力度,加快改善村庄卫生状况。加强农村周边工业"三废"排放和城市生活垃圾堆放监管治理。完善村级公益事业一事一议财政奖补机制,扩大农村公共服务运行维护机制试点范围,重点支持村内公益事业建设与管护。完善传统村落名录,开展传统民居调查,落实传统村落和民居保护规划。鼓励各地从实际出发开展美丽乡村创建示范。有序推进村庄整治,切实防止违背农民意愿大规模撤并村庄、大拆大建。

2015年10月中共十八届五中全会首次把推进美丽中国建设纳入国民经济和社会五年发展规划,这是以五大发展理念为引领,基于中国经济社会发展已经上升到新台阶所提出的新的发展方向。由此,美丽乡村建设在全国范围全面展开,开启了美丽乡村建设新的进程。

2016年中央一号文件提出,开展农村人居环境整治行动和美丽宜居乡村建设。遵循乡村自身发展规律,体现农村特点,注重乡土味道,保留乡村风貌,努力建设农民幸福家园。科学编制县域乡村建设规划和村庄规划,提升民居设计水平,强化乡村建设规划许可管理。继续推进农村环境综合整治,完善以奖促治政策,扩大连片整治范围。实施农村生活垃圾治理五年专项行动。采取城镇管网延伸、集中处理和分散处理等多种方式,加快农村生活污水治理和改厕。全面启动村庄绿化工程,开展生态乡村建设,推广绿色建材,建设节能农房。开展农村宜居水环境建设,实施农村清洁河道行动,建设生态清洁型小流域。发挥好村级公益事业一事一议财政奖补资金作用,支持改善村内公共设施和人居环境。普遍建立村庄保洁制度。坚持城乡环境治理并重,逐步把农村环境整治支出纳入地方财政预算,中央财政给予差异化奖补,政策性金融机构提供长期低息贷款,探索政府购买服务、专业公司一体化建设运营机制。加大传统村落、民居和历史文化名村名镇保护力度。开展生态文明示范村镇建设。鼓励各地因地制宜探索各具特色的美丽宜居乡村建设模式。

2017年中央一号文件提出,深入开展农村人居环境治理和美丽宜居乡村建设。推进农村生活垃圾治理专项行动,促进垃圾分类和资源化利用,选择适宜模式开展农村生活污水治理,加大力度支持农村环境集中连片综合治理和改厕。开展城乡垃圾乱排乱放集中排查整治行动。实施农村新能源行动,推进光伏发电,逐步扩大农村电力、燃气和清洁型煤供给。加快修订村庄和集镇规划建设管理条例,大力推进县域乡村建设规划编制工作。推动建筑设计下乡,开展田园建筑示范。深入开展建好、管好、护好、运营好农村公路工作,深化农村公路管养体制改革,积极推进城乡交通运输一体化。实施农村饮水安全巩固提升工程和新一轮农村电网改造升级工程。完善农村危房改造政策,提高补助标准,集中支持建档立卡贫困户、低保户、分散供养特困人员和贫困残疾人家庭等重点对象。开展农村地区枯井、河塘、饮用水、自建房、客运和校车等方面安全隐患排查治理工作。推进光纤到村建设,加快实现4G网络农村全覆盖。推进建制村直接通邮。开展农村人居环境和美丽宜居乡村示范创建。加强农村公共文化服务体系建设,统筹实施重点文化惠民项目,完善基层综合性文化服务设施,在农村地区深入开展送地方戏活动。支持重要农业文化遗产保护。

2018年中央一号文件把"让农村成为安居乐业的美丽家园"写入实施乡村振兴战略的指导思想,提出全面贯彻十九大精神,以习近平新时代中国特色社会主义思想为指导,加强党对"三农"工作的领导,坚持稳中求进工作总基调,牢固树立新发展理念,落实高质量发展的要求,紧紧围绕统筹推进"五位一体"总体布局和协调推进"四个全面"战略布局,坚持把解决好"三农"问题作为全党工作重中之重,坚持农业农村优先发展,按照产业兴旺、生态宜居、乡风文明、治理有效、生活富裕的总要求,建立健全城乡融合发展体制机制和政策体系,统筹推进农村经济建设、政治建设、文化建设、社会建设、生态文明建设和党的建设,加快推进乡村治理体系和治理能力现代化,加快推进农业农村现代化,走中国特色社会主义乡村振兴道路,让农业成为有奔头的产业,让农民成为有吸引力的职业,让农村成为安居乐业的美丽家园。

中共十八大以来,中国的美丽乡村建设,除了大力推进生态文明建设和整治乡村人居环境外,在树立和落实绿水青山就是金山银山理念、保护和传承乡村文化方面取得了转折性突破。

一是树立和落实绿水青山就是金山银山理念。在以GDP论英雄的发展阶段,2005年8月15日,习近平到安吉天荒坪镇余村考察时,首次提出"绿水青山就是金山银山"。一周后,习近平在浙江日报《之江新语》发表评论指出,"生态环境优势转化为生态农业、生态工业、生态旅游等生态经济的优势,那么绿水青山也就变成了金山银山"。2013年9月7日,习近平在哈萨克斯坦纳扎尔巴耶夫大学演讲回答学生们关于环境保护的问题时强调,我们既要绿水青山,也要金山银山。宁要绿水青山,不要金山银山,而且绿水青山就是金山银山。中共十九大报告把"坚持人与自然和谐共生"作为新时代中国特色社会主义思想和基本方略之一,指出"建设生态文明是中华民族永续发展的千年大计。必须树立和践行绿水青山就是金山银山的理念,坚持节约资源和保护环境的基本国策,像对待生命一样对待生态环境,统筹山水林田湖草系统治理,实行最严格的生态环境保护制度,形成绿色发展方式和生活方式,坚定走生产发展、生活富裕、生态良好的文明发展道路,建设美丽中国,为人民创造良好生产生活环境,为全球生态安全作出贡献"。中共十九大修订的中国共产党章程写入了绿水青山就是金山银山理念。中共十八大以来,农业绿色发展取得长足进展。农业资源利用强度明显下降,从2016年起,农药化肥使用量实现零增长,2017年化肥使用量实现负增长,畜禽粪污综合利用率、秸秆综合利用率和农膜回收率均达到60%以上,农田水利设施条件显著改善,农业灌溉用水总量实现14年零增长,节水农业技术应用面积超过4亿亩,农业绿色发展站在了新的起点上。①

二是在工业化、城镇化进程中,保护和传承乡村文化。农村的美,既要自然生态环境美,也要人文生态环境美。在"文化大革命"运动中,中国一方面将学习外国的做法视为崇洋媚外,加以批判,另一方面又对历史文化加以批判而消除之。改革以来的一段时期,"洋气"又成为时髦,而民族文化被视为土气。历史文化村落承载着博大精深的文化积淀、丰富多彩的历史信息、意境深远的人文景观和各具特色的民风民俗,然而,在工业化、城镇化过程中快速消失,变成了工厂、楼房、闹市。人们开始反思,农村不能成为荒芜凋敝留守的农村、记忆中的故园,应摒弃片面追求所谓的现代文明,摒弃对历史文化村落及其所承载的人文精神的保护和传承重视不够的做法,在美丽乡村建设中更加注重人类生存发展的生态环境、人文环境和人文精神,在美丽乡村建设中注重把乡村文化的根留住。历史文化村落大多有诗词歌咏、楹联题刻、文化典故等人文景观,是看得见山、望得见水的质朴自然而又如诗如画的园林。中国作为发展中国家,面对与先发国家的巨大差距所推进的赶超发展,曾长时期强调物质财富增长。工业化、城镇化的快速推进已经使太多历史文化遗产消失,历史文化村落的保护刻不容缓。时任浙江省委书记的习近平强调:要正确处理保护历史文化与村庄建设的关系,对有价值的古村落、古民居和山水风光进行保护、整治和科学合理地开发利用。② 2013年12月,习近平在全国城镇化工作会议上指出,让

---

① 农业农村部党组:《在全面深化改革中推动乡村振兴》,《求是》2018年第20期。
② 徐燕飞整理:《浙江保护历史文化古村落大事记》,《经济日报》2016年6月16日,第12版。

居民看得见山、望得见水、记得住乡愁。这是不同于以往片面追求物质财富增长的所谓现代文明,引领着美丽乡村建设朝着自然和人文风情融合,进而集聚和谐进步力量的方向前行。2014年9月24日,习近平在纪念孔子诞辰2565周年国际学术研讨会暨国际儒学联合会第五届会员大会上指出:优秀传统文化是一个国家、一个民族传承和发展的根本,如果丢掉了,就割断了精神命脉。中共十八届五中全会通过的《中共中央关于制定国民经济和社会发展第十三个五年规划的建议》提出,提高社会主义新农村建设水平,开展农村人居环境整治行动,加大传统村落民居和历史文化名村名镇保护力度,建设美丽宜居乡村。保护利用好历史文化村落,把乡村建成生态文明和独具人文风情的诗一般的宜居佳境,既可以寄托乡愁,也可以更好地维系中华文明传承发展的生态。浙江省在"千村示范、万村整治"取得成效之后,2015年又启动了历史文化村落保护利用的基础性工作——《千村故事》"五个一"行动计划:一是寻访"那村、那人、那故事"并整理编撰成书,以更好地讲好历史文化村落背后的故事及寓含的向善向上的价值;二是基于历史文化村落的调查研究,从中总结经济社会变迁规律,并提出保护利用规划和发展对策建议;三是摄制影像,以抢救定格乡土印象;四是推出历史文化村落文化展示馆,让人们可以从中回味记忆和寄托乡愁;五是培育"看得见山、望得见水、记得住乡愁"的和谐发展历史文化村落,作为美丽乡村建设的示范基地。《千村故事》"五个一"行动计划就是在保护利用历史文化村落物质文化遗存基础上,更好地对承载乡村文化的非物质文化遗产进行抢救性挖掘、整理、记忆和传承。浙江省在实施《千村故事》"五个一"行动计划时,特别重视发挥科研和教学力量,实行政、产、学、研结合,取得一批成果。完成了包括《生态人居卷》、《礼仪道德卷》、《劝农劝学卷》、《清廉大义卷》、《名人名流卷》、《民风民俗卷》、《手技手艺卷》、《特产特品卷》在内的8卷本《千村故事》丛书。在此基础上,还浓缩其精华,从中遴选260个故事,汇编于3卷本的《〈千村故事〉精选》,其中:卷一收录《生态人居卷》、《礼仪道德卷》、《劝农劝学卷》的90个故事,展现了浙江历史文化村落布局、人居环境、传统礼仪道德、耕读文化;卷二收录《清廉大义卷》、《名人名流卷》的85个故事,颂扬了浙江历史文化村落的清廉官吏、大义先贤和名人名流;卷三收录《民风民俗卷》、《手技手艺卷》、《特产特品卷》的85个故事,记录了浙江历史文化村落的民俗风情、传统技艺、地域性产品。在全省 1149 个村中,有保护利用的村有 454 个,已占 39.5%。① 这些创新性实践探索,既促进了中华传统文化的传承,美丽乡村也有了深厚的文化之蕴。从中给出了一些启示,即贯彻落实中共十八届五中全会提出的推进美丽中国建设,建设美丽乡村,让居民"看得见山、望得见水、记得住乡愁",不仅要以绿色发展理念为引领,还要通过保护利用好历史文化村落,讲好中国乡村故事,传承好乡土文化,使其根植于深厚的历史文化底蕴,以特有的人文精神引领向善向上,成为美丽乡村建设的突破口和引擎。② 在美丽乡村建设中,各地因地制宜地保护利用好历史文化村落。

在历史文化村落保护利用中,有些问题还需要在实践中进一步探索,主要有:一是如何构建历史文化村落保护利用的价值判断标准和保护利用的价值取向;二是如何处理好历史文化村落保护利用中点与面的关系;三是如何处理好古迹原籍保护与异地保护的关系;四是如何在开发利用上避免同质性而异彩纷呈问题;五是如何调动各方面保护开发利用的积极性,形成共享发展成果机制,增强保护利用的自觉,实现由被动的"要我保护"到主动的"我要保护"的转变;六是如何处理好政府、社会、市场、农民保护利用的关系,形成共同推进的合力。这些问题的破解,不仅需要保护利用规划引导、政策支持和法律保障,还需要理论和智力支持。鉴此,应通过政、产、学、研的有机结合,发挥好科研、教学单位的理论和智力支撑作用,挖掘和整理好历史文化村落背后的故事,使保护历史文化村落在讲好中国乡村故事、中国乡村经验中更好发挥作用,使保护利用历史文化村落在传承中华文化和践行社会主义核心价值观中更好发挥作用,也才有助于历史文化村落的保护利用与美丽乡村建设更好的融合发展。

二、一二三产业融合发展与乡村功能的拓展

进入 21 世纪,随着中国经济社会的发展,也随着人民生活水平的提高和消费需求的多样化,乡村的内涵发生了明显变化:一是随着美丽乡村建设的展开,乡村功能日益拓展,不再以提供农产品为主,乡村成为休闲农业和乡村旅游之地,以适应人们对乡村文化和生态的需求;二是乡村发展方式不断演进,由产业链联结的农业产业化经营,向一二三产业融合发展。适应这样一种发展变化的需要,也随着实践发展的需要,渐进制定和实施

---

① 潘伟光:《浙江历史文化村落遗存与资源调查分析报告》,浙江省历史文化村落《千村故事》阶段成果发布暨专家咨询会议(2015 年 10 月 24 日)交流材料。

② 参见郑有贵:《乡村之美在于有文化魂——兼评〈千村故事〉》,《农业考古》2017 年第 4 期。

了一系列促进政策。

1. 促进一二三产业融合发展

2015年中央一号文件提出,推进农村一二三产业融合发展。增加农民收入,必须延长农业产业链、提高农业附加值。立足资源优势,以市场需求为导向,大力发展特色种养业、农产品加工业、农村服务业,扶持发展一村一品、一乡(县)一业,壮大县域经济,带动农民就业致富。

2018年中央一号文件进一步提出,构建农村一二三产业融合发展体系。大力开发农业多种功能,延长产业链、提升价值链、完善利益链,通过保底分红、股份合作、利润返还等多种形式,让农民合理分享全产业链增值收益。实施农产品加工业提升行动,鼓励企业兼并重组,淘汰落后产能,支持主产区农产品就地加工转化增值。

2. 促进乡村旅游和休闲农业发展

2013年中央一号文件提出,发展乡村旅游和休闲农业。2015年中央一号文件提出,积极开发农业多种功能,挖掘乡村生态休闲、旅游观光、文化教育价值。扶持建设一批具有历史、地域、民族特点的特色景观旅游村镇,打造形式多样、特色鲜明的乡村旅游休闲产品。加大对乡村旅游休闲基础设施建设的投入,增强线上线下营销能力,提高管理水平和服务质量。研究制定促进乡村旅游休闲发展的用地、财政、金融等扶持政策,落实税收优惠政策。激活农村要素资源,增加农民财产性收入。

2016年中央一号文件提出,大力发展休闲农业和乡村旅游。依托农村绿水青山、田园风光、乡土文化等资源,大力发展休闲度假、旅游观光、养生养老、创意农业、农耕体验、乡村手工艺等,使之成为繁荣农村、富裕农民的新兴支柱产业。强化规划引导,采取以奖代补、先建后补、财政贴息、设立产业投资基金等方式扶持休闲农业与乡村旅游业发展,着力改善休闲旅游重点村进村道路、宽带、停车场、厕所、垃圾污水处理等基础服务设施。积极扶持农民发展休闲旅游业合作社。引导和支持社会资本开发农民参与度高、受益面广的休闲旅游项目。加强乡村生态环境和文化遗存保护,发展具有历史记忆、地域特点、民族风情的特色小镇,建设一村一品、一村一景、一村一韵的魅力村庄和宜游宜养的森林景区。依据各地具体条件,有规划地开发休闲农庄、乡村酒店、特色民宿、自驾露营、户外运动等乡村休闲度假产品。实施休闲农业和乡村旅游提升工程、振兴中国传统手工艺计划。开展农业文化遗产普查与保护。支持有条件的地方通过盘活农村闲置房屋、集体建设用地、"四荒地"、可用林场和水面等资产资源发展休闲农业和乡村旅游。将休闲农业和乡村旅游项目建设用地纳入土地利用总体规划和年度计划合理安排。

2017年中央一号文件提出,大力发展乡村休闲旅游产业。充分发挥乡村各类物质与非物质资源富集的独特优势,利用"旅游+"、"生态+"等模式,推进农业、林业与旅游、教育、文化、康养等产业深度融合。丰富乡村旅游业态和产品,打造各类主题乡村旅游目的地和精品线路,发展富有乡村特色的民宿和养生养老基地。鼓励农村集体经济组织创办乡村旅游合作社,或与社会资本联办乡村旅游企业。多渠道筹集建设资金,大力改善休闲农业、乡村旅游、森林康养公共服务设施条件,在重点村优先实现宽带全覆盖。完善休闲农业、乡村旅游行业标准,建立健全食品安全、消防安全、环境保护等监管规范。支持传统村落保护,维护少数民族特色村寨整体风貌,有条件的地区实行连片保护和适度开发。文件还提出,完善新增建设用地保障机制,将年度新增建设用地计划指标确定一定比例用于支持农村新产业新业态发展。加快编制村级土地利用规划。允许通过村庄整治、宅基地整理等节约的建设用地采取入股、联营等方式,重点支持乡村休闲旅游养老等产业和农村三产融合发展,严禁违法违规开发房地产或建私人庄园会所。

2018年中央一号文件提出,实施休闲农业和乡村旅游精品工程,建设一批设施完备、功能多样的休闲观光园区、森林人家、康养基地、乡村民宿、特色小镇。对利用闲置农房发展民宿、养老等项目,研究出台消防、特种行业经营等领域便利市场准入、加强事中事后监管的管理办法。发展乡村共享经济、创意农业、特色文化产业。文件提出,增加农业生态产品和服务供给。正确处理开发与保护的关系,运用现代科技和管理手段,将乡村生态优势转化为发展生态经济的优势,提供更多更好的绿色生态产品和服务,促进生态和经济良性循环。加快发展森林草原旅游、河湖湿地观光、冰雪海上运动、野生动物驯养观赏等产业,积极开发观光农业、游憩休闲、健康养生、生态教育等服务。创建一批特色生态旅游示范村镇和精品线路,打造绿色生态环保的乡村生态旅游产业链。文件还提出,加强扶持引导服务,实施乡村就业创业促进行动,大力发展文化、科技、旅游、生态等乡村特色产业,振兴传统工艺。培育一批家庭工场、手工作坊、乡村车间,鼓励在乡村地区兴办环境友好型企业,实现乡村经济多元化,提供更多就业岗位。文件还提出,预留部分规划建设用地指标用于单独选址的农业设施和休闲旅游设施等建设。现阶段,全国有2800多万农民从事休闲农业、电商等新产业新业态;2017年,乡村旅游超过28亿人次。①

3. 促进特色小镇发展

2017年中央一号文件提出,培育宜居宜业特色村镇。围绕有基础、有特色、有潜力的产业,建设一批农业文化旅游"三位一体"、生产生活生态同步改善、一产二产三产深度融合的特色村镇。支持各地加强特色村镇产业支撑、基础设施、公共服务、环境风貌等建设。打造"一村一品"升级版,发展各具特色的专业村。支持有条件的乡村建设以农民合作社为主要载体,让农民充分参与和受益,集循环农业、创意农业、农事体验于一体的田园综合体,通过农业综合开发、农村综合改革转移支付等渠道开展试点示范。深入实施农村产业融合发展试点示范工程,支持建设一批农村产业融合发展示范园。

4. 促进新业态发展

2013年中央一号文件提出,提高农产品流通效率。统筹规划农产品市场流通网络布局,重点支持重要农产品集散地、优势农产品产地市场建设,加强农产品期货市场建设,适时增加新的农产品期货品种,培育具有国内外影响力的农产品价格形成和交易中心。加快推进以城市标准化菜市场、生鲜超市、城乡集贸市场为主体的农产品零售市场建设。加强粮油仓储物流设施建设,发展农产品冷冻贮藏、分级包装、电子结算。健全覆盖农产品收集、加工、运输、销售各环节的冷链物流体系。大力培育现代流通方式和新型流通业态,发展农产品网上交易、连锁分销和农民网店。继续实施"北粮南运"、"南菜北运"、"西果东送"、万村千乡市场工程、新农村现代流通网络工程,启动农产品现代流通综合示范区创建。支持供销合作社、大型商贸集团、邮政系统开展农产品流通。深入实施商标富农工程,强化农产品地理标志和商标保护。

2017年中央一号文件提出,推进农村电商发展。促进新型农业经营主体、加工流通企业与电商企业全面对接融合,推动线上线下互动发展。加快建立健全适应农产品电商发展的标准体系。支持农产品电商平台和乡村电商服务站点建设。推动商贸、供销、邮政、电商互联互通,加强从村到乡镇的物流体系建设,实施快递下乡工程。深入实施电子商务进农村综合示范。鼓励地方规范发展电商产业园,聚集品牌推广、物流集散、人才培

---

① 韩长赋:《精准施策看"六稳":乡村振兴战略助力中国经济增长》,http://tv.cctv.com/2018/09/27/VIDEroFjXyaU4PHqNzyD2Lzf180927.shtml。

养、技术支持、质量安全等功能服务。全面实施信息进村入户工程,开展整省推进示范。完善全国农产品流通骨干网络,加快构建公益性农产品市场体系,加强农产品产地预冷等冷链物流基础设施网络建设,完善鲜活农产品直供直销体系。推进"互联网+"现代农业行动。文件还提出,将年度新增建设用地计划指标确定一定比例用于支持农村新产业新业态发展。完善农业用地政策,积极支持农产品冷链、初加工、休闲采摘、仓储等设施建设。改进耕地占补平衡管理办法,严格落实耕地占补平衡责任,探索对资源匮乏省份补充耕地实行国家统筹。

2018年中央一号文件提出,重点解决农产品销售中的突出问题,加强农产品产后分级、包装、营销,建设现代化农产品冷链仓储物流体系,打造农产品销售公共服务平台,支持供销、邮政及各类企业把服务网点延伸到乡村,健全农产品产销稳定衔接机制,大力建设具有广泛性的促进农村电子商务发展的基础设施,鼓励支持各类市场主体创新发展基于互联网的新型农业产业模式,深入实施电子商务进农村综合示范,加快推进农村流通现代化。文件还提出,对利用收储农村闲置建设用地发展农村新产业新业态的,给予新增建设用地指标奖励。

三、脱贫攻坚

中共十八大以来,以习近平同志为核心的中共中央把脱贫攻坚工作纳入"五位一体"总体布局和"四个全面"战略布局,作为实现第一个百年奋斗目标的重点任务,做出一系列重大部署和安排,全面打响脱贫攻坚战。

2012年12月29日、30日,习近平在河北省阜平县考察扶贫开发工作时指出,消除贫困、改善民生、实现共同富裕,是社会主义的本质要求。对各类困难群众,我们要格外关注、格外关爱、格外关心,时刻把他们的安危冷暖放在心上,关心他们的疾苦,千方百计帮助他们排忧解难。

2013年,习近平在湖南湘西考察时提出了精准扶贫的新思路。2014年1月,中共中央办公厅、国务院办公厅印发《关于创新机制扎实推进农村扶贫开发工作的意见》,4月2日国务院扶贫开发领导小组办公室印发《扶贫开发建档立卡工作方案》,5月12日国务院扶贫开发领导小组办公室等七部委印发《建立精准扶贫工作机制实施方案》,对精准扶贫工作模式的顶层设计、总体布局和工作机制等方面进行了部署。

2015年中央一号文件指出,大力推进农村扶贫开发。增加农民收入,必须加快农村贫困人口脱贫致富步伐。以集中连片特困地区为重点,加大投入和工作力度,加快片区规划实施,打好扶贫开发攻坚战。推进精准扶贫,制定并落实建档立卡的贫困村和贫困户帮扶措施。加强集中连片特困地区基础设施建设、生态保护和基本公共服务,加大用地政策支持力度,实施整村推进、移民搬迁、乡村旅游扶贫等工程。扶贫项目审批权原则上要下放到县,省市切实履行监管责任。建立公告公示制度,全面公开扶贫对象、资金安排、项目建设等情况。健全社会扶贫组织动员机制,搭建社会参与扶贫开发平台。完善干部驻村帮扶制度。加强贫困监测,建立健全贫困县考核、约束、退出等机制。经济发达地区要不断提高扶贫开发水平。

2015年6月18日,习近平在贵州省召开部分省区市党委主要负责同志座谈会时强调,消除贫困、改善民生、实现共同富裕,是我们党的重要使命;提出了"六个精准"的基本要求。

2015年10月16日,习近平在2015减贫与发展高层论坛的主旨演讲中提出"五个一批"是精准扶贫的基本方略和确保2020年农村贫困人口实现脱贫的主要途径。

2015年10月29日,习近平在中共十八届五中全会第二次全体会议上指出,绝不能出现"富者累巨万,而贫者食糟糠"的现象。

2015年11月27日至28日,习近平在中央扶贫开发工作会议上强调,立下愚公移山志,咬定目标、苦干实干,坚决打赢脱贫攻坚战,确保到2020年所有贫困地区和贫困人口一道迈入全面小康社会。

2015年11月29日,中共中央、国务院《关于打赢脱贫攻坚战的决定》提出:"到2020年,稳定实现农村贫困人口不愁吃、不愁穿,义务教育、基本医疗和住房安全有保障。实现贫困地区农民人均可支配收入增长幅度高于全国平均水平,基本公共服务主要领域指标接近全国平均水平。确保我国现行标准下农村贫困人口实现脱贫,贫困县全部摘帽,解决区域性整体贫困。"提出在具体实施精准扶贫的过程中,寻找扶贫对象、严格资金使用、措施落实到户、派出工作人员、脱贫成效评估等环节都要力求精准到位。2016年4月,为贯彻落实中共中央、国务院《关于打赢脱贫攻坚战的决定》和中央扶贫开发工作会议精神,切实提高扶贫工作的针对性、有效性,中共中央办公厅、国务院办公厅印发了《关于建立贫困退出机制的意见》,提出要以脱贫实效为依据,以群众认可为标准,建立严格、规范、透明的贫困退出机制,促进贫困人口、贫困村、贫困县在2020年以前有序退出,确保如期实现脱贫攻坚目标。

2016年中央一号文件指出,实施脱贫攻坚工程。实施精准扶贫、精准脱贫,因人因地施策,分类扶持贫困家庭,坚决打赢脱贫攻坚战。通过产业扶持、转移就业、易地搬迁等措施解决5000万左右贫困人口脱贫;对完全或部分丧失劳动能力的2000多万贫困人口,全部纳入低保覆盖范围,实行社保政策兜底脱贫。实行脱贫工作责任制,进一步完善中央统筹、省(自治区、直辖市)负总责、市(地)县抓落实的工作机制。各级党委和政府要把脱贫攻坚作为重大政治任务扛在肩上,各部门要步调一致、协同作战、履职尽责,切实把民生项目、惠民政策最大限度向贫困地区倾斜。广泛动员社会各方面力量积极参与扶贫开发。实行最严格的脱贫攻坚考核督查问责。

2016年7月20日,习近平在东西部扶贫协作座谈会上指出,东西部扶贫协作和对口支援,是推动区域协调发展、协同发展、共同发展的大战略,是加强区域合作、优化产业布局、拓展对内对外开放新空间的大布局,是实现先富帮后富、最终实现共同富裕目标的大举措,必须长期坚持下去。

2016年11月23日,国务院印发《关于"十三五"脱贫攻坚规划的通知》。规划提出,坚持精准扶贫、精准脱贫基本方略,坚持精准帮扶与区域整体开发有机结合,以革命老区、民族地区、边疆地区和集中连片特困地区为重点,以社会主义政治制度为根本保障,不断创新体制机制,充分发挥政府、市场和社会协同作用,充分调动贫困地区干部群众的内生动力,大力推进实施一批脱贫攻坚工程,加快破解贫困地区发展瓶颈制约,不断增强贫困地区和贫困人口自我发展能力,确保与全国同步进入全面小康社会。

2017年中央一号文件指出,扎实推进脱贫攻坚。进一步推进精准扶贫各项政策措施落地生根,确保2017年再脱贫1000万人以上。深入推进重大扶贫工程,强化脱贫攻坚支撑保障体系,统筹安排使用扶贫资源,注重提高脱贫质量,激发贫困人口脱贫致富积极性主动性,建立健全稳定脱贫长效机制。加强扶贫资金监督管理,在所有贫困县开展涉农资金整合。严格执行脱贫攻坚考核监督和督查巡查等制度,全面落实责任。坚决制止扶贫工作中的形式主义做法,不搞层层加码,严禁弄虚作假,务求脱贫攻坚取得实效。

2017年10月,中共十九大明确把精准脱贫作为决胜全面建成小康社会必须打好的三大攻坚战之一,并做出了新的部署。报告提出,要求坚决打赢脱贫攻坚战。让贫困人口和贫困地区同全国一道进入全面小康社会是我们党的庄严承诺。要动员全党全国全社会力量,坚持精准扶贫、精准脱贫,坚持中央统筹省负总责市县抓落实的工作机制,强化党政一把手负总责的责任制,坚持大扶贫格局,注重扶贫同扶志、扶智相结合,深入实施东西部扶贫协作,重点攻克深度贫困地区脱贫任务,确保到2020年现行标准下农村贫困人口实现脱贫,贫困县全部摘帽,解决区域性整体贫困,做到脱真贫、真脱贫。

2017年10月25日,习近平同采访十九大的中外记者见面时强调,2020年,我们将全面建成小康社会。全面建成小康社会,一个不能少;共同富裕路上,一个不能掉队。我们将举全党全国之力,坚决完成脱贫攻坚任务,确保兑现我们的承诺。

2018年中央一号文件第八部分"打好精准脱贫攻坚战,增强贫困群众获得感"提出,乡村振兴,摆脱贫困是前提。必须坚持精准扶贫、精准脱贫,把提高脱贫质量放在首位,既不降低扶贫标准,也不吊高胃口,采取更加有力的举措、更加集中的支持、更加精细的工作,坚决打好精准脱贫这场对全面建成小康社会具有决定性意义的攻坚战。第一,瞄准贫困人口精准帮扶。对有劳动能力的贫困人口,强化产业和就业扶持,着力做好产销衔接、劳务对接,实现稳定脱贫。有序推进易地扶贫搬迁,让搬迁群众搬得出、稳得住、能致富。对完全或部分丧失劳动能力的特殊贫困人口,综合实施保障性扶贫政策,确保病有所医、残有所助、生活有兜底。做好农村最低生活保障工作的动态化精细化管理,把符合条件的贫困人口全部纳入保障范围。第二,聚焦深度贫困地区集中发力。全面改善贫困地区生产生活条件,确保实现贫困地区基本公共服务主要指标接近全国平均水平。以解决突出制约问题为重点,以重大扶贫工程和到村到户帮扶为抓手,加大政策倾斜和扶贫资金整合力度,着力改善深度贫困地区发展条件,增强贫困农户发展能力,重点攻克深度贫困地区脱贫任务。新增脱贫攻坚资金项目主要投向深度贫困地区,增加金融投入对深度贫困地区的支持,新增建设用地指标优先保障深度贫困地区发展用地需要。第三,激发贫困人口内生动力。把扶贫同扶志、扶智结合起来,把救急纾困和内生脱贫结合起来,提升贫困群众发展生产和务工经商的基本技能,实现可持续稳固脱贫。引导贫困群众克服等靠要思想,逐步消除精神贫困。要打破贫困均衡,促进形成自强自立、争先脱贫的精神风貌。改进帮扶方式方法,更多采用生产奖补、劳务补助、以工代赈等机制,推动贫困群众通过自己的辛勤劳动脱贫致富。第四,强化脱贫攻坚责任和监督。坚持中央统筹省负总责市县抓落实的工作机制,强化党政一把手负总责的责任制。强化县级党委作为全县脱贫攻坚总指挥部的关键作用,脱贫攻坚期内贫困县县级党政正职要保持稳定。开展扶贫领域腐败和作风问题专项治理,切实加强扶贫资金管理,对挪用和贪污扶贫款项的行为严惩不贷。将2018年作为脱贫攻坚作风建设年,集中力量解决突出作风问题。科学确定脱贫摘帽时间,对弄虚作假、搞数字脱贫的严肃查处。完善扶贫督查巡查、考核评估办法,除党中央、国务院统一部署外,各部门一律不准再组织其他检查考评。严格控制各地开展增加一线扶贫干部负担的各类检查考评,切实给基层减轻工作负担。关心爱护战斗在扶贫第一线的基层干部,制定激励政策,为他们工作生活排忧解难,保护和调动他们的工作积极性。做好实施乡村振兴战略与打好精准脱贫攻坚战的有机衔接。制定坚决打好精准脱贫攻坚战三年行动指导意见。研究提出持续减贫的意见。

2018年6月15日,中共中央、国务院发出《关于打赢脱贫攻坚战三年行动的指导意见》。文件提出,到2020年,巩固脱贫成果,通过发展生产脱贫一批,易地搬迁脱贫一批,生态补偿脱贫一批,发展教育脱贫一批,社会保障兜底一批,因地制宜综合施策,确保现行标准下农村贫困人口实现脱贫,消除绝对贫困;确保贫困县全部摘帽,解决区域性整体贫困。实现贫困地区农民人均可支配收入增长幅度高于全国平均水平。实现贫困地区基本公共服务主要领域指标接近全国平均水平,主要有:贫困地区具备条件的乡镇和建制村通硬化路,贫困村全部实现通动力电,全面解决贫困人口住房和饮水安全问题,贫困村达到人居环境干净整洁的基本要求,切实解决义务教育学生因贫失学辍学问题,基本养老保险和基本医疗保险、大病保险实现贫困人口全覆盖,最低生活保障实现应保尽保。集中连片特困地区和革命老区、民族地区、边疆地区发展环境明显改善,深度贫困地区如期完成全面脱贫任务。文件围绕实现这些目标明确了集中力量支持深度贫困地区脱贫攻坚、强化到村到户到人精准帮扶举措、加快补齐贫困地区基础设施短板、加强精准脱贫攻坚行动支撑保障、动员全社会力量参与脱贫攻坚、夯实精准扶贫精准脱贫基础性工作等六个方面的政策和工作措施。

中共十八大以来,中国充分发挥政治优势和制度优势,采取超常规举措,以前所未有的力度推进脱贫攻坚,构筑了全社会扶贫的强大合力,建立了中国特色的脱贫攻坚制度体系,为全球减贫事业贡献了中国智慧和中国方案。农村贫困人口显著减少,贫困发生率持续下降,解决区域性整体贫困迈出坚实步伐,贫困地区农民生产生活条件显著改善,贫困群众获得感显著增强,脱贫攻坚取得决定性进展,创造了中国减贫史上的最好成绩,书写了人类反贫困史上的辉煌篇章。

按现行贫困标准,2013年至2017年全国农村减贫人数分别为1650

万、1232万、1442万、1240万、1289万人。这五年,全国贫困人口减少6853万人,易地扶贫搬迁830万人,贫困发生率由10.2%下降到3.1%,其中有17个省份贫困发生率已下降到3%以下。

贫困地区农村居民收入保持快速增长,与全国农村平均差距缩小。2017年,贫困地区农村居民人均可支配收入9377元,扣除价格因素,是2012年的1.6倍,年均增长10.4%,比全国农村平均增速快2.5个百分点。其中,集中连片特困地区2017年农村居民人均可支配收入9264元,扣除价格因素,是2012年的1.6倍,年均增长10.3%,比全国农村平均增速快2.4个百分点;扶贫开发工作重点县2017年农村居民人均可支配收入9255元,扣除价格因素,是2012年的1.7倍,年均增长10.7%,比全国农村平均增速快2.8个百分点。2017年贫困地区农村居民人均可支配收入是全国农村平均水平的69.8%,比2012年提高了7.7个百分点。其中,集中连片特困地区是全国农村平均水平的69.0%,比2012年提高7.4个百分点;扶贫开发工作重点县是全国农村平均水平的68.9%,比2012年提高8.3个百分点。

贫困地区居民消费支出较快增长,生活条件明显改善。一是贫困地区农村居民消费支出保持较快增长。2017年,贫困地区农村居民人均消费支出7998元,与2012年相比,扣除价格因素,年均增长9.3%。其中,集中连片特困地区农村居民人均消费支出7915元,扣除价格因素,年均实际增长9.2%;扶贫开发工作重点县农村居民人均消费支出7906元,扣除价格因素,年均增长9.3%。二是贫困地区农村居民居住条件不断改善。从居住条件看,2017年与2012年比,贫困地区农村居民户均住房面积增加21.4平方米;2017年居住在钢筋混凝土房或砖混材料房的农户比重为58.1%,五年提高18.9个百分点;2017年贫困地区农村居民独用厕所的农户比重为94.5%,五年提高3.5个百分点;使用卫生厕所的农户比重为33.2%,五年提高7.5个百分点;使用清洁能源的农户比重为35.3%,五年提高17.6个百分点。从饮水安全看,2017年贫困地区农村饮水无困难的农户比重为89.2%,比2013年提高8.2个百分点;使用管道供水的农户比重为70.1%,比2013年提高16.5个百分点;使用经过净化处理自来水的农户比重为43.7%,比2013年提高13.1个百分点。三是贫困地区农村居民家庭耐用消费品升级换代。从传统耐用消费品看,2017年贫困地区农村每百户拥有电冰箱、洗衣机、彩电分别为78.9台、83.5台和108.9台,分别比

2012年增加31.4台、31.2台和10.6台，拥有量持续增加，与全国农村平均水平的差距逐渐缩小。从现代耐用消费品看，2017年贫困地区农村每百户汽车、计算机拥有量分别为13.1辆、16.8台，分别是2012年的4.9倍和3.1倍，实现快速增长。①

---

① 国家统计局住户调查办公室:《扶贫开发成就举世瞩目 脱贫攻坚取得决定性进展——改革开放40年经济社会发展成就系列报告之五》，http://www.stats.gov.cn/ztjc/ztfx/ggkf40n/201809/t20180903_1620407.html。

参考文献
REFERENCES

[1] 田纪云.改革开放的伟大实践——纪念改革开放三十周年[M].北京:新华出版社,2009.

[2] 姜春云.中国农业实践概论[M].北京:人民出版社、中国农业出版社,2001.

[3] 杜润生.中国的土地改革[M].北京:当代中国出版社,1996.

[4] 杜润生.当代中国的农业合作制[M].北京:当代中国出版社,2002.

[5] 杜润生.中国农村改革决策纪事[M].北京:中央文献出版社,1999.

[6] 杜润生.中国农村制度变迁[M].成都:四川人民出版社,2003.

[7] 于驰前,等.当代中国的乡镇企业[M].北京:当代中国出版社,1991.

[8] 朱荣,等.当代中国的农业[M].北京:当代中国出版社,1992.

[9] 陈锡文.中国农村公共财政制度[M].北京:中国发展出版社,2005.

[10] 陈锡文,赵阳,罗丹.中国农村改革30年回顾与展望[M].北京:人民出版社,2008.

[11] 杜鹰.中国农村50年[M].郑州:中原农民出版社,1999.

[12] 高化民.农业合作化运动始末[M].北京:中国青年出版社,1999.

[13] 张培刚.农业与工业化[M].武汉:华中工学院出版社,1984.

[14] 关锐捷.半个世纪的中国农业[M].广州:南方日报出版社,1999.

[15] 唐仁健."皇粮国税"的终结[M].北京:中国财政经济出版社,2004.

[16] 柯炳生.工业反哺农业的理论与实践研究[M].北京:人民出版社,2008.

[17] 农业部农村经济研究中心当代农业史研究室.中国土地改革研究[M].北京:中国农业出版社,2000.

[18] 农业部农村经济研究中心当代农业史研究室.中国农业大波折的教训[M].北京:中国农业出版社,1996.

[19] 农业部农村经济研究中心当代农业史研究室.当代中国农业变革与发展研究[M].北京:中国农业出版社,1998.

[20] 农业部软科学委员会办公室.农业发展战略与产业政策[M].北京:中国农业出版社,2001.

[21] 温铁军.中国农村基本经济制度研究——"三农"问题的世纪反思[M].北京:中国经济出版社,2000.

[22] 武力,郑有贵.中国共产党"三农"思想政策史(1921—2013年)[M].北京:中国时代经济出版社,2013.

[23] 郑有贵,李成贵.一号文件与中国农村改革[M].合肥:安徽人民出版社,2008.

[24] 郑有贵.目标与路径:中国共产党"三农"理论与实践60年[M].长沙:湖南人民出版社,2009.

[25] 张红宇,赵长保.中国农业政策的基本框架[M].北京:中国财政经济出版社,2009.

[26] 经济合作与发展组织.中国农业政策回顾与评价[M].程国强,等,校译.北京:中国经济出版社,2005.

后 记
POSTSCRIPT

中共十九大提出实施乡村振兴战略。2018年,中共中央、国务院印发的《乡村振兴战略规划(2018—2022年)》指出,全面建成小康社会和全面建设社会主义现代化强国,最艰巨最繁重的任务在农村,最广泛最深厚的基础在农村,最大的潜力和后劲也在农村。实施乡村振兴战略,是解决新时代我国社会主要矛盾、实现"两个一百年"奋斗目标和中华民族伟大复兴中国梦的必然要求,具有重大现实意义和深远历史意义。研究新中国70年乡村发展史,在呈现70年乡村发展历程的同时,还有助于从乡村发展的历史逻辑把握乡村振兴战略的目标定位。

乡村与农村都是地域概念,有根据所处语境而使用的,有强调从事农业为主的经济属性或强调与城镇相对的人居环境属性而使用的。《乡村振兴战略规划(2018—2022年)》对乡村进行了界定,即乡村是具有自然、社会、经济特征的地域综合体,兼具生产、生活、生态、文化等多重功能,与城镇互促互进、共生共存,共同构成人类活动的主要空间。本书基于这一既包含经济属性又强调人居环境属性而对乡村的界定,尝试以新中国70年乡村发展史为对象展开研究。

在研究写作过程中,丛书编委会主任武力先生给予指导,华中科技大学出版社的周晓方、殷茵老师给予热情帮助和提出宝贵意见,在此表示衷心感谢!书中不妥之处,请读者指正。

作 者

2019年6月20日